Die Rehabilitation des Christus Gottes

DIE REHABILITATION DES CHRISTUS GOTTES

SÖHNE UND TÖCHTER GOTTES IM AUFTRAG GOTTES, IM VERBUND MIT DER DRITTEN GRUNDKRAFT GOTTES, DER GÖTTLICHEN WEISHEIT, REHABILITIEREN DEN CHRISTUS GOTTES

Martin Kübli, Dieter Potzel, Ulrich Seifert

Gabriele-Verlag
Das Wort

Der freie universale Geist
ist die Lehre der Gottes- und Nächstenliebe
an Mensch, Natur und Tieren

Die Rehabilitation des Christus Gottes

1. Auflage Dezember 2015

© Gabriele-Verlag Das Wort GmbH

Max-Braun-Str. 2, 97828 Marktheidenfeld

Tel. 09391/504-135, Fax 09391/504-133

Internet: www.gabriele-verlag.de

Bildnachweis: S. 446, 476, 481, 487, 599: © akg-images
S. 494: © akg-images / Schütze / Rodemann
S. 495: By Deror avi (Own work) {Attribution, CC BY-SA 3.0
(http://creativecommons.org/licenses/by-sa/s.0) or GFDL
(http://www.gnu.org/copyleft/fdl.html)}, via Wikimedia Commons
S. 510: Aufnahme aus dem Bundesarchiv Bild 183-R 24391
Alle übrigen: Archiv Gabriele-Verlag Das Wort

Druck: KlarDruck GmbH, Marktheidenfeld

ISBN 978-3-89201-437-9

Diese Namen stehen
stellvertretend für Millionen Urchristen
in aller Welt

Andreas Hautzinger, Gert Hetzel, Martin Kübli,
Dieter Potzel, Ulrich Seifert,
Estefania Blount, Katja Edlund, Brigitte Flury,
Christine Schulte, Petra Stickroth

Inhalt

7

9

Zum Geleit

Zum Geleit

Sie werden sich vielleicht fragen: Die Rehabilitation des Christus Gottes?

Weshalb bedarf es denn einer Rehabilitation des Jesus, des Christus? Was hätte denn Ihn, den Sohn Gottes, des Ewigen, je in Verruf gebracht oder auch nur bringen können, weswegen eine Rehabilitation erforderlich wäre?

Hat Er je irgendetwas Böses gesagt oder getan oder auch nur Gutes unterlassen, zu tun, weswegen man Ihm einen Vorwurf machen oder Ihm irgendeine Schuld zuweisen könnte? Ist nicht Jesus von Nazareth, der Christus Gottes, seit Generationen von den Menschen in der ganzen Welt verehrt und geachtet wie sonst kein anderer Mensch, der je gelebt hat?

Die sogenannte Christenheit sieht in Ihm den Sohn Gottes, andere äußere Religionen achten Ihn als Propheten oder weisen Menschen, und selbst Menschen, die sich selbst als Atheisten bezeichnen, glauben möglicherweise nicht an Ihn, aber nicht deswegen, weil sie Ihm etwas vorwerfen, sondern weil sie Gott, Seinen Vater ablehnen, so wie dieser ihnen von den Führern der jeweiligen Hierarchien äußerer Religionen vorgespiegelt wird.

Christus ist der Sohn Gottes, des Allerhöchsten, des ewigen, All-Einen Schöpfers des gesamten Universums. Christus ist der erstgeschaute und erstgeborene Sohn und der Mitregent des Reiches Gottes. Als Jesus von Nazareth lebte Er unter uns Menschen und wurde zum Erlöser aller Menschen und Seelen.

Es ist angebracht, sich der Größe und Erhabenheit des Christus Gottes, des Mitregenten des Reiches Gottes, bewusst zu werden, wenn wir – oft mehr oder weniger gedankenlos – Seinen Namen aussprechen oder uns selbst oder andere oder gar Gegenstände mit Seinem Namen schmücken und als „christlich" bezeichnen.

Christus brachte allen Menschen die Frohe Botschaft aus dem Reich Gottes, die Freiheits- und Friedenslehre Seines ewigen Vaters. Er wurde zum leuchtenden Wegweiser für alle Menschen zu Gott, dem Schöpfer des Universums und liebenden Vater aller Wesen und Menschen und des gesamten Seins. Durch Seine Erlösertat ist Er für alle Menschen und Seelen der Weg, die Wahrheit und das Leben.

Es ist nichts dagegen einzuwenden, wenn sich jemand als Nachfolger des Nazareners fühlt, der den Rat des Christus Gottes befolgt, den Er als Jesus von Nazareth aussprach: *„Folget Mir nach!"*, und schrittweise die Gebote Gottes und die Lehren des Christus Gottes aus den Himmeln in seinem Leben erfüllt. Ein solcher Mensch darf sich als „Christ" bezeichnen. Seine Worte und Werke, die dann mehr und mehr dem Willen des Christus Gottes entsprechen, sind dann „christlich".

Wer dagegen tut, was dem Willen Gottes und der Lehre des Christus Gottes nicht entspricht oder gar widerspricht, wer auch andere der Lehre des Jesus, des Christus, zuwider lehrt und indoktriniert, ist ein Anhänger des Widersachers. Wer nicht für, sondern wider Christus ist oder sogar lehrt, ist nicht christlich.
Das entspricht der unwiderlegbaren Logik.

Wer nicht christlich ist und sich trotzdem für sich oder für seine Lehren und seine Werke des Namens des Christus Gottes bedient, ist ein Etikettenschwindler und Falschmünzer.
Auch dies ist eine logische und unwiderlegbare Schlussfolgerung.
Sehr viele staatliche Rechtsordnungen schützen den Namen und den guten Ruf von Menschen, besonders davor, dass der Name eines Menschen von anderen wahrheitswidrig, das heißt, rechtswidrig benutzt und damit missbraucht wird. Dies soll zum einen den Namensträger vor Schädigung seines

Ansehens schützen, zum anderen sollen aber auch Dritte davor bewahrt werden, im Vertrauen auf den „gestohlenen" guten Namen durch die Vorspiegelung falscher Tatsachen in die Irre geführt und betrogen zu werden. Gerade der letzte Gesichtspunkt – der Schutz der gutgläubigen Bürger vor Betrügern und Etikettenschwindlern – gilt heute als weitgehend selbstverständliche Errungenschaft von Gesellschaften, die sich als Rechtsstaat bezeichnen. Wenn sich jemand zu Unrecht mit einem Namen oder einer Eigenschaft schmückt, wird ein solcher Etikettenschwindel in der Regel alsbald durch die zuständigen Organe des Staates geahndet und unterbunden.

Trotzdem wird der größte und älteste Etikettenschwindel der Weltgeschichte bis heute unvermindert ausgerechnet mit dem Namen des höchsten je auf der Erde inkarnierten Wesens getrieben: mit Christus, der als Jesus von Nazareth unter den Menschen lebte. Und zwar von allen äußeren Religionen und ihren Anhängern, die sich „christlich" nennen.
Dies ist keine leichtfertig aufgestellte Behauptung, sondern eine leicht zu beweisende und von jedem genauso leicht nachprüfbare und unwiderlegbare Tatsache. Vorliegende Dokumentation zur Rehabilitation des Christus Gottes belegt dies

anhand einer Vielzahl von Beispielen, die zwangsläufig zu der Schlussfolgerung führen:
Alle äußeren Religionen und ihre Führer – gleich
wie sie sich nennen – sind nicht christlich. Sie stehen nicht im Auftrag Gottes und Seines Sohnes
Jesus, des Christus, und sie führen die Menschen
nicht zu Gott, dem All-Einen, und Seinem Sohn
Christus, dem Mitregenten der Himmel, der als
Jesus von Nazareth unter den Menschen lebte und
zum Erlöser aller Seelen und Menschen wurde.

Denn Jesus von Nazareth hat keine Priester eingesetzt, keine Priesterorganisationen, die sich den
Namen Kirche oder andere Namen geben, und Er
hat auch keine Kirchen aus Stein errichten lassen.
All diese äußeren Insignien sind ausschließlich seit
dem antiken Heidentum bekannte Ausgeburten
der Priesterkaste und ihrer äußeren Religionen,
und sie sind demnach – weil sie nicht der Lehre des
Jesus, des Christus, entsprechen, sondern dieser
zuwider laufen – nicht christlich.

Schon die strukturellen Merkmale dieser äußeren
Religionen sind also nicht christlich. Noch viel weniger aber sind ihre Gebräuche und Lehrsätze und
die daraus resultierenden Handlungen christlich,
sondern sie sind – weil sie allesamt unter Missbrauch Seines Namens erfolgen – Hohn und Spott

auf Christus. Die vorliegende Dokumentation führt dazu eine Fülle von Beispielen auf und kann doch nur einen kleinen Einblick in die unvorstellbare Flut von Ungeheuerlichkeiten geben, mit denen Christus von äußeren Religionen durch den Missbrauch Seines Namens verleumdet und verhöhnt wird. Wenn diese äußeren Religionen sich mit dem Namen des Christus Gottes als „christlich" schmücken, begehen sie – nach den in aufgeklärten Rechtsstaaten geltenden Maßstäben – Namensmissbrauch, Etikettenschwindel und Betrug an den irregeleiteten Menschen.

Dieser Betrug, dieser Etikettenschwindel allein, ist schon schlimm genug. Viel schlimmer ist aber, dass die Falschmünzer unter dem Etikett „christlich" im Laufe der letzten 1700 Jahre bis heute die schlimmsten und grausamsten Verbrechen der Menschheitsgeschichte gebilligt, gefördert oder selbst begangen haben und den Namen des Christus Gottes auch auf diese Weise noch zusätzlich mit dem abstoßenden Schmutz ihrer Taten besudelt haben.

Die Friedenslehre des Jesus, des Christus, achtet die Freiheit. Dazu gehört auch, dass jedermann sich frei entscheiden kann, wem und was er glauben und ob und welchen Führern äußerer Religionen er nachfolgen will.

Die vorliegende Dokumentation achtet diese Freiheit und macht niemandem seinen Glauben streitig oder will ihn gar „missionieren".

Es geht einzig darum, den Missbrauch mit dem Namen des Christus Gottes, den Etikettenschwindel, durch den seit rund 1700 Jahren Sein Name in Misskredit gebracht wird, zu beenden. Wer katholisch lehrt und wirkt, soll sich katholisch nennen; wer Luther nachfolgt, lutherisch; wer anders lehrt, entsprechend seinem Credo. Niemand wird ihm dies streitig machen, aber er hat kein Recht, für seine Ziele den Namen des Christus Gottes zu missbrauchen.

Die Zeit ist gekommen, die Falschmünzer zu entlarven. Jesus von Nazareth, der Christus Gottes, ist für die meisten Menschen trotz der Verbrechen derer, die Seinen Namen missbraucht haben, bis heute der Inbegriff der Gottes- und Nächstenliebe, welche Er, wie niemand sonst, verkörpert und in Seinem Erdenleben vorgelebt hat. Dies ist auch der Grund, warum sich gerade diejenigen mit Seinem Namen schmücken, welche damit die Menschen über ihre eigenen unchristlichen, gottes- und menschenverachtenden Absichten täuschen wollen.

Seinen guten Namen von dem klerikalen Unrat der Vergangenheit zu befreien, von dem vernebelnden Weihrauch und der fortdauernden Verhöhnung

Gottes, des Allerhöchsten, durch eine Priesterkaste und ihre Verdammungslehre, ist das Anliegen der vorliegenden Dokumentation, welche die Tragweite des infamen Etikettenschwindels in allen Details, für jedermann selbst nachprüfbar und nachvollziehbar, aufzeigt und belegt.

Zwangsläufig fällt der Blick dabei auch immer wieder auf die Vergangenheit.
Denn dadurch wird auch erkennbar, wie lange schon die Priesterkaste ihrem „Gott" huldigt und warum sie so auf der Gültigkeit ihrer „Tradition" besteht, der aus dem Heidentum stammenden „Tradition" der Jahrtausende alten Verachtung der Priester für Gott, den All-Einen, und für alle, die sich zu Ihm und Seinem Sohn, dem Christus Gottes, bekennen. Und es wird sichtbar, wem die Priesterkaste bis heute huldigt und wer sie steuert.

Die Quellen, auf welche die Dokumentation zugreift, sind in unserer Zeit für jedermann zugänglich, sodass jeder alles selbst nachprüfen kann, wenn er möchte. Viele der Quellen stammen von den äußeren Religionen selbst. Weil sehr vieles davon auch den meisten „Gläubigen" der äußeren Religionen nicht bekannt ist und deshalb vielen als unglaublich erscheinen könnte, soll nochmals betont werden:

Niemand soll durch die Dokumentation in irgendeiner Weise von seinem Glauben abgebracht oder gar missioniert werden. Einzig Christus, Sein Name und Seine Lehre sind unser Anliegen. Ihn und Seinen guten Namen von dem zu befreien, was äußere Religionen in infamer Weise Ihm zuschreiben und damit letzten Endes auch Gott, dem Ewigen, ist das Ziel der folgenden Dokumentation.

Und weiterhin gilt: Jeder kann sich frei für äußere Religionen entscheiden, und diese können sich katholisch oder lutherisch oder anders nennen, aber nicht christlich, denn christlich sind äußere Religionen nicht.

Immer wieder stellt die Dokumentation Lehre und Wirken der wider Christus wirkenden Priesterkaste der wahrhaft christlichen Lehre, der Lehre und dem Wirken des Jesus von Nazareth, gegenüber. Gerade durch die zahlreichen Beispiele aus Seinem Leben erhält der Leser tiefgehende Einblicke in die Wahrheit über Leben und Lehre des Jesus von Nazareth.

Dadurch erhellt sich, für jeden verständlich, was wahrhaft christlich ist. Im Vergleich dazu wird das Scheinchristentum in all seinen Ausprägungen und Verästelungen deutlich erkennbar.

Vieles davon kann jeder ganz einfach schon anhand der sogenannten Bibeln der konfessionellen

Kirchen nachprüfen, denn darin ist von der Wahrheit über das Leben und die Lehre des Jesus von Nazareth vieles erhalten geblieben, obwohl die Bibel nur Abschriften von Abschriften von Abschriften enthält. Auch ist sie – heute wissenschaftlich unbestritten – von der Priesterkaste vielfach redigiert und bei ihrer Zusammenstellung bis hin zu ihrer abschließenden Fassung im 4. Jahrhundert zensiert worden.

Im Alten Testament beispielsweise stammen die Schriften in den Büchern Mose gar nicht von Mose, sondern diese wurden mehrere hundert Jahre nach dem Tod des Mose von Priestern und „Theologen" der damaligen Zeit verfasst. Schließlich wurde auch später immer wieder bewusst gefälscht und unbewusst durch mannigfache Übersetzungen und Abschriften verändert. Trotzdem ist noch so viel von der Wahrheit, von göttlichen Gesetzmäßigkeiten, erhalten geblieben, dass heute zumindest jedes Kirchenmitglied der sich christlich nennenden Religionen von wesentlichen Aspekten der göttlichen Gesetze gehört hat, nämlich von den Zehn Geboten Gottes durch Mose und von der Bergpredigt des Jesus von Nazareth.

Allein schon ein Vergleich dieser in der Bibel der Kirchen erhaltenen Manifeste der göttlichen Gesetzmäßigkeiten, des Gebotes der Gottes- und Nächstenliebe und der absoluten Friedfertigkeit gegenüber Menschen und der ganzen Schöpfung Gottes auf der einen Seite –

mit dem Rachegott und der unbarmherzigen Verdammungslehre der Kirchen, der Lehre von einer ewigen Hölle, den aus dem Heidentum stammenden Zeremonien, Riten und Dogmen und der Rechtfertigung von Gewalt und Brudermord gegenüber Mensch, Tier und Natur auf der anderen Seite, beweist:

Kirchliche Organisationen und ihre Funktionäre haben nichts mit Jesus, dem Christus, gemein und ebenso wenig mit dem liebenden Gott, Seinem himmlischen Vater, in dessen Namen Christus lehrt und wirkt.

Sollten nach einem Vergleich der Lehre und der äußeren Merkmale noch Zweifel bleiben, verfliegen diese spätestens dann, wenn man sich die Auswirkungen der Kirchenlehre anhand des unheilvollen Wirkens der klerikalen Organisationen durch die Jahrtausende hindurch bis heute bewusst macht. Der wohl bekannteste und vielfach preisgekrönte Experte für Kirchengeschichte, Karlheinz Deschner, drückt dies zusammenfassend so aus:

„Nach intensiver Beschäftigung mit der Geschichte des Christentums kenne ich in Antike, Mittelalter und Neuzeit, einschließlich und besonders des 20. Jahrhunderts, keine Organisation der Welt, die zugleich so lange, so fortgesetzt und so scheußlich mit Verbrechen belastet ist wie die christliche Kirche, ganz besonders die römisch-katholische Kirche."
(Die beleidigte Kirche, S. 42 f.)

Zu dieser Aussage, die nie widerlegt wurde, ist höchstens anzumerken, dass Karlheinz Deschner die angemaßte Bezeichnung „Christentum" als Synonym für die äußeren Institutionen Kirche verwendet, ohne auf den dieser Bezeichnung innewohnenden Etikettenschwindel einzugehen.

Auch wer die von Karlheinz Deschner in einem viel tausendseitigen Werk während eines langen arbeitsreichen Forscherlebens zusammengetragenen Tatsachen über die sich selbst „christlich" nennenden Organisationen nicht im Detail kennt, erkennt doch den Abgrund, an den alle äußeren Religionen mit ihren Führern gleich Pfarrern und Priestern die Welt gebracht haben, die ihre Gläubigen nicht einmal zu ihrem eigenen maßgeschneiderten Gott führen konnten.

Der Beweis ist die zerrüttete Menschheit, die malträtierten Tiere, die zerstörte Natur, die geschundene Erde und die nicht mehr zu leugnende

Klimakatastrophe, Krieg, Zerstörung, Terror, Millionen verhungernder Menschen – die Aufzählung ließe sich beliebig fortsetzen.

Seit Menschengedenken sind es die äußeren Religionen mit ihren Führern, die für sich in Anspruch nehmen, die moralischen und ethischen Werte der Menschheit zu bestimmen. Was dabei herausgekommen ist, lernen wir auch im Geschichtsunterricht: eine Aneinanderreihung von Gewalt, Kriegen, Schlachten, Eroberungen, Sklaverei, Mord, Zerstörung und Grausamkeit, ja nahezu jede denkbare Ausgeburt menschlichen Übels. Und derjenige, der sich am meisten bei diesen Grausamkeiten hervortat, wird mit dem Beinamen „der Große" geehrt. Es sind vielfach die Mächtigen und die Führer dieser Welt, die sich das Bett mit den Führern der äußeren Religionen teilen und auf Kosten von Menschen, Völkern, Natur und Tieren Gottes Gesetze missachten und die Erde schänden. Viele von ihnen verhöhnen Gott und Christus dazu noch, indem sie sich dabei als „Christen" bezeichnen.

Dass Gottes Gebot der Gottes- und Nächstenliebe und die Friedenslehre des Jesus von Nazareth zu allen Zeiten von den Führern der äußeren Religionen und den ihnen hörigen Mächtigen und Gewaltherrschern der Weltgeschichte mit Füßen getreten wurden – besonders von denen, die für ihre Untaten dazu noch den Namen des Jesus, des Christus, missbrauchten –, wird heute als selbstverständlich hingenommen und offenbar als unvermeidbare politische Notwendigkeit angesehen.

Oftmals hört man die Meinung, die Friedenslehre des Jesus von Nazareth, insbesondere Seine Bergpredigt, sei eine Utopie oder ein Ideal für eine ferne paradiesische Zeit, im gesellschaftlichen und politischen Leben unserer Zeit aber nicht praktikabel.

Und vielfach kommen solche Aussagen dem Sinn nach von Kirchenführern, Mächtigen oder ihrem Gefolge, die sich als „christlich" bezeichnen und regelmäßig im Vaterunser Gott bitten: *„Dein Reich komme, Dein Wille geschehe, wie im Himmel, so auch auf Erden!"* Offensichtlich also ein reines Lippenbekenntnis mit doppeltem Boden.

Deshalb haben sich zwar gelegentlich die Methoden der pseudo-christlichen Machthaber und Religionsführer im Laufe der Jahrhunderte verändert, nie aber ihre Ziele und die ihrem Handeln zugrunde liegenden Philosophien und ideologischen Vorgaben. Manche Gewaltexzesse – wie Inquisition oder Hexenwahn – sind in den „aufgeklärten" Gesellschaften vieler Staaten heute nicht mehr möglich. Auch sonst haben sich in vielen Ländern demokratische Regierungen und Verfassungen etabliert, welche sich zu der von den Vereinten Nationen proklamierten Menschenrechtscharta bekennen. All dies, insbesondere die „Menschenrechte", musste über Jahrhunderte in langwierigem Bemühen gegen den erbitterten Widerstand der Priesterkirchen errungen werden.

Dies ist der Grund, warum heute die großen religiösen Konzerne ihre wahren Absichten nicht mehr offen preisgeben. An ihrer Spitze treten in der Öffentlichkeitsarbeit versierte Fachleute auf, die in der Lage sind, sich dem Zeitgeist entsprechend mit medienwirksamen Inszenierungen über ihr weltweites PR-Netzwerk den Menschen als volksnah, aufgeschlossen und als den „einfachen" Menschen zugetan zu verkaufen. In Wirklichkeit hat sich an den Priesterreligionen nie etwas Grundlegendes geändert. Dies ist auch gar nicht möglich, weil nach dem Diktat der Priester ihr Werk auf den ihrer Meinung nach unfehlbaren und daher unveränderbaren „Erleuchtungen" ihrer Priesterkaste beruht.

Dass dies so war und so ist und so unverändert fort gilt, kann jeder in den bis heute ohne jede Einschränkung gültigen programmatischen Schriften der kirchlichen Organisationen selbst nachlesen. Und dort ist auch genauso unverschlüsselt nachzulesen, was die äußeren Kirchen wirklich wollen: Ihr Ziel ist die völlige Kontrolle über alle Menschen und Länder. Der römische Vatikan beansprucht offen die Weltherrschaft, und auch das lutherische Lager verlangt in seinen Bekenntnisschriften und deren Auslegungen Gehorsam gegenüber den mit seiner Kirche verbündeten Herrschern und Regierungen.

Wie detailliert diese Ziele in den Anweisungen der Kirchenorganisationen schriftlich und verbindlich niedergelegt sind, ist kaum zu glauben, wird aber im Laufe der Dokumentation im Einzelnen genau erläutert.

Die Priesterreligionen versuchen heute, diese Tatsachen, so gut wie möglich, vor der Öffentlichkeit zu verheimlichen. Doch die Beweise liegen für beide Religionskonzerne für jedermann nachprüfbar schriftlich vor, vor allem in den Lehranweisungen, dem „Parteibuch" oder der „Vereinssatzung" der Kirche, welche in der jeweiligen Kirchenorganisation unterschiedliche Bezeichnungen tragen wie Katechismus, Dogmen, Glaubensartikel, Lehrverkündigungen, Bekenntnisschrift oder ähnliche.

Es kann nicht oft genug wiederholt werden: Diese schriftlichen Programmsätze und Handlungsanweisungen gelten und sind – ungeachtet aller ganz anders klingenden öffentlichen Selbstdarstellungen – bis heute unverändert verbindlich. Ebenso unverändert verbindlich gelten in beiden Religionskonzernen unmissverständliche Anweisungen zum Umgang mit jedem, der sich ihrer jeweiligen

Religion nicht unterwirft: „alles ausmerzen" heißt es da bei der Vatikankirche, „dem Henker übergeben" lehrt Martin Luther seine Anhänger.

Und dem Gläubigen, der sich diesem schriftlich dokumentierten Credo der Priesterkaste widersetzt, wird mit Verdammung in eine „ewige Hölle" gedroht.

Nicht nur die schriftlichen Vorgaben der Priesterreligionen zum eigenen Machterhalt und zum Umgang mit Andersgläubigen sind geprägt von Rücksichtslosigkeit, Brutalität und Blutrünstigkeit, sondern diese Merkmale ziehen sich durch sämtliche Dogmen- und Lehrsatzsammlungen und die anderen ideologischen Grundlagen der Priesterreligionen. Dazu gehören auch zahlreiche Stellen in den Schriften der Bibel der Kirchen, die bekanntlich teilweise durch besonders brutale Mordanweisungen erschrecken. Solche Bibelstellen stammen nach heutigem Stand der Forschung ebenfalls von der Priesterkaste, auch wenn sie z.B. dem Gottespropheten Mose untergeschoben wurden. Die heutige Priesterkaste behauptet, dies alles sei Gottes Wort und damit unfehlbare Grundlage ihrer Tradition. Folgerichtig zeichnen sich auch die Sanktionen, welche die Priester der Neuzeit für unbotmäßige Untertanen bereithalten, durch traditionelle Brutalität und Grausamkeit aus: sie reichen immer noch von Diskriminierung, Verfolgung und Rufmord im Diesseits bis zur Aussicht auf angeblich ewige Höllenqualen im Jenseits.

Bei dieser ideologischen Ausrichtung der Priesterkaste auf Brutalität, Gewalt, Zerstörung ist es nicht verwunderlich, dass die unter dem Einfluss oder direkt unter der Herrschaft der Priesterreligionen stehenden Völker sich entsprechend dieser Indoktrination verhalten und damit den Verlauf der Geschichte entsprechend geprägt haben.

Doch warum haben die Priesterreligionen die Friedenslehre des Jesus von Nazareth – die ihnen ja bekannt ist, denn sie haben sich ja sogar Seines Namens bedient – nicht übernommen und hätten damit Milliarden von Menschen und Tieren unsägliches Leid erspart und die Schändung der Natur und der ganzen Erde verhindert?

Es gibt dafür nur eine Erklärung: Weil dies alles zu dem Plan dessen gehört, dem die Priestermänner dienen – all das Leid der Menschen, die Not, die Schmerzen, die Gewalt, der Krieg, die Zerstörung, die Unterdrückung, die Ausbeutung, kurz, all das Negative und Böse, mit dem ein Mensch gegen die Gebote Gottes und Seine Schöpfung handeln kann.

Die Priesterkaste hat zu allen Zeiten auf Kosten der Menschen gelebt. Je ärmer das Volk, umso mehr Reichtümer hat sie angehäuft. Immer lagen sie mit den Reichen und Mächtigen im Bett.

Sich selbst erhöhen die Priester und lassen sich gottgleich ehren und bewundern als eine Art Vermittler oder Stellvertreter dessen, den sie ihren „Gott" nennen. Ihr „Gott" ist der, dessen Ziel es ist, die Schöpfung des einzigen wahren Gottes, des All-Einen, zu zerstören: Es ist der Widersacher Gottes, in den überlieferten Schriften auch als „die Schlange" bezeichnet. Brutalität, Grausamkeit, Zwietracht, Unterdrückung, Krieg, Mord, Völkermord, Zerstörung der Natur sind die Insignien seines Reiches und seiner Diener, der Priesterkaste, wie die Fakten für jedermann ersichtlich aufzeigen.

So lange wie die Priesterkaste das Volk schon in die Irre führt und mit Drohung und Gewalt auspresst, so lange gibt es aber auch immer die Hilfe von Gott, dem liebenden Vater aller Menschen und Wesen. Gott, der All-Eine, der einzig wahre Gott, hat Seine Kinder nie alleine gelassen, vor allem nicht in den Fängen der Priesterreligionen. Zu allen Zeiten sandte Gott, der Ewige, Propheten, erleuchtete Männer und Frauen, die in Seinem Auftrag den Menschen die Gebote Gottes, des Ewigen, brachten, die über den Widersacher Gottes aufklärten und die falsche Schlange und ihre Diener im Priestergewand entlarvten. Aber auch die, die noch gegen Ihn sind, gab und gibt Gott nie verloren. Gott ermahnte durch Seine Propheten auch die Priesterkaste zu allen Zeiten, bis in die Gegenwart, immer wieder zur Umkehr.

Doch die Worte der großen Gottespropheten aus dem Alten Testament wurden von der Priesterkaste unbeachtet gelassen, die Gottesboten wurden verfolgt und viele ermordet, und die Menschen verfielen bis heute aus Trägheit oder aus Angst vor den Priestern immer wieder in ihre alten heidnischen Gewohnheiten.

Vor 2000 Jahren kam in Jesus von Nazareth Christus, der größte Prophet. Ihm erging es nicht anders als allen wahren Gottespropheten vor Ihm. Auch Seine Worte, Seine Friedens- und Freiheitslehre aus den Himmeln, wurde von den Religionsverwaltern Seiner Zeit verworfen. Jesus von Nazareth wurde auf Betreiben der Priesterkaste verfolgt und ermordet.

Doch Christus konnten der Widersacher Gottes und seine Priesterdiener nicht besiegen.

Noch am Schandkreuz der Priesterkaste vollzog Er für alle Seelen und Menschen die Erlösung, überliefert in den Worten: *„Es ist vollbracht."* Nach Seiner Auferstehung kehrte Christus zurück in die himmlischen Welten zu Gott, Seinem Vater und dem Vater aller Menschen und Wesen, und Er führt von dort Sein Werk der Erlösung fort. Das Kreuz, von dem Christus auferstanden ist, ist seitdem als Kreuz der

Erlösung, als Kreuz ohne Corpus, das Symbol für alle wahren Christen.

Christus hat durch Sein Werk der Erlösung den Plan des Widersachers, Gottes Schöpfung zu zerstören und ihre Auflösung zu bewirken, ein für allemal unmöglich gemacht. Anhänger des Widersachers wollen dies nicht wahrhaben, denn damit steht fest, dass alle Priesterreligionen früher oder später zum Scheitern verurteilt sind. Mehr noch als viele andere Tatsachen versuchen die Priesterreligionen deshalb, die Wahrheit über die Bedeutung der Erlösung, über dieses große kosmische Geschehen auf Golgatha, mit aller Macht zu unterdrücken.

Als Jesus, der Christus, in Seine himmlische Heimat zurückkehrte, wandten sich immer mehr Menschen von den äußeren Priesterreligionen ab und schlossen sich in urchristlichen Gemeinschaften zusammen. Doch es dauerte nur wenige Generationen, bis es der Priesterkaste gelang, diese Gemeinschaften zu unterwandern, mithilfe des Kaisers Konstantin im 4. Jahrhundert ganz zu übernehmen und schließlich als totalitäre Staatsreligion zur Bastion einer jahrhundertelangen Schreckensherrschaft auszubauen.

Anstelle der bei den Urchristen geltenden Gebote Gottes und der Bergpredigt des Jesus von Nazareth zogen wieder die alten heidnischen Gebräuche,

Gewalt und Friedlosigkeit in Dogmen und Lehren ein. Im Kampf gegen Gott, den Ewigen, und Seinen Sohn Jesus, den Christus, verfiel die Priesterkaste nun auf eine besonders infame Hinterlist: Man missbrauchte dreist den Namen des Jesus, des Christus, und einige der in den Schriften überlieferten Berichte über Sein Leben und Seine Lehre für eine heidnische Kultreligion und unterstellte alles der Deutungshoheit der Priesterkaste, denn die meisten Menschen hatten damals ja überhaupt keine Möglichkeit, irgendwelche Schriftstücke je selbst im Original zu lesen.

Das Christliche vermischte man mit den eigenen aus dem Heidentum übernommenen religiösen Ausgeburten der Priesterkaste, nannte es „christlich" und präsentierte das Ganze in Prunkbauten und Prunkgewändern unter Schaugepränge und Weihrauchschwenken, um die Menschen zu beeindrucken.

Mit diesem Betrug mit dem Namen Christus erreichen die Religionsverwalter zweierlei: Zum einen lassen sich Menschen leichter in die Irre führen. Gutgläubige Menschen fallen auf diesen Etikettenschwindel herein, weil sie mit dem Namen „christlich" die Vorstellung von Treu und Redlichkeit verbinden und nicht merken, dass sie auf Trug und Irreführung hereinfallen.

So verstricken sie sich in dem klerikalen Irrgarten der Priester und werden dadurch „teilhaftig" – um eine Formulierung aus der Offenbarung des Johannes, dem letzten Buch der Kirchenbibel, zu zitieren –, also mitschuldig an deren Untaten, von Drohung, Unfrieden, Gewalt, Boshaftigkeit, Krieg bis hin zum Völkermord.

Zum anderen erreichte die Priesterkaste, ganz im Sinne dessen, dem sie dienen, dass viele Millionen von gequälten, geschundenen, missbrauchten, gefolterten, zerstückelten und ermordeten Opfern fälschlich ihr Schicksal mit Christus in Verbindung brachten und sich – möglicherweise sogar noch als Seele in den jenseitigen Welten – gegen Christus wenden, der doch in Wahrheit ihr Erlöser ist und alle Menschen und Seelen als Jesus von Nazareth auffordert: *„Folget Mir nach"* – also Ihm, dem Friedefürsten, weil Er alle heraus aus den Fesseln äußerer Religionen in die Freiheit führt, hin zu dem Einen Gott, Seinem Vater, der auch der Vater aller Menschen und Wesen ist.

Ausführlich beleuchtet die Dokumentation die Spur der Zerstörung und „Ausmerzung", welche die äußeren Religionen unter dem falschen Etikett „christlich" in der Geschichte hinterlassen haben. Sie erinnert auch an das Schicksal der vielen

Menschen und Gruppierungen, gegen die sich der Hass und der Verfolgungswahn der Priester besonders richtete, weil sie sich bemühten, Gott, dem Ewigen, und dem Christus Gottes nachzufolgen. Die meisten von ihnen fielen den Rachefeldzügen zum Opfer, die in den sich „christlich" nennenden Konfessionen als „Ausmerzung" bezeichnet werden und die das Prädikat kirchlicher Ignoranz und letzten Endes die Angstmacherei, die Verführung der Menschen und Seelen sind.

Besonders brutal gingen die Priester der äußeren Religionen zu allen Zeiten gegen erleuchtete Männer und Frauen vor, gegen die Gottespropheten, durch die Gott, der Ewige, zu allen Zeiten Seine Botschaft des Friedens und der Gottes- und Nächstenliebe und auch Seine Mahnungen an die Menschen übermittelt.
Die Gottespropheten sind der Beweis, dass Gott, der Ewige, ein liebender Vater aller Seiner Kinder ist, die alle Teil Seiner Schöpfung sind. Er lässt jedem Seiner Kinder die Freiheit, sich als Kind Gottes, als Teil Seines ewigen Gesetzes der Gottes- und Nächstenliebe frei für Ihn zu entscheiden, oder den Weg einzuschlagen, der zu dem führt, der wider Gott ist, zum Widersacher.
Dieser Weg führt zu Leid, Unglück, zu Katastrophen, bei deren Eintreten dann von Menschen, die

von äußeren Religionen irregeleitet sind, oft Gott verantwortlich gemacht wird. Doch Gott, der Ewige, sendet kein Leid, kein Unglück, keine Katastrophen. Er selbst ist der Schöpfer und der Vater aller Seiner Kinder – warum sollte Er Seiner eigenen Schöpfung Schaden zufügen? Von Gott, dem Ewigen, der der liebende Vater aller Seiner Kinder ist, kommt nur das Gute. Wer sich gegen das Gute, gegen Gott entscheidet und sich stattdessen dem Widersacher zugewandt hat, hat selbst das gerufen, was ihn ereilt, denn jeder erntet das, was er sät, oder naturwissenschaftlich ausgedrückt: keine Wirkung ohne Ursache. Das Prinzip von Ursache und Wirkung ist heute in der Naturwissenschaft ein universell unbestrittenes Prinzip.

Mit der Wahrheit oder unbestreitbaren naturwissenschaftlichen Gesetzen tun sich äußere Religionen seit jeher besonders schwer, besonders wenn ihr Kult in wesentlichen Punkten auf der Unwahrheit aufbaut. Wahrheiten wie das Gesetz von Ursache und Wirkung passen äußeren Religionen nicht ins Konzept. Die Priesterkaste verkaufte zu allen Zeiten den Menschen die Lüge von einem zornigen Gott als Urheber der Unglücke, Krankheiten und Katastrophen, einen Rachegott, der durch oft grausamste Opfer besänftigt werden müsse. Der gesamte heidnische Priesterkult beruht auf dieser Lehre eines strafenden Gottes, mit der Gott, der All-Eine, der Schöpfer allen Seins, auf infamste Weise als zorniger Willkür- und Rachegott verleumdet wird. Bis heute hat sich bei allen äußeren Religionen nur die äußere Erscheinungsform, nicht aber der Inhalt der Verleumdung Gottes verändert. Bei den sich „christlich" nennenden Priesterkirchen kommt dazu noch die ebenso infame Verleumdung des Christus Gottes und Seines Namens.

Doch die Priesterkaste kann die Gesetze des Universums nicht verändern, auch wenn sie die „Absurdität" in ihren Lehren zum Glaubenssatz erhebt. Auch darüber klärte Gott die Menschen immer, zu allen Zeiten, durch Seine Botschafter, Seine Gottespropheten auf, auch darüber, was die Folgen des Handelns für jeden Menschen sind, je nachdem, wie er sich entscheidet. Gott ist Freiheit; deshalb lässt Er jedem Menschen die Freiheit, Gottes Gebote anzunehmen und in Einklang mit den göttlichen Gesetzmäßigkeiten zu leben oder nicht. Hier zeigt sich die Liebe des Vaters zu Seinen Kindern in den vielen erleuchteten Männern und Frauen, die als Sprachrohre, als Prophetinnen und Propheten Gottes wirkten. Weil sie sich dem Widersacher und seinen Priestern offen entgegenstellen, werden sie von diesen zu allen Zeiten mit besonderer Grausamkeit verfolgt.

Denn die Gottespropheten prangerten an erster Stelle die Priestermänner an, welche die Menschen von dem Einen Gott, dem liebenden Vater aller Menschen und Wesen, weg und hin zu ihrem grausamen heidnischen Rachegott der Gewalt und Zerstörung führen. Gott, der Ewige, klärt die Menschen durch Seine Gottespropheten, Seine Sprachrohre, über die Wahrheit aus den Himmeln auf, über Seine göttlichen Gesetze, deren Essenz uns aus den Zehn Geboten Gottes durch Mose und aus der Bergpredigt des Jesus von Nazareth bekannt sind. Und Er warnte auch zu allen Zeiten vor der Scheinheiligkeit der Priester und vor den verheerenden Auswirkungen ihrer gegen Gott gerichteten Lehren und Taten.

Die erleuchteten Männer und Frauen, die großen Gottespropheten, allen voran Jesus, der Christus, waren und sind offenkundig die größte Gefahr für die Priesterkaste und deren „Inspirator". Im Gegensatz zu den Priestern sprechen wahre Gottespropheten mit der Vollmacht Gottes aus der Wahrheit und stehen fest und in unerschütterlicher Treue zu Gott, dem Ewigen, und dem Christus Gottes.
Der evangelische Theologe Professor Walter Nigg bezeichnet in seinem Buch „Prophetische Denker - Löschet den Geist nicht aus" den Priester deshalb zu Recht als den *„Feind des Propheten".*

Um diesen Feind auszuschalten, sind die Führer der äußeren Religionen, die sich christlich nennen, nach dem Erdengang des Jesus von Nazareth auf ein weiteres Lügengespinst verfallen, mit dem sie glauben, die Menschen vom wahren Wort Gottes und Seines Sohnes Christus durch Seine Propheten fernhalten und Ihn damit endgültig zum Schweigen bringen zu können: Wider besseres Wissen behaupten sie, dass es seit Jesus von Nazareth gar keine Gottespropheten mehr gebe, durch die Gott und der Christus Gottes zu den Menschen sprechen.

Obwohl doch in ihren eigenen Bibeln von erleuchteten Männern und Frauen und von Propheten in den urchristlichen Gemeinden berichtet wird, ebenso von den Worten des Jesus von Nazareth, der das Kommen des Trösters ankündigte, der die Menschen in alle Wahrheit Gottes führt.

Und die Berichte über die Propheten des Alten Bundes in ihren Kirchenbibeln bezeichnen sie gar als wahres Wort Gottes. Wenn Gott immer durch Propheten gesprochen hat, soll Er sich jetzt einer Priesterkaste beugen, die der Christus Gottes nach Seinen ebenfalls in den Kirchenbibeln überlieferten Prophetischen Reden neben vielen weiteren entlarvenden Worten als „Nattern" und „Otterngezücht" bezeichnete? Welch armselige Wichte vor dem Angesicht Gottes sind diejenigen, die sich wie Martin Luther zu der Anmaßung versteigen, dass nur

der „predigen" dürfe, selbst wenn er von Gott gesandt wäre, dem sie, die Priester, die Erlaubnis erteilt
haben, andernfalls sei er dem Henker zu überant-
worten?

Obwohl dieses von Priestern verhängte „Sprech-
verbot für Gott" also völlig absurd ist, haben es
äußere Religionen durch jahrhundertelange Indoktrination der zwangsgetauften Kirchenmitglieder
vom Säuglingsalter an geschafft, dass bis heute
viele Anhänger äußerer Religionen immer noch auf
diese dreiste Anmaßung der Priesterkaste hereinfallen und deshalb meinen, weil die äußeren Kirchen dies behaupten, könne Gott heute nicht mehr
durch Prophetenmund sprechen.

Wenn ein Atheist das prophetische Gotteswort
verwirft, weil ihm der Glaube an den Rachegott der
ewigen Verdammnis und Hölle, wie er von den sich
christlich nennenden Kirchen propagiert wird, und
an dessen Religionsverwalter fehlt, ist das zwar be-
dauerlich, aber verständlich. Denn man kann niemandem einen Vorwurf deswegen machen, weil er
nicht bereit ist, seinen „Verstand an der Kirchentür
abzugeben".

Wenn aber jemand beharrlich dem Wort Gottes
und der Botschaft des Christus Gottes und dem
Prophetischen Wort mit dem Glauben an das Absurde begegnet und an dieses Absurde gegen jede
Logik und Verstand „glaubt" und sich dann als

„Christ" bezeichnet, verhöhnt er damit Gott, den Ewigen, und den Mitregenten der Himmel, den Christus Gottes.

Doch der mächtige Schöpfergott lässt sich von armseligen Verblendeten im Kielwasser des Widersachers nichts vorschreiben. Der Geist der Unendlichkeit, der Geist der Wahrheit, weht, wann und wo Er will. Ganz bestimmt nicht in institutionalisierten, ritualisierten äußeren Religionen und in ihren Steinhäusern, unter Aufsicht und auf Geheiß eines sündhaften Priesters.

Und der Geist Gottes weht mächtig in unserer Zeit. Man kann sich vorstellen, welcher Aufruhr bei den Führern der äußeren Religionen mit dem falschen Etikett „christlich" und bei ihren Hintermännern geherrscht haben muss, als in den siebziger Jahren des vergangenen Jahrhunderts Gott, der Ewige, und Sein Sohn, der Christus Gottes, begannen, abermals unmittelbar zu den Menschen zu sprechen, durch Gabriele, die Prophetin und Botschafterin Gottes.

Die Kirchenoberen erfassten schnell, dass Gott wieder einen großen Gottespropheten, dieses Mal eine Frau, als Sein Sprachrohr zu den Menschen gesandt hatte, wie Er dies schon immer zu allen Zeiten getan hatte. Zunächst versuchten die Kirchenoberen, Gabriele in ihre Organisation zu vereinnahmen, um sie so unter ihre Kontrolle zu bringen, wie sie dies in

früheren Zeiten schon oftmals bei anderen Gottesboten versucht hatten. Als ihnen dies nicht gelang,
begann der jahrzehntelange Verleumdungsfeldzug
der Schlange im kirchlichen Talar beider Konfessionen gegen Gabriele, das hohe Geistwesen im
Erdenkleid, die Frau, die dem Ruf Gottes gefolgt ist
und ihr Leben in den Dienst Gottes für die Menschen gestellt hat.

Was die Priesterkaste nicht erkannte oder nicht
erkennen möchte, ist sowohl das große kosmische Geschehen, welches das Kommen Gabrieles begleitet, als auch, wer das hohe Geistwesen
ist, welches Gott, der Ewige, als Seine Prophetin
und Botschafterin zu den Menschen gesandt hat.
Der Christus Gottes hat dies in vielen Göttlichen
Offenbarungen in allen Einzelheiten für alle Menschen in unserer Zeit dargelegt. Die vorliegende
Dokumentation gibt davon Auszüge wieder. Denn
nur wer um die Bedeutung und den Umfang des
Wirkens des Christus Gottes in unserer Zeit durch
Gabriele weiß, kann die Tragweite des Geschehens
erfassen.
Umso mehr wird ihm aber auch die Skrupellosig-
keit und Infamie bewusst, mit der äußere Religionen sowohl Gabriele als auch den Christus Gottes
durch den Missbrauch Seines Namens verhöhnen
und diskriminieren.

Im Werk der Erlösung des Christus Gottes bereitet Gabriele – in den Himmeln der Seraph, das weibliche Prinzip der göttlichen Weisheit, auf der Erde die Prophetin und Botschafterin Gottes – die Wiederkunft des Christus Gottes im Geiste vor und bereitet gleichzeitig vielen weiteren Söhnen und Töchtern Gottes die Wege. Christus selbst führt in unserer Zeit die Menschheit im Prophetischen Wort durch Gabriele als der Tröster, dessen Kommen Er bereits als Jesus von Nazareth angekündigt hat. Durch Gabriele offenbart Er die tiefsten Weisheiten für alle Bereiche des Lebens und führt alle willigen Menschen in die ganze Wahrheit, so weit, wie wir Menschen sie in unserer Sprache, die durch die drei Dimensionen geprägt ist, erfassen können. Das männliche Prinzip, der Cherub der göttlichen Weisheit, steht im Geiste dem weiblichen Prinzip zur Seite im Auftrag für das Werk der Erlösung aller Seelen und Menschen.

Von Beginn ihres öffentlichen Wirkens an klärte der Gottesgeist durch Gabriele über unzählige Facetten der ewigen Wahrheit auf, über die Gesetze der Himmel und die Göttlichen Gebote und Gesetzmäßigkeiten für die Erde, über das Woher und Wohin der Menschen und Seelen und den Weg aller Menschen und Seelen zurück zu Gott in die ewige Heimat. Er klärte auf, dass alle

Menschen Kinder eines himmlischen Vaters und damit Brüder und Schwestern sind, und besonders offenbarte Er die Wahrheit über das Leben und die Lehre des Christus Gottes und Seinen Erdengang als Jesus von Nazareth, als Er zum Erlöser aller Seelen und Menschen wurde.

Der Gottesgeist sprach durch Gabriele in zahllosen Versammlungen weltweit zu Tausenden von Menschen direkt, später zu Millionen über Tonträger und über mehr als tausend Rundfunk- und Fernsehstationen rund um den Globus. Weit über hundert Bücher und Schriften geben die unmittelbaren Worte des Gottesgeistes wieder und Erläuterungen aus dem erschlossenen Bewusstsein Gabrieles. Gabriele lebt als Schwester unter Brüdern und Schwestern und geht seit mehr als vier Jahrzehnten auf dem Weg im Werk der Erlösung auf der Erde als strahlendes Licht voran, zum Segen für alle Menschen, für Tiere und Pflanzen, für die Natur und die Erde, ja, für die gesamte Schöpfung.

Sie dient Gott, dem Ewigen, und dem Christus Gottes im kosmischen Werk der Erlösung und gereicht damit allen zum Segen: denen, die das große Geistwesen, die Frau, deren Kommen in den alten Schriften angekündigt ist, in Gabriele erkennen, aber genauso auch den vielen, die das kosmische Geschehen nicht erfassen, weil ihr Herz und ihr

Verstand vom Weihrauch und der jahrtausende-
langen Indoktrination und Unterdrückung durch
äußere Religionen vernebelt und dumpf sind.

Was in über vierzig Jahren in Ton, Bild und Schrift
an göttlicher Weisheit durch einen Menschen,
Gabriele, übermittelt wurde, ist ohnegleichen,
ebenso ihr persönlicher grenzenloser Einsatz im
Erlöserwerk des Christus Gottes.

Eine ausführliche Darstellung dessen, was hier nur
knapp angedeutet werden kann, findet der interessierte Leser in dem großen Offenbarungswerk
„Das ist Mein Wort. Alpha und Omega. Das Evangelium Jesu. Die Christus-Offenbarung, welche inzwischen die wahren Christen in aller Welt kennen",
in welchem Christus selbst Sein Leben und Wirken
als Jesus von Nazareth darlegt und erläutert. Er erklärt auch Sein Wirken in unserer Zeit und legt den
Menschen unserer und späterer Zeiten die hohe
Frau ans Herz, deren Kommen in alten Schriften
vorhergesagt ist und das sich in unserer Zeit mit
Gabriele erfüllt. Vieles dazu wird auch in der vorliegenden Dokumentation näher ausgeführt.

Dabei wird offenkundig, dass das Geschehen,
das sich in unserer Zeit vollzieht, in direktem Zusammenhang steht mit den Ereignissen vor 2000
Jahren, als der Christus Gottes als Jesus von Nazareth über die Erde ging und zum Erlöser aller

Menschen und Seelen wurde. Die Frohe Botschaft des Christus Gottes, die Erlösung und die Gewissheit, dass alle Menschen und Seelen durch Christus zu ihrem liebenden himmlischen Vater zurückkehren werden, sind aktueller denn je.

Es wird aber auch schmerzlich erkennbar, dass äußere, von Priestern geführte Religionen sich damals wie heute bei der Verfolgung und Verhöhnung des Christus Gottes gegenseitig überbieten und dass es damals wie heute die Gleichen sind, die Seine Erlösertat in schändlichster Weise verraten und heute sogar noch Seinen Namen für ihre eigenen miserablen Ziele missbrauchen.

Es wurde bereits mehrfach betont, dass dies die Autoren der vorliegenden Dokumentation nicht länger hinnehmen. Das Wirken des Christus Gottes in unserer Zeit durch und mit Gabriele ist die Grundlage und der Ausgangspunkt der Rehabilitierung Seines Namens und nimmt deshalb in der vorliegenden Dokumentation einen zentralen Platz ein. Erst durch die Aufklärungen aus dem Gottesgeist in vielen Offenbarungen durch Gabriele in Wort und Schrift und die in allen Facetten offenbarte Wahrheit wurde vielen Menschen bewusst, dass die Himmelslehre des Jesus, des Christus, überhaupt nichts zu tun hat mit den sich „christlich" nennenden äußeren Religionen und ihren auf alten heidnischen Traditionen beruhenden Vorstellungen von Gewalt, Rachegott, Opferkult und Töten, sondern gerade das Gegenteil davon ist.

Aufgrund der Göttlichen Offenbarungen durch Gabriele begannen viele Menschen, aufzuwachen und in den Dokumenten der äußeren Kirchen nachzuforschen und stellten mit Erstaunen fest, dass der ungeheure, Jahrtausende alte Etikettenschwindel dem Leser schon aus den eigenen Quellen der konfessionellen Priesterreligionen förmlich entgegen springt. Erst durch die Belehrungen und die klaren Worte des Christus Gottes wurde vielen bewusst, wie sehr die Jahrtausende alte Herrschaft der Priesterkirchen nicht nur unsere Geschichte, sondern auch unsere Gewohnheiten und sogar unsere Sprache und unser Denken beeinflusst und den Klarblick auf das verstellt, was die Priester hinter dem allgegenwärtigen Begriff „Geheimnis" zu verbergen suchen und was sich hinter ihren hohen Mauern und in ihren Archiven und Schatzkammern wirklich versteckt.

Der Kampf des Lichts gegen die Finsternis ist so alt wie die Menschheitsgeschichte und, wie wir dank der Offenbarungen des Christus-Gottes-Geistes in unserer Zeit wissen, sogar noch älter. Wie erwähnt, ist in den überlieferten Schriften die Schlange ein

Symbol für den Widersacher – für den, der wider Gott, den Ewigen, und Seine Schöpfung ist. Die Schlange versucht, die Menschen zu verführen durch Lug und Trug. Die Religionsverwalter zur Zeit des Jesus von Nazareth wollten Christus loswerden, damit Er nicht zu den Menschen spricht. Deshalb ließen sie Ihn ermorden. Jesus, der Christus, bezeichnete sie als Diener des Vaters der Lüge.

Der Widersacher glaubte, Christus in Jesus von Nazareth besiegt zu haben, doch Christus ist auferstanden und hat die Erlösung vollzogen.

Heute schmücken sich die Religionsverwalter mit Seinem Namen, dem Namen des Christus Gottes. Und immer noch sind sie gegen Christus und wollen Ihn zum Schweigen bringen, damit Er nicht durch Gabriele, Seine Prophetin und Botschafterin, spricht. Wiederum offenbaren sie damit, wessen Diener sie sind. Es ist derselbe, den Jesus den Vater der Lüge genannt hat, die gleiche alte Schlange der überlieferten Schriften. Doch in unserer Zeit ist das Ende der Schlange eingeläutet.

Die Repräsentanten der falschen Schlange wollen dies nicht wahrhaben. Es ist, wie es immer war und in den Schriften des Alten Bundes überliefert ist. Es erging der Gottesprophetin Gabriele nicht anders als allen Gottespropheten vor ihr, nicht anders als Abraham, Mose, Jesaja, Jeremia, Hosea und vielen weiteren erleuchteten Männern und Frauen, die von Gott berufen wurden und den Menschen der jeweiligen Zeitepoche die Wahrheit aus dem Reich Gottes brachten.

Der Priester ist der Feind des Propheten, wie Professor Walter Nigg, der evangelische Theologe, treffend erkannt hat. Deshalb hat die Priesterkaste, wie erwähnt, die Wortträger immer verfolgt, diskriminiert, verleumdet und viele von ihnen ermordet. Am schlimmsten erging es Jesus von Nazareth, Christus, dem größten Propheten, der sich seit nunmehr über vierzig Jahren wieder im Prophetischen Wort durch Gabriele offenbart.

Von Jesus, dem Christus, sind die sinngemäßen Worte an Seine Nachfolger überliefert: *„Haben sie Mich verfolgt, so werden sie auch euch verfolgen."*
Auch Gabriele musste von der ruchlosen Priesterkaste der äußeren Religionen Unvorstellbares erdulden. Wohl niemand kann sich vorstellen, was dies für einen Gottespropheten bedeutet, der sein ganzes Leben in den Dienst des Allerhöchsten stellt und ständig im Bewusstsein der Gegenwart Gottes lebt. Christus selbst beschreibt das Los Gabrieles in Seinem Offenbarungswerk „Das ist Mein Wort. Alpha und Omega" mit den Worten:
„Das hohe Wesen im Erdenkleid, die Magd Gottes, musste Ähnliches erdulden wie Ich als Jesus von

Nazareth. Ihr Leben im Dienste Gottes für die Menschen war ein täglicher Kreuzweg. Sie trug das Kreuz des Spottes, der Verachtung, der Verleumdung und der bewussten Lüge von jenen, die sich christlich nannten." (S. 407)

Die Verschlagenheit und Hinterlist, mit der die modernen Inquisitionsbehörden dabei zu Werke gingen, steht der der traditionellen Inquisitionsmörder der Priesterkirchen in früheren Jahrhunderten in ihrer Brutalität und Perversion nicht nach. Allenfalls ihr Instrumentarium hat sich geändert. Auf einige traditionell von ihnen bevorzugte Mittel – wie physische Folter und physischen Mord – müssen sie verzichten, weil solches, wie erwähnt, derzeit in den meisten Ländern des sogenannten Abendlandes nicht mehr von der staatlichen Gewalt geduldet wird.

Trotzdem blieb den modernen Inquisitoren ein weiter Spielraum, ihren Hass auszuleben durch Verleumdung, Diskriminierung und Rufmord, und zwar in der infamsten und schmutzigsten Weise. Entsprechend den Anweisungen und verbindlichen Lehrbefehlen ihrer „Kirchen-Väter" und „Glaubensgründer" verfolgten sie mit Lügen und Verleumdungen, Intrigen und Boykottaufrufen Männer, Frauen und Kinder bis in die Schulen und Wohnungen hinein.

Am schlimmsten aber wüteten sie gegen Gabriele, denn am meisten fürchten die Priester und ihre Hintermänner, wie dargelegt, seit Menschengedenken die wahren Gottespropheten. Und das ist heute kein Jota anders.

Heute stützen die Kirchen sich dazu auf ihren unermesslichen Reichtum, auf ihre Hunderte von Milliarden an Vermögen, auf ihr von ungeheurer wirtschaftlicher Macht getragenes konfessionelles Netzwerk, das wie ein unsichtbarer Krake alle Bereiche der Gesellschaft und des Staates durchzieht. Auf diese Weise sichern sie sich neben Einfluss, Macht und mannigfachen materiellen Privilegien in einem sonst funktionierenden Rechtsstaat nicht nur den Freiraum für Verleumdung und Rufmord im Kampf gegen Christus und Seine Nachfolger, sondern sie sorgen auch dafür, dass niemand es wagt, sie wegen der Falschmünzerei und dem Etikettenschwindel mit dem Namen des Jesus, des Christus, zur Verantwortung zu ziehen.

Wenn man selbst miterlebt hat, wie willfährig und mit welchen Methoden auch staatliche Parteigänger der äußeren Amtskirchen jede berechtigte Kritik an den schmutzigen Methoden der modernen Inquisition unterdrücken, schmerzt es umso mehr, wenn man erlebt, mit welch infamem Zynismus dieselben Parteigänger sowohl Jesus, den Christus

Gottes, als auch Gabriele, Seine Prophetin und Botschafterin, dem niederträchtigen Schmutz klerikaler Rufmordexperten schutzlos ausliefern.

Auf welcher ethischen und moralischen Ebene sich der Inquisitionsauftrag äußerer Religionen heute bewegt, mag man daraus ersehen, dass sich sogar die eigens dafür ausgewählten und ausgebildeten „Experten" der Kirchen gelegentlich öffentlich darüber beschweren, dass sie die „Schmutzarbeit" machen müssen.

Es gehören in der Tat eine ganz besonders abgefeimte Gesinnung und vermutlich auch eigene Erfahrungen in diesem oder gar früheren Leben dazu, damit man sich nicht schämt und nicht davor zurückschreckt, sämtlichen aus klerikalen Traditionen übernommenen Schmutz über die Prophetin Gottes auszugießen, über eine Frau, die ihr ganzes Leben nach den göttlichen Gesetzmäßigkeiten ausrichtet und nichts Böses tut. Es ist für einen konfessionslosen Bürger schwer vorstellbar, was alles in den Köpfen klerikaler Talarträger vorgeht. Dass es oft nichts Gutes ist, ist spätestens seit Beginn des 21. Jahrhundert weltweit offenbar geworden, als bekannt wurde, dass Tausende von klerikalen Sittenstrolchen und Verbrechern im Talar sich an Hunderttausenden von Kindern weltweit regelmäßig vergangen und dadurch deren ganzes Leben zerstört haben. Am schlimmsten an diesen schlimmen Perversionen der äußeren Religionen ist, dass auch in diesen Fällen den Kindern vorgespiegelt wurde, diese schändlichen Verbrechen geschähen durch einen Mann Gottes und im Namen von Gott und Christus. Ärzte, die die Opfer betreuen, sprechen deshalb von Seelenmord.

Mit welchem Recht muss sich der Christus Gottes von solchen religiösen Institutionen durch den Missbrauch Seines Namens seit nahezu 2000 Jahren verleumden und verhöhnen lassen? Alle Versuche in Deutschland, diesen offenkundigen Missbrauch auf dem Rechtsweg unterbinden zu lassen, sind leider bislang erfolglos geblieben. Der Staat verweigert Christus beharrlich sowohl den Schutz als auch die Rehabilitierung Seines Namens. Die Schlange hält viele in ihrem Bann, die von ihr genährt werden.

Umso wichtiger ist die weltweite Aufklärung, die sich die Autoren dieser Dokumentation, Urchristen in der Nachfolge des Jesus von Nazareth, zur Aufgabe gemacht haben. Sie richtet sich an alle Wahrheitssucher und alle, die begonnen haben, aus dem Weihrauchnebel äußerer Religionen herauszutreten. Sie entlarvt aber nicht nur die alte falsche Schlange und lässt die Menschen dann mit ihrer Enttäuschung und der Ablehnung allein, sondern sie beschreibt den Weg, den Christus in unserer

Zeit im Prophetischen Wort wiederum allen Menschen ans Herz legt: *„Folget Mir nach!"*

Immer mehr Menschen, die das falsche Spiel der alten Schlange durchschaut haben, wenden sich deshalb dem Licht zu, dem Tröster, Christus, dem Erlöser aller Menschen und Seelen.

Gabriele – im Geiste der Seraph der göttlichen Weisheit – bereitet Christus in unserer Zeit im Erdenkleid die Wege.

Christus offenbart dazu:

„Die göttliche Weisheit hat die große Aufgabe übernommen, Mein Licht des Friedens und der Einheit voraus zu tragen und es allen Völkern dieser Erde zu bringen und somit allen Menschen, die guten Willens sind. Durch sie strahlt Mein Licht in unzähligen Facetten des Lebens hinaus: Es ist Mein Wort, das offenbar ist und wird durch den Mund Meiner Prophetin, die zugleich Botschafterin Gottes ist, und durch viele gerechte Männer und Frauen. Mein Licht bringt auch den Menschen den Inneren Weg hin zum Herzen Gottes. Es verkündet auch das Friedensreich und bewirkt, dass die Söhne und Töchter Gottes, die im Auftrag der Erlösung stehen, (...) das Werk der Erlösung verbreiten, das Friedensreich gründen und aufbauen." (Das ist Mein Wort. Alpha und Omega, S. 693)

Soweit die Worte des Christus Gottes.

Was Er verkündet, geschieht in unserer Zeit, in der Gabriele als Schwester unter Brüdern und Schwestern im Irdischen lebt. Sie ist es, die als Trägerin der dritten Grundkraft Gottes, der göttlichen Weisheit im Erdenkleid, im Verbund mit dem Cherub der göttlichen Weisheit im Geiste, zusammen mit Söhnen und Töchtern Gottes die Rehabilitation des Christus Gottes vollzieht.

Denn die Zeit dafür ist gekommen, in der Christus sagen kann:
„Da durch die göttliche Weisheit nach Meinem Willen schon vieles auf Erden vollbracht ist, strahlt Mein Licht jetzt schon in diese Welt und kündigt Mein Kommen an."
(Das ist Mein Wort. Alpha und Omega, S. 693)

Dr. Gert J. Hetzel,
ehemaliger Richter

Das Wort
des Christus Gottes
hat sich erfüllt:
Der Tröster ist gekommen

Jesus, der Christus,
wird rehabilitiert

Worte des Christus Gottes

Gott ist das ewige Gesetz.
Es strahlt von der Urzentralsonne aus
durch alle Reiche der Unendlichkeit
und durch alle reinen Wesen,
durch alles reine Sein.

Das Wort Gottes ist Leben und Substanz,
ist Feuer und Licht.

Aus der Liebe kam daher die Weisheit
und wohnt unter den Menschen,
damit diese empfangen,
was Gott, die Liebe und Weisheit,
ihnen zu sagen hat –
heute in der großen Zeit
der Befreiung der Geschlechter
von einem Leben in Einengung und Trübsal.
Das Licht ist die Stärke,
die Kraft und die Macht.

Ich Bin in der Welt,
und Ich durchstrahle die Welt –
doch die Welt weiß es nicht.

Ich komme zu Meinem eigenen Hause,
zu allen Seelen und Menschen,
und Meine Freunde nehmen Mich nicht auf.
Doch allen, die Mich aufnehmen
und Mir gehorchen,
ist die Macht gegeben,
bewusst die Söhne und Töchter Gottes zu werden,
und ebenso denen,
die an den heiligen Namen glauben
und danach leben,
die nicht dem Willen des Fleisches und
des Blutes unterliegen,
sondern Gottes Willen erfüllen.
Sie sind bewusst Geborene aus Gott.

Christusworte aus dem Prolog
zu dem großen Offenbarungswerk
„Das ist Mein Wort. Alpha und Omega.
Das Evangelium Jesu.
Die Christus-Offenbarung, welche inzwischen
die wahren Christen in aller Welt kennen"

Der Missbrauch des Namens des Christus Gottes

Das Kommen des Christus Gottes in Jesus von Nazareth wurde von den großen Gottespropheten des Alten Bundes angekündigt – und Jesus von Nazareth kam. Er brachte die Lehre der Gottes- und Nächstenliebe aus dem Reich Gottes, aus dem Heiligtum. Er lehrte aus dem Herzen Seiner Liebe und Friedfertigkeit den Weg zurück in das Reich Gottes.

Die Masse der Menschen hat Ihn und Seine Lehre nicht angenommen. Aufgehetzt von der damaligen Priesterkaste nahmen die Menschen es hin, dass Jesus von Nazareth dem römischen Staat ausgeliefert wurde, der Ihn kreuzigen ließ. Jesus von Nazareth, der als Friedefürst unter uns Menschen lebte, wurde auf Golgatha zum Erlöser aller Menschen und Seelen.

Die ersten Nachfolger des Jesus von Nazareth lebten in dem Bewusstsein der Auferstehung des Jesus, des Christus. Sie bemühten sich, so zu leben, wie Er es ihnen vorgelebt und sie gelehrt hatte. Einige Generationen nach Seiner Ermordung am Kreuz durch die Intrigen der damaligen Priesterkaste begann jedoch der Betrug an der Lehre des Jesus von Nazareth. Es etablierte sich eine äußere

Religion – eine unheilige Allianz von Priesterkaste und römischem Kaisertum –, die mit der ursprünglichen Lehre des Jesus von Nazareth nichts mehr zu tun hatte, sich aber mit dem Namen „christlich" ummantelte. Die schlichte Lehre der Gottes- und Nächstenliebe wurde mehr und mehr in das Gegenteil verkehrt und durch Dogmen, Riten und Kulthandlungen heidnischen Ursprungs ersetzt.

Der Verrat an Jesus, dem Christus, und Seiner Lehre ist sichtbar in der Blut- und Leidensspur, die die sogenannten christlichen Institutionen seit Jahrhunderten über die ganze Erde gezogen und in allen Kulturen verursacht haben.

Unter dem Missbrauch Seines Namens wurden alle Menschen und Gruppierungen, die den urchristlichen Werten treu blieben, von den herrschenden kirchlichen Institutionen gnadenlos verfolgt; wer sich ihrer Doktrin nicht unterordnete, wurde „ausgemerzt".
Unter Missbrauch Seines Namens wurde geraubt, gemordet, betrogen und gelogen. Päpste riefen zu Kreuzzügen auf, und Millionen Menschen wurden brutal abgeschlachtet.

Unter Missbrauch Seines Namens wurden Menschen, hauptsächlich Frauen, der Hexerei angeklagt und grausam gefoltert und zu Tode gemartert.

Unter Missbrauch Seines Namens zog man aus, um angeblich „das Evangelium zu verkünden" – dabei wurden ganze Völker hingemetzelt, deren Schätze geraubt und der Kirche und ihren Verbündeten einverleibt.

Unter Missbrauch Seines Namens waren die sich bis heute christlich nennenden Kirchen bei der Entstehung von Kriegen maßgeblich beteiligt – bis in die Gegenwart hinein.

Unter Missbrauch Seines Namens sitzen die Kirchen auf ungeheuren Reichtümern, während ihre Mitmenschen tagtäglich zu Tausenden an Hunger sterben.

Unter Missbrauch des Namens „christlich" wurden unzählige Kinder und Jugendliche von Priestern sexuell missbraucht; Heimkinder wurden erniedrigt, geschändet und misshandelt.

Millionen von Menschen, ganze Völker und Nationen bringen noch heute Christus, den Friedefürsten und Erlöser aller Menschen und Seelen, mit den Verbrechen und Ungeheuerlichkeiten in Verbindung, mit denen eine Priesterkaste und ihre todbringenden Vasallen die Erde seit nahezu zweitausend Jahren überziehen. Die Opfer machen Christus dafür verantwortlich, weil die Wölfe im pseudo-christlichen Schafspelz mit ihren Untaten den untadeligen Namen des Christus Gottes besudelten und besudeln.

In vielen Ländern der Erde berufen sich die Mächtigen mit dem Segen der Priesterkaste auf Christus, wenn sie ihre selbstsüchtigen, gewalttätigen und friedlosen Interessen skrupellos auf dem Rücken der Menschen, der Tiere, der Umwelt und damit der ganzen Erde durchsetzen.

Jesus, der Christus, der Sohn des Allerhöchsten, hat all dies nicht gelehrt, ganz im Gegenteil: Er kam, um die Ungerechtigkeit und Falschheit anzuprangern und die Menschen den Weg des Friedens zu lehren.

Die Werke des Unfriedens sind die Werke derjenigen, die in Christus und in all jenen, die Seine wahre Lehre kennen und Ihm nachfolgen, die größte Gefahr für ihre dunklen Interessen sehen. Deshalb heften sie Ihm und Seinen wahren Nachfolgern ihren – durch die Geschichte belegten – eigenen abscheulichen Unrat an, um damit den Namen des Christus in Misskredit zu bringen.

Deshalb die Rehabilitation des Christus Gottes und Seiner Lehre des Friedens, der Gottes- und Nächstenliebe.

All diese Facetten des Missbrauchs Seines Namens werden in diesem Buch eingehend beleuchtet, vor allem auch die Verfälschung der Lehre des Jesus, des Christus, und deren verheerende Folgen für die Menschheit und für alles, was auf der Erde lebt, die heute immer stärker sichtbar werden – die fortschreitende Zerstörung unserer allzumenschlichen Welt. Aufgrund der Verschleierungskünste der etablierten kirchlichen Institutionen sind vielen Menschen die tiefer liegenden Ursachen der Zerstörung nicht bewusst.

Mit diesen Verschleierungskünsten wurde durch all die Jahrhunderte auch verhindert, dass die Menschen von der wahren Bedeutung der Eingeburt des Sohnes Gottes in Jesus von Nazareth und Seiner Erlösertat auf Golgatha erfahren. Auch darauf wird im Folgenden ausführlich eingegangen.

Der Geist der Wahrheit offenbart den Menschen aus dem Füllhorn der göttlichen Weisheit

Weil die Himmelslehre des Jesus von Nazareth nicht angenommen und zum Teil verfälscht wurde, sandte Gott, der Ewige, in diese Umbruchszeit hinein den Tröster, den Er als Jesus von Nazareth verheißen hat mit den Worten:

„Noch vieles hätte ich euch zu sagen, doch ihr könnt es jetzt nicht tragen. Wenn aber jener kommt, der Geist der Wahrheit, wird er euch in alle Wahrheit führen." (Johannes 16, 12-13)

Durch die dritte Grundkraft Gottes, die göttliche Weisheit, führt Er, Christus, im Prophetischen Wort die willigen Menschen in die ganze Wahrheit, so weit, wie wir sie verstehen können.

Der Tröster ist der Geist der Wahrheit, den Jesus von Nazareth verheißen hat. Er ist gekommen, und es erfüllt sich Sein Wort:

Die Prophetin und Botschafterin Gottes, Gabriele, empfängt und verkündet die Botschaft aus dem Reich Gottes, dem Zentrum des Seins, aus dem Heiligtum Gottes.

Die Lehre des Jesus von Nazareth ist nicht Vergangenheit. Sie ist wiedergekommen durch das

Wort des Trösters, des Christus Gottes, durch Seine Wortträgerin Gabriele. So war es! So ist es!

Seit Ende der 70er Jahre des 20. Jahrhunderts vernehmen immer mehr Menschen weltweit das himmlische Offenbarungswort des Ewigen, All-Einen Gottes und Seines Sohnes, des Mitregenten der Himmel, des Christus Gottes, sowie des Trägers der dritten Grundkraft Gottes, des Cherubs der göttlichen Weisheit vor Gottes Thron, durch Seine Wortträgerin Gabriele.

Wir leben in einer mächtigen Zeitenwende

Christus sprach über den göttlichen Auftrag und das Wirken der göttlichen Weisheit in unserer Zeit. In Seinem 1989 gegebenen großen Offenbarungswerk „Das ist Mein Wort. Alpha und Omega" offenbarte Er:

„In allen Generationen gaben und geben viele Menschen Zeugnis von Mir, so auch in dieser. Kein Mensch wird einst sagen können: »Ich habe von Christus nichts gewusst.« Denn die Pioniere für die Neue Zeit, die in Meinem Auftrag stehen, werden die Wahrheit, die Ich Bin, in alle Länder tragen. Und das Evangelium der Liebe wird vielen Menschen gereicht werden. Der Christus Gottes ist Tröster und Erlöser, die Wahrheit und das Leben im Strom des ewigen Gesetzes." (S. 797)

„Der Tröster ist der Geist Christi, der Ich Bin, das Leben in Gott, Meinem Vater.

Der Christus-Gottes-Geist ist allgegenwärtig in den vier Wesenheiten Gottes, den Schöpfungs- und Schaffungskräften – die jede Seele als Kraft und Leben in sich trägt.

Der Tröster, Mein Geist, ist der Erlöserfunke, in dem Trost und Erlösung wirken. Die Erlösung ist Mein Werk, das Ich vom Vater empfangen habe zur Heimholung aller Seelen und Menschen.

Viele Menschen wirken in Meinem Erlöserwerk und tragen Mein Licht in die Welt. Durch ihre selbstlose Hilfe wuchs es in wenigen irdischen Jahren über die ganze Erde. Viele Wesen gingen und gehen für das Werk der Erlösung in das Erdenkleid, um die Menschen die Wahrheit zu lehren und sie ihnen vorzuleben, ähnlich, wie Ich es als Jesus von Nazareth getan habe. Viele Herzen und viele Menschen werden durch das Denken, Leben und Wirken dieser Pioniere bewegt und angeregt, nachzudenken und die ewigen Gesetze zu verwirklichen.

Es ist die übermenschliche Leistung einer Frau, die im Vater und in Mir, dem Christus, lebt, dass in wenigen Jahren das Werk der Erlösung weltweit geworden ist.

Sie steht im göttlichen Auftrag, zusammen mit den Pionieren für die Neue Zeit, alle Menschen, die guten Willens sind, zu rufen und sie zu lehren, damit *sie das Innere Licht der Liebe und das wahre Leben finden, das ewige Gesetz des Alls. Denn die Wahrheit, das Gesetz des Alls, ist inwendig in jedem Menschen (...)*

In dieser mächtigen Zeitenwende wirken viele Wesen im Erdenkleid. Unermüdlich leisten sie Großes für die Lichtzeit und somit für Mich, den Christus Gottes, und für alle nach ihnen kommenden Generationen." (S. 801 f.)

Gabriele, die Prophetin und Botschafterin Gottes

Große kosmische Ereignisse werfen ihr Licht voraus. So war es auch – wenn auch von der Öffentlichkeit unbemerkt –, als der Ruf der Gesetzesengel vor Gottes Thron eingeleitet wurde, Jesus, den Christus, zu rehabilitieren.

In der dunkelsten Zeit, als sich der Faschismus in Europa zusammenbraute und der katholische Vatikan den Faschismus auf der internationalen politischen Bühne salonfähig machte; als die Priester und Pfarrer beider großen deutschen Glaubensinstitutionen Waffen und Soldaten segneten und den kommenden Krieg herbeibeteten; als die Bischöfe von ihren Kanzeln herab das Volk auf Hitler einjustierten und der Friedensgruß des Jesus von

Nazareth dem Hitlergruß weichen musste; als Soldaten auf ihrem Koppelschloss die Worte „Gott mit uns" tragen mussten; als die Lehre des Nazareners *„Steck dein Schwert in die Scheide, denn alle, die zum Schwert greifen, werden durch das Schwert umkommen"* (Matthäus 26, 52) mit dem Segen der institutionellen Kirchen völlig ausgehebelt wurde – gerade in dieser schweren, dunklen Zeit kam ein großes Licht aus dem Heiligtum Gottes in diese Welt, der Seraph der göttlichen Weisheit vor Gottes Thron.

Dieses Licht aus dem höchsten Sein gebar sich in ein Kind ein, dem der Name Gabriele gegeben wurde.

Es wuchs in einer bürgerlichen Handwerkerfamilie auf, ohne dass jemand wusste, was in dem Kind, Gabriele, verborgen war.

Das Kind Gabriele wurde nach den damaligen Prinzipien ihres Lebensumfeldes erzogen: in Aufrichtigkeit, Ehrlichkeit und Kameradschaftssinn, wie es damals hieß.

Lange Zeit lebte Gabriele mit ihrer Mutter und Großmutter allein. Der Vater war im Zweiten Weltkrieg als Soldat eingezogen worden.

Gabriele berichtet: *„Das Leben war oftmals entbehrungsreich. Doch die Liebe der kleinen Familie von Mutter und Großmutter war ausschlaggebend für die nächsten Schritte in das Erwachsenenalter."*

Das göttliche Prophetische Wort bricht durch

In der Mitte ihres Erdenlebens vernahm Gabriele in der Tiefe ihrer Seele den sinngemäßen Ruf:
„Menschenkind, du bist ausgegangen, das Wort des Allerhöchsten zu geben."
Sie erschrak und wusste damit nichts anzufangen. Doch bald darauf vernahm Gabriele in der Tiefe ihrer Seele das Offenbarungswort aus dem Ewigen Sein.

Ein hohes göttliches Wesen tat sich kund, das für diese Erde den Namen Bruder Emanuel trägt, und unterwies Gabriele, wie sie denken und leben müsse, um das ewige Wort des Reiches Gottes umfassend empfangen zu können.
Gabriele wurde also gefragt, ob sie, der Mensch, sich diesbezüglich schulen, gleich ausbilden lassen würde, um das Wort des Ewigen Seins empfangen zu können.
Gabriele gab ihr Ja, und Bruder Emanuel offenbarte ihr, dass er ihr göttlicher Lehrer ist, um den Menschen Gabriele zum Instrument Gottes für das Wort Gottes vorzubereiten.

Nach einiger Zeit intensiver geistig-göttlicher Schulung und Wegbereitung wurde ihr von ihrem Lehrer und geistigen Beschützer, Bruder Emanuel, offenbart, dass er, Bruder Emanuel, der Cherub, also der Gesetzesengel, der göttlichen Weisheit ist und im Auftrag des Ewigen und des Mitregenten des Reiches Gottes, des Christus Gottes, der Verantwortliche ist für das allumfassende Christus-Gottes-Werk.

Für Gabriele mit ihrem bescheidenen Wesen war es nicht leicht, dies zu erfahren und zu verkraften.

Als das Gottes-Instrument, Gabriele, die geistige Reife erlangt hatte, wurde ihr offenbart, dass sie im Urgrund ihrer Seele der Seraph der göttlichen Weisheit ist, inkarniert in dem Menschen Gabriele, und dass sie im Verbund mit dem Cherub, dem Gesetzesengel der göttlichen Weisheit, der dritten Grundkraft Gottes, auf der Erde der Wahrheit der Himmel zum Durchbruch verhelfen wird.

Mit dieser Offenbarung begann für Gabriele – wie sie selbst berichtete – die schwerste Zeit, denn sie, der Mensch, kam aus schlichten Verhältnissen. Man ließ ihr Zeit, diese Botschaft aus dem Reich Gottes erst einmal zu verarbeiten.

Es folgten einige Jahre göttlich-geistiger Schulungen, die Vorbereitung für das Prophetische Wort. Dann war es so weit, das All-Wort des Allmächtigen Gottes und das Christus-Gottes-Wort sowie das Wort des Cherubs der göttlichen Weisheit, auf Erden Bruder Emanuel genannt, zu geben.

Gabriele wurde also von dem Cherub der göttlichen Weisheit in die Öffentlichkeit geleitet, um das Wort der Himmel, das Wort Gottes, den Menschen zu offenbaren.

Durch Gabriele, die Prophetin Gottes, offenbart sich seitdem das ewige göttliche Reich, unsere ewige Heimat. Dies geschah zuerst in kleineren Gemeinschaften, dann in großen Sälen, wo oftmals über tausend Menschen versammelt waren.

Und es sprach und spricht durch sie Gott, der Allmächtige.

Es sprach und spricht durch sie der Christus Gottes, der Mitregent des Reiches Gottes.

Es sprach und spricht durch sie der Gesetzesengel der dritten Grundkraft Gottes, der göttlichen Weisheit, ein Cherub vor Gottes Thron, auf Erden Bruder Emanuel genannt.

Einblicke in das Ewige Sein

In mächtigen Gottes-Offenbarungen erhielt die Menschheit umfassende Einblicke in das Reich Gottes – so weit, wie dies durch das Übersetzen der Lichtsprache des reinen Seins in die Sprache unserer drei Dimensionen möglich ist.

Die zahlreichen, allumfassenden Gottes-Offenbarungen, in denen der Christus Gottes und der

Cherub der dritten Grundkraft Gottes, Bruder Emanuel, oft über eine Stunde lang die großen geistigen Zusammenhänge des Seins durch die Wortträgerin Gabriele aufzeigten, lassen sich nicht in wenigen Sätzen darlegen; es würde immer Stückwerk bleiben und Fragen über Fragen aufwerfen. Deshalb wird an dieser Stelle nur ein erster kurzer Überblick gegeben auf das allumfassende Wort aus dem Reich Gottes.

Der Freie Geist, der Tröster, der Christus Gottes, offenbarte sich aus dem Zentrum des Reiches Gottes, dem Heiligtum. Im mächtigen Christus-Gottes-Wort sprach Er durch Gabriele vom persönlichen und unpersönlichen Gott. Er offenbarte: Gott-Vater, der persönliche Gott, ist das erste und höchste manifestierte Wesen, hervorgegangen aus der All-Kraft und in absoluter Einheit mit der sich ewig verströmenden All-Kraft, dem Gesetz. Der unpersönliche Gott ist die Ur-Kraft und die sich allverströmende göttliche Energie, der Lichtäther, der alles Sein, alle Formen durchdringt.

Das mächtige Christus-Gottes-Wort offenbarte durch Gabriele den Aufbau des reinen Seins, der ewigen Schöpfung, über den Lichtäther, über das Wirken der Urzentralsonne, über die sieben Prismensonnen im Reich Gottes, das aus sieben mal sieben Himmelsebenen besteht.

Das mächtige Christus-Gottes-Wort sprach über das Wesen der vier Grundkräfte, die allumfassende Schöpferkräfte sind und die in der ganzen Unendlichkeit wirken.

Das mächtige Christus-Gottes-Wort sprach von der Schaffung der Gesetzesengel, der ersten vier Wesen, der Erzengel, welche die vier Urkräfte, die Schöpfungs- und Schaffungskräfte, geistig gleich ätherisch, verkörpern.

Das mächtige Christus-Gottes-Wort sprach weiter, wie Gott, der Ewige, aus Seinem Lichtäther, dem ur-ewigen Gesetz, die weiteren drei Erzengel schuf, die Seine drei Eigenschaftskräfte, das Vater-Mutter-Prinzip, verkörpern.

Das mächtige Christus-Gottes-Wort offenbarte sich aus dem Heiligtum des Reiches Gottes und lehrte also über die sieben Grundkräfte Gottes in den Manifestationen der sieben Cherubim.

Der Christus Gottes selbst offenbarte im mächtigen Prophetischen Wort durch Gabriele Sein Wirken als Sohn Gottes, als Mitregent der Himmel und Erlöser aller Menschen und Seelen. Er lehrte, dass Er allgegenwärtig ist in den vier Wesenheitskräften, die Schöpfungs- und Schaffungskräfte sind, aus welchen die göttlichen Wesen hervorgehen.

Als Jesus von Nazareth sprach Er: „*Der Vater ist größer als ich.*" (Johannes 14, 28)
Das heißt: Gott-Vater ist in allen sieben Grundkräften der Unendlichkeit allgegenwärtig. Mit Gott,
dem Ewigen, ist Christus allgegenwärtig in den
vier Schöpfungs- und Schaffungskräften des Seins,
Ordnung, Wille, Weisheit und Ernst, der Mitregent
in Gott, dem Ewigen Sein.

Das mächtige Christus-Gottes-Wort offenbarte
auch den großen Erlöserplan Gottes und legte detailliert die Gesetzmäßigkeiten des Lebens dar.

Der Ruf der Gesetzesengel vor Gottes Thron zur Rehabilitation des Christus Gottes

Der Freie Geist, der Tröster, der Christus Gottes, erfüllte und erfüllt also Sein Wort als Jesus von Nazareth. Gott, der Ewige, gibt Sein Wort, das unumstößliche Gesetz und die Aufklärung für Seine Kinder, denn die Zeit ist gekommen, Jesus, den Christus, zu rehabilitieren.

Jesus von Nazareth lehrte und lebte das Gesetz der Gottes- und Nächstenliebe.
Weil Seine Lehre verfälscht und Sein Name missbraucht wurde, ist jetzt die Zeit gekommen, in der Söhne und Töchter Gottes inkarniert sind, um den Menschen den wahren Christus zu verkünden und Ihn zu rehabilitieren, wobei die Söhne Gottes vorangehen, da die Welt von männlicher Dominanz geprägt ist und deshalb in erster Linie den männlichen Prinzipien Gehör schenkt.

In der Rehabilitation liegt unter anderem die Anklage, die an all jene gerichtet ist, die das Wort „Christus" oder „christlich" verwenden und ihre bedrohlichen Machenschaften, die sie mit dem Wort „christlich" ummanteln, in die Welt bringen.

Vor 2000 Jahren ertönte im lauten Donner nach der Kreuzigung des Jesus von Nazareth der erste Ruf der Gesetzesengel vor Gottes Thron zur Rehabilitation des Christus Gottes. Der Ruf lautete: **„Es sei!"**

Aus dem Heiligtum des Reiches Gottes erschallte in unserer Zeit der zweite Ruf der sieben Gesetzesengel:

„Die Zeit ist gekommen: Der Christus Gottes, einst in Jesus von Nazareth, der die Lehre der Himmel den Menschen brachte, die Lehre des Friedens, der Einheit, das allumfassende unumstößliche Gesetz der Liebe, wird auf Erden rehabilitiert, denn von institutionellen gleich konfessionellen Machtstrukturen wurde und wird der Christus Gottes auf schändlichste Art und Weise missbraucht und in Misskredit gebracht."

Die göttliche Weisheit vor Gottes Thron, die dritte Grundkraft – eine Schöpfungs- und Schaffungskraft – nahm den Auftrag an, auf Erden das Wort des Jesus, des Christus, den Menschen nahezubringen und den wahren Christus zu rehabilitieren.

In einem mächtigen Offenbarungszyklus durch Gabriele, die Prophetin Gottes, ruft Gott, der Ewige, einverleibte Söhne und Töchter, die in Seinem Auftrag stehen, um Jesus, den Christus, zu rehabilitieren, sodass der Feind Seiner Lehre offenbar wird.

In Seinem Offenbarungswort sprach und spricht Gott, der Ewige, ihr Bewusstsein an, auf dass sie sich in sich selbst finden, um ihren göttlichen Auftrag zu erfüllen, als Söhne und Töchter Gottes im Auftrag Gottes.

Dem Ruf der Gesetzesengel folgten und folgen Söhne und Töchter Gottes im Auftrag Gottes, um das zu tun, was im Ruf erschallte: den wahren Christus zu rehabilitieren.

Die Zeit ist also reif für die Rehabilitation des Jesus von Nazareth, des Christus Gottes, denn die mächtige, allumfassende Lehre aus dem Reich Gottes und der Weg zum Leben in die ewige Heimat, in das wahre Leben im Reich Gottes, ist offenbart.

Söhne und Töchter Gottes im Auftrag Gottes halten sich an die Gesetze des Reiches Gottes; sie streiten nicht über Glaubensfragen, sie verleumden und diskriminieren nicht. Sie missionieren nicht. Sie klären auf. Jeder Mensch ist frei zu glauben, was er möchte, denn es heißt: Wer es fassen kann, der fasse es; wer es lassen will, der lasse es.

Es geht einzig darum, der Wahrheit gerecht zu werden. Die Zeit der Rehabilitation des Christus Gottes ist da. Es sei!

Die Gesetzesengel, die Cherubim vor Gottes Thron, einverleibt in den großen Gottespropheten

Aus dem Heiligtum des Reiches Gottes sandte Gott, der Ewige, immer wieder Seine Gesetzesengel als Propheten Gottes auf die Erde, um als Gesandte Gottes zu wirken und den Menschen das Wort der Wahrheit aus dem Ewigen Sein zu bringen.

In den großen Gottespropheten waren und sind hohe Geistwesen inkarniert, die mit dem göttlichen Auftrag in die Welt gesandt wurden, die Rückkehr Seiner Kinder, Seiner Söhne und Töchter, die wir alle im Urgrund unserer Seele sind, in das Reich des Ewigen Seins vorzubereiten.

Heute wissen wir durch Gabriele, die Prophetin und Botschafterin Gottes in unserer Zeit, um diesen großen, geistig-göttlichen Plan, der bis auf den heutigen Tag dem Wirken aller wahren Gottespropheten zugrunde liegt.

Es ist *ein* Strom, aus dem die Wortträger Gottes schöpfen. Es ist *ein* Auftrag, für den sie wirken.

Es ist der allumfassende Wunsch des Ewigen Vaters, alle Seine Schöpfungskinder wieder an Sein Vaterherz zu ziehen, in die Gesetzmäßigkeiten des ewigen Seins, welche die Gesetze des Lebens, des Reiches Gottes, sind. Gottes Wille und Sein Wunsch werden einzig durch Seine Gesandten übermittelt.

Gott, der Ewige,
sprach zu allen Zeiten durch Seine Gesandten
gegen die Priesterkulte

In den großen Gottespropheten wirkten die Cherubim der Himmel. Sie brachten als Wortträger Gottes den Menschen ihrer Zeit das Wort des Ewigen. Sie sprachen immer außerhalb der jeweiligen institutionell gewandeten Priesterkaste. Sie kamen meist aus schlichten Verhältnissen, denn der Prunk und der Mammon sind dem Ewigen ein Gräuel.

Durch Abraham offenbarte sich Gott, der Ewige, als der All-Eine Gott und rief die Menschen auf, Ihm, dem All-Einen, zuzustreben und Abstand zu nehmen von dem kultverhafteten Treiben der Priesterreligionen, mit dem angeblich die verschiedensten Götzen und Götter gnädig gestimmt werden sollten.

Durch Mose offenbarte Gott, der Ewige, den Menschen die Zehn Gebote als ethische Richtlinien für das Leben des Einzelnen.

Durch Jesaja, den großen Gottespropheten, sprach der Ewige machtvoll zu den Menschen Seiner Zeit. Jesaja kündigte das Kommen des Friedefürsten, des Christus Gottes in Jesus von Nazareth, an. Er forderte dazu auf, Gerechtigkeit zu üben statt Götzendienst; Mitgefühl und Hilfsbereitschaft zu pflegen statt Opfergehabe. Jesaja war der große Mahner gegen das Priester-Götzentum und deren Tiermordlust.

Durch ihn sprach der Ewige erneut davon, dass Er der All-Eine ist, der nicht in Tempeln aus Stein wohnt, was Stephanus, ein Nachfolger des Jesus von Nazareth, den religiösen Obrigkeiten seiner Zeit entgegen hielt:

„Doch der Höchste wohnt nicht in dem, was von Menschenhand gemacht ist, wie der Prophet [Jesaja] *spricht: »Der Himmel ist mein Thron und die Erde der Schemel für meine Füße. Was für ein Haus könnt ihr mir bauen? Oder welcher Ort kann mir als Ruhestätte dienen? Hat nicht meine Hand dies alles gemacht?«"* (Apostelgeschichte 7, 48-50; Jesaja 66, 1 f.)

Von Abraham über die Propheten des Alten Bundes bis hin zu Jesus, dem Christus, und zur Gesandten Gottes in unserer Zeit, Gabriele, strömt in einem immer mächtigeren Strom Sein Wort, die Wahrheit der Himmel, zu uns Menschen.

Kein Gottesprophet hat je eine Religion gegründet. Kein Gottesprophet rief dazu auf, Tempel oder Kirchen aus Stein zu bauen, in denen Gott wohnen soll.

Die großen Gottespropheten waren nicht in der Priesterschaft zu finden, sondern sie zeigten außerhalb der äußeren Religionen den Weg auf, wie der Einzelne durch ein gerechtes und gesetzmäßiges Leben frei wird von dem, was ihn belastet, um Schritt für Schritt wieder himmelwärts zu gehen.

Als schlichte Wortträger Gottes im Erdenkleid kündeten die großen Gottespropheten vom Reich Gottes. In ihnen war der mächtige Strahl der Cherubim, der Gesetzesengel vor Gottes Thron, inkarniert. In Demut und Liebe zu Gott, zum Heiligtum, aus dem sie kamen, trugen sie das schwere Joch, Prophet unter den Menschen zu sein.

Alle Gottespropheten klärten, wie gesagt, auf und mahnten gegen die Kulte und die Priesterreligionen ihrer Zeit. Sie wirkten als die Gesandten Gottes für den Freien Geist, den Einen Gott, den Schöpfer der Unendlichkeit.

Mit machtvollen Worten prangerten sie die Priesterreligionen mit ihren Auswüchsen an und wurden deshalb in ihrer Zeit zumeist verfolgt, verspottet und verleumdet und zum Teil sogar umgebracht.

Die Priesterkaste – in welche Gewänder sie sich auch kleidet – ist nun mal der Feind des Propheten und somit der Feind des Prophetischen Geistes, der die Freiheit ist.

Wie es in dem Gleichnis des Weinbergbesitzers durch Jesus gelehrt wurde, sandte der Ewige – sinnbildlich der Weinbergbesitzer – Seine Knechte, die Cherubim, ins Erdenkleid, um die Menschen – sinnbildlich die Weinbergarbeiter – zur Umkehr zu bewegen.

Einen um den anderen seiner Knechte brachten die Weinbergarbeiter um, sodass sich der Weinbergbesitzer dazu entschloss, seinen Sohn zu senden, auf den die Menschen wohl hören sollten. Doch er wurde genauso umgebracht wie die Knechte. Er, der Sohn, ist sinnbildlich Christus, der Mitregent der Himmel.

Jesus von Nazareth sprach:

„Denkt nicht, ich sei gekommen, um das Gesetz und die Propheten aufzuheben. Ich bin nicht gekommen, um aufzuheben, sondern um zu erfüllen." (Matthäus 5, 17)

Er erfüllte das Gesetz, das die Gesetzesengel im Erdenkleid als Gottespropheten verkündigt hatten. Immer und immer wieder sandte Gott, der Ewige, Seine Propheten zu Seinen Menschenkindern.

Immer wieder wurde Sein Wort, das die wahren Gottespropheten den Menschen brachten, in den Wind geschlagen. Seine Gesandten wurden verhöhnt und verspottet, und die etablierte Priesterkaste versuchte zu allen Zeiten, sie mundtot zu machen.

Hinzu kam noch die Falschheit der Priesterkaste, die so manchem Cherub aus dem Reich Gottes, aus dem Heiligtum, nachträglich Aussagen unterschob, die Gott niemals durch Seine Gottespropheten gesprochen haben kann: Aufrufe zu Krieg, Vernichtung, Völkermord, Aufrufe zu drastischen Strafen wie Steinigen und dergleichen wurden den Wortträgern Gottes unterstellt.

Die wahren Gottespropheten – höchste Gesetzeswesen aus dem Heiligtum Gottes – würden niemals die Hand gegen ihre Mitmenschen erheben, noch würden sie lehren, dass dies der Wille Gottes sei.

Der Freie Geist des Christus Gottes lässt sich nicht vereinnahmen

Seit Jahrtausenden kämpft die Priesterkaste gegen den Freien Geist und Seine Gesandten aus dem Reich Gottes. Auch in der heutigen Zeit bekämpft das institutionelle Scheinchristentum den Geist der Wahrheit, das Wort des Christus Gottes durch Seine Prophetin und Botschafterin Gottes, Gabriele.

Allerdings wurde einige Male der Versuch unternommen, die Prophetin Gottes, Gabriele, in die katholische Kirche einzubinden.

Nachdem Gott, der Ewige, und Sein Sohn, Christus, durch die Gottesprophetin Gabriele in der Öffentlichkeit in großen Veranstaltungen mit zum Teil über tausend Besuchern mächtige Offenbarungen gab, meldeten sich die Abgesandten der katholischen Kirche.
Sie zeigten scheinheilig Interesse am Prophetischen Gotteswort und schwärmten, dass sie, die Prophetin Gottes, mächtig für Gott und für die Menschheit wirken könnte, und dass sie Gabriele innerhalb der katholischen Kirche aufnehmen würden, unter der Bedingung, dass sie das Prophetische Wort nur ausschließlich innerhalb der katholischen Kirche geben dürfe, also nur unter deren Zensur.

Einer der Wegbegleiter Gabrieles in dieser Anfangs-
zeit war Professor Dr. Walter Hofmann. In einer
eidesstattlichen Versicherung vom 20. Dezember
2011 schilderte er die Ereignisse wie folgt:

*„Nach meiner Kontaktaufnahme zum Heimholungs-
werk Jesu Christi, aus dem später das Universelle
Leben hervorging, im Jahr 1979/1980, bot ich meine
intensive Mithilfe an. Zu dieser Zeit erhielt ich einen
Anruf. Der Anrufer stellte sich nach meiner deutlichen Erinnerung wie folgt vor: »Ich bin ein Christ,
der guten Kontakt zum Bischof von Augsburg hat.
Mein Anliegen ist, dass das Werk der Prophetin in
die Kirche eingegliedert wird.« Er, der Anrufer, könne
das herbeiführen.*

*Ich erklärte ihm dann, dass er, der Anrufer, eine
schriftliche Nachricht bekäme."*

Demütig und schlicht fragte die Prophetin Gottes
daraufhin den Christus-Gottes-Geist, was Sein Wille ist. Die Antwort war klar und unmissverständlich:
Sein Prophetisches Wort, das Wort des Christus-
Gottes-Geistes, bleibt außerhalb der institutionellen Kirchen.

Der all-weise Freie Geist, den wir im Abendland
Gott nennen, der Schöpfer allen Lebens, offenbart
sich also nicht innerhalb der institutionellen Kirchen, so auch nicht der Christus Gottes. Der Geist
Gottes weht, wo Er will.

Die schriftliche Antwort an den kirchlichen Anrufer beschränkte sich dann auf den Hinweis: *„Ich glaube, es wäre besser, wenn wir getrennt marschieren"*, wie Professor Hofmann berichtet.

Auch ein Beauftragter der katholischen Diözese Würzburg wandte sich mit dem Anliegen an Professor Hofmann, dass das Heimholungswerk Jesu Christi in der Kirche wirken möge. Auch er erhielt die Antwort, dass es wohl besser sei, dass dies nicht geschieht.

Die Reaktion der Priesterkaste ließ nicht lange auf sich warten. Nachdem sich Gabriele, die Wortträgerin des Christus Gottes, nicht von der Kirche hatte vereinnahmen und nicht in das kirchliche Lehrwerk hatte einbinden lassen, wurde sie von der Priesterkaste und deren Anhängern diskriminiert, verleumdet und dem Rufmord ausgesetzt.

Als Beauftragter des Bischofs von Würzburg Dr. Paul-Werner Scheele wurde Graf Magnis zum ersten Rädelsführer einer ganzen Priestergilde der pseudo-christlichen Konfessionen, die unter der Bezeichnung „Sektenbeauftragte" in der kirchlichen Tradition der Inquisition ihre giftige Saat in Staat und Gesellschaft verbreiteten.

Ehe wir Näheres zu diesen Angriffen gegen das Prophetische Wort in unserer Zeit berichten, wollen wir zunächst dem Lebensweg von Gabriele, der Wortträgerin Gottes, ein Stück weiter folgen.

Das Wirken der Gottesprophetin Gabriele in unserer Zeit

Das Wirken der großen Gottespropheten ist das Wirken Gottes in Wort und Tat nach Seinem Willen. Es ist der unabänderliche Ruf Seiner Vaterliebe, der immer und immer aufs Neue durch Prophetenmund ertönt: der Ruf des Ewigen an Seine Kinder. Deshalb sprach Jesus von Nazareth, der Christus Gottes: *„Denn was ich gesagt habe, habe ich nicht aus mir selbst, sondern der Vater, der mich gesandt hat, hat mir aufgetragen, was ich sagen und reden soll. Und ich weiß, dass sein Auftrag ewiges Leben ist. Was ich also sage, sage ich so, wie es mir der Vater gesagt hat."* (Johannes 12, 49-50)

Es ist der Ruf des Ewigen Gottes, es ist das Wort des Reiches Gottes, das durch Prophetenmund erschallt und den Menschen in der Sprache ihrer Zeit die Gesetze des Lebens nahebringt, um sie dazu zu bewegen, sich auf ihr wahres inneres Wesen zu besinnen und den Heimweg anzutreten durch die Erfüllung der Gesetze des Lebens.

Wie bereits dargelegt, kündigte der Ewige durch den Gottespropheten Jesaja das Kommen des Messias an und verhieß das Friedensreich Jesu Christi.

Der Messias, der Erlöser, der Christus Gottes, kam in Jesus von Nazareth.

Jesus von Nazareth kündigte den Tröster an, und der Tröster kam und wirkt als der Christus Gottes im Prophetischen Wort durch Gabriele.

Ähnlich wie Abraham, Mose und Jesaja und alle großen Gottespropheten führte Gott, der Ewige, Seine Gesandte, Gabriele, aus ihrem bisherigen Lebensbereich heraus, weg von ihrer Familie und ihrem vertrauten Lebensumfeld.

Voll Glauben und Vertrauen auf Gottes allweise Führung, legte sie ihren weiteren Weg in Seine Hände und sprach: Dein Wille geschehe.

Gabriele, die Gesandte Gottes,
reiste im Auftrag des Ewigen
in viele Länder der Erde

In den Jahren 1979 bis Ende der 1980er-Jahre nahm Gabriele es auf sich, im ganzen deutschsprachigen Raum in verschiedene Städte zu reisen, oft mehrmals in der Woche, damit die Menschen das Göttliche Offenbarungswort erleben konnten.

In den Jahren 1981 bis 1986 kamen noch große Reisen ins Ausland hinzu, denn ganz zu Beginn, als das Prophetische Wort bei Gabriele durchbrach, wurde ihr vom Christus-Gottes-Geist bereits offenbart:

„Was der Ewige und Sein Sohn, Christus, wünschen, ist, dass sich durch dich" – also durch Gabriele – *„ein weltweites Werk aufbaut."*

Schon damals verkündete Gott, der Ewige, Seinen Willen: Sein Göttliches Wort soll weltweit gegeben werden – und Gabriele reiste dafür nach Italien, Spanien, Frankreich, Finnland und weitere Länder Europas und auch nach Übersee, nach Kanada, Mexiko und in die USA. Es waren ca. 60 Auslandsreisen in nur fünf Jahren.

So reiste sie in alle Welt, um den Menschen Sein Wort zu geben.

Aus Liebe zu Ihm, dem Ewigen, trat sie, eine feinfühlige, schüchterne und zierliche Frau, vor die Menschen – auch in dem Bewusstsein, eventuell verspottet und verhöhnt zu werden. Und sie musste bitter erfahren, was es heißt, des Wortes Gottes wegen abgelehnt, geächtet und geschmäht zu werden, allen voran durch die Vertreter der institutionellen Großkirchen.

Das Offenbarungswort Gottes in der Öffentlichkeit vor einer großen Versammlung von Menschen zu geben, ist an sich schon eine schwere, große Aufgabe, die eine unvorstellbare Disziplin und Konzentration erfordert. Bei den Reisen ins Ausland kamen noch die Strapazen und Belastungen hinzu, die lange Flug- und Autoreisen nun mal mit sich bringen.

Wenn Gabrieles Begleiter sich über die Umstände beklagten, sagte Gabriele, das Instrument Gottes, nur: *Da müssen wir durch; Gott ist gegenwärtig.*

Gabriele hat die Beschwerlichkeiten der Auslandsreisen auf sich genommen. Sie ist immer mit dem Geist Gottes verbunden, und so war sie sich auch während der Auslandsreisen stets Seiner Gegenwart bewusst.

Trotz dieser Tatsache waren für Gabriele die Offenbarungsreisen jedes Mal ein Kraftakt: Einfachste Unterkünfte und Fahrzeuge, mitunter mehrstündige Wegstrecken auf unwegsamen Straßen, schlaflose Nächte durch Lärm und ungewohnte klimatische Lebensbedingungen, Kräfte raubende Gespräche mit ihren Begleitern bis spät am Abend, und immer ausgerichtet auf den All-Geist, Gott, um am nächsten Tag Gottesoffenbarungen geben zu können – all das war körperlich nicht leicht zu verkraften.

Heute, da mehr und mehr das weltumspannende Werk des Christus Gottes sichtbar geworden ist, ist es kaum vorstellbar, welcher tiefen Demut und Größe, welcher Liebe, Treue und Gottergebenheit es bedurfte, um Seinem Ruf zu folgen, alles zu lassen und Ihm nachzufolgen. Ihr Lebensweg zeigt auf: Mit frommen Sprüchen ist das Himmelreich nicht zu erreichen; es muss oft durch Leid und Entbehrungen errungen werden.

Einmal kehrte das Flugzug nach einer Stunde Flugzeit zum Flughafen Frankfurt zurück, weil ein Feuer im Gepäckraum ausgebrochen war. Für Gabriele war das kein Grund zur Beunruhigung – sie hatte in der Nacht zuvor geträumt, dass es so kommen würde. Und sie wusste: Es würde nichts geschehen, denn der Schutz Gottes war da.

Wenn man Gabriele auf die Beschwernisse ansprach, gab sie immer zur Antwort: *„Ich habe es dem Christus Gottes und dem himmlischen Vater versprochen – also halte ich es auch."*

In manchem Land, in dem sich der Christus-Gottes-Geist offenbarte, wurde Gabrieles Aufgabe noch zusätzlich erschwert, da es lange Zeit keine Möglichkeit für Synchronübersetzungen gab. Gabriele musste also über eine Stunde lang voll und ganz auf den Gottesgeist in sich ausgerichtet bleiben, Sein Wort aufnehmen und aussprechen und gleichzeitig darauf achten, dass die Übersetzer mitkommen – eine schier übermenschliche Konzentrationsleistung!

Innerhalb weniger Tage wurden in unterschiedlichen Städten Göttliche Offenbarungen gegeben. Das bedeutete immer wieder Fahrten durch das jeweilige Land, Kontakte mit Menschen, die in den einzelnen Ländern für das Christus-Gottes-Werk verantwortlich werden wollten, und unendlich viele Fragen an Gabriele, die sie geduldig beantwortete.

Hunderttausende Flugblätter wurden verteilt, mit der Einladung an die Menschen, zu kommen und die Gottes-Offenbarungen zu erleben. Für darüber hinausgehende, groß angelegte Werbemaßnahmen fehlten die Mittel.

Das Interesse der Menschen war sehr unterschiedlich: Manchmal kamen nur wenige Menschen zu den Göttlichen Offenbarungen – oftmals jedoch waren es über tausend Menschen, sodass der Platz in den angemieteten Sälen nicht ausreichte.
Der Gottesgeist erklärte, dass zu Beginn manchmal weniger Menschen kommen, da die Atmosphäre der jeweiligen Stadt oder des entsprechenden Landes erst aufbereitet werden muss.

Und das ist geschehen, denn: In all den Städten und Ländern, die Gabriele damals bereiste, sind heute die Göttlichen Offenbarungen und die Lehren des Freien Geistes über viele Radio- und Fernsehstationen zu empfangen.
Die Aufzählung der Städte, in denen es Großoffenbarungen des Christus-Gottes-Geistes gab, ist vielfältig und nicht vollständig: Guadalajara in Mexiko; Chicago, Denver, Colorado Springs, New York, Philadelphia, Cleveland, New Haven, Phoenicia, Westport und Boston in den USA; und Toronto in Kanada.

Und in Europa: Turin, Mailand, Florenz, Rom, Salice Terme in Italien; dann Madrid, Barcelona, Málaga, Sevilla in Spanien; Melilla in Nordafrika; Straßburg, Nancy, Lyon, Marseille, Paris in Frankreich und Helsinki in Finnland.

In vielen dieser Städte offenbarte sich der Christus-Gottes-Geist mehrmals durch Gabriele.

Wenn Gabriele von einer der anstrengenden Auslandsreisen zurückkehrte, ging es gleich ohne Pause weiter. Denn auch im deutschsprachigen Raum offenbarte sich der Christus-Gottes-Geist in vielen Städten in Deutschland, Österreich und der Schweiz. Gabriele hielt auch Seminare und Schulungen für geistig Suchende in verschiedenen Städten. Sie schrieb in Büchern und Schriften zum einen nieder, was Gott, der Ewige, und Christus ihr offenbarten, zum anderen schöpfte sie aus ihrem erschlossenen Bewusstsein Schriften und Bücher zu allen Bereichen des Lebens.

Vertreter der etablierten Kirchen
greifen auf niederträchtige Weise an

Während Gabriele weltweit das Wort Gottes den Menschen brachte, gab es in Deutschland durch Beauftragte der Kirchen und ihnen hörige Journalisten die übelsten Beschimpfungen, Diskriminierungen bis hin zum Rufmord. Gabriele hatte die niederträchtigsten Angriffe konfessioneller Inquisitoren zu ertragen, die mit ihren Lügen vor nichts zurückschreckten und versuchten, den Ruf einer untadeligen Frau in den historischen Schmutz ihrer eigenen Institutionen zu ziehen.

So fand Gabriele zum Beispiel jeden Freitag in ihrem Briefkasten Pamphlete des katholischen Sektenbeauftragten Graf Magnis aus Würzburg vor, voll mit Lügen und Schauermärchen. Auch das musste sie als Mensch ertragen.

Stellvertretend für das Trommelfeuer kirchlicher Verleumdung und Hetze ein weiteres Beispiel: Durch die Hetztiraden des lutherischen Sektenbeauftragten Friedrich-Wilhelm Haack aufgestachelt, versuchten viele sensationslüsterne Fernsehjournalisten ihr aufzulauern, selbst vor ihrem Privathaus. Und das oft tagelang, sodass es Gabriele kaum mehr möglich war, unbehelligt das Haus zu verlassen. Da den Journalisten von der Straße aus der Einblick in die Wohnräume nicht möglich war, fuhren sie mit ihren Übertragungswagen in eine kleine Seitenstraße und schwenkten mit einem Teleskoparm die Kamera über den ganzen Garten, um auch in die Wohnräume filmen zu können. Gabriele floh in den Kellergang, um sich vor diesen rücksichtslosen Angriffen zu schützen.

Es sind zu allen Zeiten fragwürdige Charaktere, die an der Seilschaft priesterlicher Arroganz haften, um gegen unbescholtene Mitmenschen zu hetzen und sie zu verunglimpfen. So war es bei den Propheten im Alten Bund und bei Jesus von Nazareth. So ist es auch in der heutigen Zeit.

Das Wort Gottes erreicht immer mehr Menschen

Der Christus-Gottes-Geist führte Gabriele innerhalb von fünf Jahren auf 60 Reisen in die verschiedensten Länder dieser Erde.

In vielen Städten, die im Laufe der Jahre mehrmals besucht wurden, kamen immer mehr Menschen. Es bildeten sich Gemeinschaften, die sich über die Gottesoffenbarungen austauschten, gemeinsam lernten, nach den Gesetzen Gottes zu leben und die das Wort Gottes in Schrift und Ton in der jeweiligen Landessprache weitergaben.

Der Freie Geist des Christus Gottes wehte schon damals mächtig und ließ sich auch nicht durch die vielfachen Störaktionen von Seiten der etablierten Kirchen abhalten.

Viele Menschen in allen Teilen dieser Erde hörten das Gotteswort unmittelbar durch Seine Prophetin und die Schulungen durch Seine Botschafterin.

Eines war in allen Ländern zu beobachten: Während bei den Menschen in Deutschland oft große Zweifel an der Möglichkeit bestanden, dass die göttliche Welt sich in der heutigen Zeit durch Prophetenmund offenbart, gab es in anderen Ländern sehr selten Zweifel daran.

Menschen kamen, hörten, fragten, und bei vielen konnte der Christus Gottes das Herz berühren, sodass die Menschen begannen, den Weg nach Innen zu gehen, zu Gott in uns.

Der Christus Gottes war und ist mit Seiner Prophetin; Er half immer, so manche übergroße Hürde zu überwinden.

Er lehrt uns: Gott ist Liebe und Freiheit. Er gibt und stellt es den Menschen frei, ob sie Sein Wort annehmen oder verwerfen. Jeder Mensch ist frei, in einer äußeren Religion zu bleiben; Urchristen missionieren nicht.

Als die großen Auslandsreisen dann weitgehend abgeschlossen waren, versammelten sich auch im deutschsprachigen Raum immer mehr Menschen um das Wort Gottes, gegeben durch die Prophetin Gottes, denn Gabriele gab und gibt die höchsten Weisheiten der Himmel aus dem Reich Gottes, aus dem Heiligtum des Ewigen Seins.

Das allumfassende göttlich-prophetische Wort aus dem höchsten Sein

Was lehrte und lehrt das geistig-göttliche Reich durch Gabriele, die Gesandte Gottes?
Zusammenfassend kann gesagt werden: Das, was Jesus von Nazareth in Seiner Bergpredigt lehrte, wird erneut gelehrt und vertieft. Darüber hinaus öffnet der Christus-Gottes-Geist das Füllhorn der göttlichen Weisheit und erklärt den Menschen alle Zusammenhänge des Mikrokosmos und Makrokosmos, so weit Menschen es verstehen können.

Das Wort aus dem Reich Gottes ist siebendimensional und wird uns Menschen über das Prophetische Wort in unsere dreidimensional geprägte Sprache übersetzt. Der Prophet ist also auch der Dolmetscher aus dem Reich Gottes. Gabriele war, wie gesagt, von dem Cherub der göttlichen Weisheit mehrere Jahre geschult worden, um das Wort aus dem Reich Gottes zu dolmetschen.

Das allumfassende göttlich-prophetische Wort aus dem höchsten Sein ist gefüllt von Weisheit über den Sinn des Lebens. Es erklärt, warum keine Seele verloren gehen kann, und dass keine Seele und kein Mensch ewig verdammt ist.

Immer wieder bringt uns der Gottesgeist nahe, dass keine Energie verloren geht.

Aus dem Reich Gottes kommen umfassende Aufklärungen über das geistige Gesetz von Senden und Empfangen und über das Kausalgesetz von Saat und Ernte, Ursache und Wirkung, Aktion gleich Reaktion, sowie über die Reinkarnation, über die Wiederverkörperung von Seelen. Durch das Prophetische Wort ist der Menschheit der Weg gegeben, durch die Läuterung der Seele herauszufinden aus dem Rad der Wiederverkörperungen.

Der Weg zum wahren Leben

Vom Beginn des Prophetischen Wortes an lehrte der Christus-Gottes-Geist durch Gabriele das höchste Gebot, die Gottes- und Nächstenliebe, die wir für unsere Mitmenschen und ebenso für alles Leben, für die Tiere, die Pflanzen und die Mineralien, wieder in uns erschließen sollen – denn alles lebt und ist ein Teil unseres geistigen Leibes als Essenz und Kraft. Das Leben ist die All-Einheit in

Gott. Der Christus Gottes lehrt uns auch, dass es gegen das Gesetz des Lebens ist, Tiere mutwillig zu töten oder töten zu lassen, um ihr Fleisch zu verzehren.

In allen Details wurde der wahre christliche Weg geschult, der dazu führt, dass die Geistkraft in der Seele des Menschen durch die Läuterung der Seele, durch Selbsterkenntnis und Bereinigung des Unguten verstärkt zu fließen beginnt und sich das Bewusstsein erweitert, sodass die Christus-Gottes-Kraft in Seele und Mensch mehr und mehr aktiv wird.

Uns Menschen wurde somit offenbart, wie wir aus Liebe zu Gott schrittweise den Pfad zum Herzen Gottes gehen können, zum Reich Gottes, dem Ewigen Sein. Für das Beschreiten des Inneren Weges, des wahren christlichen Weges zum Ewigen Sein, werden meditative Hilfen angeboten, die dem Menschen helfen, das Bewusstsein in seiner Seele für diesen urchristlichen Weg zu Gott vorzubereiten.

Die Basis für ein erfolgreiches Beschreiten des Inneren Weges zum Reich Gottes, das Liebe und Frieden ist, ist die Bereinigung des Unguten, das auf Nicht-Vergeben, auf Feindschaft, Gehässigkeit, Neid, Abwertung des Nächsten, Leidenschaften, Süchten und vielem mehr beruhen kann.

Auf diesem Weg lernt man ganz allmählich, die Gedanken zu ordnen, die Rede zu zügeln und die Sinne zu meistern. Der aktive Innere Weg ist ein praktischer Lebensweg, der unter anderem zu innerer Freiheit, zu Geradlinigkeit und Tatkraft, auch im Berufsleben, führt.

Der Mensch auf dem Weg zum wahren Leben lernt, in allen Lebenssituationen mehr und mehr den göttlichen Willen zu erkennen und diesen auch schrittweise zu erfüllen, was bedeutet: Hilfe von oben und Freiheit, die von innen kommt, sodass von Lebensgewinn gesprochen werden kann.

Durch Selbsterkenntnis und Selbstbemeisterung mit der Hilfe des Christus Gottes – also mit der Hilfe von oben – findet der Mensch zu einem dynamischen geistigen Leben, das ihm innere Sicherheit und Freude bringt. Dabei atmet die Seele auf; der Mensch fühlt, was Freiheit bedeutet und ahnt, was die Gottes- und Nächstenliebe bringt.

Der Christus-Gottes-Geist mahnte auch, dass nicht das Hören des Wortes zum Ursprung der Quelle führt, sondern allein die gelebte Wahrheit den Menschen frei macht.

Er lehrte und lehrt, wie sich der Mensch durch sein negatives Fühlen, Empfinden, Denken, Reden und Handeln selbst die Fesseln seines Schicksals schmiedet, und wie sich der Einzelne mit der Hilfe des Christus-Gottes-Geistes wieder davon befreien kann.

Aus dem Reich Gottes kamen auch Aufklärungen über die institutionellen Religionen mit ihren Priester-Kulten, die die Menschen unfrei machen, an sich binden und Menschen unter ihre Herrschaft stellen wollen, unter die geistige Knechtschaft, unter das Diktat von Kulten, Dogmen und Ritualen, die dem Prinzip „Trenne, binde und herrsche" huldigen.

Immer wieder floss das Wort Gottes machtvoll im Göttlichen Offenbarungsstrom zu den Menschen und gab gezielte Hinweise über das Scheinchristentum, das mit der Freiheitslehre des Jesus von Nazareth, des Christus Gottes, nichts gemeinsam hat.

Gottes Mahnungen und Handreichungen

Aus dem Ewigen Sein wurde eindringlich gemahnt und gewarnt, was auf die Menschheit und auf den Einzelnen zukommen wird, wenn das Egomanentum weiter gepflegt wird, wenn die Menschen nicht zur Umkehr finden, indem jeder Einzelne den Weg beschreitet, den Jesus von Nazareth uns gelehrt und vorgelebt hat: den Weg der hohen Ethik und Moral der Bergpredigt.

Das Reich Gottes mahnte und rief in unzähligen Offenbarungen zur Umkehr auf: Jahre über Jahre mahnte und warnte der Freie Geist des Christus

Gottes vor den Folgen des Klimawandels, die nun immer mehr zu spüren sind.

Bereits zu Beginn der 1980er-Jahre offenbarte die göttliche Welt, wie sich die Umstände auf der Erde entwickeln würden, wenn der Mensch weiterhin den satanischen Einflüsterungen folgt – in dem Machbarkeitswahn, sich die Erde untertan zu machen, indem der Mensch sie zu beherrschen versucht und sie rücksichtslos ausbeutet.

Die heute unumkehrbar gewordenen Folgen des Klimawandels hätten gemildert werden können, wäre der sich offenbarende Christus Gottes, der Mitregent des Reiches Gottes, nicht durch die Priesterkaste der institutionellen äußeren Religionen verleugnet, verhöhnt und verspottet worden.

Aus dem Zentrum des ewigen Seins offenbarte der Christus Gottes unter anderem auch das umfassende Werk „Ursache und Entstehung aller Krankheiten – Was der Mensch sät, wird er ernten", in dem Er uns nahebringt, woraus die Krankheiten sich entwickeln, wie es zur Schwächung der Zellen, der Organe und des Körpers kommt, und wie sie wieder zur Gesundung und Heilung finden können, dann, wenn es gut ist für die Seele. Denn Christus, der Innere Arzt und Heiler, schaut zuerst auf das Wohl der Seele.

Das Wort Gottes durch Seine Prophetin geht um die ganze Welt

Während der Grundstein der Verbreitung des Wortes Gottes durch die weltweiten Reisen Seiner Prophetin gelegt wurde, gab Gott, der Ewige, das Wort der Wahrheit, die Lehren des Christus-Gottes-Geistes durch Gabriele in umfangreichen Büchern, Schriften, Ton- und Bildträgern in der Muttersprache des Instrumentes. Neben ihren vielfältigen Aufgaben im Erlöserwerk des Christus Gottes empfing Gabriele die unmittelbaren Lehren des Gottesgeistes in Seinem Prophetischen Offenbarungswort und schrieb diese nieder; sie verfasste außerdem zahlreiche Bücher und Broschüren, die sie als Botschafterin Gottes aus ihrem erschlossenen und mit dem Göttlichen eins gewordenen Bewusstsein schöpft.

Viele der weit über 100 Bücher und Schriften mit den Lehren aus dem Reich Gottes sind mittlerweile in viele verschiedene Sprachen übersetzt und somit Menschen auf der ganzen Welt zugänglich.

Darüber hinaus wird die Botschaft des Freien Geistes über mehr als tausend Radio- und Fernsehstationen rund um den Globus ausgestrahlt. Göttliche Offenbarungen, Schulungen des Inneren Weges, des Weges zum kosmischen Bewusstsein,

Sendungen für die Natur und die Tiere, Gesprächsrunden z.B. über Reinkarnation als Bestandteil des
urchristlichen Glaubens oder über das Leben nach
dem Tod, „Geistige Hilfen für den Tag" und „Urchristliche Meditationen" – um nur einige Beispiele zu nennen – werden von Millionen Radiohörern
und Fernsehzuschauern weltweit empfangen.

Was heute ganz normal ist, musste jedoch erst
Schritt für Schritt über viele Jahre mit großem Engagement und Durchhaltevermögen aufgebaut
werden.
Es begann Mitte der Achtzigerjahre in einem kleinen Aufnahmestudio in Würzburg, in dem Gabriele
und einige Urchristen die Möglichkeit hatten, Sendungen aufzunehmen.
Ende der Achtzigerjahre wurden bereits „Live-In-
terviews" von einzelnen unabhängigen Radiosta-
tionen ausgestrahlt, z.B. in Frankreich und in Chile.
Ende 1996 waren es schon über 500 Radiostatio-
nen weltweit, die Sendungen entweder live oder
als Aufzeichnungen zeitversetzt ausstrahlten.

Heute geht das Wort der Wahrheit in die ganze
Welt zu Millionen von Menschen, insbesondere in
die Länder, die Gabriele auf ihren Reisen besucht
hatte, um vor Tausenden Menschen die Offenbarungen des Christus-Gottes-Geistes zu geben.

Spontan bilden sich Gruppen von Zuhörern und Zuschauern, gemäß der Aussage des Jesus von Nazareth: *„Wo zwei oder drei in meinem Namen versammelt sind, da bin ich mitten unter ihnen".* (Matthäus 18, 20) Menschen treffen sich, frei und ohne Zwang, zum Beten oder um gemeinsam Sendungen über Fernsehen zu schauen oder über Radio zu hören. Sie tauschen sich über ihre Erfahrungen mit der Umsetzung der urchristlichen Lehre aus, auf freier Basis, ohne Kirchen, ohne Riten, ohne Priester, in der Gemeinschaft von Gleichgesinnten.

Viele interessierte Menschen schreiben über ihre Erfahrungen mit den Lehren des Christus-Gottes-Geistes. Nicht nur ihren Glauben an Gott finden sie wieder, sondern sie machen ihre eigenen Gotteserfahrungen, indem sie die Lehren des Freien Geistes im täglichen Leben anwenden. Sie berichten, dass es ihnen aufgrund der positiven Orientierung in ihrem Leben nun besser geht. Sie schaffen Frieden in der Familie und am Arbeitsplatz, versöhnen sich mit ihren Nächsten und gewinnen wieder Hoffnung und Zuversicht. Die Sendungen über die Natur und die Tiere finden bei den Menschen ebenfalls eine große Resonanz. Sie fühlen sich davon in ihren Herzen angesprochen und schreiben z.B., dass sie aus Liebe zu den Tieren Vegetarier geworden sind.

Viele Menschen bemerken auch die Besonderheit der Stimme Gabrieles. Sie hören die Übersetzung einer Sendung in ihrer Landessprache mit dem deutschen Original-Ton im Hintergrund. „Das ist die Stimme der Prophetin aus Deutschland", sagen sie, und sie sind von dieser Stimme ergriffen. Sie erkennen, dass es Christus selbst ist, der sich durch Gabriele offenbart – so, wie Jesus, der Christus, bereits vor 2000 Jahren sinngemäß bekundete: *„Meine Schafe hören auf meine Stimme; ich kenne sie, und sie folgen mir".* (Johannes 10, 27)

Auf allen Kontinenten erschallt nun in vielen Sprachen die geistig-göttliche Lehre des Jesus von Nazareth, des Christus Gottes: die Lehre der Friedfertigkeit und der Gottes- und Nächstenliebe gegenüber Mensch, Natur und Tieren.

Jesus, der Christus:
der Sohn Gottes,
der Mitregent der Himmel,
der Erlöser aller Menschen
und Seelen

Jesus, der Christus: der Sohn Gottes, der Mitregent der Himmel, der Erlöser aller Menschen und Seelen

Immer mehr Menschen erfassen: Im Werk des Christus Gottes spricht durch Seine Prophetin, Gabriele, der Sohn Gottes, der einst als Jesus von Nazareth inkarniert war, um allen Menschen guten Willens den Weg zurück in die ewige Heimat aufzuzeigen.

Nahezu 2000 Jahre sind seither vergangen, in denen die Priester und Theologen der institutionellen Kirchen die Lehre des Jesus von Nazareth, des Christus Gottes, verfälscht und Seinen guten Namen für ihre Machtinteressen und Kulte missbraucht haben. Aus diesem Grund herrschen in unseren Gesellschaften und in den äußeren Religionen große Unkenntnis und Verwirrung darüber, wer Jesus von Nazareth wirklich war, wer der Christus Gottes Seinem Wesen nach wirklich ist und was genau Sein Erlöserauftrag beinhaltete, mit dem Er auf die Erde gekommen ist.

Im Prophetischen Wort durch Gabriele klären der Christus Gottes und die geistig-göttliche Welt selbst auf, wer Jesus, der Christus, von Anfang an war und wer Er ist: der Sohn des Ewigen, All-Einen Gottes und der Mitregent der ganzen Schöpfung.

Gott sprach zu uns Menschen – und in alle Kulturen hinein:

„Ich Bin, der Ich Bin, der Gott Abrahams, Isaaks und Jakobs. Ich Bin, der Ich Bin, der Gott aller wahren Propheten".

In der bekannten Überlieferung des Johannes ist Weiteres zu lesen:

„Im Anfang war das Wort, und das Wort war bei Gott, und Gott war das Wort.

Alle Dinge sind durch dasselbe gemacht, und ohne dasselbe ist nichts gemacht, was gemacht ist.

In ihm war das Leben, und das Leben war das Licht der Menschen.

Und das Licht scheint in der Finsternis, und die Finsternis hat's nicht ergriffen.

Das war das wahre Licht, das alle Menschen erleuchtet, die in diese Welt kommen.

Er war in der Welt, und die Welt ist durch ihn gemacht; aber die Welt erkannte ihn nicht.

Er kam in sein Eigentum; und die Seinen nahmen ihn nicht auf. (...)

Und das Wort ward Fleisch und wohnte unter uns, und wir sahen seine Herrlichkeit, eine Herrlichkeit als des eingeborenen Sohnes vom Vater, voller Gnade und Wahrheit." (Johannes 1)

Das war der Menschensohn, in Ihm der Christus Gottes. Er nahm Fleisch an, um uns Menschen zu lehren, dass der Geist Seines Vaters der Freie Geist ist: Gott, der unendliche Freie Geist, das ewige Gesetz der Gottes- und Nächstenliebe, das die All-Einheit beinhaltet.

Gott ist.

Der Menschensohn, der Christus Gottes in Ihm, lehrte uns das Gesetz der All-Einheit.

Weil Gott das Leben der All-Schöpfung ist in allen Wesen, Seelen, Menschen, Tieren, Pflanzen, und weil Er die Ur-Kraft ist in allen Steinen, in jedem Planeten der Materie und in weiteren All-Sonnensystemen, ist Gott der Freie Geist und somit allgegenwärtig. Das lehrte uns der Sohn des Allerhöchsten, der Christus Gottes.

Jesus von Nazareth lehrte das Innere Sein – keine äußere Religion

Jesus von Nazareth lehrte keine äußere Religion. Er lehrte uns das Innere Sein.

Es ist der Innere Weg zum Reich Gottes in uns. Es ist inneres Leben, es ist Sein Wort, das *Ich-Bin-der-Ich-Bin*, Gott, das Leben, allgegenwärtig und somit das ewige Gesetz der Gottes- und Nächstenliebe – das Leben.

Wie wir Menschen auch denken, was wir wollen, wie wir es sehen: Gott, der Ewige, ist das Gesetz des All-Lebens, allgegenwärtig.

Sein Sohn ist der Christus Gottes in Jesus von Nazareth, der Mitregent des Reiches Gottes.

Weil der Ewige Gott, der Freie Geist, allgegenwärtig ist, steht Er über allen äußeren Religionen, so wie es Jesus von Nazareth lehrte.

Im Reich Gottes gibt es weder Religionen noch Religionsführer, weil das Reich Gottes das tragende, allumfassende, ewige Gesetz der Gottes- und Nächstenliebe ist.

Äußere Religionen sind und wirken gegen den Freien Geist. Sie trennen und binden. Religionsführer vieler äußerer Religionen machen Menschen abhängig von ihrer Religion.

Weil Gott, der Ewige, das Gesetz der Gottes- und Nächstenliebe ist, ist Er gegen Religionskriege, gleich welcher Art, und gegen den Kampf „einer gegen den anderen". Gott, der Allmächtige, ist der Freie Geist, ist die verbindende Kraft der Kommunikation in allem Sein, denn das Reich Gottes ist die Liebe, der Friede und die Einheit des Lebens.

Weil kriegerische Menschen ihre Selbstverherrlichung anstrebten, sandte Gott, der Ewige, wahre Gottespropheten und Gottesprophetinnen zu den

Menschen, um sie zu bewegen, die Einheit des Seins, die Gottes- und Nächstenliebe, zu erfassen: das Ewige Gesetz, das allgegenwärtig ist in allen Gestirnen, in jeder Seele, jedem Menschen, jedem Tier, jeder Pflanze und in jedem Elementarteilchen der Unendlichkeit.

Auch der Sohn des Allerhöchsten kam als Prophet Jesus von Nazareth zu den Menschen, um alle Menschen und Seelen den Weg zurück in das Reich Gottes zu lehren. Es ist so, wie es ist:
Gott, der Freie Geist, auch All-Geist genannt, ist das All-Leben, und Sein Sohn, Christus, ist der Mitregent des Reiches Gottes.

Der Erlöser-Auftrag des Christus Gottes

In Seinem Offenbarungswerk „Das ist Mein Wort. Alpha und Omega", spricht Christus selbst über Seinen mächtigen Auftrag als Sohn Gottes in Jesus von Nazareth:
„Der Sohn, der Ich Bin, kam vom Vater, um alle Seelen und Menschen zu befreien. Deshalb ist nur einem Macht und Kraft gegeben, Seelen und Menschen zum Inneren Licht, zu Gott, unserem ewigen Vater, zu führen – dem, der dafür ausgegangen ist. Es ist der Christus Gottes, der Ich Bin.

*Ich habe den Auftrag von Gott, Meinem Vater, alle
Seelen und Menschen heimzuführen in ihr Inneres,
wo des Vaters Geist wohnt.*

*Ich Bin die Erlösung jeder Seele und der Weg zum
ewigen Vater. Keiner kommt zum Vater, dem großen
All-Einen, Einzigen, es sei denn durch Mich, Christus,
der Ich der Erlöser aller Seelen und Menschen Bin
und der Weg ins ewige Vaterhaus."* (S. 589 f.)

*„Es ist Mir alles übergeben von Meinem Vater. Ich Bin
des Vaters erstgeschauter und erstgeborener Sohn,
der Mitregent der Himmel. Ich Bin in den vier Schöpfungskräften, den vier Wesenheiten Gottes – Ordnung, Wille, Weisheit und Ernst – allgegenwärtig. In
diesen vier Wesenheitsströmen fließt Mein geistiges
Erbe. Es ist in den vier Schöpfungskräften die Allge-
genwartsstrahlung im Urprinzip Gott.*

*Somit Bin Ich Gott im Schöpfungsgeist des Vaters
in den vier Wesenheiten – Ordnung, Wille, Weisheit
und Ernst. Die drei Eigenschaften Gottes – Geduld,
Liebe und Barmherzigkeit – sind die Kindschaftsei-
genschaften. In diesen Bin Ich der Sohn unter allen
Söhnen und Töchtern Gottes. Gott heißt: Höchste,
allgegenwärtige Energie, die alles hervorbrachte und
hervorbringt und die ist von Ewigkeit zu Ewigkeit.*

*Aus dieser allgegenwärtigen Energie, dem ewig strö-
menden Urpotenzial, dem Geist, löste Ich einen großen Teil Meines geistigen Erbes aus und pflanzte es*

in Funken in die Seelen ein, die sich durch Gesetzes-
missachtung in den drei Eigenschaften und in den
vier Wesenheiten Gottes – die als Ganzes betrachtet
die sieben Grundkräfte der Schöpfung sind – belastet haben, deren Lebensenergie also bis zu den
unteren vier Fallreichen heruntertransformiert ist.
Diese vier unteren Fallreiche wurden nach Meinem
»Vollbracht« zu Reinigungsebenen. Seit dem »Vollbracht« ist den gefallenen Seelen der Erlöserfunke
Stütze und Halt, damit sich ihre Geistsubstanz nicht
im ewigen strömenden Geist auflöst.
Denn im ersten Fallgedanken lag der Wunsch zur
Auflösung aller geistigen Formen. Damit wollten die
Gegensatzwesen den Neubeginn der Schöpfung bewirken. Der ewige Vater, dessen Sohn Ich Bin, über-
gab Mir die Kraft, das zu vollbringen, was in Seinem
Willen, dem ewigen Gesetze, steht: alles Sein als
Ganzes zu bewahren. Durch die Erlösertat empfing
jede tief belastete Seele den Erlöserfunken. Damit
ist die Seele gestützt, und somit ist die Möglichkeit
ausgeschlossen, dass sie sich im allgegenwärtigen
Geist, dem Gottesstrom, auflöst und in diesen als
strömende Energie übergeht. Durch die Erlösung
wird die Seele wieder zum Geistwesen und bleibt in
der Geistform das Kind Gottes. Hätte Ich Mein Erbe
nicht ausgelöst und als Stütze und Entwicklungs-
kraft den Fallkindern gegeben, dann hätten sich viele Geistkörper infolge der immer mehr werdenden

117

Belastungen aufgelöst. Dadurch wäre das Gleichmaß der Schöpfung ins Wanken gekommen, und die Auflösung aller geistigen Formen wäre unausweichlich die Folge gewesen.

Mir ist also vom Vater gegeben, als Erlöser für alle tiefgefallenen Seelen und Menschen zu wirken und diese Seine Kinder wieder an Sein Herz zurückzuführen. Für jede Seele Bin Ich deshalb so lange der Erlöser, bis sie die vier Reinigungsebenen überwunden hat. Hat die Seele diese vier göttlichen Bewusstseinsstrahlen aktiviert, dann wird sie von den drei Eigenschaftsebenen, den Vorbereitungsebenen – auch Entfaltungsebenen zur Absolutheit genannt – angezogen, welche die Kindschaftskräfte des Vater-Mutter-Prinzips sind. In diesen drei Eigenschaftsebenen aktiviert das werdende Geistwesen wieder das gesamte Strahlungsgesetz, das ewige Urgesetz. Ist das gesamte Urgesetz im Geistleib wieder aktiv, dann geht das reine Wesen wieder ein in die Absolutheit, in das ewige Sein.

Wenn die Seele auf dem Weg zur Vollendung die vierte Reinigungsebene, das Bewusstsein des göttlichen Ernstes, entwickelt hat, dann ist in ihr die Erlösung vollzogen. Der Teil Meines Erbes, der als Erlöserfunke die Seele gestützt, gehalten und geführt hat, geht sodann wieder in die Urkraft, in die Allkraft, zurück. Auf dem Wege durch die drei Vorbereitungsebenen zur Absolutheit nimmt sodann das werdende Geistwesen wieder bewusst die Kindschaft Gottes an.

Als Jesus von Nazareth konnte Ich von der Erlösertat, dem Ausfließen Meines Erbes, noch nicht in allen Einzelheiten lehren, weil Ich das Werk der Erlösung noch nicht vollbracht hatte. Mein Erbe war noch im Urgesetz. Bei Meiner Taufe im Jordan durch Johannes, als der Geist im Symbol der Taube über Mich kam, wurde Mein Erbe im Urgesetz verstärkt aktiv. Auf Golgatha floss es aus bei Meinem Worte »Vollbracht« und teilte sich in geistige Funken auf. Jede tiefgefallene Seele erhielt davon die Stütze, den Erlöserfunken.

Der Mensch, der nur menschlich denkt und die Materie als das einzig Wahre betrachtet und anerkennt, fühlt nicht den Geist des ewigen Vaters in sich. Nur wer sich selbst als Kind Gottes weiß, weil er die Gesetze der Liebe erfüllt, der erfühlt auch den Vater, das Leben, in sich. Der Vater ist daher nur von jenen zu erfühlen, die das Gesetz der Liebe verwirklichen, das Ich als Jesus von Nazareth gelehrt habe und als Christus Gottes denen offenbare und lehre, die Gott mehr lieben als diese Welt." (S. 195-198)

Das Wirken der göttlichen Weisheit im Werk der Erlösung

In der großen Christus-Offenbarung „Das ist Mein Wort. Alpha und Omega. Das Evangelium Jesu. Die Christus-Offenbarung, welche inzwischen die wahren Christen in aller Welt kennen" erläutert Christus im Prophetischen Wort:

„Der Geist der Wahrheit ist der Christus Gottes, von dem Ich als der Menschensohn sprach. Ich habe diese Zusagen in den nahezu zweitausend Jahren wahrgemacht. Der Geist der Wahrheit kam in allen Generationen, und Sein Wirken nahm in dieser Welt immer mehr an Licht und Kraft zu, denn viele Menschen hörten und lasen aus dem Gesetz des Lebens, der ewigen Wahrheit, und so mancher begann, das Leben in sich zu entwickeln.

In dieser Zeitenwende jedoch bricht das Licht – Ich, der Christus, die ewige Wahrheit – in einem breiten Spektrum durch und strahlt in die ganze Welt. Das Gesetz der Wahrheit fließt als ein großer Strom durch das Prophetische Wort, denn Ich sandte die göttliche Weisheit zu den Menschen, auf dass die Wahrheit offenbar werde und die Menschen aufrüttele, die in Weltbefangenheit und Sünde leben."
(S. 803)

„Der Tröster und Erlöser ist der Christus Gottes, der im Geiste des ewigen Vaters lebt. Ich Bin eins mit dem Vater. Der Vater und Ich sind das eine Gesetz – die Wahrheit, die alle Seelen und Menschen frei macht, welche glauben und Gottes Willen erfüllen." (S. 784)

„Des Vaters Geist ist der Allgeist, das Gesetz, das aus den sieben Grundkräften des Lebens besteht. Gott ist Gesetz. (...) Der Vater ist also größer als der Sohn. Er ist die Allkraft – Ich Bin die Teilkraft in der Allkraft." (S. 785)

„Die göttliche Weisheit hat die große Aufgabe übernommen, Mein Licht des Friedens und der Einheit vorauszutragen und es allen Völkern dieser Erde zu bringen und somit allen Menschen, die guten Willens sind. Durch sie strahlt Mein Licht in unzähligen Facetten des Lebens hinaus: Es ist Mein Wort, das offenbar ist und wird durch den Mund Meiner Prophetin, die zugleich Botschafterin Gottes ist, und durch viele gerechte Männer und Frauen." (S. 693)

„Allen voran geht die göttliche Weisheit. Sie ist die dritte Wesenheit Gottes, vertreten durch den Cherub der göttlichen Weisheit, den dritten Gesetzesengel. Wie Ich schon offenbart habe, ist das weibliche Prinzip des Trägers der göttlichen Weisheit im Erdenkleid, das männliche Prinzip im Geistkleide.

Beide – das weibliche Geistdual im Erdenkleid und das männliche Geistdual im Geiste – tragen mit Mir, Christus, die Hauptverantwortung für das Werk der Erlösung und gehen den Söhnen und Töchtern Gottes voran, die im Auftrag der Erlösung stehen. Sie alle haben die Aufgabe, die Menschen den Weg zu Gott zu lehren, sie zu unterweisen, die Gesetze des Ewigen zu lieben und zu halten – und in allem Gott zu gehorchen." (S. 712)

„Die göttliche Weisheit, vom Vater und Mir, dem Christus, berufen, Meinem Werk der Erlösung vorzustehen und Mein Kommen vorzubereiten, ist die Wahrheit, Güte und Kraft. Sie wird die vollkommene Wahrheit lehren und allen Menschen geben, was sie zu fassen vermögen." (S. 771)

„Damit finden die Menschen zum Erlöserfunken in ihrer Seele und bringen ihn immer mehr zum Leuchten. Er ist ihnen dann Leuchte auf dem Weg ins Ewige Sein. Es ist der Christus Gottes, der im Vater lebt." (S. 712)

„Doch Ich Bin der Ich Bin in Gott, Meinem Vater, der von Ihm Erstgeschaute und Erstgeborene. Ich war in Ihm geschaut vor Abraham. Ich Bin in Gott und in den vier Wesenheitskräften Gottes allgegenwärtig. Somit Bin Ich ein Teil des Erbes aller Kinder Gottes, die sind von Ewigkeit zu Ewigkeit." (S. 578)

So weit die unmittelbaren Worte des Christus Gottes in Seinem Offenbarungswerk „Das ist Mein Wort. Alpha und Omega".

Jesus, der Christus, lehrte das Gesetz der Liebe und des Friedens

Der Sohn Gottes, gesandt vom ewigen Vater, dem All-Einen, lehrte als Jesus von Nazareth die Menschen das Gesetz der Liebe und des Friedens, die Himmelslehre, die Gottes- und Nächstenliebe.
Jesus von Nazareth ist der Christus Gottes und der Schlüssel zum Tor des Lebens.

Jesus von Nazareth wusste, wovon Er sprach. Er wusste, dass Er der Gottessohn ist, der einverleibte Mitregent des Reiches Gottes, der Messias, der vom Ewigen Vater ausgegangen ist, um alle Seelen und Menschen heimzuführen in das ewige Vaterhaus. Der Sohn des Allerhöchsten hat als Mensch Jesus von Nazareth Seinen Auftrag, den Er vom ewigen Vater empfangen hat, ausgeführt. Er ist der Erlöser aller Seelen und Menschen und der Weg ins Vaterhaus.
Deshalb sprach Er: *„Ich Bin die Erlösung jeder Seele und der Weg zum ewigen Vater. Keiner kommt zum Vater, dem großen All-Einen, Einzigen, es sei denn*

durch Mich, Christus, der Ich der Erlöser aller Seelen und Menschen Bin und der Weg ins ewige Vaterhaus." (Das ist Mein Wort, S. 590)

Unter den Geboten – die Auszüge aus dem ewigen Gesetz der Gottes- und Nächstenliebe sind – brachte uns Jesus, der Christus, das Hauptgebot:
„Du sollst den Herrn, deinen Gott, lieben mit ganzem Herzen, mit ganzer Seele und mit all deinen Gedanken. Das ist das wichtigste und erste Gebot. Ebenso wichtig ist das zweite: Du sollst deinen Nächsten lieben wie dich selbst. An diesen beiden Geboten hängt das ganze Gesetz samt den Propheten." (Matthäus 22, 37-40)

In Seiner Bergpredigt lehrte uns Jesus von Nazareth, der Christus Gottes:
„Selig, die keine Gewalt anwenden, denn sie werden das Land erben."
„Selig, die Frieden stiften, denn sie werden Söhne Gottes genannt werden." (Matthäus 5, 5.9)

Jesus, von Nazareth, der Christus Gottes, sprach auch:
„Schließ ohne Zögern Frieden mit deinem Gegner, solange du mit ihm noch auf dem Weg bist."
(Matthäus 5, 25)

Der Christus Gottes lehrt uns Menschen, dass allein das ewige Gesetz der Liebe den Menschen frei macht; das ist die Himmelslehre und der Friede, das Gesetz des Reiches Gottes.

Weil den Menschen Hass und Zwietracht näher waren als die Himmelsbotschaft des mächtigen Propheten Jesus von Nazareth, wurde Er der Kreuzigung überantwortet.

Zuvor sprach Er zu Seinen Jüngern:

„Und ich habe es euch jetzt gesagt, bevor es geschehen ist, damit ihr glaubet, wenn es geschehen wird. Nun werde ich nicht mehr viel zu euch sprechen; denn der Fürst dieser Welt wird kommen. Er hat keine Macht über mich. Damit aber die Welt wisse, dass ich den Vater liebe: So wie der Vater mir geboten hat, genau so tue ich es." (Johannes 14, 29-31)

Der Sohn Gottes in Jesus von Nazareth wusste um das, was Ihm bevorstand. Treu, und Gott, Seinem Vater, ergeben, hielt Er Sein Wort.

Noch am Kreuz verkündete Er die Botschaft der Liebe, des Friedens und der Freiheit. Jesus von Nazareth, der Sohn des Einen Gottes, wurde mit zwei sogenannten Verbrechern gekreuzigt.

„Einer, der neben ihm hing, verhöhnte ihn: »Bist du denn nicht der Messias? Dann hilf dir selbst und auch uns!«

Der andere aber wies ihn zurecht und sagte: »Nicht einmal jetzt fürchtest du Gott? Dich hat doch das gleiche Urteil getroffen. Uns geschieht recht, wir erhalten den Lohn für unsere Taten; dieser aber hat nichts Unrechtes getan.« Dann sagte er: »Jesus, denk an mich, wenn du in dein Reich kommst.«
Jesus antwortete ihm: »Amen, ich sage dir: Heute noch wirst du mit mir im Paradies sein«." (Lukas 23, 39-43)

Jesus von Nazareth sprach dies am Kreuz zu dem einen Mitgekreuzigten, der Ihn erkannte, der Ihn erspürte, der um Gnade bat, unter unsäglichen Schmerzen und in dem Bewusstsein Seines qualvollen Sterbens.

Jesus sagte: „Heute noch wirst du mit mir im Paradies sein."

Das „Heute" ist der Weg zum Leben.

Das „Heute" ist der Christus Gottes, der Weg ins ewige Vaterhaus, in das Reich Gottes.

Der Christus Gottes, einst in Jesus von Nazareth, ist der Auferstandene, der zurückkehrte in das Reich Gottes, zu Gott, Seinem Vater.

Die Botschaft der Liebe und des Friedens wurde verfälscht

2000 Jahre sind vergangen, seit Jesus, der Christus, die Himmelslehre der Gottes- und Nächstenliebe gebracht hat. Warum haben die Menschen sie bis zum heutigen Tag nicht angenommen?

Weil institutionelle Kirchen bis zum heutigen Tag immer wieder Verbrechen unter dem Namen „christlich" begangen und damit den Namen des Jesus, des Christus, in Misskredit gebracht haben und bringen und weil bis heute Seine Botschaft der Gottes- und Nächstenliebe, der Friedfertigkeit und der Einheit allen Lebens von den sogenannten „christlich"-institutionellen Kirchen bis zur Unkenntlichkeit verfälscht wird.

Warum sind die äußeren Religionen über Jahrhunderte bis heute entweder gleichgültig oder gar feindlich gestimmt gegen Jesus von Nazareth, den Christus Gottes?

Und warum, so stellt sich die Frage, verdrehen die sogenannten „christlichen" Religionen das Wort des Jesus von Nazareth?

Weil in Jesus von Nazareth der Sohn Gottes wirkte und weil Er, der Mitregent des Reiches Gottes, bis heute dem Widersacher des Reiches Gottes entgegentritt – Sein Kampf erfolgt nicht mit dem

Schwert, sondern durch die Aufklärung. Der Widersacher strebt immer noch die Auflösung des Reiches Gottes an, wenn auch vergeblich. Denn Jesus von Nazareth hat den Auftrag Seines himmlischen Vaters erfüllt, den Erlöserfunken in das Ur-Herz der Seelen einzusenken, in den Wesenskern, der in jeder Seele die Essenz des Reiches Gottes ist – unantastbar. Sein erfüllter, aktiver Auftrag hüllt also das Ur-Herz, den Wesenskern, ein und bildet den Schutz gegen die Auflösung des Wesenskerns und somit auch gegen die Auflösung des Reiches Gottes. Deshalb wird der Christus Gottes auch der Erlöser aller Seelen und Menschen genannt.

Trotz seiner Niederlage kämpft der Widersacher Gottes immer noch, bis zum heutigen Tag, gegen den Sohn Gottes.

Wer Kriege befürwortet, kämpft gegen Gott, den Ewigen

Warum gibt es bis heute Religionskriege? Wer sagt wem den Kampf an?

Ist Gott, der die Gottes- und Nächstenliebe ist, wandelbar, oder sind äußere Religionen Priesterreligionen, die sich ihren eigenen Gott schufen?

Die Religionsführer der äußeren Religionen haben ihre eigenen Gesetze, vielfach Kirchengesetze, geschaffen und diese wahrheitswidrig Gott, dem Ewigen, und Seinem Sohn Jesus von Nazareth zugeschrieben. Man fragt sich zu Recht: Was waren und sind das für kriegerische Führer, die an der Spitze äußerer Religionen stehen?

Viele dieser kriegerischen Heerführer haben anderen Religionen den Kampf angesagt, sie haben das Schwert gegen ihre Nächsten und nicht zuletzt gegen die schöpferische Einheit des Lebens gezückt, gegen die Erde mit ihren Naturreichen. Wer war es? Wer ist es – und das bis heute? Und wohin haben sie die Welt geführt?

Es bedarf eines anderen Menschentums.

Es bedarf der Menschen, die auf Gott, den Ewigen, auf Sein Gesetz der Gottes- und Nächstenliebe hören und nicht auf die Weisungen äußerer Religionsführer.

In der Christus Offenbarung „Das ist Mein Wort. Alpha und Omega" offenbart Christus die Zukunft der Menschheit:

„Die neuen Menschen in den Generationen des Friedensreiches Jesu Christi gehören keiner der vielen äußeren Religionen an. Sie sind wahrhaftige Christen, denn sie erfüllen das Gesetz Gottes, das Ich ihnen als Jesus von Nazareth gebracht und vorgelebt habe – und als Christus Gottes wieder in allen Details, in allen Facetten des Inneren Lebens, offenbare durch den Strahl der göttlichen Weisheit. Sie folgen Mir, dem einzigen Hirten, Christus, nach." (S. 590)

Auch Jesus von Nazareth, der Christus Gottes, lehrte das Himmelsgesetz der Einheit und sprach klar und deutlich: *„Alle, die zum Schwert greifen, werden durch das Schwert umkommen."* (Matthäus 26, 52)
Nach der Lehre des Jesus von Nazareth, dem Himmelsgesetz der Einheit, ist jeder Mord Brudermord! Die Friedensbotschaft des größten Propheten Jesus von Nazareth heißt: *„Liebet eure Feinde, tut Gutes denen, die euch hassen."* (Matthäus 5, 44)

Noch kämpft der Widersacher Gottes, indem er die Friedensbotschaft des Christus Gottes in ihr Gegenteil verkehrt und Seinen untadeligen Namen zu teuflischen Zwecken missbraucht.

Doch Jesus von Nazareth ist und bleibt der Friede-fürst und der Sieger in Gott, Seinem Vater, der das Gesetz der Gottes- und Nächstenliebe ist.

Der Christus Gottes sprach zu Recht, denn Er ist Gottes Sohn: *„Ich Bin das Leben in Gott, Meinem und eurem Vater."* Und das hat Bestand.

Wer von uns Menschen kann das sagen?

Mit den Worten: *"Ich Bin das Leben in Gott, Meinem und eurem Vater"*, ist nicht die Formgebung des irdischen Lebens gemeint, nicht die Zeugung der Form eines Menschenkörpers, sondern der Atem, der das Leben ist. Kein Mensch kann einem ande-ren Menschen den Atem geben. Wäre das möglich, dann könnte er auch einen Toten erwecken, indem er ihm das Leben zurückgibt.

Wer nimmt sich das Recht heraus, einem anderen Menschen das Leben zu nehmen – wenn er ihm das Leben nicht geben kann, den Atem, der das Leben ist?

Jesus von Nazareth konnte zum Beispiel Lazarus den Atem, das Leben, zurückgeben. Warum?

Weil Er Gottes Sohn ist und in Gott der Christus Gottes, das Leben.

Das ewige Leben ist die All-Einheit.

Wer also seinen Nächsten mutwillig tötet, handelt gegen das Gebot *„Du sollst nicht töten"* und gegen Gottes Liebe, die die All-Einheit ist.

Dieses Gebot gilt in der ganzen Schöpfung Gottes. Auch wer ein Tier mutwillig umbringt, handelt gegen Gottes Schöpfung.

Wer bewusst Menschen tötet, der handelt gegen das Gebot Gottes *„Du sollst nicht töten"*, und er richtet sich damit selbst.

Wer Menschen mutwillig tötet, lebt in der Versuchung, den Freien Geist, Gott, auszulöschen.

Gott ist unwiderruflich das All-Gesetz, das Leben.

Er ist der Odem des Lebens in jedem Tier, in jeder Blume, in jedem Strauch, in jedem Baum; in allen Naturreichen wirkt das Gesetz des Lebens.

Gott, der Schöpfer des Seins, ist das Leben.

Kein Mensch – wie auch immer er heißen mag – hat das Recht, anderen das Leben zu nehmen.

Der Eine Gott Abrahams, Isaaks, Jakobs, der Gott aller wahren Propheten, gab Zeugnis durch Seinen Sohn, den Christus Gottes in Jesus von Nazareth.

Der Christus Gottes lehrt uns: Gott ist der Freie Geist.

Das bezeugte Sein Sohn in Jesus von Nazareth. Er sprach gegen jegliches mutwilliges Töten. Wer Ihm nachfolgt, handelt christlich. Nicht christlich ist, wer anderes lehrt und tut.

Jesus von Nazareth lehrte uns Menschen, dass das Reich Gottes „inwendig in euch", also in uns ist. Er lehrte somit, dass jeder Mensch der Tempel des heiligen Geistes, des Freien Geistes ist. Jesus von Nazareth kannte den Weg ins Vaterhaus. Er sprach: *„Folget Mir nach."*

Der Christus Gottes, der Sohn des Allerhöchsten, ist somit der Weg, die Wahrheit und das Leben.

Der Verrat an der Lehre des Jesus, des Christus

Jesus von Nazareth hat keine Kirche aus Stein gegründet.

Er hat keine Dogmen gelehrt und keine Rituale verkündet.

Jesus von Nazareth hat keine Priester, Pfarrer und dergleichen eingesetzt, Er hat kein ewiges Höllenfeuer und keine ewige Verdammnis gelehrt.

Jesus von Nazareth hat keine Verehrung von „Heiligenbildern" und Reliquien gelehrt und somit auch nicht angeordnet.

Jesus von Nazareth hat keine Säuglingstaufe gelehrt und somit auch nicht angeordnet.

Jesus von Nazareth lehrte keine Sakramente. Sie gehören nicht in das Gesetz des Lebens und nicht in das Wort Gottes durch Seine Propheten.

Auch die Jungfraugeburt gehört zum Ranken-werk allzumenschlicher Priesterfantasien.

Beichtstühle und Beichtväter gehören ebenfalls nicht zu Seiner Lehre.

Jesus von Nazareth lehrte keinen Ablass und keinen Ablasshandel. Toten- und Ahnenkult lehnte Er ab. Er sprach: *„Folge mir nach; lass die Toten ihre Toten begraben!"* (Matthäus 8, 22)

Jesus von Nazareth kannte das Gesetz Gottes, die sieben Grundkräfte Gottes: die göttliche Ordnung, den göttlichen Willen, die göttliche Weisheit und den göttlichen Ernst sowie die Güte, Liebe und Sanftmut, das *Ich-Bin-der-Ich-Bin.* Der Christus Gottes in Ihm wusste, was die Aussage bedeutet: *„Ihr sollt also vollkommen sein, wie es auch euer himmlischer Vater ist."* (Matthäus 5, 48)

Die Vollkommenheit ist das Gesetz des Reiches Gottes, des Friedens, der Gottes- und Nächstenlie-be, das Gesetz der Freiheit.

So ist es, so bleibt es, und so ist es ewiglich.

Das Leben nach dem Gesetz Gottes hätte ein Para-dies auf Erden entstehen lassen, das Friedensreich. Doch auf dieser Erde regiert das Chaos. Es leitet sich von den Führern äußerer Religionen ab, die ihre Lemminge um sich scharten und scharen, um andere Religionen und Menschen, die ihrem Clan nicht angehörten und angehören, zu bekämpfen.

Das Gebot Gottes „Du sollst nicht töten"
gilt auch in Bezug auf die Tiere

Gott ist Einheit. Die Lehre des Jesus von Nazareth mit dem Gottesgebot „Du sollst nicht töten" gilt auch gegenüber den Tieren, der ganzen Schöpfung des Seins. Das zeigte Jesus von Nazareth, als Er zur Zeit des Passahfestes in den Tempel zu Jerusalem ging und die Tiere aus den Käfigen befreite. In der Christus-Offenbarung „Das ist Mein Wort. Alpha und Omega" heißt es dazu:

„Und Er fand im Tempel sitzen, die da Ochsen, Schafe und Tauben feil hatten und auch die Geldwechsler.

Da machte Er eine Geißel aus sieben Stricken und trieb sie alle zum Tempel hinaus. Er ließ die Schafe und Ochsen und die Tauben frei, schüttete den Wechslern das Geld aus und stieß die Tische um."

„Die Geißel aus sieben Stricken symbolisierte die sieben Grundkräfte Gottes, das Gesetz des Lebens. Wer gegen das Gesetz Gottes handelt, der verstößt gegen die sieben Grundkräfte Gottes und schafft damit seine Ursachen."

Und Er sprach zu ihnen: »Schafft all das hinaus und macht nicht Meines Vaters Haus zu einem Kaufhaus. Steht es nicht geschrieben: Mein Haus soll ein Bethaus heißen für alle Völker? Ihr aber habt eine Diebeshöhle daraus gemacht und es mit allen möglichen Gräueln erfüllt.«

Und Er duldete nicht, dass einer eine Schüssel voll Blutes durch den Tempel trug oder dass Tiere getötet würden." (S. 773 f.)

Ob man Menschen tötet, ob man Tiere tötet, ob man die Natur schändet – überall ist das Leben, und wer zum Töten aufruft und das Töten befürwortet, der ist gegen Gott. Denn Gott lehrte schon durch Seinen Propheten Mose: *„Du sollst nicht töten."* (Exodus 20, 13)

Das gilt in Bezug auf die ganze Schöpfung Gottes.

In den Büchern Mose sind einzelne Auszüge aus dem Gesetz Gottes zu finden:

„Dann sprach Gott: Hiermit übergebe ich euch alle Pflanzen auf der ganzen Erde, die Samen tragen, und alle Bäume mit samenhaltigen Früchten. Euch sollen sie zur Nahrung dienen.

Allen Tieren des Feldes, allen Vögeln des Himmels und allem, was sich auf der Erde regt, was Lebensatem in sich hat, gebe ich alle grünen Pflanzen zur Nahrung. So geschah es. Gott sah alles an, was er gemacht hatte: Es war sehr gut." (Genesis 1, 29-31)

Vom Töten der Menschen und vom Töten der Tiere sprach Gott, der Ewige, durch Seine Gottespropheten nicht.

Auch wer Fleisch isst, gibt gleichsam den Auftrag zum Töten.

Durch den großen Propheten Jesaja sprach Gott, der Ewige:

„Wer einen Stier schlachtet, gleicht dem, der einen Mann erschlägt; wer ein Schaf opfert, gleicht dem, der einem Hund das Genick bricht; (...) wer Weihrauch anzündet, gleicht dem, der Götzen verehrt!"
(Jesaja 66, 3)

An anderer Stelle spricht Gott durch Seinen Propheten Jesaja wie folgt zu den Priestern:

„Was soll ich mit euren vielen Schlachtopfern?, spricht der Herr. Die Widder, die ihr als Opfer verbrennt, und das Fett eurer Rinder habe ich satt; das Blut der Stiere, der Lämmer und Böcke ist mir zuwider. (...)
Bringt mir nicht länger sinnlose Gaben, Rauchopfer, die mir ein Gräuel sind. Neumond und Sabbat und Festversammlung – Frevel und Feste – ertrage ich nicht. (...) Wenn ihr eure Hände ausbreitet, verhülle ich meine Augen vor euch. Wenn ihr auch noch so viel betet, ich höre es nicht. Eure Hände sind voller Blut. Wascht euch, reinigt euch! Lasst ab von eurem üblen Treiben! Hört auf, vor meinen Augen Böses zu tun! Lernt, Gutes zu tun! Sorgt für das Recht! Helft den Unterdrückten! Verschafft den Waisen Recht, tretet ein für die Witwen!" (Jesaja 1, 11-17)

Auch durch den Propheten Hosea sprach der Ewige:
„Ihr Opfer schlachten und Fleisch fressen ist mir ein Gräuel und der Herr hat keinen Gefallen daran. Ich kann ihnen noch so viele Gesetze aufschreiben; sie gelten ihnen so wenig wie die eines Fremden." (Hosea 8, 12-13)

Gott, der Ewige, offenbarte weiter:
„Denn ich habe Lust an der Liebe, und nicht am Opfer, an der Erkenntnis Gottes und nicht an Brandopfern." (Hosea 6, 6)

Heute führen viele Religionsführer den Opferkult auf Abraham zurück. Abraham, der Prophet Gottes, der den Einen Gott verkündete, kann nicht für die Schlachtopfer von gestern und heute verantwortlich gemacht werden, denn Gott führte ihn aus dem Opferkult der Vielgötterei heraus, die zu seiner Zeit überall herrschte.
Gott ist der Schöpfer. Er ist das Leben. In der ganzen Unendlichkeit gibt es keinen wandelbaren Gott.
Dass Gott das Leben ist, zeigte Er Abraham, als dieser glaubte, seinen Sohn töten zu müssen. Gott hinderte ihn daran.

Sogar Hieronymus, den die katholische Kirche „heilig" gesprochen hat, wusste um das Gebot Gottes, kein Fleisch zu essen. In einem Brief an Jovinian schrieb Hieronymus Folgendes:

„*Der Genuss des Tierfleisches war bis zur Sintflut unbekannt, aber seit der Sintflut hat man uns die Fasern und die stinkenden Säfte des Tierfleisches in den Mund gestopft (...) Jesus Christus, welcher erschien, als die Zeit erfüllt war, hat das Ende wieder mit dem Anfang verknüpft, sodass uns jetzt nicht mehr erlaubt ist, Tierfleisch zu essen.*" (Adversus Jovinianum I, 18)

Hätte der Kirchen-"Heilige" Hieronymus falsches Zeugnis gegeben, dann müsste ihn die katholische Kirche „ent-heiligen".

In der großen Christus-Offenbarung „Das ist Mein Wort. Alpha und Omega" steht, was Jesus von Nazareth lehrte:

„*Wahrlich, Ich sage euch, darum Bin Ich in die Welt gekommen, dass Ich abschaffe alle Blutopfer und das Essen des Fleisches der Tiere und Vögel, die von den Menschen geschlachtet werden. (...)*

Am Anfang gab Gott allen die Früchte der Bäume und die Saaten und die Kräuter zur Nahrung; doch die, welche sich selbst mehr liebten als Gott oder ihre Nächsten, verdarben ihre Sitten und brachten Krankheiten in ihre Körper und erfüllten die Erde mit Begierden und Grausamkeit. (...)

Nicht durch das Vergießen von unschuldigem Blut, sondern durch ein rechtschaffenes Leben werdet ihr den Frieden Gottes finden. Ihr nennt Mich den

Christus Gottes, und ihr sprecht wahr; denn Ich Bin der Weg, die Wahrheit und das Leben. Gehet diesen Weg und ihr werdet Gott finden. Suchet die Wahrheit, und die Wahrheit wird euch frei machen." (S. 811-814)

Wo also findet man die Wahrheit?

Dazu ein Hinweis zur Selbstfindung: Manche Bibelkundige und Bibelfanatiker meinen, die Bibel müsse wortwörtlich genommen werden, und beharren auf dem Wortlaut, dem Buchstaben der Bibel ihrer jeweiligen Konfession. Vergleichen Sie die Texte der vielen verschiedenen Bibeln miteinander. Zum Beispiel die Luther-Bibel, die katholische Bibel, die orthodoxe Bibel. Selbst die Neuausgaben von Bibeln einer Konfession stimmen nicht mit einer älteren Ausgabe wörtlich überein.

Hinzu kommt, dass auch die vielen Handschriften, die den verschiedenen Übersetzungen zugrunde liegen, unzählige, nicht übereinstimmende Varianten enthalten.

Überall finden sich Abweichungen, die zu unterschiedlichen Aussagen führen. Welche Bibel stimmt also? An welche Bibel soll man sich halten?

Jesus von Nazareth hat das Gesetz der Gottes- und Nächstenliebe gelehrt. Er hat kein einziges Bibelwort verfasst. Deshalb kann gesagt werden: Die Bibel besteht aus Tausenden von Abschriften von Abschriften.

Urchristen treten ein für die Lehre des Jesus von Nazareth, des Christus Gottes

Nachfolger des Jesus von Nazareth halten sich an das, was Er gelehrt hat und heute wieder lehrt als der Christus Gottes durch Seine Prophetin und Botschafterin, Gabriele, die unter uns Nachfolgern des Jesus von Nazareth lebt.

Gott ist Freiheit, Gott ist Liebe, Gott ist Nächstenliebe. Menschen, die Jesus von Nazareth nachfolgen, sind Urchristen.
Urchristen sind freie Menschen und folgen einzig Jesus von Nazareth nach, der uns den Freien Geist lehrte, Gott, Seinen und unseren himmlischen Vater.
Die Grundlage des allumfassenden ewigen Gesetzes des Reiches Gottes finden wir in den Zehn Geboten Gottes und in der Bergpredigt Jesu.

Keiner ist vollkommen, auch nicht die Urchristen. Doch unser aller Ziel ist die schrittweise Verwirklichung der Worte des Jesus, des Christus Gottes: vollkommen zu werden, wie Gott, unser Vater im Himmel, vollkommen ist.
Urchristen glauben nicht an äußere Religionsführer, nicht an Päpste, Kardinäle, Bischöfe, Priester und Pfarrer.

Urchristen sind überzeugt: Die sogenannten christlichen Institutionen sind hauptschuldig am Zustand
dieser Welt, weil sie nicht lehren und schrittweise
erfüllen, was Jesus von Nazareth lehrte und vorgelebt hat.

Einzig aus der Verwirklichung der erkannten Facetten der Wahrheit wächst die selbstlose Liebe

In Seiner Offenbarung „Das ist Mein Wort. Alpha
und Omega" spricht Christus:
*„Der Glaube an die Wahrheit ist nicht die Wahrheit
selbst, das Gesetz des Lebens. Wer sich einzig mit
dem Glauben an die Wahrheit begnügt, der wird
niemals die Wahrheit erkennen und auch nicht in
ihr leben.*
*Der echte Glaube ist die Voraussetzung, die erkannte
Facette aus der ewigen Wahrheit zu verwirklichen.*
*Wer jedoch sein Bewusstsein nicht erweitert durch
Verwirklichung, der kann die Gerechtigkeit Gottes
nicht erkennen und daher auch nicht Gerechtigkeit
üben.*
*Er kann auch nicht selbstlos geben, weil er in sich
selbst nicht die selbstlose Liebe, das Gesetz des Lebens, die Wahrheit, enthüllt hat. Nur das, was der
Mensch an Gesetzmäßigkeiten Gottes verwirklicht*

hat, kann er auch selbstlos geben, denn einzig aus der Verwirklichung der erkannten Facetten der Wahrheit wächst die selbstlose Liebe, die sich wiederum selbstlos schenkt. Wer keine selbstlose Liebe hat, der lebt auch nicht in der Wahrheit. Er ist nur auf sich selbst bezogen; er liebt sich selbst, jedoch nicht die Wahrheit, denn diese ist frei vom menschlichen Ich.

Was nicht aus der selbstlosen Liebe gegeben ist, ist auch nichts wert. Wenn der Mensch auch viel über die ewige Wahrheit redet und sie seine Nächsten lehren möchte, so bleiben dies leere Worte, gleichsam tote Hüllen, denn sie sind ohne geistiges Leben, also tote Buchstaben.

Wer nicht aus der Erfüllung des Gesetzes, aus Gott, gibt, sondern nur das verbreitet, was er sich angelesen hat und für die Wahrheit hält, der ist kein Lehrer der Wahrheit – sei er nun Theologe, Priester, Pfarrer oder ein Bibelgläubiger, selbst wenn er hohe Titel führt.

Wessen Herz verhärtet ist, der ist blind für das Leben. Er hat keine Liebe – weder zu Menschen noch zu Tieren, Pflanzen oder Steinen. Wessen Herz verhärtet und wessen Augen blind sind, redet und handelt gegen seine Nächsten und gegen die Schöpfung. Daher prüft mit den Augen der Gerechtigkeit, dann werdet ihr die gerechten und die falschen Lehrer an ihren Früchten erkennen.

Wer in der Wahrheit lebt, schaut, was andere nicht sehen, und hört, was andere nicht hören; er wird deshalb jedem seinen Glauben lassen. Menschen im Geiste des Herrn werden ihre Nächsten, die aus anderen Quellen geistiges Wissen empfangen und entsprechend auslegen, weder verurteilen noch verfolgen. Jeder Mensch wird entsprechend seinem Bewusstseinsstand geführt, oftmals über mehrere Hindernisse oder über andere Quellen, bis er die Quelle der Wahrheit zu erkennen vermag.

Die Wahrheit ist das Leben, Gott, die Liebe, die Macht der Unendlichkeit. Nach der Rückkehr aller gefallenen Geistwesen wird sie alles vollkommen durchdringen. Dann haben sich die Seelen wieder als reine Wesen aus Gott in Gott eingefunden, und alles Grobstoffliche wird Ursubstanz, also göttliche Essenz sein. Dann werden weder Menschen noch Seelen sein, weder Materie noch Teilverdichtung. Alles wird geeint sein im Ewigen. Alles Sein wird wieder absolutes Gesetz, Gott, die Liebe, das Leben. Bis alle Seelen wieder die bewusste Kindschaft in Gott erlangt haben, bleibe Ich der Erlöser aller Seelen und Menschen: Christus, der Schlüssel zum Tor des Lebens." (S. 950-952)

Viele Menschen kennen die Aussage des Jesus von Nazareth: *„Wer von euch ohne Sünde ist, der werfe den ersten Stein."* (Johannes 8, 7)

Kein Urchrist wird den Stein erheben und auf andere werfen. Aber wir alle müssen – der eine weniger, der andere mehr – bekennen, dass diese Welt so ist, weil kirchliche Institutionen im Namen des Christus Seine Lehre zwar angenommen, jedoch nicht aufgenommen und sie somit verworfen haben.

Fälschung und Missbrauch der Lehre des Jesus, des Christus, durch kirchliche Dogmen und Lehrsätze

Dogmen und Lehrsätze -
Bollwerk kirchlicher Hierarchie
gegen den Freien Geist

Die Lehre des Jesus, des Christus kennt keinen Zwang, und somit setzte Er auch weder Dogmen, Glaubenssätze noch Rituale oder Kulte ein.

Die Dogmen, Glaubens- und Lehrsätze institutioneller Hierarchien beruhen auf Machtanspruch und Ausgrenzung. Sie bilden das von Menschen erdachte Bollwerk des „Glaubens", um die eigenen Anhänger gefügig zu machen und Andersgläubige herabzusetzen und auszugrenzen, bis hin zu deren Verfolgung und Ausmerzung.

Was durch die Priesterhierarchie im Verlauf der Jahrhunderte an klerikalem Fesselwerk entstanden ist, erweist sich für denjenigen, der in dieses Lehrgebäude tiefer hineinschaut, als Missbrauch, der gleichzeitig ein Verrat an Jesus, dem Christus, und Seiner Lehre ist.

Dieser Verrat an der Lehre des großen Weisheitslehrers Jesus von Nazareth bildet die Grundlage für die mehr als 1700-jährige Unheilsgeschichte der Großkirchen, die sich in irreführender Weise „christlich" nennen.

Dieser Verrat bildet auch den ideellen Zündstoff für die Unterjochung der Völker, die mit dem Begriff „Missionierung" verbrämt wurde. Er führte durch alle Jahrhunderte zur Ausgrenzung, Verfolgung und Unterdrückung all jener, die sich nicht unter das Herrschaftsjoch der kirchlichen Machthaber fügten und fügen. Diese Leidensspur, die sich durch die Geschichte der Menschheit zieht und Abermillionen Opfer im Staub der Geschichte zurückließ, ist beispiellos und umso unfassbarer, als sie unter Missbrauch des Namens des Friedefürsten Jesus, des Christus, mit Feuer und Schwert unter die Menschen gebracht wurde.

Immer wieder haben mutige Männer und Frauen, Gottespropheten, Nachfolger des Jesus von Nazareth, weise Menschen und wachsame Denker diesen Betrug an der Lehre und dem Wesen des Christus Gottes aufgezeigt. Viele davon mussten dafür mit ihrem Leben bezahlen, insbesondere in der Zeit der Hexenverfolgung und der Inquisition.

Wem dient die Kirche?
Dostojewskis „Großinquisitor" entlarvt

Ein großer Denker, der diesen Missbrauch klar erkannte, ist der russische Schriftsteller Fjodor Dostojewski (1821-1881). In der Novelle „Der Großinquisitor" in dem Roman „Die Brüder Karama-
sow" verfasste Dostojewski eine der tiefsinnigsten
Analysen der römisch-katholischen Priester-Reli-
gion und entlarvte darin deren Beweggründe für
den Missbrauch des Namens Christus.
Schauplatz der Novelle „Der Großinquisitor" ist
die spanische Stadt Sevilla im 16. Jahrhundert, in
der die Scheiterhaufen der Kirche loderten und die
Gesellschaft sich an den Hinrichtungen der „Ketzer"
unter Anleitung des Großinquisitors ergötzte.
In diese Zeit hinein lässt Dostojewski Christus wieder erscheinen. Das Volk erkennt Christus und liegt
Ihm zu Füßen – so lange, bis der greise Großinquisitor Ihn verhaften lässt. Am Abend zuvor hatte der Großinquisitor vor der ganzen höfischen
Gesellschaft und allen Bürgern Sevillas bereits
hundert „Ketzer" auf einmal verbrannt – „ad ma-
jorem Dei gloriam", das heißt „zur höheren Ehre
Gottes". Dostojewski schildert, wie der mächtige
Kirchenmann um Mitternacht die Zelle aufsucht,
in der Christus gefangen gehalten wird, und Ihn in
Monologen anklagt:

*Er bleibt am Eingang stehen und sieht Ihm lange –
ein bis zwei Minuten lang – ins Gesicht. Endlich tritt
er leise näher, stellt den Leuchter auf den Tisch und
sagt zu Ihm: „Bist Du es? Ja?" Aber ohne eine Antwort abzuwarten, fügt er schnell hinzu: „Antworte
nicht, schweig! Und was könntest Du auch sagen?
Ich weiß recht wohl, was Du sagen willst. Aber Du
hast kein Recht, dem, was Du früher gesagt hast,
auch nur ein Wort hinzuzufügen.*

*Warum bist Du denn hergekommen, uns zu stören?
Denn dazu bist Du gekommen, und Du weißt es selber. Weißt Du aber auch, was morgen geschehen
wird? Ich weiß nicht, wer Du bist, und will auch gar
nicht wissen, ob Du es wirklich bist oder ob Du nur
Seine Gestalt angenommen hast; aber gleich morgen
werde ich Dich verurteilen und als den schlimmsten aller Ketzer auf dem Scheiterhaufen verbrennen;
und dasselbe Volk, das heute Deine Füße geküsst
hat, wird morgen schon auf einen Wink von meiner
Hand hin zum Scheiterhaufen stürzen, um dort die
Kohlen zu schüren, weißt Du das?"*

Nach dieser Drohung klagt der Großinquisitor
Christus an:

*„Hast Du nicht damals so oft gesagt: »Ich will euch
frei machen!«? Nun, jetzt hast Du sie gesehen, die
freien Menschen! (...) Ja, dieses Werk hat uns viel
Mühe gekostet," fügte er gleich hinzu, indem er Ihn*

streng anblickte, „aber wir haben es zu Ende geführt, endlich, in Deinem Namen. Fünfzehn Jahrhunderte lang haben wir uns mit dieser Freiheit
abgequält, aber jetzt sind wir damit fertig, fertig
für alle Zeiten.

Du glaubst nicht, dass wir damit fertig geworden
sind für alle Zeiten? Du siehst mich mit Deinen
sanften Augen an und würdigst mich nicht einmal
Deines Unwillens? So wisse: Jetzt, gerade heute,
sind die Menschen mehr denn je davon überzeugt,
sie wären frei, ganz frei; und dabei haben sie selber
uns ihre Freiheit dargebracht und sie uns gehorsam
zu Füßen gelegt. Das war unser Werk."

Der Großinquisitor gesteht offen die Verdrehung
der Lehre des Jesus von Nazareth ein und setzt seine Anklage fort:

„Und dann werden wir auch ihren Turm zu Ende
bauen; denn zu Ende bauen wird ihn der, der die
Menschen satt macht; satt machen aber werden nur
wir sie, in Deinem Namen – denn, so wollen wir es
dann sagen und lügen, dass es in Deinem Namen
geschehe.

Niemals, zu keiner Zeit, werden sie ohne uns satt
werden. Keine Wissenschaft wird ihnen Brot geben,
solange sie frei bleiben, und das Ende wird sein,
dass sie uns ihre Freiheit zu Füßen legen und zu uns
sagen: Knechtet uns lieber, aber macht uns satt!'

Sie werden schließlich selber einsehen, dass die Freiheit und das Brot – beide zusammen – nicht denkbar sind, denn niemals werden die Menschen das Brot miteinander zu teilen verstehen."

„Wir werden sie abermals betrügen"

Unverhohlen gesteht der Großinquisitor den Betrug an der Menschheit ein. Dostojewski lässt den greisen Kardinal sprechen:
„Und sie werden uns anstaunen und uns für Götter halten, weil wir, die wir uns an ihre Spitze stellen, uns bereit erklärt haben, die Freiheit, vor der sie zurückgeschreckt sind, auf uns zu nehmen und über sie zu herrschen – so entsetzlich wird es für sie geworden sein, frei zu sein. Wir aber werden sagen, wir seien Dir gehorsam und herrschten in Deinem Namen. Wir werden sie abermals betrügen, denn Dich werden wir nicht mehr zu uns einlassen."
Der Großinquisitor spricht weiter:
„Aber nur der bemächtigt sich der Freiheit der Menschen, der ihr Gewissen beruhigt. Mit dem Brote ward Dir die unbestrittene Macht über die Menschen geboten: Gibst Du Brot, so werden Dich die Menschen anbeten, denn am Brote zweifelt niemand. Wenn aber zu gleicher Zeit einer sich ihrer Gewissen bemächtigt, ohne dass sie darum wüssten –

o glaube mir, dann lässt er sogar Dein Brot im Stich und folgt demjenigen nach, der sein Gewissen beruhigt."

Der Großinquisitor klagt Christus an, dass Er den Menschen das Gewissen vertiefte, statt es zum Schweigen zu bringen. Er spricht:
„Das ist die Wahrheit, aber was tatest Du? Statt das Gewissen zu beherrschen, hast Du es nur noch tiefer gemacht. Oder hast Du vergessen, dass Ruhe, dass der Tod sogar dem Menschen lieber ist als die freie Wahl zwischen Gut und Böse? Nichts ist verführerischer für den Menschen als die Freiheit seines Gewissens; nichts aber peinigt ihn auch mehr.
Statt nun dem Menschen ein für allemal feste Grundlagen zur Beruhigung seines Gewissens zu geben, wiesest du ihm alles zu, was es Ungewöhnliches, Rätselhaftes und Unbestimmtes gibt, alles, was über die Kräfte der Menschen hinausging, und handeltest ganz wie einer, der die Menschen nicht liebt, Du, der Du doch gekommen warst, um das eigene Leben für sie hinzugeben! Statt die Freiheit der Menschen in Deine Gewalt zu bringen, hast Du sie noch vermehrt und hast die Seele des Menschen für allezeit mit ihren Qualen belastet.
Dein Wunsch war die freie Liebe des Menschen; frei sollte er Dir nachfolgen, entzückt und bezaubert von Dir. Statt sich nach den alten harten Gesetzen

zu richten, sollte der Mensch von nun an selbst mit freiem Herzen entscheiden, was gut, was böse sei, mit Deinem Beispiel vor der Seele. (...)

Es gibt drei Gewalten, drei, nicht mehr, auf Erden, die imstande sind, für ewig das Gewissen dieser schwächlichen Rebellen zu besiegen und zu fesseln, zu ihrem Glück.

Und diese drei Gewalten sind: das Wunder, das Geheimnis und die Autorität. Du hast die eine und die andere und auch die dritte von Dir gewiesen und den Menschen also ein Beispiel gegeben."

Mit diesen Worten beschreibt Dostojewski die Grundfesten der Kirche: Das Wunder, das Geheimnis und die Autorität, die auf den vom Großinquisitor verlangten festen Satzungen und harten Gesetzen basiert, den unveränderbaren Dogmen.

„Wir haben Deine Tat verbessert"

Weiter spricht der Großinquisitor über die Macht der Wunder und der Zauberei, die den Kulten zugrunde liegt und er wirft Christus vor, dass Er diese verwarf. Der Großinquisitor setzt seinen Monolog fort:

„Du wusstest wohl, dass Deine Tat in den Büchern der Menschen aufbewahrt werden und bis ans Ende der Zeiten und bis an die letzten Grenzen der Erde

gelangen würde, und Deine Hoffnung war, auch der Mensch werde, indem er Deinem Beispiel folgte, in der Gemeinschaft mit Gott bleiben und des Wunders nicht bedürfen.

Aber Du wusstest nicht, dass der Mensch, sobald er das Wunder ablehnt, zugleich auch Gott ablehnt; denn der Mensch sucht nicht so sehr Gott, als das Wunder. Und da der Mensch nicht imstande ist, ohne Wunder auszukommen, so wird er sich neue Wunder schaffen, eigene Wunder, und wird an die Wunder von Zauberern und an die Hexenkünste alter Weiber glauben, mag er auch hundertmal ein Rebell, ein Ketzer und ein Atheist sein.

Du bist nicht vom Kreuz herabgestiegen, als sie Dir – indem sie Dir die Kleider vom Leibe rissen und Dich verhöhnten – zuriefen: »Steig vom Kreuz herab, und wir werden glauben, dass Du der Sohn Gottes bist.« Du bist nicht herabgestiegen, weil Du wiederum die Menschen nicht durch ein Wunder knechten wolltest und einen freien Glauben wünschtest, keinen Wunderglauben. Du wünschtest eine freie Liebe und nicht das sklavische Entzücken der Unfreien über eine Macht, die ihnen ein für allemal Schrecken einflößt. Aber Du dachtest zu hoch von den Menschen, denn sie sind nun einmal Sklaven, wenn auch zur Empörung geschaffen. Schau um Dich und urteile selbst!"

Der Kardinal erhebt sich daraufhin über Christus:

„Bist Du denn wirklich nur zu den Auserwählten und für die Auserwählten geraden Weges vom Himmel heruntergestiegen? Wenn ja, so ist dies ein Geheimnis, das wir nicht zu begreifen vermögen. Wenn es aber ein Geheimnis ist, so haben auch wir das Recht, das Geheimnis zu verkünden und die Menschen zu lehren, dass nicht der freie Entschluss ihrer Herzen und nicht die Liebe das Entscheidende ist, sondern eben das Geheimnis, welchem sie blind – ja gegen ihr eigenes Gewissen – gehorchen müssen. Und so haben wir auch gehandelt.

Wir haben Deine Tat verbessert und sie auf das Wunder, auf das Geheimnis und auf die Autorität gegründet.

Und die Menschen sind froh, dass wir sie abermals führen wie eine Herde und dass wir aus ihren Herzen die furchtbare Gabe wieder stahlen, die ihnen soviel Qual gebracht hat.

Sprich, haben wir recht gehandelt? Haben wir etwa nicht die Menschheit geliebt, als wir so freundlich ihre Schwäche anerkannten, ihre Bürde liebevoll erleichterten und ihrer schwächlichen Natur sogar die Sünde gestatteten, wenn sie mit unserer Erlaubnis geschah? Warum bist Du also gekommen, uns zu stören?"

„Wir sind nicht mit Dir, sondern mit ihm"

Christus schweigt, was den Kirchenmann zunehmend unruhig macht. Vorwurfsvoll fährt er fort: *„Und warum siehst Du mich so still und durchdringend an mit Deinen sanften Augen? Werde doch zornig! Ich will Deine Liebe nicht, weil auch ich selbst Dich nicht liebe. Und was könnte ich Dir verbergen? Als ob ich nicht wüsste, mit wem ich rede! Was ich Dir zu sagen habe, das weißt Du im Voraus, ich lese es in Deinen Augen. Und ich sollte unser Geheimnis vor dir verbergen? Vielleicht willst Du es gerade aus meinem Munde hören, so vernimm denn: Wir sind nicht mit Dir im Bunde, sondern mit ihm, das ist unser Geheimnis. Schon lange sind wir nicht mehr mit Dir im Bunde, sondern mit ihm, schon acht Jahrhunderte lang. Acht Jahrhunderte ist es her, dass wir von ihm das annahmen, was Du mit Zorn zurückgewiesen hast, jene letzte Gabe, die er Dir anbot, indem er Dir alle Reiche der Erde zeigte: Wir haben von ihm Rom empfangen und das Schwert des Kaisers und haben uns selbst als die Herren der Erde erklärt, als ihre einzigen Herren, wenn auch unser Werk bis jetzt noch nicht zu Ende geführt ist."*

Immer weiter redet der Großinquisitor auf den schweigenden Gefangenen ein und entlarvt darin die wahre Absicht seiner äußeren Institution:

„Hättest Du das Schwert und den Purpur des Kaisers damals angenommen, so würdest Du eine Weltherrschaft begründet und der ganzen Welt ewigen Frieden gebracht haben. Wer soll denn über die Menschen herrschen, wenn nicht der, der ihr Gewissen unterjocht und in dessen Hand das Brot ist? Wir unsererseits haben das Schwert des Kaisers ergriffen und Dich damit für alle Zeiten besiegt und sind ihm nachgefolgt.

O gewiss, noch jahrhundertelang wird der Unfug des freien Geistes, ihrer Wissenschaft und Menschenfresserei dauern – denn wenn sie ihren babylonischen Turm ohne uns zu Ende führen wollen, werden sie bei der Menschenfresserei endigen. Dann aber wird das Tier zu uns herangekrochen kommen und uns die Füße lecken und mit blutigen Tränen benetzen. Und wir werden uns auf das Tier setzen und den Kelch erheben, und auf diesem wird geschrieben stehen: Geheimnis."

Der Großinquisitor zelebriert mit seinen Worten die Macht der Priesterkaste über die Menschen:
„Sie werden zaghaft werden und zu uns aufblicken und sich ängstlich an uns schmiegen wie die Küklein an die Henne. Und sie werden uns anstaunen und Angst haben vor uns und doch stolz darauf sein, dass wir so mächtig und so klug seien, und dass wir es verstanden haben, eine so störrische Herde zu

bändigen. (...) Wir werden sie von ihren Sünden lossprechen, denn sie sind schwach und erbärmlich, und sie werden uns wie Kinder dafür lieben, dass wir ihnen gestatten zu sündigen. Wir werden ihnen sagen, jede Sünde könne wiedergutgemacht werden, wenn sie mit unserer Erlaubnis begangen sei; wenn ihnen aber von uns gestattet werde zu sündigen, so habe das seinen Grund in unserer Liebe zu ihnen; die Strafe aber für diese Sünden seien wir bereit, auf uns zu nehmen. Und wir werden sie auch auf uns nehmen, sie aber werden uns als ihre Wohltäter vergöttern, weil wir vor Gott ihre Sünden auf uns nehmen. Und sie werden keinerlei Geheimnisse vor uns haben.

Wir werden ihnen bald erlauben, bald verbieten, mit ihren Frauen oder Geliebten zu leben, Kinder zu haben oder nicht; es wird alles von ihrem Gehorsam abhängen, und sie werden sich unserem Willen mit Freude und Entzücken ergeben. Auch die quälendsten Geheimnisse ihres Gewissens – alles, alles werden sie uns bringen, und wir werden sie davon befreien, und sie werden unserer Entscheidung frohen Herzens glauben, weil diese sie von dem großen Kummer und der Qual der freien persönlichen Entscheidung befreien wird. Alle werden sie glücklich sein, alle diese Millionen von Untertanen, alle mit Ausnahme der Hunderttausend, die über sie herrschen; denn nur wir, wir, die Hüter des Geheimnisses, wir allein werden unglücklich sein."

„Morgen werde ich Dich verbrennen!"

Zynisch spricht der Großinquisitor über den Tod der Menschen:

„Still werden sie sterben, still verlöschen, mit Deinem Namen auf den Lippen, und jenseits des Grabes nur den Tod finden. Wir aber werden das Geheimnis hüten und die Menschen zu ihrem eigenen Glück durch die Verheißung einer ewigen, himmlischen Belohnung locken. Denn selbst, wenn es dort oben etwas wie Belohnung gäbe, so wäre es doch nicht für solche wie sie."

Als Höhepunkt seines Monologs kündigt der Großinquisitor dem schweigenden Christus die Hinrichtung an:

„Was ich Dir sage, wird in Erfüllung gehen, und unser Reich wird errichtet werden. Ich wiederhole Dir: Morgen wirst Du selber die gehorsame Schar sehen, die auf den ersten Wink meiner Hand sich zum Scheiterhaufen stürzen wird, um die Kohlen zu schüren, auf welchen Du dafür brennen sollst, dass Du gekommen bist, uns zu stören; denn wenn jemand lebt, der mehr als alle Ketzer unseren Scheiterhaufen verdient, so bist Du es. Morgen werde ich Dich verbrennen."

Mit seiner Ankündigung, den wiedergekommenen Christus töten zu wollen, spricht sich der Großinquisitor selbst die Niederlage zu. Denn es gelingt dem Kardinal nicht, Christus zu unterwerfen wie die vielen Untertanen, über die seine Institution mit eiskalter Berechnung herrscht.

Der russische Literat Fjodor Dostojewski hat mit dieser Rede tief in die Abgründe der äußeren Religion hinein geleuchtet, die nur dem Namen nach etwas mit Christus zu tun hat. In Wirklichkeit fürchtet sie jedoch nichts mehr als Sein Wiederkommen, nichts mehr als den redenden Christus Gottes, der nicht schweigt. Dann würde ihr Geheimnis nämlich entlarvt, welches lautet: *„Wir haben Deine Tat verbessert."* Und: *„Wir sind nicht mit Dir im Bunde, sondern mit ihm."*
Behalten wir diese Rede im Bewusstsein, wenn wir in den folgenden Kapiteln die Grundfesten der Kirche näher betrachten, ihre Dogmen und Lehrverkündigungen, die in den kirchlichen Institutionen bis heute unverändert verbindlich sind.

Die Dogmen – der unveränderliche Zwangsglaube des Vatikans

Kirchliche Dogmen und Lehrverkündigungen stellen die verbindliche Basis für Glauben und Handeln innerhalb der Vatikankirche dar. Was in ihnen festgeschrieben ist und angeblich für alle Zeiten unveränderbar gilt, hat uns – Nachfolger des Jesus von Nazareth – zutiefst erschrecken lassen, denn es hat mit der Lehre des Jesus von Nazareth, des Christus Gottes, nicht nur nicht das Geringste zu tun, sondern es ist vielfach deren völliges Gegenteil.

Worum geht es dabei?
Es geht um unsäglich viele Drohungen, Verdammungen, Aufforderungen zur Ausgrenzung Andersgläubiger und ein regelrechtes Waffenarsenal von Anweisungen zur Verfolgung und Unterjochung von Menschen, die nicht der vatikanischen Doktrin folgen, bis hin zur Anleitung der „Ausmerzung" von allem, was „gegen den Glauben" sei.

Sie können das nicht glauben? Lesen Sie es selbst in den Lehrverkündigungen der katholischen Kirche. Wenn Sie darin Aussagen des tiefsten Mittelalters vorfinden, denken Sie nicht, die Zeit hätte die Irrtümer geheilt.

Nein, diese Dogmen und Lehrverkündigungen sind bis in die Gegenwart verbindlich und haben in der Vatikankirche unverändert Gültigkeit, auch wenn sie in unserer Zeit von kirchlichen Würdenträgern in ihren öffentlichen Äußerungen meist verschwiegen werden. Außerdem wird kaum je hinterfragt, ob das, was der Vatikan öffentlich verkündet, überhaupt mit seinen eigenen Lehrverkündigungen und Dogmen übereinstimmt.

Die Dogmen des Vatikans und viele weitere Lehraussagen gelten als „unfehlbar". Sie sind damit nach katholischer Lehre für alle Zeit unveränderbar und müssen von den Gläubigen in ihrem ganzen Umfang vorbehaltlos und absolut geglaubt werden – bei Androhung einer ewigen Höllenstrafe für alle Menschen, die es anders sehen, als es in den Dogmen steht.

In der Zusammenstellung von Lehrsätzen und Dogmen der katholischen Kirche in dem Buch „Der Glaube der Kirche in den Urkunden der Lehrverkündigung" von Neuner und Roos kann jeder nachlesen, wie die Vatikankirche wirklich denkt und handelt. Und wer dies tut, der ist mehr und mehr fassungslos.

Einiges sei hier vorweggenommen:
Diese Lehraussagen, die bis heute verbindlich sind, beinhalten beispielsweise die totale Missachtung

und Verwerfung aller Andersgläubigen und Anders-
denkenden – das sind immerhin circa sechs Milliarden Menschen. Jeder, der die Vatikankirche kennt
und ihr nicht beitritt, soll der ewigen Verdammnis
anheimfallen – das ist der verbindliche Glaube der
katholischen Kirche, ungeachtet der öffentlich und
medienwirksam von ihr zur Schau gestellten Bemühungen um einen Dialog und um eine Art Aussöh-
nung der Religionen.

Es ist also Vorsicht geboten vor dem doppelten
Boden. Auch die immer wieder zur Schau gestellten Bemühungen um eine gleichberechtigte Öku-
mene sind nichts als Blendwerk und dürfen aus
Sicht des Vatikans nicht zu Ende geführt werden,
weil die als „unfehlbar" geltenden Dogmen dagegen stehen.

So heißt es wörtlich im offiziellen Lehrbuch „Der
Glaube der Kirche" von Josef Neuner und Heinrich
Roos unter der Randnummer 381:

> *„[Die ... römische Kirche ...] glaubt fest, bekennt
> und verkündet, dass »niemand außerhalb der ka-
> tholischen Kirche, weder Heide« noch Jude noch
> Ungläubiger oder ein von der Einheit Getrenn-
> ter – des ewigen Lebens teilhaftig wird, vielmehr
> dem ewigen Feuer verfällt, das dem Teufel und
> seinen Engeln bereitet ist, wenn er sich nicht vor
> dem Tod ihr (der Kirche) anschließt."*

Liebe Leserin, lieber Leser, haben Sie das gewusst? In dem katholischen Lehrbuch ist dieser Glaubensartikel auch noch speziell mit dem Hinweis versehen, dass er für die Kirche unfehlbar ist. Doch keiner der letzten Päpste hat öffentlich darüber gesprochen. Warum wohl werden große Teile der eigenen Kirchenlehre in den Predigten der Päpste und weiterer institutioneller kirchlicher Amtsträger konsequent verschwiegen?

Die „Hölle": Ewige Qualen für Andersdenkende

Die Geschichte zeigt auf: Päpste kommen und gehen und tragen mit ihren Schreiben, Ansprachen und Überlegungen in erster Linie dem jeweiligen Zeitgeist Rechnung, dem Einfluss auf die Politik und – wenn möglich – dem Machtgewinn und Einfluss für den Vatikan.

An den einmal dogmatisch festgeschriebenen Zielen der Institution kann sich aber gar nichts mehr ändern, denn „unfehlbare" Lehrsätze sind nach eigener Lehre eben unabänderbar.

Die für die Kirchenangehörigen verbindlichen Lehraussagen der sogenannten „Kirchenväter" und der vom Vatikan ernannten „Heiligen" werden nur insoweit von der Vatikankirche gerne in Predigten erwähnt, als sie dem Zeitgeist entsprechen und die wahren Absichten der Kirche nicht offensichtlich entlarven.

Doch wer weiß schon, dass die meisten dieser Kirchenväter mit ihren Lehren der Lehre des Jesus von Nazareth in ihrem Kern entgegenstehen?

Unzähliges könnte hier aufgeführt werden, doch nur einiges sei den noch folgenden ausführlichen Erläuterungen vorweggenommen:

Jesus von Nazareth lehrte den Frieden –
die Kirchen-"Heiligen" den Krieg;

Jesus von Nazareth lehrte die Versöhnung –
die Kirchen-"Heiligen" die Verdammung;

Jesus von Nazareth verkündete das Himmelreich – die Kirchen-"Heiligen" ewige Höllenpein;

Jesus von Nazareth lehrte das Gesetz von
Ursache und Wirkung – die Kirchen-"Heiligen"
das „Geheimnis Gottes";

Jesus von Nazareth lehrte, dass Gott inwendig in jedem Menschen wohnt – die Kirchen-
"Heiligen" lehren, Er sei im Tabernakel.

Dabei wird in der Öffentlichkeit ein raffiniertes doppeltes Spiel getrieben. Während sämtliche menschenverachtenden, aber in der Kirche uneingeschränkt gültigen Lehrsätze in der „aufgeklärten"

Gesellschaft nicht thematisiert werden, mimt man in geschönten Reden und Predigten den idealistischen Weltverbesserer, spricht von Freiheit, Frieden und Versöhnung, gibt sich aufgeschlossen multikulturell und dialogbereit.

Im Wortlaut der Dogmen werden jedoch alle Menschen, die den Papst nicht als oberste Glaubenskompetenz anerkennen und sich ihm nicht bedingungslos unterwerfen, durch den Dogmatismus vatikanischer Macht zu „Ketzern" erklärt und sind somit – wörtlich aus den Dogmen zitiert – *dem Teufel und seinen Engeln* zuzurechnen, wie wir bereits aufgezeigt haben. Das ist das bis heute gültige Credo des Vatikans gegenüber allen Menschen aller Rassen, aller Kulturen und aller anderen Religionen. Der Vatikan lässt auch keinen Zweifel daran aufkommen, was er denen zuspricht, die sich seinen Forderungen nicht beugen:

„Wer auch immer gerettet sein will, der muss vor allem den katholischen Glauben festhalten: Wer diesen nicht unversehrt und unverletzt bewahrt, der wird zweifellos auf ewig zugrunde gehen." So heißt es im „Kompendium der Glaubensbekenntnisse und kirchlichen Lehrentscheidungen" von Heinrich Denzinger und Peter Hünermann unter Nr. 75.

Wie das zu verstehen ist, darüber heißt es im Lehrbuch von Neuner und Roos unter Randnummer 85
aus Sicht der Kirche:

> *„Wer nicht die ganze kirchliche Überlieferung an-
> nimmt, die geschriebene wie die ungeschriebene,
> der sei ausgeschlossen."*

Dieser Bannfluch beinhaltet nach verbindlicher
katholischer Kirchenlehre für den Betroffenen die
ewige Hölle – und auch dieser Verdammungsfluch
gilt kirchlich als unfehlbar.

Verflucht und verbannt – das ist der blutrote Faden,
der sich durch die Grundlage des vatikanischen
Glaubens zieht. Hunderte solcher Verdammungssprüche gibt es in den verbindlichen Dogmen und
Glaubenslehrsätzen der katholischen Kirche.
Betroffen sind abweichende Meinungen zu fast
allen Themen: Ob es um die Wissenschaft geht, um
die Bibel, um Christus, um Maria, um den Papst, um
die kirchlichen Sakramente, um die Natur, um die
katholische Messe, die Religionen oder die „Heiligenverehrung". Wer den Dogmen, die von der
Priesterkaste der katholischen Kirche frei erfunden
wurden, nicht *vollständig* zustimmt, wird kirchlich
verflucht, was angeblich nach dem Tod ein ewiges
Höllenfeuer bedeutet.

Mit Jesus von Nazareth, dem Sohn Gottes, der Majestät der Himmel, haben diese erbarmungslosen Verdammungslehren nichts zu tun. Sie sind – in Seinem Namen ausgesprochen – Hohn und Spott auf Ihn, den Christus Gottes, und Seine Himmelslehre.

Auf der Schauseite der kirchlichen Medaille werden diese Grundfesten des katholischen Glaubens nicht gezeigt. Stattdessen verkündet etwa der Vatikan bisweilen Dinge, die „neu" klingen. Meister dieses Fachs sind Menschen wie der Jesuit Papst Franziskus.

Doch wer genau hinsieht, wird feststellen, dass überhaupt nicht daran gedacht wird, an der Lehre der Kirche irgendetwas zu ändern.

So mahnte Papst Franziskus die Gläubigen bereits im Jahr 2013 in seiner ersten Enzyklika mit den Worten:

„Da der Glaube einer ist, muss er in seiner ganzen Reinheit und Unversehrtheit bekannt werden. Gerade weil alle Glaubensartikel in Einheit verbunden sind, kommt die Leugnung eines von ihnen, selbst von denen, die weniger wichtig erscheinen, der Beschädigung aller gleich." (Lumen fidei, Absatz 48)

Franziskus hebt zwar einige Glaubensartikel hervor, spricht aber dann unmissverständlich von „allen" Glaubensartikeln, einschließlich *„von denen, die weniger wichtig erscheinen"*. Behalten wir diese

Aussage im Auge, wenn im Folgenden verschiedene Glaubensartikel im Original aufgeführt werden. Schon kurz nach seiner Wahl im März 2013, am 6. April 2013, warnte der Papst in seiner Predigt in der Kapelle Domus Sanctae Marthae, es hätte immer wieder die Versuchung gegeben, *„einen Teil des Glaubens wegzulassen, vielleicht nicht einmal viel. Aber der Glauben ist so, wie wir ihn im Credo bekennen (...) In der Tat, wenn wir beginnen, ein Stück des Glaubens wegzuschneiden, den Glauben zu verhandeln, (...) betreten wir die Straße der Apostasie, der Untreue zum Herrn."* (zit. nach katholisches.info, 11.4.2013)

Ganz in der Tradition seiner Vorgänger kommt auch von diesem Papst die unverhüllte Drohung an die Adresse der „Apostaten", also der angeblich vom „rechten Glauben Abgefallenen", ausgesprochen von einem „Sohn der Kirche", wie sich Papst Franziskus selbst bezeichnet.

Das hindert ihn jedoch nicht daran, an anderer Stelle immer wieder selbst von diesem Glauben Abweichendes zu verkünden, wenn es opportun ist und geeignet erscheint, das Ansehen seiner Kirche zu verbessern.
So sprach der Papst am 20. April 2015 zu europäischen Rabbinern:

„Besorgniserregend sind die derzeitigen antisemitischen Tendenzen in Europa wie auch gewisse Akte des Hasses und der Gewalt. Jeder Christ muss jegliche Form von Antisemitismus entschieden verurteilen und dem jüdischen Volk seine Solidarität bekunden." (vatican.va)

In völliger Verdrängung der historischen Wurzeln des Antisemitismus, die in seiner eigenen Kirche zu finden sind, werden diese päpstlichen Worte, wohlklingend und versöhnlich, öffentlich feilgeboten.

Wenn der Papst das, was er spricht, ernst meint, dann müsste er sofort die Dogmen seiner eigenen Kirche aufheben, z.B. den bereits zitierten, als unfehlbar erklärten Lehrsatz unter Randnummer 381 bei Neuner und Roos, den wir an dieser Stelle noch einmal wiederholen:

„[Die ... römische Kirche ...] glaubt fest, bekennt und verkündet, dass »niemand außerhalb der katholischen Kirche, weder Heide« noch Jude noch Ungläubiger oder ein von der Einheit Getrennter – des ewigen Lebens teilhaftig wird, vielmehr dem ewigen Feuer verfällt, das dem Teufel und seinen Engeln bereitet ist, wenn er sich nicht vor dem Tod ihr (der Kirche) anschließt."

Ist dieser als unfehlbar geltende, bis heute gültige Lehrsatz etwa nicht antisemitisch?

Verurteilt dieses Dogma etwa nicht – nebst vielen anderen – auch alle Juden und lässt sie *„dem ewigen Feuer"* verfallen, *„das dem Teufel und seinen Engeln bereitet ist"*? Wie ist dies wohl im Hinblick auf die Menschenrechte zu beurteilen?

Auch Protestanten droht die katholische „Hölle"

Wen meint die Vatikankirche mit den *„von der Einheit Getrennten"*?
Das ist eine Umschreibung für alle Menschen, die sich ebenfalls des Namens „christlich" bedienen, aber nicht von der „Einheit" der Vatikankirche vereinnahmt sind.

Durch diesen Absolutheitsanspruch der Vatikankirche sind also auch deutsche Politiker wie Angela Merkel, Joachim Gauck, Sigmar Gabriel und viele andere aus Sicht des Vatikans allesamt ewig verdammt, weil sie eben nicht katholisch sind. Es nützt ihnen nichts, wenn sie dem Papst sprichwörtlich bei huldvollen Empfängen und Audienzen die Tür einrennen.
Aus Sicht des Vatikans bleibt es dabei: Als Nichtkatholiken sind sie aufgrund der verbindlichen Dogmen allesamt Kandidaten für die ewige Hölle

und gehören in die Gesellschaft des „Teufels und seiner Engel", wie es heißt.

Trotzdem pilgern die Mächtigen dieser Welt unterwürfig zu prunkvoll inszenierten Audienzen, um dem Papst den Ring zu küssen, um sich vor ihm zu verneigen und ihn mit „heiliger Vater" anzusprechen.

Jesus von Nazareth lehrte anders. Er sprach unmissverständlich:

„Auch sollt ihr niemand auf Erden euren Vater nennen; denn nur einer ist euer Vater, der im Himmel" Und: *„Ihr alle aber seid Brüder."* (Matthäus 23, 8-9)

Die Frage muss erlaubt sein: Wenn Jesus, der Christus Gottes, lehrte, keinen Menschen aus religiösen Gründen mit dem Titel „Vater" anzusprechen und der Vatikan es anders hält – welcher Geist ist es, der sich hier huldigen lässt? Und von wem, wenn doch die Huldigenden von dem, dem gehuldigt wird, per Dogma später der Hölle zugeordnet werden?

Wozu braucht ein angeblicher Stellvertreter Christi die ganzen äußeren Würden, Titel, Protokolle und Zeremonien, die Jesus, der Christus, verworfen hat? Kaum einer blickt hinter das Blendwerk und fragt: Wenn Jesus, der Christus, all diese Huldigungen der Mächtigen gegenüber dem sich selbst zelebrierenden Priesterkult gewollt hätte, hätte Er es uns nicht gesagt? Wenn Er alle Andersgläubigen nach dem

Tod auf ewig in die Hölle verbannen würde, hätte Er es uns nicht gesagt? Woher also kommt diese Lehre? Woher diese Kulte? Wem es an innerer Würde mangelt, der strebt nach äußeren Würden.
Lesen Sie weiter, der Fächer öffnet sich.

Gnadenlose Kirchenlehren – salbungsvoll verbrämt

Religionsfreiheit?

Trotz des totalitären Alleinherrschaftsanspruchs seiner Kirche überraschte Papst Franziskus in Jordanien am 24. Mai 2014 mit den modern klingenden Worten:

„Religionsfreiheit ist Menschenrecht. Diese ist ein fundamentales Menschenrecht, und ich wünsche von Herzen, dass es in allen Teilen des Nahen Ostens und der ganzen Welt eine große Anerkennung finde." (vatican.va)

Wenn der Papst das meint, was er sagt, dann müsste er alle gegenteiligen Lehren seiner angeblich unfehlbaren Vorgänger für ungültig erklären und die Päpste, von denen diese stammen, „ent-seligen" bzw. „ent-heiligen"!

Einer dieser Vorgänger, Papst Pius VI., bezeichnete die Religionsfreiheit in der Papsturkunde „Quod aliquantum" als *„wahre Ungeheuerlichkeit"* („quae sane monstra"), und Papst Gregor XVI. verurteilte *„jene widersinnige und irrige Auffassung bzw. vielmehr Wahn, einem jeden müsste die Freiheit des Gewissens zugesprochen und sichergestellt werden."* (Denzinger/Hünermann, Nr. 2730)

Der erst im Jahr 2000 „selig" gesprochene Papst Pius IX. verurteilte, verwarf und ächtete den angeblichen „**Irrtum**", der laute:

„Es steht jedem Menschen frei, diejenige Religion anzunehmen und zu bekennen, die er, vom Licht der Vernunft geführt, für wahr erachtet." (Syllabus errorum Nr. 15, Denzinger/Hünermann, Nr. 2915).

Sein unmittelbarer Nachfolger, Papst Leo XIII., verkündete, kirchlich unfehlbar, *„dass es keineswegs erlaubt ist, die Freiheit zu denken, zu schreiben, zu lehren und desgleichen unterschiedslose Religionsfreiheit zu fordern, zu verteidigen oder zu gewähren, so als ob dies alles Rechte seien, die die Natur dem Menschen verliehen habe".* (Denzinger/Hünermann, Nr. 3252)

Und als Papst Pius X. am 20. August 1914 verstarb, schrieb der Vatikan-Korrespondent des Berliner Tageblatts am gleichen Tag in einem Nachruf über den Pontifex: *„Er beklagt die Freiheit für Andersdenkende und möchte sie auf die Kirche und ihre Lehren beschränkt wissen. (...) Die Glaubens- und Gewissensfreiheit war Pius X. ein Gräuel."*
1954 wurde Pius X. „heilig" gesprochen.

Die vielen vatikanischen Lehren gegen die Denk-, Gewissens-, Rede-, Glaubens- und Pressefreiheit in den päpstlichen Enzykliken, Dekreten, Apostolischen Schreiben und anderen Papsturkunden müsste Papst Franziskus abschaffen, wenn in der Vatikankirche die Religionsfreiheit als „fundamentales Menschenrecht" gelten solle, die er vollmundig 2014 von anderen einforderte.

Dass ausgerechnet ein Papst von Menschenrechten spricht, zeigt, wie sehr der Vatikan auf die Unwissenheit der Menschen vertraut.
Dazu passt, dass der Vatikan die Allgemeine Erklärung der Menschenrechte der Vereinten Nationen bis heute nicht als für ihn verbindlich anerkennt.

In der kirchlich bis heute verbindlichen Bulle „Exsurge Domine" – mit der Leo X. 1520 Martin Luther die Exkommunikation androhte – verurteilte der Papst auch diejenigen, die glauben: *„Dass Häretiker verbrannt werden, ist gegen den Willen des Geistes".* (Nr. 33)
So steht es bis heute in den gültigen Dogmen- und Lehrsatzsammlungen der Romkirche. (Denzinger/ Hünermann, Nr. 1483). Im Umkehrschluss behauptet die Kirche damit, Gott wolle die Ermordung von Menschen, die mit der Kirchenlehre nicht vollständig übereinstimmen.

Die Kirchen-Bulle bezeichnet also den Scheiterhaufen als Willen des Geistes. Auch diese Bulle müsste das Oberhaupt der Vatikankirche aufheben, wenn jetzt die Papstworte gelten sollen: *„Religionsfreiheit ist Menschenrecht".*

Tut er das nicht, wer kann ihm da Glauben schenken?

Darum ist es so, wie es in der Kirchengeschichte immer war:

Nichts, aber auch gar nichts von den Dogmen und Glaubensartikeln wird geändert. Es darf auch nicht geändert werden, weil sonst das ganze kirchliche Lehrgebäude in sich zusammenfallen würde, das sich Theologen über viele Jahrhunderte ausgedacht, und mit eiserner Hand durchgesetzt haben.

Freiheit der Wissenschaft?

Papst Franziskus redet also oft ganz anders, als die Dogmen es fordern – obwohl er dadurch laut der Lehre seiner eigenen Kirche ebenfalls aus seiner Kirche ausgeschlossen und der ewigen Höllenpein zugeführt würde.

Ein weiteres Beispiel dazu: In einer Grußbotschaft anlässlich der 650-Jahr-Feier der Universität Wien am 12. März 2015 ließ der Papst verlauten:

*„Zur Universität gehört ferner wesentlich die Frei-
heit. In ihrer Autonomie ist die »universitas« allein
der Autorität der Vernunft und der Wahrheit verpflichtet (...)*
*Gerade deswegen muss sich heute eine Universi-
tät immer fragen, ob sie nicht Gefahr läuft, durch
Einflussnahmen verschiedenster Art in der Freiheit
von Forschung und Lehre beschnitten zu werden."*
(vatican.va)

Doch wer war durch alle Jahrhunderte bis in die
Gegenwart hinein gegen die Freiheit der Wissenschaft? War das nicht gerade der Vatikan?

In einem als unfehlbar erklärten dogmengleichen
Glaubensartikel heißt es:
*„Wer sagt, die menschlichen Wissenschaften müss-
ten mit solcher Freiheit behandelt werden, dass ihre
Behauptungen als wahr festgehalten und von der
Kirche nicht verworfen werden könnten, auch wenn
sie der geoffenbarten Lehre widersprächen, der sei
ausgeschlossen",* wörtlich: „anathema sit", „der sei
verflucht". (Neuner/Roos, Nr. 56)

Forschung und Wissenschaft werden also durch
angeblich unfehlbare Lehrverkündigungen der Kirche zensiert – und damit zum Gehorsam gegenüber der Kirche gezwungen.

„Auch die weltliche Wissenschaft möge sich um die hohen Aufgaben katholischer Schriftauslegung be-mühen", so eine Zusammenfassung der Herausgeber der Dogmensammlung von Neuner und Roos. (S. 87)

Praktisch bedeutet dies beispielsweise:
„Sie [die Wissenschaftler] *sollen sich nur nach der Mahnung des heiligen Augustinus richten und sich hüten, unerforschte Dinge bekannt zu nennen. (...) Was sie aber in ihren Werken im Widerspruch zu unserer Schrift, d.h. zum katholischen Glauben, vorbringen, davon müssen wir irgendwie zeigen oder doch im zweifellosen Glauben festhalten, dass es falsch ist."* (Neuner/Roos, Nr. 103)

Als kirchlich unumstößliche Grundlage für ihren Umgang mit der Wissenschaft legte das 1. Vatikanische Konzil für die Romkirche sogar „unfehlbar" fest:

„Wer sagt, es sei möglich, dass man den von der Kirche vorgelegten Glaubenssätzen entsprechend dem Fortschritt der Wissenschaft gelegentlich einen anderen Sinn beilegen müsse als den, den die Kirche verstanden hat und versteht, anathema sit", der sei verflucht. (Neuner/Roos, Nr. 57)

Wer sich also die Freiheit der Wissenschaften gegenüber der Lehre der Kirche wünscht, wird von den Lehraussagen der katholischen Kirche in die Hölle verflucht. Das ist die tatsächlich gültige Kirchenlehre, die der Papst in seinem Grußwort an die Universität in Wien hinter gegenteiligen Worten versteckt.

Jesus von Nazareth sprach: *„Eure Rede aber sei: Ja, ja; nein, nein. Was darüber ist, das ist vom Übel."* (Matthäus 5, 37) Jesus, der Christus, hat mit täuschenden Machenschaften nichts zu tun!

Ökumenische Feier mit ewig „Verdammten"?

Es gibt viele Anlässe, bei denen der Vatikan die gültige katholische Kirchenlehre verschweigt, wenn es seinem Interesse dient. So sprach das Oberhaupt der Vatikankirche am 18. Dezember 2014 in Rom zu Vertretern der Evangelischen Kirche in Deutschland: *„Ungeachtet der theologischen Differenzen, die in verschiedenen Glaubensfragen noch bestehen, ist das Leben unserer Kirchen und kirchlichen Gemeinschaften, die heute einen gemeinsamen ökumenischen Weg beschreiten, von Zusammenarbeit und geschwisterlichem Miteinander gekennzeichnet (...)*

Vergessen wir nicht, dass wir gemeinsam einen Weg der Freundschaft, der gegenseitigen Achtung und der theologischen Forschung gehen (...)
Im Jahr 2017 gedenken lutherische und katholische Christen gemeinsam des fünfhundertsten Jahrestags der Reformation. Aus diesem Anlass werden Lutheraner und Katholiken zum ersten Mal die Möglichkeit haben, weltweit ein und dasselbe ökumenische Gedenken zu halten, nicht in Form einer triumphalistischen Feier, sondern als Bekenntnis unseres gemeinsamen Glaubens an den Dreieinen Gott."
(vatican.va)

Sind hier nicht erneut die Weihrauchschwaden der Doppelbödigkeit am Wirken? Wenn es sich wirklich um einen „gemeinsamen Weg" in „Freundschaft, gegenseitiger Achtung" und mit dem Bekenntnis eines „gemeinsamen Glaubens" handeln würde und um „ein und dasselbe ökumenische Gedenken", dann müsste der Papst nicht nur den Bannfluch gegen Martin Luther aufheben und ihn aus der von ihr ausgesprochenen ewigen Verdammnis herausholen, sondern er müsste auch weitere verbindliche Lehrsätze der römisch-katholischen Kirche für ungültig erklären – was er aber auf Grund der Kirchenlehre gar nicht kann. Zu diesen verbindlichen Lehrsätzen, die er aufheben müsste, gehören z.B. folgende:

> „Im Glauben müssen wir festhalten, dass außer-
> halb der apostolischen, römischen Kirche niemand
> gerettet werden kann; sie ist die einzige Arche des
> Heils und jeder, der nicht in sie eintritt, muss in
> der Flut untergehen." (Neuner/Roos, Nr. 367)

> „Darum könnten jene Menschen nicht gerettet
> werden, die um die katholische Kirche und ihre
> von Gott durch Christus gestiftete Heilsnotwen-
> digkeit wissen, in sie aber nicht eintreten oder in
> ihr nicht ausharren wollten." (Neuner/Roos, Nr. 417)

Wenn die Lutheraner also nicht rechtzeitig vor
ihrem Tod in die katholische Kirche überwechseln,
dann müssen sie gemäß der dogmatischen Lehre
der katholischen Kirche wie bisher in der Flut un-
tergehen oder dem „ewigen Feuer" verfallen, was
„ein von der Einheit Getrennter" laut „unfehlbarem"
Lehrsatz Nr. 381 bei Neuner/Roos erleiden müsse.

Was ist dann von versöhnlich klingenden Reden
über einen angeblich gemeinsamen ökumenischen
Weg zu halten, solange der Vatikan diese kirchlichen Verdammungsurteile nicht aufhebt? Tut er es
nicht, gibt er dann nicht selbst Zeugnis, welcher
Geist in ihm wirkt?

Dogmatisch festgeschrieben: Der Anspruch der Vatikankirche auf die Weltherrschaft

Auch die folgenden Bestimmungen gelten nach wie vor als unfehlbare Entscheidung der katholischen Kirche:

> *„Dem römischen Papst sich zu unterwerfen, ist für alle Menschen unbedingt zum Heile notwendig: Das erklären, behaupten, bestimmen und verkünden Wir."* (Neuner/Roos, Nr. 430)
>
> *„Wir bestimmen, dass der Heilige Apostolische Stuhl und der römische Bischof den Vorrang über den ganzen Erdkreis innehat ..."* (Neuner/Roos, Nr. 434)

Diese „Lehrentscheide" sind nichts anderes als der offen ausgesprochene Anspruch des Vatikans auf die Weltherrschaft. Hier wird grenzenloses Machtstreben ersonnen und, formuliert durch einen fehlbaren Menschen, zum angeblich unfehlbaren Dogma erhoben.

Jesus von Nazareth hat so etwas nicht gelehrt. Er, der Freie Geist, forderte keine Unterwerfung, und schon gar nicht unter einen Papst. Er lehrte: *„Folget Mir nach!"*

Wie dieser absolute Herrschaftsanspruch des Vatikans verwirklicht werden soll, wird in dem Kompendium von Denzinger/Hünermann eindrücklich beschrieben; es geht um das Verhältnis von Staat und Kirche, von Ross und Reiter:

Über die angebliche „geistliche Vollmacht" der Kirche *„werden wir belehrt, dass in dieser ihrer Gewalt –* gemeint ist die Gewalt der Romkirche *– zwei Schwerter sind, nämlich das Geistliche und das Zeitliche.*

Beide sind in der Gewalt der Kirche, nämlich das geistliche Schwert und das materielle. Jedoch ist dieses f ü r die Kirche, jenes aber v o n der Kirche zu handhaben. Jenes in der Hand des Priesters, dieses in der Hand der Könige und Soldaten, aber auf die Zustimmung und Duldung des Priesters hin.

Es gehört sich aber, dass ein Schwert unter dem anderen ist und die zeitliche Autorität sich der geistlichen Gewalt unterwirft (...) Denn wie die Wahrheit bezeugt, muss die geistliche Gewalt die irdische Gewalt einsetzen und richten, wenn sie nicht gut war!" (Denzinger/Hünermann, Nr. 873)

Wenn also der Vatikan darüber entscheidet, welche irdischen Gewalten für nicht gut befunden werden, liegt es dann nicht auf der Hand, dass es davon abhängt, ob diese irdischen Gewalten der Vatikankirche unterwürfig genug sind oder nicht?

Ist diese vatikanische Vorgabe nur verbale Kraftmeierei? Leider nein. Die Geschichte zeigt: Aus diesem Machtanspruch des Vatikans entstanden unzählige Kriege.

Jesus von Nazareth, der Christus Gottes, hat keinen Machtanspruch und keine Weltherrschaft und keine „Zwei-Schwerter-Lehre" gelehrt wie die Kirche. Ganz im Gegenteil – Jesus von Nazareth lehrte: *„Mein Reich ist nicht von dieser Welt."* (Johannes 18, 36) Und zum Verführer sprach Er, nachdem dieser Ihm die weltliche Macht und alle Reichtümer dieser Welt angeboten hatte: *„Weiche von mir, Satan!"* (Matthäus 4, 10)

Der Unterwerfungsanspruch des Papstes

Das Ziel des Vatikans dagegen ist und war immer, die Welt und alle äußeren Religionen unter die religiöse Führerschaft der römisch-katholischen Kirche zu bringen, also zu unterwerfen. Alle Menschen sollen dem jeweiligen vatikanischen Papst, den Kardinälen und Bischöfen Folge leisten.
Ihnen Folge zu leisten heißt aber, sich den Gesetzen des Vatikans zu unterwerfen, die die Grundfesten der vatikanischen Religion sind.

In ihren Dogmen und Lehrverkündigungen, die die wesentliche Verfassung der vatikanischen Institution darstellen, ist der Primat, die Herrschaft des Papstes, festgeschrieben.

Die Päpste sind die obersten Repräsentanten des Dogmengebäudes und der Lehrverkündigungen. Wer ihre Gesetze nicht anerkennt und erfüllt, soll – entsprechend den bis heute unverändert verbindlichen Dogmen und Lehrverkündigungen – verflucht sein. Und auf der Erde trifft sie die „Ausmerzungsdoktrin" der Vatikankirche, die sie selbst in die Worte fasste: Sie müsse *„mit peinlicher Sorgfalt alles entfernen und ausmerzen, was gegen den Glauben ist"*. (Neuner/Roos, Nr. 382)

Das vatikanische Lehrgebäude mit seiner „Ausmerzungsdoktrin" steht dem Gesetz der Gottes- und Nächstenliebe, das Jesus von Nazareth lehrte, diametral entgegen. Es kann mit den Gesetzen des Reiches Gottes nicht in Verbindung gebracht werden. Die Dogmen, die Grundfesten der vatikanischen Institution, sind erbarmungslose, brutale Gesetze, die Menschen und Seelen unterdrücken, verdammen und ihnen ewige Höllenstrafen auferlegen. Diese Gesetze verfluchen, verbannen und verdammen alles, was sich der Doktrin des Vatikans nicht unterordnet.

Jesus von Nazareth lehrte anderes.

Die großen Gottespropheten lehrten anderes.

Was Jesus von Nazareth lehrte, war und ist, wie Er sagte, „das Gesetz und die Propheten" – die Gottes- und Nächstenliebe.

Wäre die vatikanische Lehre mit ihren Dogmen und Lehrverkündigungen die Wahrheit, dann wäre Jesus von Nazareth, der anderes lehrte, ein falscher Prophet, ein Heuchler.

Wenn aber Jesus von Nazareth richtig lehrte, wer ist dann der falsche Prophet?

Ihre weltliche Macht zelebrieren die Päpste in einem Umfeld von unvorstellbarem Prunk und Reichtum. Auf dem Papstthron lässt man sich als „heiliger Vater" und „Stellvertreter Christi auf Erden" huldigen und mit weiteren Titeln anreden, mit denen sich schon die obersten Priester heidnischer Kulte in der Antike geschmückt hatten.

All dies tun die Päpste, obwohl in ihrer eigenen Bibel, die sie selbst als vollkommenes Wort Gottes und damit als absolut wahr und verbindlich bezeichnen, klar und völlig unmissverständlich die Worte von Jesus von Nazareth überliefert sind:

„Ihr sollt niemand unter euch Vater nennen auf Erden, denn Einer ist euer Vater, der im Himmel ist."
(Matthäus 23, 9)

Dort steht auch: *„Ihr sollt euch nicht Rabbi nennen lassen."* (Vers 8)

Sinngemäß bedeutet das, auf unsere Zeit bezogen: *„Ihr sollt euch nicht Pfarrer, nicht Priester nennen lassen."*

Weder diese noch all die anderen kosmischen, allumfassenden Worte des Jesus von Nazareth, Worte aus dem Reich Gottes, werden von der vatikanischen Hierarchie beachtet. Somit sündigen die Päpste bewusst gegen den heiligen Geist, weil sie anderes lehren und tun, als Jesus von Nazareth lehrte.

Jesus, der Christus, braucht keinen Stellvertreter. Deshalb könnten die Päpste gar keine Stellvertreter des Christus Gottes sein, denn Christus, der Erlöser ist im Erlöserfunken selbst in jedem Menschen und in jeder Seele vertreten.

Gottes Gesetz ist die ewige, absolute Liebe. Das Gesetz der Päpste ist die ewige Verdammnis. Die Päpste vertreten nicht die Gesetze des Reiches Gottes, die uns Jesus von Nazareth lehrte. Der Papst ist der Vertreter seiner eigenen Organisation, ein General des Vatikans, Stellvertreter des Un-Geistes, der in den Dogmen und Lehrverkündigungen der katholischen Kirche weht.

Sein Generalstab ist die Kurie. Der Generalstab hat seine Gesetze, das sind die Dogmen und Lehrverkündigungen. Wer sich dem General unterworfen hat, zahlt dem Generalstab Tribut; im übertragenen Sinne sind das die Kirchensteuer und die Zuwendungen des Staates an die Kirchen.

Wenn der Papst tatsächlich für die Lehre des Jesus von Nazareth wäre und sie zum Maßstab seines Handelns machen würde, dann müsste der Papst sich als erstes selbst „ent-thronen" und selbst „ent-heiligen". Doch davon kann nicht die Rede sein. Heuchelei und Falschmünzerei sind weiterhin an der Tagesordnung. Mit dem falschen Zeugnis, Stellvertreter Christi zu sein, empfangen die Päpste weiterhin huldvoll die Regierenden dieser Welt, die sich ergeben vor ihnen verneigen.
Es ist Zeit, dass diese Verhöhnung und Lästerung des Christus Gottes – von dem sogenannten „Stuhl Petri" herab – ein Ende findet. Dann würde nach 2000 Jahren endlich der Hahn aufhören zu krähen.

Barmherzigkeit oder Verdammnis?

Wie ein roter Faden ziehen sich schreckliche Verdammungs- und Verfluchungsdrohungen durch das kirchliche Lehrwerk. Ganz so, als gäbe es diese nicht, rief Papst Franziskus in einer Messe im Petersdom im Februar 2015 160 Kardinäle zu mehr Mut und Offenheit auf. Er sagte:

„Der Weg der Kirche ist der, niemanden auf ewig zu verurteilen, die Barmherzigkeit Gottes über alle Menschen auszugießen, die sie mit ehrlichen Herzen erbitten." (vatican.va)

Im April 2015 verkündete der Papst weiter:

„Barmherzigkeit – in diesem Wort offenbart sich das Geheimnis der Allerheiligsten Dreifaltigkeit. Barmherzigkeit ist der letzte und endgültige Akt, mit dem Gott uns entgegentritt." (Verkündigungsbulle „Misericordiae vultus", 11.4.2015, zit. nach vatican.va)

Was ist dann mit folgendem, bis heute verbindlichen Glaubensartikel der Papstkirche?

„Wer da selig werden will, der muss vor allem den katholischen Glauben festhalten; wer diesen nicht in seinem ganzen Umfange und unverletzt bewahrt, wird ohne Zweifel ewig verloren gehen." (Neuner/Roos, Nr. 915)

Das bedeutet: Wer auch nur einen Aspekt des Kirchenglaubens nicht unverletzt bewahrt, soll dafür ins ewige Höllenfeuer.

Steht das nicht im krassen Gegensatz zu der Behauptung des Papstes, die Vatikankirche würde niemanden auf ewig verurteilen?

Und was ist mit den Hunderten von ähnlichen dogmengleichen Glaubensartikeln, in denen die Kirche genau das tut, nämlich Mitmenschen auf ewig zu verurteilen? Sind diese hinfällig?

Wenn ja: Warum handelt der Papst nicht entsprechend?

Wenn nein: Warum versucht dann der Papst, einen anderen Anschein zu erwecken mit den Worten *„Der Weg der Kirche ist der, niemanden auf ewig zu verurteilen, die Barmherzigkeit Gottes über alle Menschen auszugießen, die sie mit ehrlichen Herzen erbitten."*?

Der Schlüssel mag im Detail liegen: Nur über diejenigen wird die Kirche „die Barmherzigkeit" ausgießen, „die sie mit ehrlichen Herzen erbitten." Von wem erbitten? Von der Kirche! Aber es ist nur die „Barmherzigkeit" der Kirche, die sie denen schenkt, die sich ihr unterwerfen. Denn Gott, der Ewige, der Schöpfer des Universums, lässt Seine Barmherzigkeit über alle walten; Er bedarf dazu bestimmt keines sündigen Priesters.

Von den Hunderten von unbarmherzigen dogmengleichen Glaubensartikeln, in denen Menschen verdammt werden, nur einige Beispiele:

> *„Wir belegen auch alle mit dem Anathema"* – also dem Bannfluch – *„die keine Auferstehung des Fleisches der Toten bekennen."* (Denzinger/Hünermann, Nr. 47)
>
> *„Wer nicht alle Bücher der Heiligen Schrift mit allen ihren Teilen, wie sie die Kirchenversammlung von Trient anführte, als heilige kanonische Schriften anerkennt oder wer leugnet, dass sie von Gott eingegeben sind, der sei ausgeschlossen."* (Neuner/Roos, Nr. 98)
>
> *„Der sei ausgeschlossen",* im Original „anathema sit", heißt übersetzt, wie gesagt, „der sei verflucht", und es bedeutet nach dem Leibestod eine angeblich ewige Verdammnis.

Die kirchlich-ewige Verfluchung gilt auch für „diejenige Häresie", *„die den Zustand der gegenwärtigen Kirche in Unordnung bringt, die lehrt und behauptet, man solle sich über ein Anathema hinweg setzen und die Bindungen von seiten der Kirche missachten".* (Denzinger/Hünermann, Nr. 704)

Der nachstehende kirchliche Lehrsatz ist ebenfalls bis heute verbindlich:

> „Wer sagt oder glaubt: die Strafe der bösen Geister und gottlosen Menschen sei nur zeitlich und werde nach bestimmter Zeit ein Ende nehmen, und dann komme eine völlige Wiederherstellung (Apokatastasis) (...) der bösen Geister und gottlosen Menschen, der sei ausgeschlossen." (Neuner/Roos, Nr. 891)

Unter Randnummer 895 kommt die ganze Wucht der unbarmherzigen Lehre des Vatikans ungeschminkt an den Tag:

> „Die Strafe für die persönliche Sünde aber ist die Pein der ewigen Hölle."

Und unter Randnummer 905 ist die unbarmherzige Bestimmung des Vatikans zu lesen:

> „Ferner bestimmen Wir: Wie Gott allgemein angeordnet hat, steigen die Seelen derer, die in einer tatsächlichen schweren Sünde verschieden, sofort in die Hölle hinab, wo sie von höllischen Qualen gepeinigt werden."

Höllische Qualen ohne Ende – ist das nicht die Unbarmherzigkeit schlechthin?

Jesus, der Christus, lehrte das Gegenteil der vatikanischen Höllenlehre. Er sprach:

„Wenn nun schon ihr, die ihr böse seid, euren Kindern gebt, was gut ist, wie viel mehr wird der Vater im Himmel denen Gutes geben, die ihn bitten."
(Matthäus 7, 11)

Was wäre das für ein irdischer Vater, der eines seiner Kinder auf ewig in eine Hölle schicken würde? – Ein grausamer, sadistischer Despot. Warum schreibt das dann die Vatikan-Kirche ausgerechnet dem Schöpfergott, dem Vater der Liebe, zu?
Warum sollte Gott, die All-Liebe, Seine geschauten und geschaffenen Kinder ewigen Höllenqualen aussetzen? Wenn Er das täte, dann wäre Gott nicht die All-Liebe, sondern ein Sadist, ein Teufel, ein primitiver Götze, der sich am Leid anderer erfreut.
Wer die Lehren des Jesus von Nazarth kennt, der weiß, dass Er, der Friedefürst und Pazifist, jegliche Gewalt ablehnte und damit auch höllische Gewaltanwendung. Wer ewige Höllenqualen lehrt, dient daher dem, der gegen den Christus Gottes ist, er wird auch Antichrist genannt.

Gott, der Ewige, ist barmherzig

Mit diesem unbarmherzigen, brutalen Rachegott, dem der Vatikan anhängt, hat Jesus von Nazareth, der Sohn des Ewigen, All-Einen Gottes, der die Liebe ist, nichts zu tun.

Noch am Kreuz sprach Jesus von Nazareth zum himmlischen Vater: *„Vater vergib ihnen, denn sie wissen nicht, was sie tun."* (Lukas 23, 34)

Hätte Jesus von Nazareth so gesprochen, wenn Gott ein Rächer wäre und auch nur eines Seiner Kinder in die ewige Verdammnis schicken würde?

Jesus von Nazareth brachte uns Menschen im Vaterunser die Versöhnung nahe: *„Und vergib uns unsere Schuld, wie auch wir vergeben unseren Schuldigern."* Das ist die Lehre des Jesus von Nazareth, des Friedefürsten, des Sohnes Gottes.

Wer ist es, der anderes lehrt und sich des Namens „christlich" bedient?

Jesus von Nazareth nannte den, der die Unwahrheit verbreitet und die Wahrheit, die Christus brachte, bekämpft, den Vater der Lüge.

Denken wir auch an das Gleichnis vom verlorenen Sohn, dem ein Fest bereitet wird, weil er, der verloren schien, zurückkehrte. Das zeigt, dass Gott, der Ewige, wahrlich barmherzig ist, und dass es keine ewige Verdammnis gibt.

In Seiner Bergpredigt sprach Jesus von Nazareth:
„Denn wenn ihr den Menschen ihre Verfehlungen vergebt, dann wird euer himmlischer Vater auch euch vergeben. Wenn ihr aber den Menschen nicht vergebt, dann wird euch euer Vater eure Verfehlungen auch nicht vergeben." (Matthäus 6, 14-15)

Bei Jesus von Nazareth, dem Christus Gottes, gibt es keine Verdammnis.

Wer spricht nun die Wahrheit?
Jeder kann sich frei entscheiden, wem er glauben möchte:
Jesus, dem Christus, dem Erlöser aller Menschen und Seelen – oder einem selbsternannten Stellvertreter und dessen Hofstaat im Vatikan.

Jesus von Nazareth ist der größte Prophet. Er ist der Sohn des Allerhöchsten, der Mitregent des Reiches Gottes. Sein Wort besagt:
„Wer auch nur eines von den kleinsten Geboten aufhebt und die Menschen entsprechend lehrt, der wird im Himmelreich der Kleinste sein. Wer sie aber hält und halten lehrt, der wird groß sein im Himmelreich." (Matthäus 5, 19)

Das vatikanische Credo: „Alles ausmerzen!"

„Alles ausmerzen!" So bestimmt es der Vatikan in einem weiteren Glaubensartikel, auf den wir hier nochmals näher eingehen wollen:

> *„Die Kirche hat (...) die Pflicht, (...) mit größtem Eifer über das Heil der Seelen zu wachen. Deshalb muss sie mit peinlicher Sorgfalt alles entfernen und ausmerzen, was gegen den Glauben ist oder dem Seelenheil irgendwie schaden könnte. Somit kommt der Kirche aus der ihr vom göttlichen Urheber übertragenen Machtvollkommenheit nicht nur das Recht zu, sondern sogar die Pflicht, gleich welche Irrlehren nicht nur nicht zu dulden, sondern vielmehr zu verbieten und zu verurteilen, wenn das die Unversehrtheit des Glaubens und das Heil der Seelen fordern."*
> (Neuner/Roos, Nr. 382)

„Ausmerzen" heißt nach dem Duden, dem Standard-Wörterbuch der deutschen Sprache, „radikal beseitigen". Hier liefert der Vatikan die Anweisung und die Rechtfertigung für ungezählte Gräueltaten der Kirchengeschichte, die unter Missbrauch des Namens Christus begangen wurden.

Jesus von Nazareth hat zu keiner Zeit vom Ausmerzen, Verbieten und Verurteilen gesprochen. Er lehrte *„Richtet nicht, damit ihr nicht gerichtet werdet."* (Matthäus 7, 1)

Die „Ausmerzungsdoktrin" der Vatikankirche pervertiert die Lehren und das Leben des Jesus von Nazareth. Sie ist jedoch nicht Vergangenheit – und kann es nach katholischer Lehre gar nicht sein, denn unter Randnummer 386 heißt es bei Neuner und Roos:

> *„Deshalb muss auch immer jener Sinn der Glaubenswahrheiten beibehalten werden, der einmal von der heiligen Mutter Kirche dargelegt worden ist; nie darf man von diesem Sinn unter dem Schein und Namen einer höheren Erkenntnis abweichen."*

Das Wissen um die Reinkarnation wurde verdrängt

Der Ausmerzungsbefehl der Priestermänner zeigte schon in den ersten Jahrhunderten der Romkirche ihre Wirkung. Mit *„peinlicher Sorgfalt"* wurde versucht, das uralte Menschheitswissen um die Reinkarnation, um die Möglichkeit wiederholter Erdenleben, *„zu entfernen und auszumerzen"*.

Die Kirche hat die Reinkarnation in ihren bekannten Verdammungslehrsätzen zwar nicht wörtlich als solche erwähnt. Doch die Romkirche hat im 6. Jahrhundert in ihren Dogmen das Bejahen von zwei wesentlichen Bestandteilen dieser Lehre – die neben der Reinkarnation selbst auch zum Wissen der wahren Nachfolger des Jesus von Nazareth gehörten – verboten, unter Androhung der ewigen Verdammnis.
Es geht um die Präexistenz der Seele vor der Zeugung und um die „Wiederherstellung aller Dinge" am Ende der Zeiten, auch „Allversöhnung" genannt, was eine ewige Verdammnis logischerweise ausschließt.
Eng mit der Lehre der Reinkarnation hängt auch das alte Weisheitswissen vom Gesetz von Saat und Ernte zusammen, das auch in der Bibel der Kirchen

überliefert ist, etwa im Galaterbrief: *„Täuscht euch nicht: Gott lässt keinen Spott mit sich treiben; was der Mensch sät, wird er ernten."* (Galater 6, 7)

Das Gesetz von Ursache und Wirkung bedeutet: Was wir uns im Verlauf eines Erdenlebens an Schuld, an sündhaftem, allzumenschlichem Verhalten aufladen – unsere Sünden, die gegen Gott und unsere Nächsten sind –, das müssen wir irgendwann, und sei es in kommenden Inkarnationen, wiedergutmachen oder eventuell in den jenseitigen Welten – den Reinigungsebenen – abtragen.

Den Zeitgenossen des Jesus von Nazareth und Seinen Nachfolgern war dies bewusst – ebenso wie die Tatsache der Reinkarnation. Der jüdische Religionswissenschaftler Schalom Ben Chorin schreibt:

> *„Der Gedanke der Wiedergeburt ist im Judentum der Zeit Jesu offensichtlicher Volksglaube (...) So hielten die Leute Jesus für einen alten Propheten, der wiedergekommen ist."* (Aus: Bruder Jesus, S. 25)

Und in der Bibel der Kirchen ist im Lukasevangelium überliefert:

„Jesus betete einmal in der Einsamkeit, und die Jünger waren bei ihm. Da fragte er sie: Für wen halten mich die Leute? Sie antworteten: Einige für Johannes den Täufer, andere für Elija; wieder andere sagen: Einer der alten Propheten ist auferstanden." (Lukas 9, 18-19)

Dieser Bericht deutet ebenfalls darauf hin, dass die Menschen von der Reinkarnation der Seelen wussten, ja, dass diese zur Zeit des Jesus von Nazareth Allgemeinwissen war. Auch aus weiteren Schriften der Bibel sowie aus damaligen Schriften außerhalb der kirchlichen Bibel geht hervor, dass Jesus von Nazareth und Seinen Zeitgenossen die Möglichkeit der Reinkarnation vertraut war.

Wer die Wahrheit lehrt, wird verketzert

Die Verdrängung des urchristlichen Wissens um die Reinkarnation ging einher mit der institutionellen Vereinnahmung der Urgemeinden. Ab dem 4. Jahrhundert wurde ein Dialog auch über dieses Wissen dann immer schwerer. Denn seit Kaiser Konstantin wurde die Romkirche im 4. Jahrhundert zunächst vom Staat massiv privilegiert und Nichtkatholiken bereits verfolgt und bedrängt. Im Jahr 380 wurde der Katholizismus von Kaiser Theodosius dann zur alleinigen Staatsreligion erhoben. Auf Abweichungen von der Kirchenlehre wurde die Todesstrafe eingeführt.

Das erste bekannte Opfer war der Spanier Priscillian. Er lehrte nicht nur die Reinkarnation, sondern auch die Gleichstellung der Frau, die Achtung vor der Natur und die vegetarische Ernährung. Deshalb wurde er im Jahr 385 in Trier als „Ketzer" verurteilt und hingerichtet.

Dem beginnenden Ausmerzungsfeldzug der Rom-kirche fiel auch die Lehre des anerkannten Wissen-schaftlers und Bibellehrers Origenes zum Opfer, dessen Anliegen es war, *„nur das als Wahrheit [zu] glauben, was in nichts von der (...) Überlieferung ab-weicht"*. (Peri Archon 1)

Origenes lebte von 185-254, und für ihn war es noch selbstverständlich, dass die Seele bereits vor der Zeugung und Geburt eines Menschen existiert; dass die Seele also ein Vorleben hat, bevor sie in einen Menschenkörper inkarniert. Das Wissen um die sogenannte „Präexistenz der Seele" ist ein wesentlicher Bestandteil des Wissens um die Rein-karnation.

Origenes kannte auch noch den urchristlichen Glauben, dass die Zeit kommen wird, *„in der alles wiedergebracht wird"*, wie es auch in der Kirchen-bibel, in der Apostelgeschichte, noch zu lesen ist. (3, 21) Das heißt, dass alle gefallenen Seelen und Menschen eines Tages wieder in ihre himmlische Heimat zurückkehren werden. Dies ist letztlich das Ziel aller Seelen und Menschen, das über den Weg von möglicherweise vielen Reinkarnationen er-reicht wird, in deren Verlauf die im Menschenkör-per inkarnierte unsterbliche Seele ihr „Sündhaftes" und ihre Fehlhaltungen erkennen, bereuen und bereinigen kann – durch Vergeben und Um-Vergebung-Bitten und durch Wiedergutmachung.

Fast 300 Jahre nach seinem Tod entschied die Romkirche, die beiden hier genannten christlichen Bekenntnisse des Origenes und einige mehr als „Ketzerei" zu verfluchen.

Diese für die weitere Entwicklung im Abendland verhängnisvolle Weichenstellung erfolgte im Jahr 543 auf der Synode von Konstantinopel und wurde dort zehn Jahre später auf einem Konzil bestätigt. Die katholische Verfluchung des Wissens um die Präexistenz der Seelen kann im offiziellen Lehrbuch „Der Glaube der Kirche" von Neuner und Roos unter Randnummer 325 nachgelesen werden. Dort heißt es unter anderem:

> *„Wer sagt oder daran festhält, die Menschenseelen hätten ein Vorleben gehabt, (...) sie seien aber der göttlichen Anschauung satt geworden, hätten sich dem Bösen zugewandt, seien deswegen in der Liebe Gottes erkaltet (...) und seien (...) in die Körper gebannt worden, der sei ausgeschlossen."*

Das Wort „ausgeschlossen" klingt verharmlosend. In den Original-Texten geht es hierbei, wie bereits ausgeführt, immer um eine Verfluchung.

Unter Randnummer 891 ist die bereits erwähnte andere Verfluchung kirchlich verbindlich dokumentiert:

> *„Wer sagt oder glaubt: die Strafe der bösen Geister und gottlosen Menschen sei nur zeitlich und werde nach bestimmter Zeit ein Ende nehmen, und dann komme eine völlige Wiederherstellung (Apokatastasis) der bösen Geister und gottlosen Menschen, der sei ausgeschlossen."*

Diese Verfluchungen nehmen Bezug auf Origenes, der keine ewige Hölle und keine ewige Verdammnis lehrte. So wird die Lehre des Origenes beim Kirchenvater Hieronymus (347-420) mit den Worten zitiert, *„die Seelen würden wiederholt an Körper gefesselt und wieder von ihnen getrennt".* (Epistula 98, 11)

In diesem Sinne umschreibt der bekannte katholische Dogmatik-Professor Dr. Franz Diekamp den Glauben des Origenes mit den Worten, *„geistige Wesen"* würden *„zum zweiten oder dritten Male oder noch öfter in einem Leibe eingekerkert, um nach vollendeter Reinigung in ihren früheren sünde- und leiblosen Zustand zurückzukehren".* (Die origenistischen Streitigkeiten, 1899, S. 46)

Die Seelenvergiftung der Völker

Von der Priesterkaste wurde und wird also das Wissen um die Möglichkeit der Reinkarnation und um die Rückkehr aller Seelen ins ewige Vaterhaus, in das Reich Gottes, bekämpft. Stattdessen führte man eine angeblich ewige Verdammnis ein – und das Wissen um die Präexistenz der Seelen ersetzte man durch die Erfindung einer angeblichen „Erbsünde", die schon einem neugeborenen Kind als schwere Schuld angelastet wird.

Auf diese Weise wurden die Seelen von Millionen Menschen über die Jahrhunderte hinweg vergiftet, indem sie an einen angeblich strafenden Gott glauben mussten und müssen.

Der medizinische bzw. psychoanalytische Fachbegriff dafür lautet: Ekklesiogene Neurosen, also kirchlich verursachte schwere psychische Störungen. Diese kirchlich verursachten Schädigungen gibt es weit häufiger, als man gemeinhin glaubt – vor allem in Gegenden, wo eine kirchlich-institutionelle Gedanken-Zwangsjacke die Städte und Gemeinden prägt, vereinnahmt und sinnbildlich die Bürger kaum frei atmen lässt. Für den Volksmund übersetzt heißt das: ein Glaube, der krank macht! Auch die Lutherkirche übernahm die Lehre von der ewigen Verdammnis, um damit ihre Gläubigen zu knechten, an sich zu binden und von den Pfarrern abhängig zu halten.

Für die machtbesessene Priesterkaste war und ist es eine existentielle Gefahr, dass die Wahrheit der Himmel, die Jesus von Nazareth verkündet hat – nämlich dass Gott in uns wohnt, im Urgrund unserer Seele, und dass es die Möglichkeit der Wiedergeburt der Seelen in einen menschlichen Körper gibt –, in das Bewusstsein der Menschen und Völker gelangen könnte.

Doch die Wahrheit des Freien Geistes kann nicht auf Dauer zum Schweigen gebracht werden, auch nicht mit Verdammungsflüchen. Unzählige Menschen haben den Freien Geist, den Christus Gottes, außerhalb der institutionellen Kirchen gefunden. Ein weltweites Volk von Brüdern und Schwestern hält dem Christus Gottes die Treue. Freie Christen in aller Welt erleben eine lebendige Beziehung zu Christus. Denn sie sind nicht mehr den Fantasien der Priesterkaste ausgesetzt, den einengenden Dogmen, Kulten und Riten und den unsäglichen Verfluchungen. Christus, der Freie Geist, der Sohn Gottes, lehrt uns den nahen Gott, den Schöpfer allen Lebens, der sich danach sehnt, dass alle Seine Kinder wieder den Weg zurück zu Ihm in ihre ewige Heimat finden.

Das Erdenleben nützen, um Gott, dem Ewigen, näherzukommen

Heute lebt die Menschheit in einer Zeitenwende – und die Wahrheit des Freien Geistes wirkt mächtig in diese Umbruchszeit hinein. In Seinem großen Offenbarungswerk „Das ist Mein Wort. Alpha und Omega", erläutert Christus selbst zur Wiedergeburt und zur Reinkarnation:

„Solange die sündhafte Welt besteht und Seelen im Rade der Wiedergeburt leben, werden Einverleibungen von weltverhafteten Seelen noch möglich sein. Sie legen ihre alten Kleider, die alten Körper, ab und schlüpfen wieder in neue Kleider, in neu geborene Leiber. Sie bringen jedoch in das neue Kleid immer wieder das Sündhafte mit, das sie sowohl in den vorhergehenden Einverleibungen als auch in den Stätten der Reinigung nicht getilgt haben. Eine Seele kann so lange nicht in höhere und lichtere Reiche eingehen, bis sie durch Buße, Vergebung, Bitte um Vergebung und durch Bereinigung das getilgt hat, was sie sich auferlegt hat." (S. 159 f.)

„Wer in der Sünde stirbt, der wird keine Ruhe haben, weil spätestens in den Stätten der Reinigung die Sünde zum bohrenden Schmerz wird. Hat die Seele in dieser Einverleibung ihre mitgebrachten Sünden nicht getilgt, sondern auf ihnen weiter aufgebaut,

dann haftet sie weiter am Rad der Wiedergeburt und wird von ihm in eine nächste Einverleibung gezogen, da sie sich wegen der Belastung, wegen der Sünde, nicht erheben konnte. Jede Sünde wird nach vorgegebenen Gesetzen reif und drängt dann zur Tilgung. Solange die Seele am Rad der Wiederverkörperung haftet, zieht es sie auch wieder auf die Erde, weil sie dort die Möglichkeit hat, in Kürze das zu bereinigen, was noch erdschwer, also erdverwurzelt ist." (S. 754)

„Erkennet: In den Seelenreichen erleben die Seelen ihre Sünden als Feuer im Seelenleib, wenn die Ursachen, die Sünden also, aktiv werden; es ist ähnlich wie im Erdendasein, wenn die Ursachen zur Wirkung kommen und der Mensch Schicksale und Krankheiten zu erdulden hat. In den Stätten der Reinigung jedoch erlebt die Seele die Wirkungen der Sünden viel leidvoller, als wenn sie diese als Mensch im Erdendasein abzutragen und zu erdulden hat.
Denn wer im Erdenkleid bereut und sich bemüht, seine Sünden Mir, dem Christus, zu übergeben und sie in Mir zu belassen, wer in Mir lebt und nicht mehr sündigt, der geht ein in das ewige, reine, geistige Leben. Für ihn dreht sich das Rad der Wiederverkörperung nicht mehr. Er ist entbunden von Tod und Geburt, weil die Seele wieder das Wesen aus Gott geworden ist und im Mittelpunkt lebt, in Gott." (S. 756)

Eine unterdrückte Wahrheit
und die verhängnisvollen Folgen

Im Laufe der letzten 2000 Jahre erinnerten immer wieder Gottespropheten, wahre Christusnachfolger oder erleuchtete Männer und Frauen an die wahre Lehre des Christus Gottes und zeigten die Verfälschungen durch die Kirche auf. Unter ihnen waren Markion, Mani, Origenes, Priscillian, die Katharer, die Bogumilen, Savonarola, die Brüder und Schwestern des Freien Geistes und viele, viele andere. Sie verkündeten im Auftrag des Christus Gottes Aspekte aus der von Jesus von Nazareth angekündigten Wahrheit, die uns frei macht.

Doch alle diese aufrechten, überaus mutigen Männer und Frauen in der Nachfolge des Jesus von Nazareth, von denen viele um die Reinkarnation wussten und diese auch lehrten, wurden durch die Vatikankirche verfolgt und auf das Grausamste niedergemacht. Bis heute sind viele ihrer Namen in den Dogmensammlungen der Kirche als angeblich ewig verdammte „Ketzer" genannt – zur Abschreckung und Einschüchterung des Kirchenvolkes.

„Löschet den Geist aus!" – dieser Kampfruf äußerer Religionen gilt insbesondere auch dem Wissen um die Reinkarnation und den urchristlichen

Gruppierungen des Freien Geistes in der Nachfolge des Jesus von Nazareth. Das Hinausdrängen des Wissens um die Reinkarnation aus dem Bewusstsein des Abendlandes hatte verheerende Folgen.

Mit dem entsprechenden Kirchendogma – aufgestellt auf dem Konzil von Konstantinopel im Jahre 553 – raubten die Kirchenoberen ungezählten Menschen das Wissen um den Sinn und Zweck ihres Erdenlebens, denn es fehlt ihnen seitdem eine Antwort auf die Fragen: Wo komme ich her? Wohin wird meine Seele gehen? Es wurde den Menschen vorenthalten, wie sie ihr Erdenleben nützen können, um wiedergutzumachen, was sie, auch in Vorinkarnationen, verursacht hatten.

Wegen dieses verhängnisvollen Beschlusses wissen die Menschen nicht, welche Folgen es für ihre Seele hat, wenn sie weiter rücksichtslos sind gegenüber ihren Mitmenschen, gegen die Natur, wenn sie Tiere weiter quälen oder zu deren Qual beitragen.

Viele Menschen glauben deshalb heute, ein egoistisches Leben auf Kosten ihrer Mitmenschen und der Natur, brächte ihnen Vorteil und Gewinn und bliebe für sie ohne negative Konsequenzen. Das ist eine bittere Folge des Missbrauchs des Namens des Christus Gottes und der Unterdrückung und

Missachtung Seiner Lehre. Und das ist eine der Ursachen, warum die Menschheit heute inmitten von Kriegen und am Abgrund der Klimakatastrophe steht.

Wo könnte die Menschheit heute stehen, wenn das Wissen um die Reinkarnation, um das Gesetz von Saat und Ernte in Verbindung mit der Lehre der Gottes- und Nächstenliebe noch lebendig wäre? Viele Menschen hätten zur Versöhnung finden können. Die Erde hätte eine blühende Heimat für alle ihre Bewohner werden können. Dass es nicht so ist, ist das Vermächtnis der äußeren Religionen und ihrer Führer.

Priester – selbsternannte Mittler zwischen Gott und den Menschen

„Der Feind der Propheten ist der Priester."
Diese Aussage aus dem Buch „Prophetische Denker. Löschet den Geist nicht aus" des evangelischen Theologie-Professors Walter Nigg haben wir bereits erwähnt. Über die Priester schreibt Walter Nigg weiter:

„Es gibt unter ihnen auch Naturen, die von einem dämonischen Verlangen nach Macht und Herrschaft verzehrt werden, Priester, die in heilloser Verblendung ihr Amt dem Anspruch Gottes gleichsetzen und nicht den geringsten Widerspruch dulden, weil sie darin eine Schmähung ihrer Autorität sehen. Der von sich selbst eingenommene Priester wittert im Propheten einen Rivalen und Gegenspieler, der seine angemaßte Einstellung entlarvt. Der machtsüchtige Priester ist keineswegs ein Ausnahmefall, und je höher man an der kirchlichen Leiter empor schaut, umso mehr erblickt man ihn. (...) Der Prophet aber vertritt ein vom Priester grundsätzlich verschiedenes Anliegen. (...) Dem Propheten ist die Aufgabe gegeben, Gottes Willen zu verkünden." (1986, S. 124 f.)

*„Welchen Propheten haben eure Väter
nicht verfolgt?"*

Gegen diese prophetische Aufgabe, den Willen
Gottes zu verkünden, kämpfte die Priesterkaste
schon immer unerbittlich. „Löschet den prophetischen Geist aus!" – das ist der Schlachtruf der
Priesterkaste, der sich durch die ganze Menschheitsgeschichte zieht, der Kampf der alten Schlange gegen die Gottespropheten und somit gegen
Gott, den Ewigen.

Das geißelte auch der bereits erwähnte Stephanus
mit scharfen Worten, als er vor seiner Steinigung
zu den Priestern seiner Zeit sprach:
*„Ihr Halsstarrigen, ihr, die ihr euch mit Herz und Ohr
immerzu dem Heiligen Geist widersetzt, eure Väter
schon und nun auch ihr. Welchen der Propheten haben eure Väter nicht verfolgt? Sie haben die getötet,
die die Ankunft des Gerechten geweissagt haben,
dessen Verräter und Mörder ihr jetzt geworden seid,
ihr, die ihr durch die Anordnung von Engeln das Gesetz empfangen, es aber nicht gehalten habt."*

Und in der Überlieferung heißt es weiter:
*„Als sie das hörten, waren sie aufs Äußerste über ihn
empört und knirschten mit den Zähnen."* (Apostelgeschichte 7, 51-54)

Die Bibelfälschung

Dem prophetischen Wirken der wahren Gottespropheten zum Trotz wird in der Bibel seitenweise eine angeblich von Gott gewollte Priestereinsetzung beschrieben, mit Tieropfern und genauen Schlachtanweisungen, mit Kleider- und Schmuckvorschriften und vielem anderen mehr aus heidnischen Kulten. Gott, der Ewige, lehrte jedoch durch alle Seine wahren Propheten – allesamt Menschen aus dem Volk und keine Priester – etwas völlig anderes.

Dadurch entstanden folgenschwere Widersprüche. Durch Seinen Propheten Mose gebietet Gott, der Ewige, zum Beispiel im fünften Gebot: *„Du sollst nicht töten."*

Nur wenige Zeilen später liest man, dass Gott, die All-Liebe, Sein eigenes Gesetz wieder aufgehoben haben soll, indem Er angeblich die Todesstrafe für Menschen fordert, die nicht Seinen Willen erfüllen.

Jeder kann die Widersprüche selbst nachlesen. Er wird feststellen: Die alten Überlieferungen des Wortes Gottes durch Seine wahren Propheten wurden zuhauf nach den heidnischen Vorstellungen der Priesterkaste verfälscht und in ihr Gegenteil verkehrt. Insbesondere die Teile der Bibel, in denen es um das Priestertum und das vom Priester zelebrierte Schlachten und Opfern von Tieren geht, wurden im Sinne der Priesterkaste erfunden, hinzugefügt und infamerweise auch den wahren Gottespropheten zugeschrieben.

Heute ist allgemein bekannt, dass einer der grundlegenden Texte, aus denen das Alte Testament zusammengestellt wurde, die sogenannte „Priesterschrift" ist. Dort schreiben Priester, dass Gott, der Ewige, angeblich Mose angewiesen habe, die ersten Priester einzusetzen. Diese Priesterschrift wurde erst viele hundert Jahre nach Mose geschrieben – verfasst von Priestern, die den Menschen weismachen wollen, dass ihre Machtansprüche, Rituale und grausamen Tieropfer auf Gott, den Ewigen, und Seinen Propheten Mose zurückgehen.

Aufschlussreich ist dazu auch folgender Satz im „Lexikon der Bibel" aus dem Rudolf-Brockhaus-Verlag. Dort heißt es:

„Nach jüdischer Überlieferung hat Esra das mosaische Gesetz, das beim Untergang Jerusalems 586 v. Chr. verbrannt sein soll, neu geschrieben." (S. 375)

Wer ist dieser Esra, der demnach die nach Mose bezeichneten Bücher der Bibel neu geschrieben hat? Ein Priester!

Die Priester installierten sich also selbst als Mittler zwischen Gott und den Menschen. Durch diesen diabolischen Schachzug manipulierten die Vertreter der Priesterkaste schon damals das Volk, indem sie sich als angeblich göttlich legitimierte Berater den Königen und Mächtigen der Völker anbiederten, um für sich Privilegien und eine einflussreiche Vormachtstellung zu erlangen.

Die Propheten Gottes sprachen gegen den Opferkult des Priestertums

Gott, der Ewige, hat jedoch kein Priestertum und keinen Opferkult bestimmt. Er, der Freie Geist, offenbart sich zu allen Zeiten ausschließlich durch Seine wahren Propheten – und nicht durch Priester, die den Opferkult benutzen, um sich über das Volk zu stellen und sich als Mittler zwischen Gott und die Menschen zu schieben.

Darüber klärte Gott, der Ewige, die Menschheit zu allen Zeiten in Seinem mächtigen Offenbarungswort auf. Durch den Gottespropheten Jesaja etwa klagte Gott, der Ewige, die Priesterkaste mit ihrem Opferkult machtvoll an:

„Was soll ich mit euren vielen Schlachtopfern?, spricht der Herr. Die Widder, die ihr als Opfer verbrennt, und das Fett eurer Rinder habe ich satt; das Blut der Stiere, der Lämmer und Böcke ist mir zuwider. (...) Bringt mir nicht länger sinnlose Gaben, Rauchopfer, die mir ein Gräuel sind. Neumond und Sabbat und Festversammlung – Frevel und Feste – ertrage ich nicht. (...)

Wenn ihr eure Hände ausbreitet, verhülle ich meine Augen vor euch. Wenn ihr auch noch so viel betet, ich höre es nicht. Eure Hände sind voller Blut. Wascht euch, reinigt euch! Lasst ab von eurem üblen Treiben! Hört auf, vor meinen Augen Böses zu tun! Lernt, Gutes zu tun! Sorgt für das Recht! Helft den Unterdrückten! Verschafft den Waisen Recht, tretet ein für die Witwen!" (Jesaja 1, 11-17)

Trotz dieser unumwundenen Worte Gottes durch Seinen großen Propheten Jesaja sind die angeblich „christlichen" Feste immer noch Schlachtopferfeste. Gerade zu Weihnachten und Ostern wird das Leben aus Gott, dem Schöpfer allen Seins, auf brutale Weise hingemetzelt – Milliarden Tiere werden der Gaumenlust der Menschen geopfert, und unzählige Bäume werden im vollen Lebenssaft für das kirchliche Weihnachtsbrauchtum einfach abgeschlagen. Alles kirchlich gewünscht und mit dem Segen der Priester.

Vom Odem Gottes in allem Leben, der alle Menschen, Tiere, Pflanzen, Mineralien, ja die ganze Natur beatmet, von der großen Einheit allen Lebens wollen die Priestermänner offensichtlich nichts wissen.

„Dich, Priester, klage ich an"

Auch durch den Gottespropheten Hosea wendet sich Gott, der Ewige, gegen das Priestertum:
„Hört das Wort des Herrn! Denn der Herr erhebt Klage gegen die Bewohner des Landes: Es gibt keine Treue und keine Liebe und keine Gotteserkenntnis im Land. Nein, Fluch und Betrug, Mord, Diebstahl und Ehebruch machen sich breit, Bluttat reiht sich an Bluttat. (...) Doch nicht irgendeiner wird verklagt, nicht irgendwer wird gerügt, sondern dich, Priester, klage ich an. (...) Mein Volk kommt um, weil ihm die Erkenntnis fehlt." (4, 1-6)

Die Worte Gottes, des Ewigen, durch Seine Propheten Jesaja und Hosea machen deutlich, wie lange Gott, der Unwandelbare, schon Seine Propheten zu den Menschen sendet, um die Priesterkaste anzuklagen.

Worte des Jesus von Nazareth
gegen das Priestertum

Wie kein anderer Gottesprophet zuvor klagte Jesus von Nazareth die Priesterkaste mit deutlichen Worten an, und Er entlarvte sie als Diener des Gegenspielers Gottes. Jesus von Nazareth nannte die Religionsführer und Schriftgelehrten *„Nattern und Otterngezücht"*, *„übertünchte Gräber"*, die nur von außen recht hübsch anzusehen sind, inwendig aber voller Moder und Verwesung seien.

Der Sohn Gottes im Erdenkleid, Jesus, der Christus, hielt ihnen vor, dass sie durch ihre Missionierungen die Menschen zu Söhnen der Hölle machten, die *„doppelt so schlimm"* sind, wie sie selbst, und *„dass sie den Menschen schwere Lasten auferlegen"*, die sie selber nicht zu tragen bereit sind.

Jesus von Nazareth nannte die Priesterkaste *„blinde Narren"* und *„blinde Führer".* (Matthäus 23, 16-17.24)
Er nannte sie auch *„blinde Blindenführer"* (15, 14), die in die Grube fallen werden, zusammen mit denjenigen, die ihnen Glauben schenken.

Jesus von Nazareth sprach zum Volk über die religiösen Obrigkeiten:

„Darum sage ich euch: Wenn eure Gerechtigkeit nicht weit größer ist als die der Schriftgelehrten und der Pharisäer, werdet ihr nicht in das Himmelreich kommen." (Matthäus 5, 20)

Zu den Religionsverwaltern sprach Jesus von Nazareth unmissverständlich:
„Aber ihr sollt euch nicht »ehrwürdiger Lehrer« nennen lassen; denn ihr seid untereinander alle Brüder und Schwestern, und nur Einer ist euer Lehrer. Auch sollt ihr hier auf der Erde keinen von euch »Vater« nennen; denn nur Einer ist euer Vater: Der im Himmel." (Matthäus 23, 8-9)

Jesus von Nazareth lehrte, dass alle Menschen im Geiste Gottes Brüder und Schwestern sind, und dass sich jeder Mensch Gott in seinem eigenen Inneren zuwenden kann, ohne Priester, ohne Mittler.
Er sprach sinngemäß: Das Reich Gottes ist inwendig in euch, und ihr seid der Tempel Gottes.
Von Steinhäusern und äußeren Tempeln sprach Er nicht.

Jesus von Nazareth lehrte:
„Wo zwei oder drei versammelt sind in meinem Namen, da bin ich mitten unter ihnen." (Matthäus 18, 20)
Er sagte nicht, dass mindestens einer davon ein Priester sein muss.

Nach all dem, was Jesus von Nazareth der Priesterkaste vorhielt, ist es offensichtlich, dass Er, der
Sohn Gottes, keine Priesterkaste installiert hat.

Schlicht und einfach ist Seine Lehre, die Bergpredigt, und schlicht und einfach ist Seine Aufforderung *„Folget Mir nach."*

Die Priester setzen sich selbst an die Stelle der Propheten

In den katholischen Urkunden der Lehrverkündigung, zusammengestellt von Neuner und Roos, lautet ein als unfehlbar geltender Lehrsatz der katholischen Kirche: *„Wer sagt, es gebe in der katholischen Kirche keine heilige Rangordnung, die, nach göttlicher Anordnung eingeführt, aus Bischöfen, Priestern und Dienern besteht, der sei ausgeschlossen."* (Nr. 718) Und ausgeschlossen heißt, wie gesagt auch: auf ewig verdammt.

Im Katechismus der Katholischen Kirche findet sich Weiteres über die Selbsteinschätzung katholischer Würdenträger: *„Der Papst und die Bischöfe sind »authentische, das heißt mit der Autorität Christi versehene Lehrer«."* (Nr. 2034)
„Darum lehrt die Kirche, »dass die Bischöfe auf Grund göttlicher Einsetzung an die Stelle der Apostel nachgerückt sind, gleichsam als Hirten der Kirche; wer sie hört, hört Christus, und wer sie verachtet, verachtet Christus und den, der Christus gesandt hat.«" (Nr. 862)

Wer einen Bischof hört, hört angeblich Christus! Ein Bischof wird somit von der Priesterkaste so weit überhöht, dass er einem Gottespropheten gleichkommen soll.

In einem unter Papst Johannes Paul II. herausgegebenen Lehrschreiben des Vatikans steht:
„Wiederum ist es der heilige Geist, der dem Priester in der Priesterweihe die prophetische Aufgabe überträgt, das Wort Gottes zu verkünden und mit Autorität zu erläutern." (Direktorium für Dienst und Leben der Priester, 1994)

Der Katechismus der römisch-katholischen Kirche behauptet unter der Randnummer 1581:
„Die Weihe ermächtigt ihn" – also den Priester –, *„als Vertreter Christi, des Hauptes, in dessen dreifacher Funktion als Priester, Prophet und König zu handeln."*

Der Priester soll durch seine Priesterweihe also auch zum „Propheten" geworden sein. Vor derartigen gotteslästerlichen Anmaßungen warnte schon Jesus von Nazareth in Seinen Wehe-Rufen gegenüber der Priesterkaste und ihren prophetischen Anmaßungen. Er sprach:
„Auf dem Stuhl des Mose", also des großen Gottespropheten, *„sitzen die Schriftgelehrten und Pharisäer".* (Matthäus 23, 2)

Jesus von Nazareth nennt sie die Kinder derer, *„die die Propheten getötet haben. Nun, so macht das Maß eurer Väter voll."* (Matthäus 23, 31-32)

Jesus von Nazareth sprach:

„Hütet euch vor den falschen Propheten; sie kommen zu euch wie harmlose Schafe, in Wirklichkeit aber sind sie reißende Wölfe. An ihren Früchten werdet ihr sie erkennen. Erntet man etwa von Dornen Trauben oder von Disteln Feigen? Jeder gute Baum bringt gute Früchte hervor, ein schlechter Baum aber schlechte.

Ein guter Baum kann keine schlechten Früchte hervorbringen und ein schlechter Baum keine guten. Jeder Baum, der keine guten Früchte hervorbringt, wird umgehauen und ins Feuer geworfen.

An ihren Früchten also werdet ihr sie erkennen.

Nicht jeder, der zu mir sagt: Herr! Herr!, wird in das Himmelreich kommen, sondern nur, wer den Willen meines Vaters im Himmel erfüllt.

Viele werden an jenem Tag zu mir sagen: Herr, Herr, sind wir nicht in deinem Namen als Propheten aufgetreten und haben wir nicht mit deinem Namen Dämonen ausgetrieben und mit deinem Namen viele Wunder vollbracht?

Dann werde ich ihnen antworten: Ich kenne euch nicht. Weg von mir, ihr Übertreter des Gesetzes!"
(Matthäus 7, 15-23)

Erst wenn man die dogmatischen Aussagen der vatikanischen Priestermänner kennt, kann man die seherische Dimension dieser Worte ermessen.

Wer sind also die „falschen Propheten"?

Wer sind die, die als Wölfe im Schafspelz auftreten, die mit dem Namen Gottes auf den Lippen das Gegenteil von dem tun, was der Ewige und Sein Sohn, Christus, lehrten?

Wer ist es, der sich im Laufe der Jahrhunderte so anmaßend erdreistet hat, im Namen Gottes die Völker zu knechten und zu verführen? Und wer spricht sich unverhohlen selbst das Prophetenamt zu?

Ein wahrer Gottesprophet wird von Gott, dem Ewigen, berufen. Bei der Berufung eines wahren Gottespropheten greift Gott, der Ewige, unmittelbar in das Leben Seines Instrumentes ein; dafür gibt es in den Überlieferungen der Bibel eindrucksvolle Zeugnisse. Gott bedarf keines sündhaften Menschen, keiner bischöflichen Priesterweihe, um einem Menschen die prophetische Aufgabe zu übertragen.

Der Priester –
ein „unermessliches Geschenk"?

Im Juni 2009 rief der damalige Papst Benedikt XVI. in einem Schreiben an seine Priester ein sogenanntes „Priesterjahr" aus. Darin betont er, *„welch unermessliches Geschenk die Priester nicht nur für die Kirche, sondern auch für die Menschheit überhaupt sind".* (vatican.va)

Schaut man wachen Auges in die Geschichte der Menschheit, dann erkennt man, welches Unheil dieses angeblich „unermessliche Geschenk" angerichtet hat.

Schon der katholische Reformationsmönch Martin Luther bekannte freimütig:

„Prediger sind die allergrößten Totschläger. Denn sie ermahnen die Obrigkeit, dass sie entschlossen ihres Amtes walte und die Schädlinge bestrafe. Ich habe im Aufruhr alle Bauern erschlagen; all ihr Blut ist auf meinem Hals. Aber ich schiebe es auf unseren Herrgott; der hat mir befohlen, solches zu reden."

(Weimarer Ausgabe, Tischreden, Band 3, Nr. 2911b., S. 75)

Doch Papst Benedikt XVI. redet vom angeblich „unermesslichen Geschenk", das die Priester für die Menschheit sein sollen.

Wie sieht es denn aus – etwa in der Inquisition, wo die Priester Menschen unter Folter zu ihrem Scheinchristentum zwingen wollten?

Welch „unermessliches Geschenk" waren denn die Priester für all die sogenannten Hexen, die sie grausam foltern und hinrichten ließen?

Welch „unermessliches Geschenk" waren die Priester für die Indianer, die sie beinahe ausrotteten und denen sie ihre Schätze und ihre Lebensgrundlage entrissen?

Welch „unermessliches Geschenk" waren die Priester und ihre Verbündeten für den afrikanischen Kontinent, als sie mit dem Kreuz in der einen Hand und den Ketten der Sklaverei in der anderen Hand ihre „Mission" erfüllten?

Welch „unermessliches Geschenk" waren die Priester für die Hunderttausende der von Priestern vergewaltigten Kinder und Jugendlichen?

Welch „unermessliches Geschenk" waren die Priester für die Natur und die Tiere, die unsäglich unter den Auswirkungen der Priesterdogmen zu leiden haben, die besagen, dass die Natur unbeseelt und vernunftlos sei und dass verflucht sei, wer nicht das Fleisch der Tiere essen will?

Gehen wir der Aussage Benedikts XVI. nach, *„welch unermessliches Geschenk die Priester nicht nur für die Kirche, sondern auch für die Menschheit überhaupt sind"*, dann zeigt sich also:

Das angeblich „unermessliche Geschenk", der Priester, hat unermessliches Leid über unzählige Menschen gebracht und dient ausschließlich der Kirche, die durch das Wirken der Priester zu einem unermesslichen Reichtum gekommen ist.

Der Priester stellt sich über Gott

Die Würdigung der Priester als angeblich „unermessliches Geschenk" war allerdings noch nicht der Höhepunkt des Schreibens von Papst Benedikt XVI.

Er stellte den Priester Johannes Maria Vianney (1786-1859), von der Kirche zum „Heiligen Pfarrer von Ars" erklärt, als Vorbild hin, den die Vatikankirche nach seiner „Heiligsprechung" im 20. Jahrhundert zum Schutzpatron für alle ihre Priester machte.

„In diesem Zusammenhang können die Lehren und die Beispiele des heiligen Johannes (...) allen einen bedeutsamen Anhaltspunkt bieten", so Papst Benedikt XVI.

Um seinen Priestern den *bedeutsamen Anhaltspunkt* näherzubringen, zitiert Papst Benedikt XVI. den „Heiligen" Johannes von Ars:

„Oh, wie groß ist der Priester! (...) Gott gehorcht ihm: Er spricht zwei Sätze aus, und auf sein Wort hin steigt der Herr vom Himmel herab und schließt sich in eine Hostie ein (...)

Ohne das Sakrament der Weihe" – gemeint ist die Priesterweihe – *„hätten wir den Herrn nicht. Wer hat ihn da in den Tabernakel gesetzt? Der Priester. Wer hat Eure Seele beim ersten Eintritt in das Leben aufgenommen? Der Priester. Wer nährt sie, um ihr die Kraft zu geben, ihre Pilgerschaft zu vollenden? Der Priester. Wer wird sie darauf vorbereiten, vor Gott zu erscheinen, indem er sie zum letzten Mal im Blut Jesu Christi wäscht? Der Priester, immer der Priester. Und wenn diese Seele [durch die Sünde] stirbt, wer wird sie auferwecken, wer wird ihr die Ruhe und den Frieden geben? Wieder der Priester ...*

Nach Gott ist der Priester alles! (...) Erst im Himmel wird er sich selbst recht verstehen."

(vatican.va)

Diese Lehren des Kirchen-"Heiligen" und katholischen Schutzpatrons aller Priester, so Papst Benedikt XVI. weiter, *„mögen übertrieben erscheinen"*, seien jedoch aus der *„außerordentlichen Achtung gegenüber dem Sakrament des Priestertums gesprochen"*, und sie böten heutigen Priestern, wie gesagt, einen *„bedeutsamen Anhaltspunkt"*.

Gott gehorche also dem Priester, so der Kirchen-"Heilige". *„Er spricht zwei Sätze aus, und auf sein Wort hin steigt der Herr vom Himmel herab und schließt sich in eine Hostie ein."* (vatican.va)

Man könnte diese Aussage des Kirchen-"Heiligen" wegen ihrer Absurdität belächeln, wenn darin nicht die ganze Verhöhnung und Missachtung der Priesterkaste gegenüber Gott, dem Allerhöchsten, und Seinem Sohn, dem Christus Gottes, zum Ausdruck käme.

Die Majestät der Himmel soll zwei Sätzen eines Priesters gehorchen, sich auf den Befehl eines Priesters hin in eine Hostie pressen und in einen Tabernakel einsperren lassen?

Welche Überheblichkeit! Welche Verhöhnung des Christus Gottes! Und welch noch größere Verhöhnung Gottes, des Ewigen!

Wie klein und arm im Geiste ist doch die Theologie.

Der Priester:
„Fleisch gewordene Bündnistreue"?

Was Papst Benedikt XVI. voller Begeisterung zitiert, ist nicht eine veraltete Ansicht kirchlicher Lehre oder die Meinung eines Einzelnen. Kardinal Joachim Meisner predigte 2012 im Kölner Dom:

> *„Der Priester ist die Fleisch gewordene Bündnistreue Gottes zu uns Menschen. (...) Wir Priester bekommen unsere ganze Heilsbedeutung, unsere geistliche Gewichtigkeit, unsere geistliche Vollmacht für die Menschen dadurch, indem wir vor dem Angesichte Gottes stehen und ihm in die Augen und ins Herz schauen (...) Der Priester ist der Mann vor Gott zugunsten der Menschen und der Mann Gottes unter den Menschen .... Es ergreift mich immer zutiefst, wenn ich die Sehnsucht von Menschen nach dem Priester zu spüren bekomme."* (erzbistum-köln.de)

Der Priester ist also laut Kardinal Meisner *„die Fleisch gewordene Bündnistreue Gottes zu uns Menschen"*; und nicht Gott schaut den Menschen in das Herz, sondern der Priester soll angeblich Gott in das Herz schauen.

Jesus von Nazareth hat dies nicht gelehrt. Hier spricht die gleiche Gesinnung der Selbstüberhebung der Priesterschaft über die Menschen wie beim „Schutzheiligen" der Priester, dem „Pfarrer von Ars".

Jesus von Nazareth, auf den sich diese Priester berufen, lehrte eindeutig und unmissverständlich: *„Nur Einer ist euer Meister, Christus, ihr alle aber seid Brüder und Schwestern."* (Matthäus 23, 8)
Hätte Jesus von Nazareth Priester gewollt, welche die Bündnistreue Gottes verkörpern, die stellvertretend für alle Menschen Gott, dem Ewigen, in das Herz und in die Augen schauen, dann hätte Er uns das sicherlich auch gesagt.
Doch ganz im Gegenteil – zu den religiösen Obrigkeiten der damaligen Zeit sprach Jesus, der Christus:
„Wehe euch, ihr Schriftgelehrte und Pharisäer, ihr Heuchler. Ihr verschließt den Menschen das Himmelreich! Ihr selbst geht nicht hinein, aber ihr lasst auch die nicht hinein, die hineingehen wollen."
(Matthäus 23, 13)

Jesus von Nazareth sprach aus, was offensichtlich über Seine Erdenzeit hinaus Gültigkeit besitzt. Man muss sich nur die Berichte über die Priesterkaste des Mittelalters bis hin zu deren höchsten Repräsentanten, den Päpsten, vor Augen halten, mit zahllosen Fällen moralischer Verkommenheit und verbrecherischer Lebensläufe, aber auch die Schilderungen über die zahllosen Verbrecher im kirchlichen Talar unserer Zeit, welche ihre ekelerregende Triebhaftigkeit an Hunderttausenden der ihnen anvertrauten Kinder ausleben.

Gott, der Ewige, braucht keine Stellvertreter

Wie geradezu gotteslästerlich klingt vor diesem Hintergrund eine weitere Aussage des von der Kirche „heilig" gesprochenen Pfarrers von Ars:

> *„Ohne den Priester würden der Tod und das Leiden unseres Herrn zu nichts nützen. Der Priester ist es, der das Werk der Erlösung auf Erden fortführt."* (vatican.va)

Diese Verhöhnung des Christus Gottes und Seines Leidensweges zeigt die absolute Missachtung der Erlösertat des Jesus, des Christus.
Jesus, der Christus, der Sohn des Allerhöchsten, der auf Golgatha der Erlöser aller Menschen und Seelen wurde, soll also des Priesters bedürfen, um das Werk der Erlösung auf Erden fortzuführen?
Welch ein Hohn, welch ein Spott auf Christus, den Mitregenten der Himmel, und auf Seine Erlösertat!

Betrachtet man das Werk der Priester, dann zeigt sich kein Werk der Erlösung, sondern ein Werk der Verzweiflung, wie man an den Zuständen auf unserem Erdplaneten erkennt, die maßgeblich unter ihrem jahrhundertelangen Einfluss entstanden sind: Millionen von hungernden und Not leidenden Menschen; Raubbau an der Mutter Erde; Schlachthäuser, in denen Geschöpfe Gottes gequält und hingemordet werden – und viele Menschen, die jeglichen Bezug zu Gott, dem Ewigen, verloren haben.

Mit seiner Aussage: *„Ohne den Priester würden der Tod und das Leiden unseres Herrn zu nichts nützen"* hebt der Kirchen-"Heilige" Johannes von Ars den Priester über die Majestät der Himmel, über den Christus Gottes, den Mitregenten des Reiches Gottes und verhöhnt damit das unermessliche Leid, das Christus, der Sohn Gottes, als Jesus von Nazareth auf Geheiß der damaligen Priesterkaste am Kreuz zu tragen hatte.
Welch gotteslästerliche Selbstüberschätzung, welche Anmaßung sprechen aus diesen Worten, die sich noch in unserer Zeit ein Papst zu eigen macht.

Der Schlüssel zum wahren Leben ist Christus – nicht die Priester!

Noch einmal die Lehre des Kirchen-"Heiligen" Johannes, Pfarrer von Ars, wie sie von Papst Benedikt XVI. 2009 zitiert wurde:

> *„Wenn wir recht begreifen würden, was ein Priester auf Erden ist, würden wir sterben: nicht vor Schreck, sondern aus Liebe (...) Was nützte uns ein Haus voller Gold, wenn es niemanden gäbe, der uns die Tür dazu öffnet? Der Priester besitzt den Schlüssel zu den himmlischen Schätzen: Er ist es, der die Tür öffnet; er ist der Haushälter des lieben Gottes."* (vatican.va)

Wer katholisch ist, muss das so glauben. Die Lehre der Vatikankirche bezüglich dieser so genannten Schlüsselgewalt beinhaltet in Wahrheit etwas ganz anderes:

Der priesterliche „Schlüssel" bewirkt letztlich den Ausschluss aller Andersgläubigen durch Verdammungssprüche, und somit ist er der Schlüssel zur Priesterhölle. Denn jeder, der sich ihrer Doktrin nicht vorbehaltlos unterwirft, wird von den Priestern auf ewig in ihre Hölle verdammt. Zu den Toren der ewigen Hölle haben ausschließlich die Priester die Schlüsselgewalt, denn diese ist ihr Machwerk.

Der Schlüssel zum Reich Gottes ist der Christus Gottes selbst, Er, der als Jesus von Nazareth sprach: *„Ich Bin der Weg und die Wahrheit und das Leben. Niemand kommt zum Vater denn durch mich."* (Johannes 14, 6)

Im Gegensatz zu Jesus, dem Christus, behauptet die Vatikankirche dem Sinn nach: Keiner kommt zu Gott außer durch unsere Priester. Wörtlich heißt es im Katechismus der Katholischen Kirche:

> *„Wen ihr* [die Priester] *aus eurer Gemeinschaft ausschließen werdet, wird Gott auch aus der Gemeinschaft mit sich ausschließen; wen ihr von neuem in die Gemeinschaft aufnehmen werdet, wird auch Gott wieder in die Gemeinschaft mit sich aufnehmen. Die Versöhnung mit der Kirche lässt sich von der Versöhnung mit Gott nicht trennen."* (Nr. 1445)

Der Schöpfer des Himmels und der Erde soll also auf die Priester hören und alle diejenigen Menschen von der Gemeinschaft mit Ihm, Gott, dem All-Gütigen, ausschließen, bei denen die Priester der Vatikankirche dies verlangen.
Haben die Priester damit Ihn, den Vater-Mutter-Gott, den uns Jesus nahebrachte, nicht zu ihrem Untergebenen erklärt und sich selbst praktisch zu

den neuen Göttern? Wer will hier größer sein als Gott? Und wer ist der Inspirator solcher Lehren?

Jesus, der Christus, charakterisiert laut Johannes-evangelium den „Vater der Lüge" mit folgenden Worten: *„Es ist keine Wahrheit in ihm. Wenn er lügt, sagt er das, was aus ihm selbst kommt; denn er ist ein Lügner und ist der Vater der Lüge."* (8, 44)

Wer den guten Namen des Christus für etwas miss-braucht, das Christus, der Freie Geist, nie gelehrt hat, der spricht die Unwahrheit aus – und zeigt da-mit, wes Geistes Kind er ist.

Jeder ist frei im Glauben. Jesus, der Christus, ist der Freie Geist. Wer möchte, kann sich kirchlichen Kult-handlungen verschreiben. Doch diese dürfen nicht irreführend unter dem Namen „christlich" stattfin-den, sondern unter dem Etikett der jeweiligen Pries-terreligion. Einzig darum geht es uns Urchristen in der Nachfolge des Jesus von Nazareth: um die Rehabilitation des Christus Gottes. Es geht darum, dass nicht mehr unter Missbrauch Seines Namens das gelehrt und getan wird, was Seiner Lehre der Gottes- und Nächstenliebe entgegensteht.

Weihrauch ist Rauch. Geweihtes Leben jedoch ist Demut, ohne Titel wie Eminenzen und Exzellenzen, ohne milliardenschwere Mittel, ohne Talare, ohne kirchliche Traditionen, ohne Kulte, Riten und Dog-men.

Jesus von Nazareth lehrte uns, den inneren Himmel zu erschließen, indem Er sprach: *„Das Reich Gottes ist inwendig in euch."* (Lukas 17, 21) Und: *„Folget Mir"* – also Jesus von Nazareth – *„nach."*

Um in das Reich Gottes, in den Seelengrund zu finden, gab Jesus von Nazareth, der Sohn Gottes, uns das Vaterunser und das Gebet in der Stille. Er lehrte: *„Wenn du aber betest, so geh in dein Kämmerlein, und schließ die Tür zu und bete zu deinem Vater, der im Verborgenen ist; und dein Vater, der in das Verborgene sieht, wird es dir vergelten."* (Matthäus 6, 6)

Das ist Nachfolge des Jesus von Nazareth – und nicht das Brimborium, die Vertuschung der einfachen und schlichten Lehre des Jesus von Nazareth. Die Institutionen Kirche haben ihr Geheimnis. Es steht unter der Versiegelung „Trenne, binde und herrsche."
Die Lehre des Jesus von Nazareth ist die Lehre der Freiheit in dem Himmelsbewusstsein „Verbinde und sei."

Abhängigkeit durch „Sakramente"

In vielen äußeren Religionen dieser Welt werden Kulte, Rituale und Zeremonien vollzogen.

Nachfolger des Jesus von Nazareth wollen niemanden davon abbringen, einer äußeren Religion anzuhängen, die Kulthandlungen und Rituale vorschreibt. Denn Urchristen missionieren nicht. Jeder Mensch ist frei, so zu leben, wie es seinem Glauben entspricht, soweit er dabei anderen ihre Freiheit lässt.

Doch wir nehmen es nicht unwidersprochen hin, wenn unter Missbrauch des Namens des Jesus, des Christus, Dogmen und Lehrsätze eingesetzt werden, die der freien Lehre des Jesus von Nazareth nicht entsprechen.

Jesus, der Christus, der Mitregent des Reiches Gottes, lehrt uns Menschen, wie dargelegt, die Gottes- und Nächstenliebe, die auch die Natur und die Tiere mit einschließt. Mit Seiner Himmelslehre, der Bergpredigt, zeigt Er uns den Weg auf, der zu einem friedvollen und erfüllten Leben in Gott führt.

Seine Lehre war und ist die Tatlehre, die schrittweise Erfüllung der Zehn Gebote Gottes und Seiner Bergpredigt. Er lehrte: *„Darum, wer diese meine Rede hört und tut sie, der gleicht einem klugen Mann, der sein Haus auf Fels baute."* (Matthäus 7, 24)

Damit forderte uns Jesus von Nazareth auf, die Gottes- und Nächstenliebe in die Tat umzusetzen, also zu verwirklichen.

Für die schrittweise Erfüllung der Zehn Gebote Gottes und der Bergpredigt Jesu braucht man weder ein Theologiestudium noch benötigt man einen priesterlichen Vermittler, weder eine kirchliche Institution noch irgendwelche Riten, Kulte und Zeremonien.

Jeder Mensch kann – unabhängig von äußeren Religionen – völlig frei diese göttlich-kosmischen Gesetzmäßigkeiten in seinem Leben anwenden und dadurch erfahren, dass Gott, die mächtige All-Liebe, in uns ist: in jedem Menschen, in jeder Seele, in jedem von uns – so, wie es Jesus von Nazareth gelehrt hat.

Die kirchlichen Institutionen – allen voran der Vatikan – haben die Himmelslehre des Jesus von Nazareth, die Lehre der Gottes- und Nächstenliebe, pervertiert, verworfen und an deren Stelle ihre eigenen auf dem Heidentum basierenden Dogmen, Riten und Kulte – und vor allem sich selbst als Kultpriester – in den Vordergrund gestellt.

Um dies zu verschleiern, wird Sein Name, Christus, bis heute dazu missbraucht, unzählige Menschen über Generationen hinweg in die geistige Irre zu führen. Dies geschieht, indem ihnen der Glaube an

Zaubereien und Geheimnisse suggeriert wird, die völlig unlogisch sind – ein Glaube, den die Priester selbst sogar noch mit seiner Absurdität rechtfertigen.

Durch alle Jahrhunderte hindurch haben die Priesterreligionen mit diabolischer Raffinesse versucht, die Menschen von der wahren Lehre des Jesus von Nazareth, des Christus Gottes, wegzuführen und stattdessen die Lehraussagen ihrer Kirchenväter zum Maß aller Dinge zu erheben. Das betrifft auch die Lehraussagen und Dogmen über die kirchlichen, vielfach aus dem Heidentum stammenden Kulte.

Die kirchlichen Institutionen lehren mit einer angeblichen Autorität, die sie sich selbst zugeschrieben haben, unter anderem auch, dass die von ihren Priestern und Theologen installierte Sakramentenlehre für die Menschen heilsnotwendig sei. Die Sakramente gehören zu den Grundfesten der kirchlichen Institutionen. Sie werden fälschlicher Weise auf Jesus von Nazareth zurückgeführt.

Wer von der Heilsnotwendigkeit von Sakramenten überzeugt ist, der ist frei, diese zu praktizieren – doch er soll sich dann katholisch oder lutherisch oder entsprechend seiner Institution nennen. Er hat kein Recht, sich dafür auf Jesus, den Christus, den Mitregenten der Himmel, zu berufen und Seinen Namen dafür zu missbrauchen.

Woher stammen die sogenannten Sakramente, welche die Kirche als "Gnadenmittel" bezeichnet, wirklich? Wer hat sie erfunden, und was sollen sie bewirken?

Die vatikanische Kirche verlangt von ihren Anhängern, zu glauben, die kirchlichen Sakramente seien allesamt von Jesus, dem Christus, eingesetzt worden. Das kommt in den Urkunden der Lehrverkündigung, der katholischen Lehrsatzsammlung – zusammengestellt von Neuner und Roos – deutlich zum Ausdruck.

Der als „unfehlbar" gekennzeichnete Lehrsatz mit der Randnummer 506 lautet:

„Wer sagt, die Sakramente des Neuen Bundes seien nicht alle von Christus Jesus, unserm Herrn, eingesetzt, oder es seien mehr oder weniger als sieben, nämlich: Taufe, Firmung, Eucharistie, Buße, Letzte Ölung, Weihe und Ehe, oder eines von diesen sieben sei nicht eigentlich und wirklich Sakrament, der sei ausgeschlossen."

Ausgeschlossen bedeutet nach katholischer Lehre, wie gesagt: ewig verdammt. Denn die damit ausgesprochene Exkommunikation trennt nach vatikanischer Lehre nicht nur von der Kirche, sondern auch von Gott, wenn sie nicht widerrufen wird.

Die Vatikankirche droht also allen mit der ewigen Verdammnis, die bestreiten, dass die Sakramente alle von Jesus, dem Christus, eingesetzt wären. Auch aufgrund dieses Lehrsatzes gelten der katholischen Kirche alle Menschen, die nicht katholisch sind, als ewig verdammt. Dazu gehören auch die neuerdings als „Glaubensbrüder" hofierten Lutheraner, denn sie haben die sieben katholischen Sakramente auf zwei reduziert: die Taufe und das Abendmahl.

Jesus, der Christus, hat nie ein Sakrament „gespendet"

Trotz der kirchlichen Verdammungssprüche ist es eine Tatsache: Keines, kein einziges dieser Sakramente, wurde von Jesus von Nazareth gelehrt.

Was Er, der Mitregent des Reiches Gottes, lehrt, hat nichts mit Ritualen oder Sakramenten zu tun, und Er hat auch nie ein Sakrament praktiziert. Jesus von Nazareth

- hat nicht getauft,
- hat keine Beichte abgenommen,
- hat keine Kommunion gespendet,
- hat nicht gefirmt,
- hat keine Priester geweiht,
- hat keine Ehen geschlossen,
- hat keine „Letzten Ölungen" durchgeführt.

Dennoch sind in den Lehrverkündigungen der Vatikankirche gegenteilige Aussagen festgeschrieben. Im Katechismus heißt es:

„Die Sakramente sind von Christus eingesetzte und der Kirche anvertraute wirksame Zeichen der Gnade, durch die uns das göttliche Leben gespendet wird. Die sichtbaren Riten, unter denen die Sakramente gefeiert werden, bezeichnen und bewirken die Gnaden, die jedem Sakrament zu eigen sind. In Gläubigen, die sie mit der erforderlichen inneren Haltung empfangen, bringen sie Frucht." (Nr. 1131)

Als „unfehlbar" gilt der Vatikankirche dabei folgende Lehrmeinung:

„Wer sagt, die Sakramente des Neuen Bundes seien nicht zum Heil notwendig, sondern überflüssig, und die Menschen könnten ohne sie oder ohne das Verlangen nach ihnen durch den Glauben allein von Gott die Gnade der Rechtfertigung erlangen – freilich sind nicht alle für jeden Einzelnen notwendig – der sei ausgeschlossen." (Neuner/Roos, Nr. 509)

Den Sakramenten wird von der Kirche zugeschrieben, dass sie „Gnaden bewirken". Laut Katholizismus hat man deshalb zu glauben, dass Gott Seine Gnade durch einen Priester mittels der Sakramente und der sachgemäßen Durchführung des sakramentalen Ritus auf den Katholiken übertrüge, wenn dieser sie in der „erforderlichen inneren Haltung" empfängt. Und wer es anders sieht, ist ausgeschlossen.

Von Jesus von Nazareth ist jedoch kein einziges Wort überliefert, dass es Sakramente gebe, mit denen Priester, die Er ja ebenfalls nie eingesetzt hat, eine unsichtbare Gnade vermitteln sollen. Nirgends hat Jesus, der Christus, davon gesprochen, dass Rituale Träger der Gnade seien.

Wie gesagt: Jeder ist frei, an Sakramente, Dogmen und die Kirche zu glauben. Wenn jedoch unter Berufung auf Jesus, den Christus, Glaubenszwänge eingeführt werden, dann muss darüber aufgeklärt werden, dass es sich dabei um einen boshaften Missbrauch des Namens des Jesus von Nazareth, des Christus Gottes, handelt.

„Wer Meine Worte hört und tut sie, ist ein kluger Mann"

Jesus von Nazareth, der Freie Geist, sprach vom Tatglauben. Am Ende Seiner Bergpredigt lehrte Er einfach, klar und unmissverständlich:
„Nicht jeder, der zu mir sagt: »Herr! Herr!«, wird in das Himmelreich kommen, sondern nur, wer den Willen meines Vaters im Himmel erfüllt." (Matthäus 7, 21)

Deshalb schloss Er Seine Rede mit folgendem Bild:
„Wer diese meine Worte hört und danach handelt, ist wie ein kluger Mann, der sein Haus auf Fels baute. Als nun ein Wolkenbruch kam und die Wassermassen heranfluteten, als die Stürme tobten und an dem Haus rüttelten, da stürzte es nicht ein; denn es war auf Fels gebaut.
Wer aber meine Worte hört und nicht danach handelt, ist wie ein unvernünftiger Mann, der sein Haus auf Sand baute. Als nun ein Wolkenbruch kam und die Wassermassen heranfluteten, als die Stürme tobten und an dem Haus rüttelten, da stürzte es ein und wurde völlig zerstört." (Matthäus 7, 24-27)

An dieser Gesetzmäßigkeit wird keine äußere Religion etwas ändern. Die äußeren Religionen vergehen. Ein Neues Zeitalter eines von innerem Leben erfüllten Menschentums steigt empor, ohne Priester, ohne Kulte und ohne Zeremonien – das Friedensreich Jesu Christi.

Der Säugling „am Angelhaken" der Kirche

Für die Rückkehr zu Gott, unserem ewigen, liebenden Vater, ist die schrittweise Erfüllung des Willens Gottes, also ein Leben nach Gottes Geboten, entscheidend – und keine von sündhaften Menschen erdachte Sakramentenlehre.
Doch für die Vatikankirche – und übrigens auch für die Lutherkirche – ist der Empfang der Sakramente entscheidend, allen voran der Empfang der Taufe.
Im Codex Iuris Canonici, also im Gesetzbuch der katholischen Kirche, lesen wir dazu Folgendes:
„Die Taufe ist die Eingangspforte zu den Sakramenten; ihr tatsächlicher Empfang oder wenigstens das Verlangen danach ist zum Heil notwendig; durch sie werden die Menschen von den Sünden befreit, zu Kindern Gottes neu geschaffen und, durch ein untilgbares Präge-Mal Christus gleichgestaltet, der Kirche eingegliedert." (Can. 849)

Die Taufe dient also offensichtlich vor allem dazu, den Menschen für die Institution Kirche zu vereinnahmen.

Bei der von der Kirche bereits für Säuglinge geforderten Taufe geschieht dies zu einem Zeitpunkt, bei dem das kleine Menschenkind weder in der Lage ist, eine eigenständige Entscheidung zu treffen, noch der geistigen Stigmatisierung durch ein angebliches „untilgbares Präge-Mal" zu widersprechen. So wird es zum Kirchensklaven gemacht und sofort unter Androhung einer ewigen Verdammnis für Eltern und Kind seiner geistigen Freiheit beraubt, für die Jesus von Nazareth auf Golgatha Sein Leben gab, denn Er ist der Freie Geist, das All-Leben in Gott, unserem Vater, der All-Freiheit.

Von Religionsfreiheit also keine Spur! Im Gegenteil: Das Menschenkind wird von der Kirche abhängig gemacht – und die Schaffung von Abhängigkeit ist ein fundamentaler und wesentlicher Bestandteil des „Systems Kirche", sie hat aber mit dem Freien Geist, Gott, dem Ewigen, nichts zu tun.

Papst Benedikt XVI. beschrieb genau diese Abhängigkeit, als er am 27.6.2007 in einer Ansprache in Rom folgende Worte des Kirchen-"Heiligen" Kyrill von Alexandria (um 380-444) über den Getauften zitierte: *Du bist in die Netze der Kirche gefallen".* (vatican.va)

Der Kirchen-"Heilige" lehrte, es sei angeblich Jesus von Nazareth, der den durch die kirchliche Taufe Vereinnahmten *„an seinen Angelhaken"* nehme, um ihm *„nach dem Tod die Auferstehung zu geben."*

251

Katholische Genmanipulation
durch die Taufe?

Einmal an den Angelhaken genommen bzw. ins Netz gegangen, lässt die Vatikankirche, wenn es nach ihrem Willen ginge, niemanden mehr aus ihren Fängen. Im eben zitierten Kanon des Codex Iuris Canonici ist nicht umsonst vom „untilgbaren Präge-Mal" die Rede, das der Täufling erhalte.

Wie man sich dieses „Präge-Mal" vorstellen soll und welche Auswirkungen es angeblich hat, das beschreibt Kardinal Antonio Maria Rouco aus Madrid gemäß einer Meldung des katholischen Nachrichtendienstes kath.net:
„Kardinal Rouco sagte (...), dass die Taufe (...) ein unauslöschliches Zeichen hinterlässt, und dass die Person, die es empfangen hat, immer Katholik bleiben wird. (...) es ist ein Teil »unserer DNS«". (13.7.2004)

In der Überschrift fasst der Nachrichtendienst diese Aussage knapp zusammen mit den Worten: *„Taufe gilt für »immer und ewig« und ist ein Teil »unserer DNS«."*
Diese vatikanische Lehre einer Art katholischer Genmanipulation durch die Taufe beschreibt fast wortgleich auch ein weiterer Bischof, Thomas Tobin aus den USA, im Dezember 2010.

Bischof Tobin behauptet:

„Ehemalige Katholiken gibt es nicht. Wenn Sie katholisch getauft sind, dann sind Sie ein Leben lang katholisch, sogar wenn Sie dies widerrufen haben oder in eine andere Kirche eingetreten sind. Die Taufe hat in Ihre Seele sozusagen katholische DNS eingegossen. Die Taufe definiert, wer und was Sie sind.“ (kath.net, 14.12.2010)

Nein, die Taufe „definiert“ nicht, wer und was man ist. Denn Gott, der Ewige, gab uns Menschen auch einen Verstand. Jeder entscheidet selbst, ob er Sklave der Kirche ist oder Jesus von Nazareth nachfolgt.

Den wissenschaftlichen Beweis für ihre „Genmanipulation“ erbringt die katholische Kirche nicht. Sicher jedoch ist: Ein „untilgbares Präge-Mal“ war in früheren Zeiten das Sklaven-Malzeichen, das in die Haut gebrannt wurde und sich nicht mehr entfernen ließ. Und so, wie der Leibeigene und seine Kinder früher zeitlebens Sklaven ihrer Herren waren, es sei denn, sie wurden von diesen freigelassen, so erhebt die Kirche bis heute den Anspruch auf den Getauften, allerdings „auf ewig“.

Dieser lebenslängliche und über den Tod hinausgehende Anspruch auf Vereinnahmung durch die Kirche zeigt sich auch darin, dass sie sich vehement weigert, mündig gewordene Aussteiger aus ihrer Institution aus ihren Taufregistern zu löschen.

Man kann beispielsweise in Deutschland nach staatlichem Gesetz zwar den Austritt aus der Institution Kirche erklären. Doch die Kirche erkennt dies nicht an. Der freie Wille des Menschen wird unverfroren missachtet, und eine Löschung im Taufregister der Institutionen findet nicht statt.

Deshalb betonte auch der deutsche Kardinal Karl Lehmann, *„dass die katholische Kirche theologisch und spirituell keinen »Kirchenaustritt« kennt (...) So gilt durchaus der alte Grundsatz: (...) einmal katholisch, immer katholisch."* (zit. nach Radio Vatikan, 19.3.2011)

Anstelle der Freiheit im Geiste Gottes also: „Trenne, binde und herrsche".

Damit steht diese Kirchenlehre auch in völligem Gegensatz zur allgemeinen Erklärung der Menschenrechte der UNO. Dort heißt es im Artikel 18 wörtlich:

„Jeder Mensch hat Anspruch auf Gedanken-, Gewissens- und Religionsfreiheit. Dieses Recht umfasst die Freiheit, seine Religion oder seine Überzeugung zu wechseln (...)"

Die Kirchen geben mit ihren Aussagen über die Unkündbarkeit der Taufe zu erkennen, dass ihnen die allgemeinen Menschenrechte der Vereinten Nationen und die in vielen demokratischen Verfassungen verankerten Menschen- und Freiheitsrechte völlig gleichgültig sind. Sie wollen die Unfreiheit des Menschen und seine Abhängigkeit von der Kirche lebenslang festschreiben – also von der Wiege bis zur Bahre und sogar über den Tod hinaus.

Was diese Unfreiheit mit sich bringt, das wird im Katechismus der Katholischen Kirche deutlich zum Ausdruck gebracht. Dort heißt es:
„Zu einem Glied der Kirche geworden, gehört der Getaufte nicht mehr sich selbst, sondern dem, der für uns gestorben und auferstanden ist. Darum soll er sich in der Gemeinschaft der Kirche den anderen unterordnen, ihnen dienen und den Vorstehern der Kirche gehorchen, sich ihnen unterordnen, sie anerkennen und hochachten (...)."
(Nr. 1269)

Wo lehrte Jesus von Nazareth, dass ein Mensch den Vorstehern der Kirche gehorchen und sich ihnen unterordnen solle?
Von Unterordnung sprach Jesus von Nazareth nicht – ganz im Gegenteil: Jesus ordnete sich den „Vorstehern" der damaligen religiösen Obrigkeiten nicht unter; Er lehrte auch Seine Mitmenschen nicht, dies zu tun. Jesus von Nazareth war ein

Mann der Freiheit, der selbst niemanden an Sich band und auch niemanden dazu aufforderte, sich binden, bevormunden, vereinnahmen, unterjochen und indoktrinieren zu lassen.

Das genaue Gegenteil von dem tut die Vatikankirche! In einem ihrer als unfehlbar definierten Lehrsätze ist Folgendes festgeschrieben:

„Wer sagt, in der römischen Kirche, die aller Kirchen Mutter und Lehrmeisterin ist, sei nicht die wahre Lehre vom Sakrament der Taufe, der sei ausgeschlossen." (Neuner/Roos, Nr. 534)

Jesus von Nazareth lehrte weder, dass eine Kirche Mutter sei, noch dass der Papst der Vater sei, denn es gibt nur einen Vater, den himmlischen Vater, der auch der Vater-Mutter-Gott ist.

Jesus von Nazareth lehrte eindeutig: *„Ich bin der Weg und die Wahrheit und das Leben."* (Johannes 14, 6) Von einer Institution, die „aller Kirchen Mutter und Lehrmeisterin ist" sprach Er nicht.

Die angebliche Heilsnotwendigkeit der Säuglingstaufe

Das äußere Ritual oder Sakrament der Taufe – insbesondere der Säuglingstaufe –, das Jesus von Nazareth weder lehrte noch praktizierte, wird von der Vatikankirche sogar als „notwendig zum Heil" angesehen.

Das lehrt allerdings nicht nur die Vatikankirche, sondern genauso die Lutherkirche. Dort heißt es in der bis heute gültigen zentralen Bekenntnisschrift, dem „Augsburger Bekenntnis":
„Von der Taufe wird gelehrt, dass sie notwendig sei und dass dadurch Gnade angeboten werde." (Artikel IX) Und abschließend heißt es, *„es werden die Wiedertäufer verworfen, welche lehren, dass die Kindertaufe nicht recht sei."*

Der gleiche Glaubenszwang, katholisch formuliert, ist nachzulesen im katholischen Katechismus:
„Die Kirche kennt kein anderes Mittel als die Taufe, um den Eintritt in die ewige Seligkeit sicherzustellen." (Nr. 1257)
Und: *„Die Taufe ist die Geburt zum neuen Leben in Christus. Nach dem Willen des Herrn ist sie heilsnotwendig wie die Kirche selbst, in die die Taufe eingliedert."* (Nr. 1277)

Dass die Kirche hier so freimütig bekennt, kein anderes Mittel als die Taufe zu kennen, zeigt ihr gottfernes Bewusstsein. Von den Gesetzen Gottes weiß sie nichts.

Jesus, der Christus, sprach davon, dass das Reich Gottes inwendig in jedem Menschen ist. Es wird nicht „hineingetauft" in den Menschen, sondern es ist schon in jedem von uns.

Doch was bedeutet überhaupt „heilsnotwendig" für die Kirche? Sie behauptet, dass die Seele eines Menschen – wenn dieser ungetauft stirbt, also an seinem Lebensende noch nicht der Vatikankirche angehört – nicht in den Himmel gelangen kann. Seine Seele lebt also nach katholischem Dogma von nun an angeblich in der ewigen Gottferne. Dies beträfe allein von den heute lebenden Menschen ca. 6 Milliarden.

Wenn die Taufe wirklich so „heilsnotwendig" und von Jesus, dem Christus, eingesetzt wäre – wie die Kirche behauptet –, stellt sich dann nicht die Frage: Was ist mit all den Gottespropheten des Alten Testamentes? Sie waren doch alle nicht getauft.

Und wo wären die Apostel und Jünger Jesu? Es ist nie davon die Rede, dass Jesus von Nazareth sie getauft hätte, schon gar nicht als Kinder. Können sie also nicht in das Reich Gottes kommen?

Wie konnte dann Jesus, der Christus Gottes, zu dem ungetauften (!) „Schächer", der mit Ihm gekreuzigt wurde, sagen: *„Heute wirst du mit mir im Paradies sein"*?

Und was geschieht mit all den Muslimen, den Hinduisten, den Buddhisten, den Konfessionslosen – mit allen, die nicht getauft sind? Auch wenn sie im Einklang mit den Gesetzmäßigkeiten des Lebens gelebt haben, sollen sie nicht in das Reich Gottes gelangen, nur weil sie nicht von der Kirche getauft wurden?

Das mag dem Obskurantismus der kirchlichen Vorstellung entsprechen – mit Gott, dem mächtigen All-Geist der Liebe und Freiheit, dem Vater aller Menschen und Seelen, hat das jedoch nichts zu tun!

Mit dem Taufschein ins Grab ...

Dass die Taufe eine Voraussetzung für den Eintritt in das „Himmelreich" sei, glauben klerikale Würdenträger jedoch angeblich tatsächlich. Im Mai 2006 berichteten die Medien, dass der damalige Kölner Kardinal Meisner mit seinem Taufschein begraben werden will. Das Dokument solle ihm an der Himmelspforte als „Nachweis" dienen, dass er getauft sei und somit *„berechtigt, ins Himmelreich aufgenommen zu werden"*. (spiegel.de, 24.5.2006)

Vorsichtshalber habe der Kardinal deshalb bereits in seinem Testament verfügt, dass er mit dem Schein beerdigt werden möchte.

Was für ein Gottesbild wird hier von der katholischen Kirche gezeichnet? Ein Gott, der anhand eines Papierzettels oder eines Wasserrituals über die Seele eines Menschen entscheidet? Wie schwach wäre ein solcher Gott, wenn ein Taufschein der Passierschein für das Himmelstor wäre?

Gott, der Ewige, kennt alle Seine Kinder, denn Er ist der Schöpfer allen Seins.

Eine Abhängigkeit von Taufe und Taufschein mag katholisch sein, christlich ist sie nicht.

Taufzettel als Grabbeigaben – das erinnert eher an den Mumien- und Totenkult altägyptischer Baalspriester.

Jesus von Nazareth sprach nicht von Taufzetteln. Er lehrte uns Menschen, wie wir leben sollen, um das Reich Gottes zu erlangen.

Er sprach: *„Wenn eure Gerechtigkeit nicht weit größer ist als die der Schriftgelehrten und der Pharisäer, werdet ihr nicht in das Himmelreich kommen."*

Und: *„Wenn ihr nicht umkehrt und wie die Kinder werdet, könnt ihr nicht in das Himmelreich kommen."* (Matthäus 5, 20; 18, 3)

Die ganze dogmatische Unerbittlichkeit der Zwangseinrichtung Kirche zeigt sich erst recht, wenn für die geistige Vereinnahmung der Kinder auch die Eltern mit in die Pflicht genommen werden. Im Katholischen Katechismus heißt es dazu: *„Die Eltern würden dem Kind die unschätzbare Gnade vorenthalten, Kind Gottes zu werden, wenn sie ihm nicht schon bald nach der Geburt die Taufe gewährten."* (Nr. 1250)

Gott, der Ewige, ist unser aller Vater. Jedes Kind, das geboren wird, ist schon längst Sein Kind! Oder glauben die Priester tatsächlich, dass der mächtige Schöpfergott, der All-Geist, der in allem wirkt und alles durchströmt, auf ein von ihnen durchgeführtes Wasserritual angewiesen ist, um einem Menschen die „Gnade" zu geben, Sein Kind zu werden?

Wem dient die Säuglingstaufe?

Gibt es eigentlich irgendetwas, wofür die Taufe nachweislich von Nutzen ist, außer für die Kirchen? Unzählige ungetaufte Menschen leben ihr irdisches Leben nach höheren ethischen und moralischen Werten und sind wertvolle Mitglieder der Gesellschaft.

Was hat es hingegen genutzt, dass ungezählte Verbrecher und Mörder – darunter Despoten, Könige und Kaiser, Päpste und Politiker, Herrscher und Diktatoren – oftmals auch aus dem sogenannten Adelsstand, kirchlich, also angeblich „christlich" getauft waren? Hitler wurde als Kind getauft, der italienische Diktator Mussolini wurde als Kind getauft, der spanische Diktator Franco auch, um nur einige wenige zu nennen.

Was hat es genützt? Was bringt also die institutionelle Taufe?

Welche energetische Wirkung ist damit verbunden? Zumal welche positive? Wie viele dieser hochgestellten Verbrecher hausten und hausen auf dieser Erde „auf Teufel komm raus", reihten Gewalttat an Gewalttat und begruben ganze Völker und Länder unter ihrem diabolischen Machtwahn und Eigensinn? Ganze Meere von Blut unschuldiger Menschen wurden von kirchlich getauften Menschen vergossen.

Welchen Nutzen hat also die Taufe, wenn man an all die kirchlich getauften Gewaltverbrecher denkt? Und was hat das alles mit Jesus von Nazareth zu tun? Nichts!

Säuglingstaufe ist unchristlich

Jesus von Nazareth führte, wie bereits dargelegt, keine einzige Taufe durch, und im ganzen Neuen Testament gibt es kein Beispiel für eine Säuglings- oder Kindertaufe.

Als man Kinder zu Jesus von Nazareth brachte, damit Er ihnen die Hände auflegte und für sie betete, sprach Er zu Seinen Jüngern:
„Lasst die Kinder zu mir kommen; hindert sie nicht daran! Denn Menschen wie ihnen gehört das Himmelreich. Dann legte er ihnen die Hände auf und zog weiter." (Matthäus 19, 14)
Weshalb legte Jesus den Kindern nur die Hände auf und betete für sie, wenn doch nach kirchlicher Lehre eine Wassertaufe heilsnotwendig sei?

Der Brauch der Taufe von Säuglingen war auch den Urchristen in der Nachfolge des Jesus von Nazareth völlig unbekannt. Auch die Rituale, die mit der Säuglingstaufe bis heute vielfach verbunden sind, wie Taufkleid, Taufkerze, Taufpate, „heiliges" Öl usw. stammen nicht aus dem urchristlichen Strom und schon gar nicht von Jesus von Nazareth. Sie kommen aus antiken Kultreligionen, die man auch als „Mysterienkulte" oder „heidnische Kulte" bezeichnen kann.

Die Priestermänner der sich neu formierenden römischen Machtkirche blieben an diese Zeremonien gebunden und haben sie – wie viele andere Rituale auch – in ihre neue Kunstreligion übernommen und das Mäntelchen „christlich" darüber gelegt.

Der heidnische Ursprung des kirchlichen Taufrituals zeigt sich auch in folgender Aussage aus dem katholischen Katechismus:

„Weil die Taufe Zeichen der Befreiung von der Sünde und deren Anstifter, dem Teufel, ist, spricht man über den Täufling einen Exorzismus (oder mehrere)." (Nr. 1237)

Da ein Säugling gar nicht in der Lage ist, sich deutlich zu artikulieren, geschweige denn zu verstehen, was mit ihm geschieht, „widersagen" bei der üblichen Säuglingstaufe „stellvertretend" die Paten dem „Teufel".

Wenn man sich nun die ganze Zeremonie um das Neugeborene herum mit der Taufkerze, dem weißen Kleidchen und der Musik einmal wegdenkt – was zeigt sich dann unverhohlen?

Ein „Teufel" soll aus dem Säugling ausgetrieben werden, denn ein Exorzismus ist nichts anderes als eine angebliche Teufelsaustreibung.

Die Taufe ist also eine rituelle Teufelsaustreibung! So steht es im Katechismus der Katholischen Kirche.

Die Erfindung der „Erbsünde"

Dogmen und Glaubensartikel sind seit jeher ein Instrument der Kirche, mit dem man den Menschen Angst einflösst. Vor allem die Vorstellung von einem strafenden Gott, der Menschen auf ewig verdammt, also in die ewige Hölle schickt, macht Angst. Diese Angst der Eltern um das Seelenheil ihres neugeborenen Kindes wird durch eine weitere Erfindung der Kirche noch gesteigert:

Die Kirche lehrt, dass infolge des Sündenfalls von Adam und Eva jeder Mensch bei seiner Geburt mit einer Erbsünde belastet sei, die ebenfalls „vergeben" werden müsse, damit der Mensch nach seinem Tod zur „Anschauung" Gottes finden könne. Dies gelte auch für Säuglinge, weshalb die Kirche lehrt, dass gerade auch Neugeborene – die noch gar keine Sünde begangen haben können – getauft werden müssten.

Die Säuglinge würden, so das Kirchendogma, *„wahrhaft zur Vergebung der Sünden getauft, damit in ihnen durch die Wiedergeburt gereinigt werde, was ihnen durch die Zeugung anhaftet".* (Neuner/Roos, Nr. 356)

In der Vatikankirche wird also das Baby gleich nach der Entbindung – beziehungsweise schon als Fötus – als Sünder betrachtet, dem eine angebliche

Erbsünde anhaften soll, und deshalb sei die Kirchentaufe nötig, also der Exorzismus bei einem Kind!

In der Luther-Kirche wird es noch drastischer ausgedrückt. In ihren verbindlichen Bekenntnisschriften heißt es, *„dass auch diese angeborene Seuche und Erbsünde wirklich Sünde ist und verdamme alle die unter ewigen Gotteszorn, die nicht durch die Taufe und heiligen Geist wiederum neugeboren werden"*. (Augsburger Konfession, Artikel II).
Das heißt: Laut der lutherischen Lehre ist das Neugeborene sofort „unter dem ewigen Gotteszorn verdammt".

Wer möchte sich so einem „Gott" freiwillig unterwerfen? Denn bei Gott, dem Ewigen, All-Einen, gibt es keinen „Zorn Gottes" und keine Verdammnis.
Kirchenglaube heißt also: Von der Geburtsstunde an Drohung mit einem unbarmherzigen Rachegott, Schuldgefühle und geistige Bevormundung.

Wäre die Kindstaufe heilsnotwendig, hätte Jesus von Nazareth nicht zu den ungetauften Kindern gesagt: *„Ihrer ist das Himmelreich"*!
Hat Jesus von Nazareth falsch gelehrt, dann wäre Er ein falscher Prophet. Hat Er aber richtig gelehrt, wer ist dann der falsche Prophet?

Nicht einmal in der Kirchenbibel ist von einer Erbsünde die Rede, die vergeben werden müsste. Sie ist eine Erfindung der Kirche.

Taufe – auch gegen den Willen der Eltern

Die Erfindung der Erbsünde liefert der Kirche einen weiteren Vorwand, Menschen zu vereinnahmen. Sie bestimmt:

> *„In Todesgefahr wird ein Kind katholischer, ja sogar auch nichtkatholischer Eltern auch gegen den Willen der Eltern erlaubt getauft."*
> (Codex Iuris Canonici, Can. 868 § 2)

Missachtet die Taufe schon das Grundrecht der Glaubensfreiheit des Kindes, so ist das Taufen *„auch gegen den Willen der Eltern"* ein klarer Verstoß gegen die Rechte der Eltern.

Zu einer solchen „Nottaufe" auch gegen den Willen der Eltern sind auch die Hebammen angehalten. Früher nahmen diese eine solche Nottaufe „bei dringender Lebensgefahr" sogar an dem noch ungeborenen Kind vor. Wenn das Ungeborene für die taufenden Hände der Hebamme noch nicht sicher erreichbar war, griff diese zur sogenannten Taufspritze, die bis ins 19. Jahrhundert hinein zur Ausrüstung einer Hebamme gehörte. Mit Hilfe der Taufspritze flößte die Hebamme Wasser über den Kopf des noch ungeborenen Kindes und sprach gleichzeitig: *„Wenn du lebest, so taufe ich dich (...)"* Für den Fall, dass die Hebamme die Nottaufe nicht rechtzeitig durchführen konnte, gab es mancherorts noch einen letzten „Ausweg": die Taufe totgeborener Kinder.

Zwischen dem 15. und dem 18. Jahrhundert entstanden Wallfahrtsorte, an die man totgeborene oder kurz nach der Geburt verstorbene Kinder brachte, um sie durch ein „Wunder" angeblich kurzzeitig zum Leben zu erwecken, ihnen umgehend das Sakrament der Taufe zu spenden und sie nach dem unmittelbar darauf „erneut" eintretenden Tod in „geweihter" Erde beisetzen zu können.

Kindesentführung in den Vatikan

Die Nottaufe in Todesgefahr – auch an Kindern nicht-katholischer Eltern – wurde tatsächlich praktiziert und hatte drastische Auswirkungen. Im 19. Jahrhundert etwa fürchtete ein katholisches Kindermädchen in Bologna zu Unrecht um das Leben eines Kindes jüdischer Eltern und führte deshalb an ihm eine katholische Nottaufe durch. Bologna gehörte damals zum vatikanischen Kirchenstaat, dem der Papst als absoluter Monarch vorstand.

Als man im Vatikan einige Jahre später von dieser Nottaufe erfuhr, wurde das jüdische Kind dorthin entführt.

Der Papst verweigerte die Rückgabe des laut Kirchenlehre nun für ewig katholischen Kindes an seine verzweifelten Eltern; er erzog es hinter den Vatikanmauern zu einem unterwürfigen katholischen Priester. Den untröstlichen jüdischen Eltern ließ der Papst mitteilen, sie bräuchten nur katholisch zu werden, um ihr Kind wiederzubekommen.

Derselbe Papst, Pius IX., wurde übrigens im Jahr 2000 durch Papst Johannes Paul II. „selig" gesprochen.

Auch mit diesem Kinderraub war der „selig" gesprochene Pius IX. ein treuer Sohn seiner Kirche, denn er tat nur, was er auf Verlangen seiner Kirche tun musste. Die Vatikankirche hatte nämlich durch Papst Benedikt XIV. im 18. Jahrhundert angeordnet, dass ein jüdisches Kind selbst dann seinen Eltern weggenommen und katholischen Eltern zur Erziehung übergeben werden muss, wenn es kirchlich „unerlaubt" getauft wurde; also wenn es ohne äußere „Not" von jemandem zum Priester gebracht wurde, der gar nicht erziehungsberechtigt war. Erst recht gilt die Instruktion des Papstes bei einer „erlaubten" Nottaufe, wie oben geschildert.

Wörtlich heißt es in der – bis heute unverändert gültigen – Dogmensammlung von Denzinger/ Hünermann:

„Diejenigen also betrifft diese unsere Rede, die weder von den Eltern noch von anderen, die eine Rechtsbefugnis über sie haben, zur Taufe gebracht werden, sondern von jemandem, der keine Befugnis hat (...)

Wenn sie das Sakrament aber schon empfangen haben, sollen sie entweder festgehalten oder von den hebräischen Eltern wiedererlangt und Christgläubigen übergeben werden, damit sie von diesen fromm und heilig ausgebildet werden; dies ist nämlich die Folge einer zwar unerlaubten, jedoch wahren und gültigen Taufe."

(Nr. 2562)

Auch dieses kirchlich geforderte scheußliche Verbrechen des Kinderraubs aufgrund des „Sakraments der Taufe" verlangt die Vatikankirche im Namen von Jesus, dem Christus, – ein schändlicher Missbrauch, der den guten Namen des Christus Gottes auf das Übelste besudelt.

Wie sehr dieser Ungeist noch bis in unsere Zeit nachwirkt, zeigen Verbrechen, die zwischen 1950 und etwa 1989 in Spanien verübt wurden. Zigtausende von neugeborenen Kindern wurden in dieser Zeit in kirchlichen Krankenhäusern durch das katholische Personal zu Totgeburten erklärt, weil man die Mütter für nicht katholisch genug hielt. In Wirklichkeit wurden die Neugeborenen jedoch an „gut katholische" Eltern verkauft. Im Jahr 2012 berichteten viele Medien über diese Verbrechen.

Der erfundene „Taufbefehl"

Als Argument für die kirchliche Taufe wird immer wieder angeführt, dass Jesus von Nazareth ebenfalls getauft wurde, von Johannes dem Täufer. In den Evangelien der Bibel liest man, dass Johannes der Täufer Menschen mit Wasser taufte.
Bei der Taufe von Jesus, dem Christus, war dies das Zeichen für Seine Berufung von Gott, dem Ewigen, und dafür, dass Er, der Christus Gottes, Seinen Auftrag angenommen hat. Bei der Taufe der anderen Menschen war die Wassertaufe ein Symbol für die Reinigung der Seele und des Leibes. Johannes taufte sie zum Zeichen für ihre Umkehr, was bedeutete: Sie bereuten ihr Fehlverhalten, ihre Sünden, und sie entschieden sich neu, nach den Geboten Gottes zu leben. Das fließende Wasser wies dabei hin auf den „fließenden Geist". Aber Johannes der Täufer erklärte auch:
„Nach mir kommt einer, der ist stärker als ich (...) Ich habe euch mit Wasser getauft, er aber wird euch mit heiligem Geist taufen." (Markus 1, 7-8)

Als Jesus von Nazareth der kirchlichen Bibel zufolge später von einer Taufe sprach, war folglich nicht mehr die Wassertaufe des Johannes gemeint.
In den Bibeln ist dabei folgender Aufruf überliefert:
„Gehet hin und lehrt alle Völker!" Und anschließend:

„Tauft sie – und lehrt sie alles halten, was ich euch befohlen habe." (Matthäus 28, 19-20)

Was tut jedoch die Kirche in unserer Zeit? Sie lehrt die Menschen nicht nur Falsches über Jesus, den Christus, und über die Taufe. Sie verdreht auch ihre eigene Überlieferung. In neueren deutschen Bibelübersetzungen wird jener Aufruf anders formuliert. Statt *„Gehet hin und lehrt alle Völker"* heißt es jetzt zu Beginn: *„Gehet hin und machet zu Jüngern alle Völker."*
Die ursprüngliche Aussage selbst in den Kirchenbibeln lautet jedoch: *„Zuerst lehrt, später tauft."*

„Darum gehet hin und lehret alle Völker" – das ist das Gebot des Jesu von Nazareth, nämlich jene Menschen im Sinne der Zehn Gebote Gottes und der Bergpredigt zu lehren, die Seine Botschaft verstehen und sich frei entscheiden können. Wer diese Botschaft annimmt und danach lebt, empfängt die geistige Taufe, den Geist der Wahrheit, der keines äußeren Rituals und keines Priesters bedarf.

Christus, der Mitregent der Himmel, lässt sich nicht in eine Oblate zwingen

Das Kirchensakrament der Eucharistie bzw. des Abendmahls soll – nach Lehre der Institutionen Kirche – angeblich Jesus von Nazareth selbst beim letzten Abendmahl mit Seinen Jüngern eingesetzt haben, als Er sprach: *„Tut dies zu meinem Gedächtnis".*

Diese Seine schlichten Worte hat die Priesterkaste genommen und sie für eine Kulthandlung missbraucht, durch die sie die Gläubigen unter Androhung von Ausschluss aus der Kirche und unter Androhung einer ewigen Verdammnis an sich binden will.

Das streng reglementierte, dramaturgisch geschickt inszenierte Ritual erinnert so manchen unvoreingenommenen Betrachter an ein okkultes Beschwörungsritual aus düsterer Vorzeit. Denn es wird durch eine magische Zauberformel aus dem Mund eines Priesters eine Oblate, aus Weizenmehl gebacken, angeblich in das wahre Fleisch des Leibes von Christus, Hostie genannt, und x-beliebiger Wein in Sein Blut verwandelt.

Wer aber vom Säuglingsalter an mit dieser Kulthandlung aufgewachsen ist, findet offenbar an dieser Vorstellung nichts Absurdes.

Es ist der groteske Versuch einer äußeren Religion, den Mitregenten der Himmel, Christus, der in der ganzen Unendlichkeit, in jedem Atom, auch in jedem Baustein der Materie in den vier Grundkräften Gottes allgegenwärtig ist, auf Geheiß eines Priesters in eine Backware zu zwingen.

Die gesamte Inszenierung, je nach Art des Eucharistie-Kultes mit Weihrauch, Umschreiten des Altars, Kniebeugen, Händewaschen des Priesters, Kreuzzeichen, Litaneiengesang, mit Messdienern in Kultgewändern und mit Glöckchen, mag Tradition eines Priesterkultes sein – mit Jesus, dem Christus, hat es jedoch nichts zu tun, gar nichts!

Erdichtet und erfunden

Über dieses angeblich besonders wichtige Sakrament heißt es im Katechismus der Katholischen Kirche:
„Die Eucharistie ist »Quelle und Höhepunkt des ganzen christlichen Lebens« (...) Die heiligste Eucharistie enthält ja das Heilsgut der Kirche in seiner ganzen Fülle, Christus selbst, unser Osterlamm«."
(Nr. 1324)

Und im katholischen Nachschlagewerk „Der Glaube der Kirche in den Urkunden der Lehrverkündigung" von Neuner und Roos ist zu lesen:

„Dieser unser Gott und Herr hat zwar einmal auf dem Altar des Kreuzes sich selbst im Tod Gott Vater als Opfer darbringen wollen (...) Weil aber durch den Tod sein Priestertum nicht ausgelöscht werden sollte, so wollte er beim letzten Mahl in der Nacht des Verrats seiner geliebten Braut, der Kirche, ein sichtbares Opfer hinterlassen (...)" (Nr. 597)

Jesus von Nazareth hat kein Priestertum gegründet. Erst spätere Theologen haben Ihm dies angedichtet.

Auch ist die Kirche nicht Seine „geliebte Braut", der Er „ein sichtbares Opfer hinterlassen" wollte. Jesus von Nazareth, der Christus Gottes, ist der Erlöser aller Menschen und Seelen. Er ist der Mitregent des Reiches Gottes und fern jeglichen kirchlichen Priesterkultes.

Das Liebemahl der ersten Nachfolger des Jesus von Nazareth

Jesus von Nazareth sprach beim letzten Mahl zu Seinen Aposteln schlicht: *„Tut dies zu Meinem Gedächtnis.“*

Seine wahren Nachfolger, die Urchristen, hielten sich daran. Sie hielten kein rituelles Abendmahl. Sie speisten miteinander, indem sie ein gemeinsames, feierliches Mahl einnahmen, das Liebemahl, die Agape.

Erst als das lebendige Urchristentum von der sich bildenden Institution Kirche vereinnahmt wurde, verwandelte diese das Liebemahl in den eucharistischen Kult, mit dem Priester als Mittelpunkt, ganz nach den Vorbildern aus den Baals- und Mithraskulten.

Das letzte Abendmahl nahm Jesus von Nazareth mit Seinen Jüngern ein in dem vollen Bewusstsein, dass die religiösen Obrigkeiten Ihn innerhalb weniger Stunden auf die qualvollste und grausamste Weise zu Tode martern lassen würden.

Wie anders als gotteslästerlich soll man es nennen, wenn die Priesterkaste sich ausgerechnet auf den Priester-Mord an Jesus von Nazareth beruft, um ihre Existenz zu rechtfertigen?

So steht es in dem offiziellen katholischen Lehrwerk „Der Glaube der Kirche“ von Neuner und Roos:

> *„Weil in diesem göttlichen Opfer, das in der Messe gefeiert wird, derselbe Christus enthalten ist und unblutig geopfert wird, der sich selbst am Kreuzaltar einmal blutig dargebracht hat, so lehrt die heilige Kirchenversammlung: Dieses Opfer ist ein wirkliches Sühneopfer."* (Nr. 599)

Dieser Mord soll ein „Sühneopfer" gewesen sein, das Jesus von Nazareth freiwillig erbracht habe, um „Gott" angeblich gnädig zu stimmen, damit dieser die Sünden der Menschen vergibt – und dieses Opfer werde in jeder katholischen Messfeier vom Priester angeblich wiederholt.

Ist dies nicht eine furchtbare Anmaßung der Priester? Welche Verbrämung des grausamen Foltermordes an Jesus von Nazareth liegt hier zugrunde? Welcher Hohn, davon zu sprechen, dass der Christus Gottes *„sich selbst am Kreuzaltar (...) blutig dargebracht hat"*!

Jesus, der Christus, der Mitregent des Reiches Gottes, wurde nicht „göttlich geopfert", sondern unter Folterqualen ermordet, weil die damalige Priesterkaste gegen Ihn hetzte und Ihn der römischen Staatsmacht auslieferte! Nicht Er selbst hat sich also am Marterkreuz „blutig dargebracht", sondern die damaligen Religionsführer haben Ihn an das furchtbare Marterkreuz gebracht, das für die Kirche auch noch ein „Altar" sein soll.

Christus, der Sohn Gottes, kam nicht in Jesus von Nazareth auf die Erde, um grausam hingerichtet zu werden. Er, der im Geiste des Ewigen die All-Liebe verkörpert, brachte die Lehre der Gottes- und Nächstenliebe, um mit den Menschen das Friedensreich aufzubauen. Hätten die Menschen – allen voran die damalige Priesterkaste – Seine göttlichen Lehren des Friedens und der Einheit allen Lebens angenommen, so wäre es nicht zur Kreuzigung gekommen.

Die Kirche lehrt jedoch, dass die grausame Hinrichtung von Jesus von Nazareth notwendig gewesen sei, um durch ein solches „Blutopfer" angeblich Gott zu „versöhnen", und damit dieser „Gott" wiederum die Sünden derjenigen Menschen vergebe, die daran glauben.

Gott ist die Alll-Liebe, der ewig gütige All-Geist der Unendlichkeit, der in allem Sein das Leben ist. Er straft nicht. Er verurteilt nicht und lässt nicht hinrichten. Er verlangt kein „Sühneopfer", und Er verdammt auch keines Seiner Kinder.

Wer sich mit Religionsgeschichte beschäftigt, weiß, dass es antike Götzenkulte gibt, in denen Priester ebenfalls glaubten, zornige Gottheiten durch

Blutopfer besänftigen zu müssen, entweder durch schreckliche Tier- oder gar Menschenopfer.

Und die Vorstellung, einen „Gott" im Ritual aufzuessen, stammt aus antiken Götzenritualen, und im Kannibalismus geht man davon aus, dass die Kraft dessen, den man verspeist, auf einen selbst übergeht.

Mit Jesus, dem Christus, hat das alles nichts zu tun.

Jesus von Nazareth lehrte die Versöhnung und Vergebung der Menschen untereinander. *„Barmherzigkeit will ich, nicht Opfer",* so Seine Worte. (Matthäus 9, 13)

Das war auch die eindeutige Botschaft der Gottespropheten des Alten Testaments. So sprach Gott, der Ewige, durch den Propheten Hosea: *„Liebe will ich, nicht Schlachtopfer, Gotteserkenntnis statt Brandopfer."* (Hosea 6, 6)

Diese Blutopferkult-Theologie der Kirche zeigt, dass sie die wahre Bedeutung der Erlösertat durch Christus, den Sohn Gottes, entweder nicht kennt oder aber bewusst verzerrt. Weder Gott, die Majestät des ewigen Reiches, noch Sein Sohn, Christus, wollen Blutopferkulte. Christus, der Erlöser aller Menschen und Seelen, erfüllte Seinen Auftrag aus dem Reich Gottes, aus dem Heiligtum. Durch Sein *„Es ist vollbracht!"* teilte sich ein Teil Seines göttlichen Erbes in Funken auf und wirkt seitdem als helfende und stützende Kraft, als Erlöserfunke, in jeder Seele.

Wozu also ein stets zu wiederholender Blutopferkult am Altar durch einen Priester? Wer bekommt von dem blutigen „Kreuzaltar" nicht genug? Der, der für Jesus, den Christus, ist – oder der, der gegen Ihn ist und Ihn ans Kreuz ausgeliefert hat?

Kirchenlehre pur: Das Sakrament gilt – auch wenn der Priester ein Verbrecher ist

Wie weit sich die Priester bei der Eucharistie in ihrer eigenen Vorstellungswelt verirren, zeigt ein weiterer kirchlicher Lehrsatz über die Eucharistie:

„Das ist jenes reine Opfer, das durch keine Unwürdigkeit und Schlechtigkeit derer, die es darbringen, befleckt werden kann (...)" (Neuner/Roos, Nr. 598)

Das heißt konkret: Auch wenn der Priester z.B. kurz vor der Messe in der Sakristei ein Kind vergewaltigt oder ein anderes Verbrechen begangen hat, kann er ein angeblich Heil bringendes Sakrament darbringen. So lehrt es die katholische Kirche.

Legt man die heute in demokratischen Gesellschaften gültigen Maßstäbe von Ethik, Moral und Rechtsstaatlichkeit an, dann stehen die kirchlichen Lehrsätze im eindeutigen Gegensatz dazu. Aber dies ist nicht nur heute so. Es hat schon immer klare Denker gegeben, welche die Widersprüche zwischen Kirchenlehre und Ethik und Moral erkannt und einzelne Dogmen oder das ganze klerikale Dogmengebäude in Frage gestellt haben. Deshalb gibt es unzählige Verfluchungen der Priesterkirche, die gegen all jene gerichtet sind, die ihr „geheimnisvolles" Zeremonien- und Dogmengebäude in Frage stellen und aufzeigen, dass dies mit der Lehre des Jesus von Nazareth nicht vereinbar ist.

Auch im Mittelalter gab es Menschen, die so empfanden und sich auflehnten. Allerdings war dieses Aufbegehren gegen die Priesterkirche seinerzeit folgenschwerer als heute, wie das Beispiel der bekannten Kirchenkritiker John Wyclif und Jan Hus zeigt. John Wyclif (1320-1384) wich damals in einigen Punkten von der gültigen Kirchenlehre ab, indem er z.B. lehrte:

„Wenn sich ein Bischof oder Priester in einer Todsünde befindet, dann weiht er nicht, konsekriert er nicht, vollzieht er nicht <das Sakrament> und tauft er nicht." (zit. nach Denzinger/Hünermann, Nr. 1154) Wyclif lehnte auch die katholische Abendmahlslehre von der angeblichen kompletten Verwandlung von Brot und Wein in den Körper und das Blut von Jesus ab. Er erklärte, dass die materielle Substanz von Brot und Wein weiterhin vorhanden sind.

Und für Jan Hus (um 1370-1415) war z.B. ein habsüchtiger Papst nicht der Stellvertreter Christi, sondern der Stellvertreter des Judas Ischariot. Beide, Wyclif und Hus, wurden auf dem Konzil von Konstanz im Jahr 1415 feierlich als „Ketzer" verurteilt. Das fünfte Gebot Gottes lautet: „Du sollst nicht töten". Doch Jan Hus, dem der deutsche König im Vorfeld freies Geleit zugesichert hatte, wurde noch am gleichen Tag lebendig auf dem Scheiterhaufen verbrannt. Und bei Wyclif, der schon drei Jahrzehnte zuvor verstorben war, beschloss das Konzil, seine Leiche wieder auszugraben und öffentlich zu verbrennen.

Es ist offensichtlich, dass so etwas nicht im Namen des Jesus, des Christus, oder im Namen Gottes, des Ewigen, geschieht. So etwas kann nur im Namen dessen geschehen, der damit Gott und Seinen Sohn Christus zu verhöhnen und zu lästern versucht.

Unter Randnummer 616 in dem Buch „Der Glaube der Kirche" von Neuner und Roos wird noch einmal der Priester – und sei er auch noch so sündig, boshaft und mit Verbrechen belastet – dem Christus Gottes gleichgesetzt. Es heißt wörtlich:
„Zugegen ist Christus im hochheiligen Opfer des Altars, in der Person des seine Stelle vertretenden Priesters wie vor allem unter den eucharistischen Gestalten [Brot und Wein]."

Wer daran nicht glauben kann, ist nach der Lehre der katholischen Kirche ewig verdammt.

Der Kult um Leib und Blut

Es kann nicht oft genug wiederholt werden: Christus bedarf keines Stellvertreters, auch keiner Priester oder sonstiger Mittler. Er ist selbst im Innersten jedes Menschen vertreten.
Wenn trotzdem in den kirchlichen Lehrsätzen die Person des Priesters zum Stellvertreter des Christus Gottes erhöht wird, so lohnt es sich, darüber nachzudenken: Wer will seit jeher die Menschen verführen? Wer will seit jeher die Menschen zu gefügigen Untertanen machen?

Welche Absurditäten den Gläubigen dabei abverlangt werden, könnte auch zum Nachdenken anregen. So lehrt die Kirche:

> „ (...) wer jene wunderbare und einzigartige Wandlung der ganzen Brotsubstanz in den Leib und der ganzen Weinsubstanz in das Blut leugnet, (...) der sei ausgeschlossen" (Neuner/Roos, Nr. 578), also auch vom „Heil" ausgeschlossen und damit ewig verdammt.

Wer also nicht daran glaubt, dass eine Oblate das wirkliche Fleisch des Christus Gottes ist und der Messwein Sein wirkliches Blut, der ist von der Vatikankirche auf ewig verdammt.

Das betrifft alle Andersgläubigen, auch die Protestanten. Der Streit der Protestanten untereinander um die Interpretation ihres „Sakraments des Abendmahls" wäre ein eigenes Thema, das jeder in den entsprechenden kirchlichen Lehrbüchern nachlesen kann. Von den dogmatischen Fantasien sowohl der katholischen als auch der evangelischen Kirchenmänner zu diesem Thema ist nicht eine einzige auf Jesus von Nazareth zurückzuführen.

Was soll es denn der Seele des Menschen nützen, wenn er eine Oblate zu sich nimmt? Wie soll er damit Gott näherkommen? Eine Opferkulthandlung, um Gott näherzukommen – das ist der uralte Gedanke aus dem Heidentum.

Was hat die Teilnahme an einer äußeren zeremoniellen Handlung, dargebracht von sündhaften Priestern, der Menschheit gebracht, und was hat sie mit Christus und mit christlichem Leben zu tun?

Die einzige Quelle christlichen Lebens ist die Erfüllung der Gebote Gottes und der Lehren des Jesus von Nazareth, Seiner Bergpredigt.

Wem nützt also dieser Kirchenkult?

Weder Gott noch den Menschen, sondern einzig der Kirche mit ihren Priestern!

Für die Kirche ist die Eucharistie die wichtigste Feier, weil sie den Priester über alle übrigen Menschen erhebt und sogar über Gott stellt, wie die Lehre des Kirchen-"Heiligen" und Schutzpatrons der Priester, Johannes Pfarrer von Ars, aufzeigt.

Wir wiederholen: Christus, der Sohn Gottes, ist als Mitregent des Reiches Gottes in den vier Wesenheitskräften gegenwärtig in der ganzen Schöpfung, in allen Menschen, Tieren, Pflanzen, Mineralien, im ganzen All, in den Planeten und Sternen, im Kleinsten wie im Größten, im Mikrokosmos und im Makrokosmos.

Wozu sollte Er, der Mitregent der Unendlichkeit, eines Priesterspruches bedürfen, um sich mit der Seele des Menschen zu vereinen – wo Er doch im Erlöserfunken gegenwärtig ist in jedem Menschen und in jeder Seele? Er ist ja schon in uns!

Das letzte Abendmahl – wie es wirklich war

Was die Worte des Jesus von Nazareth beim letzten Abendmahl *„Tut dies zu Meinem Gedächtnis"* bedeuten, erklärt der Christus Gottes selbst im Offenbarungswort durch Gabriele, Seine Prophetin und Botschafterin in unserer Zeit:

„Ich möchte euch an das letzte Abendmahl mit Meinen Aposteln erinnern. Ich brach das Brot und teilte es aus und sprach sinngemäß: Tuet dies zu Meinem Gedächtnis. Nur ein Ausspruch von Mir. Was wurde daraus vollzogen? Meine Worte, als Jesus von Nazareth an Meine Apostel gesagt: Teilt. Teilt das Brot. Teilt die Speisen, und gedenkt immer Meiner, denn Ich habe es euch gelehrt, zu teilen.

Und wenn ihr zu Tisch sitzt, denkt daran: Es sind die Gaben Gottes, die euch gegeben sind. Dankt von ganzem Herzen, und teilt. Teilt, und erfahrt Mich, Christus, in eurer Mitte, so werde Ich mit euch speisen, und die Gaben, die ihr zu euch nehmt, sind gesegnet durch euren Herzensdank, und eure Seelen laben sich, und eure Körper gesunden, und ihr seid glücklich in Mir, dem Auferstandenen, weil ihr in Mir auferstanden seid durch das Leben in Mir. Das waren Meine Worte. Teilt. Teilt die Gaben Gottes. Teilt, und fühlt euch eins, und seid eingedenk mit Mir, dem

287

Christus Gottes, auf dass Ich durch euch die Werke der Liebe tun kann. Was wurde daraus gemacht?"
(Göttliches Prophetisches Heilen vom 18.6.1995)

Was wurde also aus der schlichten Aussage des Jesus von Nazareth gemacht?

Ein Priesterkult, und an die Stelle des Teilens, der Einheit und Brüderlichkeit, setzte die Kirche das „Trenne, binde und herrsche". Hier eine unermesslich reiche Priesterorganisation – dort Millionen von Hungernden und an Hunger sterbenden Menschen. Wer dem Leib- und Blutkult der Priester nicht folgt, wird laut katholischer Lehre ewig verdammt, wie es ein weiterer bei Neuner/Roos dokumentierter Artikel belegt, der sich gegen die Meinung Martin Luthers richtet:

> *„Wer sagt, im wunderbaren Sakrament der Eucharistie sei nach vollzogener Weihe nicht der Leib und das Blut unseres Herrn Jesus Christus, sondern nur beim Gebrauch, wenn es genossen wird, nicht aber vorher oder nachher, und in den geweihten Hostien oder Brotteilchen, die nach der Kommunion aufbewahrt werden oder übrig bleiben, bleibe nicht der wahre Leib des Herrn zurück, der sei ausgeschlossen",* also ewig verdammt. (Nr. 580)

Fronleichnam: „Sieg" über die „Ketzer"

In früheren Zeiten begnügte sich die Kirche allerdings nicht mit der Androhung von jenseitigen Höllenstrafen – sie bereitete denen, die ihr keinen Gehorsam schenkten, die Hölle schon auf Erden.

So wurde im Jahr 1264 von Papst Urban IV. das kurz zuvor in Belgien erfundene Eucharistiefest mit dem Namen „Fronleichnam" zum offiziellen Kirchenfest erklärt. Papst Urban IV. setzte es als Dank für den „Sieg" der Kirche und ihrer grausamen Inquisition über die „Ketzer", also die Andersgläubigen, ein. Dies geht aus der Einführung zur Papstbulle „Transiturus hoc mundo" hervor.

Die „Ketzer" – also die Menschen, welche unter anderem diese angeblich reale Verwandlung von Brot und Wein nicht glaubten –, waren damals vor allem die urchristlichen Katharer in Südfrankreich, die von der Kirche in grausamen Kreuzzügen massakriert und schließlich „ausgemerzt" wurden, wie es in den kirchlichen Lehranweisungen gegenüber anderen Glaubensvorstellungen gefordert wird.

Das Eucharistiefest „Fronleichnam" ist also eine Siegesfeier über die Nachfolger des Jesus von Nazareth – über die Urchristen damals –, die zu allen Zeiten von der Kirche als „Ketzer" verfolgt wurden.

Angeblicher Hostienraub
als Vorwand für Massaker an Juden

Die Kirchenlehre, dass in einer Oblate, der sogenannten Hostie, der reale Leib Christi enthalten sei,
zog noch weitere Grausamkeiten nach sich, nämlich
eine wahre Verfolgungswelle wegen angeblicher
„Hostienschändung". Es verbreiteten sich unzählige
Legenden, in denen insbesondere Juden und der
Hexerei beschuldigte Frauen des „Hostienfrevels"
bezichtigt wurden – mit furchtbaren Konsequenzen.

Im Jahr 1337 wurde zum Beispiel die jüdische Gemeinde in Deggendorf in Niederbayern vernichtet.
Dort sollen Juden angeblich „gemarterte Hostien"
in einen Brunnen geworfen haben. Der Ort wurde
später zum Ziel einer Wallfahrt, der „Deggendorfer Gnad". Spätere Legenden eines Hostienraubs
folgten dann meist dem Muster der Deggendorfer
Legende, und die Kirche bediente sich dieser Legenden für Folter und Hinrichtungen.

Die durchweg fingierten Vorwürfe sollten oft eine
Enteignung örtlicher jüdischer Gemeinden rechtfertigen und einen katholischen Hostienkult be-
gründen, um dem Ort zu Geldeinnahmen durch
Wallfahrer zu verhelfen. Dazu baute man an den
Plätzen der angeblichen Freveltaten Kapellen, oft
direkt über zuvor niedergebrannten Synagogen.

All dies – Lügen, Verfolgung, Grausamkeit und Mord – geschah unter Missbrauch des Namens von Jesus, dem Christus, wegen einer Backoblate, einer sogenannten Hostie, wegen eines angeblich „heiligsten" Sakraments, das mit Jesus, dem Christus, und Seiner Lehre nichts zu tun hat. Für die Kirche waren diese Verbrechen lukrativ und trugen zur Mehrung ihres immensen Vermögens bei.

Ist das nicht alles Vergangenheit? Nein, leider nicht. Hostienfrevel ist für die Kirche auch heute noch ein Thema. Als ein Besucher in einer katholischen Kirche in Deutschland im Jahr 2007 eine vermeintlich verwandelte Oblate bei der Eucharistie ausgehändigt bekam und diese mit nach Hause nehmen wollte, kam es zu Handgreiflichkeiten zwischen ihm und dem katholischen Dekan, der dies verhindern wollte.
Der für die Diözese zuständige Kirchenjurist erklärte den Konflikt um den „Hostienraub":
„Im katholischen Kirchenrecht ist das die schwerste Straftat, die man begehen kann. Das ist, als würde man vor gläubigen Muslimen den Koran zerschneiden." (zit. nach Frankfurter Rundschau, 13.1.2007)

Was bedeutet das? Wenn ein aus katholischer Sicht falscher Umgang mit einer Hostie im Kirchenrecht die schwerste Straftat sein soll – was ist dann mit

Raub, Mord und Totschlag? Was ist mit Folter und Vergewaltigung? Und wiegt das sogenannte Hostienvergehen dann schwerer als z.B. Kinderschänderverbrechen durch Priester?

Noch einmal zur Klarstellung: Jeder Mensch soll glauben dürfen, was seinem Bewusstsein entspricht. Jeder Mensch kann, so wie er will, an Priester glauben, oder an Oblaten, an Hostien oder Reliquien, an angeblich „Heilige" und Päpste, an die Eucharistie oder an Opferkulte. Uns geht es einzig darum, aufzuklären, dass dies alles nichts mit Jesus von Nazareth zu tun hat, weil Er völlig anderes lehrte. Deshalb haben Menschen und Organisationen, die anderes befürworten als Jesus von Nazareth lehrte, kein Recht, sich christlich zu nennen.

Holen wir die Lehre des Jesus, des Christus, vom Kreuz herab!

Der dogmatische Wildwuchs der Priesterkaste

Christus, die Majestät der Himmel, wirkt nicht durch Kulte, Riten und Zeremonien, die Er als Jesus von Nazareth selbst verworfen hat. Würde Er dies tun, so würde Er sich letztlich selbst verraten. Dann wäre Er ein falscher Prophet, denn Er würde dann falsches Zeugnis über sich selbst geben.

Schon als Jesus von Nazareth sprach Er über die damalige Priesterkaste:
„Alles, was sie tun, tun sie nur, damit die Menschen es sehen: Sie machen ihre Gebetsriemen breit und die Quasten an ihren Gewändern lang, bei jedem Festmahl möchten sie den Ehrenplatz (...) und auf den Straßen und Plätzen lassen sie sich gerne grüßen und von den Leuten Rabbi nennen. Ihr aber sollt euch nicht Rabbi nennen lassen; denn nur Einer ist euer Meister, ihr alle aber seid Brüder. Auch sollt ihr niemand auf Erden euren Vater nennen; denn nur Einer ist euer Vater, der im Himmel." (Matthäus 23, 5-9)

„Es ist vollbracht!"

Die wunderbare Lehre des Jesus von Nazareth, die Freiheitslehre, wurde von äußeren Religionen mit dogmatischem Wildwuchs überwuchert – gerade in Bezug auf Seine Erlösertat auf Golgatha. Viel Wildwuchs hat sich in den Köpfen von Kirchengläubigen festgesetzt, der dann ihre Seele überwucherte – aber nur bis zum Wesenskern, denn der Wesenskern ist geschützt durch die Erlösertat des Jesus, des Christus. Seine Erlösertat vollzog sich, als Er sprach:

„Es ist vollbracht." „Vater, in Deine Hände lege ich meinen Geist." (Johannes 19,30; Lukas 23, 46)

Aus den Lehren des Christus-Gottes-Geistes wissen wir um die Bedeutung dieser Worte:

Der Auferstandene, der Sohn Gottes, der Mitregent des Reiches Gottes in Jesus von Nazareth, hat die Sünden der Menschen nicht weggenommen, sondern den Wesenskern aller Menschen und Seelen vor der Auflösung geschützt und somit die Auflösung der reinen Schöpfung Gottes, des Reiches Gottes, verhindert. Das war Sein Auftrag aus dem Reich Gottes.

Mit dem Wort „Vollbracht" empfingen alle Seelen einen Funken Seines göttlichen Erbes, eine zusätzliche energetische Kraft, als Schutz und Stütze für den Wesenskern, der die Auflösung der Seele verhindert. Darin besteht Seine Erlösertat. Damit kann keine Seele verloren gehen; jede Seele wird einst den Weg zurückfinden in das ewige Heimatreich, ins Vaterhaus. Es gibt keine ewige Verdammnis. Es gibt keine Auflösung der geistigen Schöpfung Gottes.

Deshalb ist Christus der Erretter des Reiches Gottes. Er will uns trösten und helfen bei all unseren Problemen und Schwierigkeiten und sagen: Bereinige dein Sündhaftes und komme zurück ins Vaterhaus! Das ist der Tröster.

Wie gesagt: Mit dem „Vollbracht", das Jesus von Nazareth auf Golgatha sprach, ist auch Seine große Tat vollzogen, die Auflösung des Reiches Gottes zu verhindern, was des Widersachers Anliegen war und bis heute ist.

Das Kreuz mit Corpus als Trophäe

Der Verrat an der Lehre des Jesus von Nazareth, der auf Golgatha zu unserem Erlöser wurde, begann schon bald nach Seiner Kreuzigung.

Warum ist nur wenigen Menschen die wahre kosmische Bedeutung der Erlösertat des Jesus, des Christus, bekannt?

Weil Seine Erlösertat von institutionellen Kirchen vereinnahmt wurde, auch, indem sie das Kruzifix mit dem Leichnam des Jesus von Nazareth hochhalten – angeblich zur Verehrung, in Wirklichkeit als Drohung und abschreckendes Beispiel für alle, die Ihm nachfolgen möchten.

Die Botschaft der Priester ist klar und deutlich zu erkennen, für jeden, der sie erkennen möchte:
Seht her – wir, die Priester, haben den Sohn Gottes besiegt. Wir wollen keine Freiheit der Völker. Wir wollen sie an Riten, Kulte, Zeremonien und an uns, die Priester, binden.
Die Priester halten das Kreuz mit dem Corpus, das Symbol der vermeintlichen Erniedrigung des Weisheitslehrers und Sohnes Gottes, Jesus von Nazareth, als Trophäe der Gegensatzkräfte hoch. Über die Symbolik der Dunkelheit versucht der Finsterling, die Erlösertat und die Auferstehung des Christus Gottes, des Mitregenten der Himmel, zu verhöhnen, indem er Ihn auf ewig an das Kreuz bannen will und letztlich auf die grausame Ermordung Seines menschlichen Leibes reduzieren möchte.

Am Kreuz soll Er – wie es die Päpste auch in jüngster Zeit immer wieder bekräftigen – auf ewig bleiben. Sie wollen die Majestät der Himmel, Christus, ans Kreuz genagelt sehen.

Von dort aus soll Er – als Leichnam schweigend – die nach Gerechtigkeit und wahrer geistiger Nahrung hungernden Menschen zur Duldung allen Leides anhalten, sodass sie von Seiner Wahrheitslehre – die die Gerechtigkeit, das Wägen und Messen und die gerechte Tat in sich birgt – nichts erfahren und damit auch Seiner Wahrheitslehre nicht nachfolgen, um schrittweise aus Not und Trübsal herauszukommen.

Jesus, der Christus,
hängt nicht am Kreuz –
Er ist auferstanden!

Die Menschen sollen auf Sein Leiden und auf Seinen Tod fixiert bleiben, und der Leichnam des Jesus von Nazareth soll symbolisieren, dass Er und Seine Lehre für immer zum Schweigen gebracht werden sollen.
Wer will das?
Doch nur der, dessen Pläne der Christus Gottes mit Seiner Erlösertat vereitelt hat, und dessen Diener, die sich unter Missbrauch des Namens des Christus Gottes vor den Menschen als heilsnotwendige Mittler, als Verwalter des Heils installierten.
Doch Christus, der lebendige Freie Geist, hängt nicht am Kreuz. Er ist auferstanden.

Die unmittelbaren Nachfolger und Jünger des Jesus von Nazareth lebten in dem Bewusstsein Seiner Auferstehung. Sie lebten im treuen Glauben an Seine Verheißung: *„In meines Vaters Haus sind viele Wohnungen (...) Ich gehe hin, euch die Stätte zu bereiten."* (Johannes 14, 2) Es war ihnen fremd, Ihn als Leichnam am Kruzifix anzubeten.

Hätte Jesus von Nazareth gewollt, dass Er am Kreuz hängend angebetet werden soll, hätte Er es dann den Jüngern nicht gesagt, spätestens als Er nach Seiner Auferstehung einigen von ihnen erschienen ist?

Jesus von Nazareth, der Christus Gottes, ist auferstanden. Deshalb: Herunter mit dem toten Mann am Kreuz. Holen wir Seine Lehre vom Kreuz herab!

Jesus von Nazareth lehrte uns Menschen den Heimweg, zurück ins Reich Gottes. Wer also will Ihn, den Christus Gottes, gekreuzigt sehen?

Wer war es damals? Wer ist es heute?

In den institutionellen Kirchen wird das Kruzifix präsentiert, das Kreuz mit dem Korpus des gemarterten Jesus von Nazareth; auch in Feld und Flur sind Kruzifixe aufgestellt; der Papst trägt eine sogenannte Ferula, einen Stab mit dem Kruzifix; unzählige Gemälde und Skulpturen in den Kirchen der Priesterkaste stellen Jesus, den Christus, am Kreuz dar: leidend, blutüberströmt, mit der Dornenkrone auf dem Haupt.

Die Fixierung auf Leiden und Tod des Jesus von Nazareth zeigt sich auch in zahlreichen Lehrsätzen der katholischen Kirche, wie z.B., „... *dass die ganze Sühnekraft einzig und allein aus dem einen blutigen Opfer Christi fließt, das ohne Unterlass auf unseren Altären unblutigerweise erneuert wird. Denn es ist »ein und dieselbe Opfergabe, und es ist derselbe, der jetzt durch den Dienst der Priester opfert und der sich selbst damals am Kreuze darbrachte, nur die Art des Opferns ist verschieden.«"* (Neuner/Roos, Nr. 240)

Ähnliches verkündet auch der Katechismus der Katholischen Kirche über den Eintritt in den Himmel: *„Die Rechtfertigung wurde uns durch das Leiden Christi verdient, der sich am Kreuz als lebendige, heilige, Gott wohlgefällige Opfergabe dargebracht hat und dessen Blut zum Werkzeug der Sühne für die Sünden aller Menschen geworden ist."* (Nr. 1922)

Mit solchen und ähnlichen Irrlehren werden die Kirchengläubigen schon so lange indoktriniert, dass kaum mehr jemand sie in Frage stellt. Dabei sprachen, wie bereits mehrfach dargelegt, schon die Gottespropheten des Alten Bundes gegen diesen Opferkult, und Jesus von Nazareth kam auch, um die Opfer abzuschaffen – nicht, um sich selbst zum Opfer zu machen.

Und Jesus von Nazareth kam, um die Menschen die Gesetze des Lebens zu lehren und sie zu einem Leben in Gott zu führen – warum sonst hätte Er die hohen Lehren der Bergpredigt gebracht? Doch damit wir Menschen lernen, danach zu leben.
Hätten die Menschen damals Ihn und Seine Lehre angenommen, so wäre es nicht zu Seiner brutalen Ermordung gekommen.

Die damalige Priesterkaste aber verleumdete Ihn und brachte falsche Zeugen gegen Ihn auf, sodass Er schließlich der römischen Staatsmacht zur Kreuzigung überantwortet wurde – und die heutige Priesterkaste nennt Seine brutale Folterung und Ermordung eine „Gott wohlgefällige Opfergabe" und findet das alles „heilsnotwendig" und von Gott selbst angeblich so geplant.

Die Vatikankirche lehrt:
„Indem er seinen Sohn für unsere Sünden dahingab, zeigte Gott, dass, was er für uns plant, ein Ratschluss wohlwollender Liebe ist." (Katechismus der Katholischen Kirche, Nr. 604)
Oder wie es der Kirchenlehrer Kyrill von Alexandria in Worte fasste:
„Christus (...) hat sich selbst für uns dargebracht zum Wohlgeruch für Gott, den Vater." (3. Brief an Nestorius 10)

Gott, der Ewige, der liebende Vater aller Seiner Kinder, soll für Seinen „Wohlgeruch" und als „Ratschluss" Seiner Liebe die grausame Hinrichtung Seines Sohnes geplant haben? Ist das nicht die schlimmste Verhöhnung des Christus Gottes und eine infame Lästerung des Gottes der Liebe?

Jesus von Nazareth brachte uns den liebenden Vater nahe. Denken wir nur an Seine Worte:

„Bittet, dann wird euch gegeben; sucht, dann werdet ihr finden; klopft an, dann wird euch geöffnet. Denn wer bittet, der empfängt; wer sucht, der findet; und wer anklopft, dem wird geöffnet. Oder ist einer unter euch, der seinem Sohn einen Stein gibt, wenn er um Brot bittet, oder eine Schlange, wenn er um einen Fisch bittet? Wenn nun schon ihr, die ihr böse seid, euren Kindern gebt, was gut ist, wie viel mehr wird euer Vater im Himmel denen Gutes geben, die Ihn bitten?" (Matthäus 7, 7-11)

Das sind klare, einfache Worte, die aufzeigen, welch ein liebender Vater Gott ist. Warum stellt die institutionelle Kirche Ihn dann dar als einen Gott, der Gefallen finden soll am grausamen Kreuzestod Seines Sohnes? Zeigt sich hier nicht erneut der Vater der Lüge?

Es ist Zeit, Jesus, den Christus, und Gott, unseren ewigen Vater, zu rehabilitieren, denn unter Missbrauch des Namens des Christus Gottes haben

äußere Religionen ihre heidnischen Opferkultvor-
stellungen den Menschen als den Willen Gottes
vorgespiegelt und vielfach auch unter Anwendung
von brutaler Gewalt aufgezwungen. Opferkult und
Totenkult haben jedoch mit Gott, dem Ewigen, und
mit Jesus, dem Christus, nichts zu tun.

Die grausame Folter der Kreuzigung

Jesus von Nazareth gab keinerlei Lehren oder Anweisungen für eine Verehrung Seines toten Körpers
am Kreuz. Wie abstoßend wirken auf jeden, der
Jesus, den Christus, liebt, die Worte des Papstes
Benedikt XVI., mit denen er am Palmsonntag des
Jahres 2012 die grausame Ermordung des Jesus
von Nazareth auf Betreiben der Priesterkaste öffentlich pries, als er sagte:
*„Der Palmsonntag ist das große Portal, das uns in
die Karwoche eintreten lässt, in die Woche, in der
Jesus, der Herr, dem Höhepunkt seines Erdenlebens
entgegengeht. Er geht nach Jerusalem hinauf, um die
Schrift zu erfüllen und ans Kreuz gehängt zu werden;
es ist der Thron, von dem aus er auf ewig herrschen,
die Menschheit aller Zeiten an sich ziehen und allen
das Geschenk der Erlösung anbieten wird."* (vatican.va)
Weiter sprach der Papst davon, *„(...) unserem König
zu folgen, der als Thron das Kreuz wählt."*

Stellen wir dem einmal gegenüber, was ein Ge-
richtsmediziner zu dem Mord an Jesus von Nazareth zu sagen hat. Wir zitieren aus der Zeitschrift
„Spiegel Geschichte":

„Angesichts der Torturen, die Jesus bereits vor der
Kreuzigung über sich ergehen lassen musste", findet Frederick Zugibe, Chefpathologe eines Bezirks
im US Bundesstaat New York, es *„»außergewöhn-*
lich, dass Jesus überhaupt noch in der Lage war, den
Opfergang zum Kalvarienberg [also nach Golgatha]
anzutreten«." (Nr. 6/2011, S. 76 f.)

Was Jesus von Nazareth im Hause des Hohenpriesters Kaiphas widerfuhr, in dem Er geschlagen und
verspottet wurde, sei bereits schlimm genug gewesen. Im Magazin „Der Spiegel" heißt es weiter:
„Weit dramatischer war die anschließende Folterung
mit dem Flagrum, einer Art Peitsche mit mehreren
Lederriemen, in deren Enden scharfe Knochensplit-
ter oder Bleikegel eingeflochten waren. »Das ist, als
würde einem ein Baseball mit voller Wucht gegen
die Rippen geschmettert – es verursacht einen sehr
heftigen Schmerz, der Wochen anhalten kann«,
sagt Zugibe (...) »Es gibt wenig Zweifel, dass die bru-
tale Auspeitschung ein wesentlicher Grund für sein
frühes Ableben war« (...) Insbesondere Brustkorb
und Lungen hatten wohl schweren Schaden ge-
nommen."

Anschließend setzten die römischen Soldaten Ihm eine geflochtene Krone aus Gemeinem Stechdorn auf, eine Marter, die extra für Ihn ersonnen worden war, und sie schlugen mit einem Stock auf Seinen Kopf ein. Diese sadistische Qual verursachte Schmerzen wie nach einer Marter mit einem glühenden Schürhaken.

Das qualvolle Sterben des Jesus von Nazareth beschreibt „Der Spiegel" dann wie folgt:

„Der geschundene Heiland war bereits dem Tode nah, als seine Peiniger ihn am Kreuz fixierten. Die Römer nutzten wohl dicke Eisennägel von zwölf Zentimeter Länge. Wurden sie durch die Fersen getrieben, rissen zahlreiche Nervenbündel entzwei.

»Jesus erlitt einen der schlimmsten Schmerzzustände, die der Menschheit bekannt sind«, folgert Zugibe. (...) Bei der kleinsten Bewegung am Kreuz raste der Schmerz wie ein Stromstoß durch den Körper, so Zugibe. Erst nach einer gefühlten Ewigkeit trat der erlösende Tod ein."

Jesus von Nazareth hat nicht das Kreuz selbst gewählt, und schon gar nicht als Seinen Thron. Er wurde – wie bereits dargelegt – durch die damalige Priesterschaft dem römischen Staat ausgeliefert, damit dieser Ihn kreuzige.

Die brutale Ermordung des Jesus von Nazareth, die Folterung und Misshandlung, die Geißelung mit

Knochensplittern und Bleikegeln an den Enden der Peitschenstränge und der bestialische Schmerz der Dornenkrone, und dies völlig alleingelassen – auch von Seinen Jüngern und von den noch vor wenigen Stunden „Hosianna" rufenden Menschenmassen – das alles nennt Papst Benedikt XVI. am Palmsonntag 2012 den „Höhepunkt des Erdenlebens" von Jesus, dem Christus.

Das Marterkreuz, das Jesus von Nazareth allein tragen musste und an das Er, durch die bestialische Geißelung aufs Äußerste gefoltert, unsäglich brutal genagelt wurde, die Fersenknochen von beinahe einem Zentimeter dicken Nägeln durchbohrt und zertrümmert, schließlich eine Lanze erbarmungslos in die Seite des Verstorbenen gestoßen, sodass sogleich Blut floss – dieses Kreuz, an dem er gemartert wurde, ist für den Papst gerade der rechte Ort für den Thron des Sohnes Gottes, an dem Er, der Mitregent des Reiches Gottes, für immer hingenagelt bleiben soll.

Wer findet Gefallen an derartiger Grausamkeit? Gott, der Ewige, der die Liebe ist und der Vater Seines Sohnes, Christus? Oder der Vater der Lüge, von dem Jesus von Nazareth sprach, dass er ein Mörder war von Anfang an?

Als weiterer Höhepunkt dieser Verhöhnung und Verspottung des Jesus von Nazareth soll der Christus Gottes, der Mitregent des Reiches Gottes, das Kreuz auch noch selber als Thron gewählt haben, wo doch selbst in der kirchlichen Überlieferung berichtet wird, dass Er von der Priesterkaste verraten wurde, die Ihm schon lange nachgestellt und nach dem Leben getrachtet hatte.

Wollen die Kirchenmänner, allen voran der Papst, nicht eingestehen, dass Jesus, der Christus, auferstanden und somit in das Reich Gottes zurückgekehrt ist?

All dies steht in den überlieferten Schriften, auch in den Bibeln der Kirchen. Dort ist auch zu lesen:

„Von nun an wird der Menschensohn zur Rechten des allmächtigen Gottes sitzen." (Lukas 22, 69)

Der Christus Gottes, der Sohn des Allerhöchsten und Mitregent des Reiches Gottes, ist zurückgekehrt in das Heiligtum, das Er verlassen hat, um uns, Seine Brüder und Schwestern, zurückzuführen in die ewige Heimat, in das Reich Gottes, aus dem wir uns entfernt haben.

Blutvergießen als „Quelle des Lebens"?

Jesus, der Christus, ist auferstanden und hat damit endgültig die Pläne der Priesterkaste und ihrer Hintermänner zunichte gemacht, die bis heute glauben, Ihn und Gott, Seinen Vater, besiegen zu können. Deshalb preisen die Führer der Priesterkaste immer wieder die schändliche Ermordung Seines irdischen Leibes.

So auch im Jahr 2010, als Papst Benedikt XVI. in der „Kathedrale des Kostbaren Blutes in Westminster" in London die entlarvenden Worte aussprach:

„Christi Blutvergießen ist die Quelle des Lebens der Kirche." (vatican.va)

Wie kann gewaltsam herbeigeführtes Blutvergießen denn eine „Quelle des Lebens" sein? Wenn Blut gewaltsam vergossen wird, ist dies doch immer ein Zeichen des Schmerzes und des Todes! Ist es da ein Wunder, wenn die Kirche und die von ihr Vereinnahmten jahrhundertelang förmlich im Blut der Menschen wateten?

In einem Essay mit dem Titel „Über die Notwendigkeit, aus der Kirche auszutreten", schreibt Karlheinz Deschner über die Kirche, sie habe *„von Generation zu Generation in seinem"* – also in Gottes – *„Namen gelogen, gefoltert und massakriert, mit seiner Hilfe die Bäche und Flüsse rot gefärbt von*

Blut und Berge von Leichen aufgetürmt durch die Geschichte, mit Gott gegen die Heiden, mit Gott gegen die Juden, mit Gott gegen die Langobarden, die Sachsen, die Sarazenen, die Ungarn, die Briten, die Polen; mit Gott gegen die Albigenser, mit Gott gegen die Waldenser, mit Gott gegen die Stedinger, die Hussiten, die Geusen, die Hugenotten, die Bauern; mit Gott gegen die Protestanten, mit Gott gegen die Katholiken, mit Gott vor allem auch gegeneinander, mit Gott in den Ersten Weltkrieg, mit Gott in den Zweiten, mit Gott gewiss auch noch in den dritten; ökumenische Schlachtfeste sondergleichen.´" (Opus Diaboli, S. 117)

Die grausame Kreuzigung: Geburtsstunde der Kirche

Ähnliche Töne wie Papst Benedikt XVI. schlug auch der spätere Papst Franziskus als Buchautor vor seiner Papstwahl an:

„Und weil die Kirche am Kreuz entsteht und im Kreuz gründet, ist auch unser Ankergrund die Teilhabe am Kreuz. (...) »Die Geburtsstunde der Kirche fällt zusammen mit der Stunde der Totenwache.«" (zit nach welt.de, 14.4.2013)

Der Mord an Jesus von Nazareth ist also die „Geburtsstunde der Kirche", so bezeugt es der spätere

Papst. Die Priestermänner glauben, sie hätten den Christus Gottes damit für ewig zum Schweigen gebracht. Und wehe, der Christus Gottes, der Auferstandene, spricht wieder im Prophetischen Wort zu den Menschen!

All das Leid, die Pein und die Verzweiflung, die barbarischen, kaum zu ertragenden Folterschmerzen eines Menschen, bis hin zu Seinem Tod markieren also gemäß ihrer eigenen Lehre den Geburtstag der katholischen Kirche.

> Entsprechend stolz verkünden dies auch die Herausgeber der Dogmensammlung von Neuner und Roos. Dort heißt es:
> *„Erst im Tod hat Christus den innigen Bund mit der Kirche geschlossen (...) Erst aus der geöffneten Seite des geopferten Heilands ist die Kirche geboren worden, so wie Eva aus der Seite Adams genommen wurde. Das ist die uralte Ausdrucksweise für diese Wahrheit."* (S. 375 f.)

Als die Lanze des Soldaten durch die Rippen in das Herz gestoßen wurde, war Jesus von Nazareth bereits tot. Sein Körper war ein Leichnam. Es war letztlich eine Leichenschändung. Aus dem Leichnam des Jesus von Nazareth soll also nach eigenem Bekunden die Kirche entstanden sein?

Der Lanzenstich symbolisiert: Der letzte Blutstropfen muss heraus, damit Er endlich schweigt.

Ist es nicht bezeichnend, dass die Kirche nichts aus dem Leben und den hohen, friedvollen Lehren des Jesus, des Christus, zu ihrer angeblichen Geburtsstunde erkoren hat?

Warum immer wieder diese Fixierung auf den Tod *„des geopferten Heilands"*? Weil nur der zum Schweigen gebrachte Jesus von Nazareth über nahezu zwei Jahrtausende für den Betrug missbraucht werden konnte, sie, die Kirche, sei angeblich mit Ihm im Bunde.

Christus ist nicht mit der Kirche im Bunde! Hätte der lebendige und auferstandene Christus einen *„innigen Bund mit der Kirche"* geschlossen, dann wäre Er mit dieser Kirche und für diese Kirche und folgerichtig auch mit und für ihre Gräueltaten und ihre teilweise gewalttätigen und absurden Lehren. Dann wäre Jesus von Nazareth ein blutrünstiger Religionsstifter, ein Befürworter von abscheulichen Massakern gewesen, und der Christus Gottes wäre ein blutrünstiger Dämon! Er hätte die Zehn Gebote Gottes mit Füßen getreten. Würde Er aber damit nicht Seine eigene friedfertige Himmelslehre – die Er uns als Jesus von Nazareth brachte und vorlebte – verraten? Wäre Jesus von Nazareth dann nicht ein falscher Prophet?

Der Lanzenstoß in die Seite des gekreuzigten Jesus von Nazareth durch die Söldner auf Geheiß der Priester, dieses weitere Verbrechen an Jesus von Nazareth, nur um sicherzustellen, dass dieser Feind der Priesterkaste nun endlich und für immer wirklich gestorben ist, und dass der Mund dieses von Gott gesandten Propheten, dieses Aufklärers und Aufrührers gegen die Priesterkaste, für alle Zeit zum Schweigen gebracht ist – das wird von den Kirchenoberen zur „Glückseligkeit der Geburtsstunde der katholischen Kirche" verklärt.

Stellt sich hier nicht ganz von selbst die Frage: Warum musste Jesus von Nazareth sterben, damit die Kirche geboren werden konnte? Die Antwort liegt auf der Hand: Weil Jesus von Nazareth, der nie eine Kirche gegründet hat, für immer zum Schweigen gebracht werden sollte. Dazu passt dann auch die zweckdienliche Mär von der angeblichen Übergabe der „Schlüsselgewalt" des Jesus von Nazareth an den, der Ihn mehrfach verraten hat.

„Ihr habt den Teufel zum Vater!"

Kommen einem nicht angesichts dieser Verklärung eines abscheulichen Verbrechens unwillkürlich die Worte des Jesus von Nazareth an die fanatischen Religionsverwalter Seiner Zeit in den Sinn:

„Warum versteht ihr nicht, was ich sage? Weil ihr nicht imstande seid, mein Wort zu hören. Ihr habt den Teufel zum Vater und ihr wollt das tun, wonach es euren Vater verlangt. Er war ein Mörder von Anfang an. Und er steht nicht in der Wahrheit; denn es ist keine Wahrheit in ihm. Wenn er lügt, sagt er das, was aus ihm selbst kommt; denn er ist ein Lügner und ist der Vater der Lüge. (...) Wer aus Gott ist, hört die Worte Gottes; ihr hört sie deshalb nicht, weil ihr nicht aus Gott seid.“ (Johannes 8, 43-44.47)

Die kirchlichen Verunglimpfungen des Jesus von Nazareth im Zusammenhang mit Seinem Kreuzestod sind keine Einzelfälle, sondern grundlegende vatikanische Lehre.

Dies bestätigte Papst Franziskus auch im Januar 2015 bei der Messe am Flughafen Tacloban auf den Philippinen. Dort sprach er über Jesus, den Christus, wie folgt:

„Um mehr wie wir zu sein, nahm er unsere Gestalt an und unsere Sünde. Er selbst wurde zur Sünde! (...) Jesus ist hier, ans Kreuz genagelt, und von dort aus lässt er uns nicht im Stich. Er wurde dort auf diesem Thron zum Herrn gesalbt (...) Lasst uns gemeinsam einen Augenblick (...) auf Christus am Kreuz schauen.“ (zit. nach de.radio-vaticana.va, 17.1.2015)

Es kann nicht oft genug gesagt werden: Jesus von Nazareth wurde auf Betreiben der damaligen Priesterkaste auf das Äußerste bekämpft, durch eine Intrige der Priester verraten und dann ermordet.

Bis heute wird Sein Name von der Priesterkaste missbraucht, die Ihn, den Christus Gottes, ablehnt, weil Er als Jesus von Nazareth das Volk aufklärte, dass wir Menschen keine Priester brauchen, und auch keine Kirchen aus Stein, um Gott in uns näherzukommen.

Er klärte das Volk darüber auf: Wer keine innere Würde hat, versucht, sie sich im Äußeren anzueignen, durch Riten und Zeremonien, durch Kulte und besondere Kleidung, um vor dem Volk eine Sonderstellung zu erlangen, um äußeren Respekt zu erheischen, der jedoch nach Moder und Schwefel riecht.

Ausschließlich schweigend, als Baby Jesulein in der Krippe und als der tote Mann am Kreuz, wird der Christus Gottes von den Kirchen dem Volk präsentiert. Denn was Er, Jesus von Nazareth, lehrte und lehrt – die Wahrheit der Himmel – wollen die Mächtigen in Kirche und Staat nicht hören. Auch sollen es die Völker der Erde bis heute nach Möglichkeit nicht erfahren.

Die Priesterkaste hat gehetzt. Doch es waren die Römer, die letzten Endes Jesus von Nazareth gefangen genommen, gefoltert und getötet haben, bis hin zum Lanzenstich. Warum also nennt sich der heutige Papst „Pontifex Maximus", so, wie sich die Kaiser Roms einst nannten: „Pontifex Maximus"?

In seiner bereits erwähnten Novelle „Der Großinquisitor" gibt Fjodor Dostojewski eine Antwort. Der Großinquisitor spricht vom Gegenspieler Gottes und sagt:

„Wir haben aus seiner Hand Rom und das Schwert Cäsars empfangen und uns als die Herren der Erde erklärt (...) Wir nun haben uns mit dem Schwerte Cäsars gegürtet (...) und sind ihm nachgefolgt."

Das Kreuz ohne Corpus ist das Kreuz der Auferstehung

In Seinem großen Offenbarungswerk „Das ist Mein Wort. Alpha und Omega" gibt Christus selbst im Prophetischen Wort durch Gabriele Erläuterungen über das Kreuz mit dem Corpus und das Kreuz der Auferstehung. Der Christus Gottes legt in Seinem Offenbarungswort dar:

„Das Kreuz wurde mit dem Leib Jesu aufgerichtet, doch der Leib wurde vom Kreuz genommen, und der Auferstandene hat sich gezeigt und offenbart.

Das bedeutet, dass Ich, Christus, das auferstandene Leben in allen Seelen und Menschen Bin. Der wahre Christ sieht das Kreuz, das ohne den Gekreuzigten

ist, als das Zeichen der Erlösung und als die Auferstehung in Gott." (S. 873)

„Wer das Kreuz mit dem toten Körper aufstellt und
anbetet, der zeigt auf den physischen Leib und stellt
damit der Menschheit fälschlicherweise Meine Niederlage dar. Er verehrt den toten Körper, anstatt zum
Auferstandenen zu beten, zum Inneren Licht, dem
Vater in Mir, dem Christus. Das Symbol der Auferstehung, der Himmelfahrt, ist das Kreuz ohne Corpus."
(S. 901)

„Die Dämonen wollen den Gekreuzigten, das Kreuz
mit dem Corpus, sehen. Es bedeutet für sie die
Niederlage des Nazareners – nicht den Sieg des
Christus. Sie wollen mit dem toten Körper am Kreuz
der Menschheit die Vorstellung einprägen, der Sohn
Gottes sei der Sünde erlegen.
Doch Ich Bin auferstanden und zum Ewigen zurückgekehrt. Ich habe euch die Erlösung gebracht. Das
Kreuz ohne den toten Körper symbolisiert die Auferstehung und den Sieg über die Finsternis. Daher
werden alle Menschen, die in Mir leben und durch
die Ich lebe, es mit dem Kreuz des Sieges halten, das
ohne Corpus ist. Denn ebenso, wie Ich den Sieg über
die Finsternis errungen habe, so haben die Menschen und Seelen den Sieg über die Sünde errungen,
die an Mich bewusst glauben und täglich mehr den
Willen des All-Heiligen tun." (S. 911 f.)

315

Beichte, Ablass und Letzte Ölung

Jesus, der Christus, lehrte Seine Nachfolger das Gebet der Einheit, das Vaterunser. Unzählige Menschen auf der ganzen Erde beten es mit den Worten:

„Vergib uns unsere Schuld, wie auch wir vergeben unseren Schuldigern."

Oder: *„Du"* – gemeint ist Gott, der Ewige –*„vergibst uns unsere Schuld, wie auch wir vergeben unseren Schuldigern."*

In Seiner Bergpredigt fordert Jesus von Nazareth uns auf: *„Schließ ohne Zögern Frieden mit deinem Gegner, solange du noch mit ihm auf dem Weg ... bist."* (Matthäus 5, 25)

Das sind schlichte und klare Worte, deren Befolgung uns zur Versöhnung und damit zum Frieden mit unseren Mitmenschen führt.

Die Priesterkaste hat jedoch auch diese Lehre des Jesus, des Christus, durch inhaltlose heidnische Riten ersetzt.

Den Menschen wird ein Ritual auferlegt, ein weiteres „Sakrament", bei dem wiederum die Kulthandlung eines Priesters im Mittelpunkt steht und nicht die Versöhnung und Vergebung der Menschen untereinander.

Im Weltkatechismus der katholischen Kirche heißt es dazu:

„Die Bischöfe und die Priester haben kraft des Sakraments der Weihe die Vollmacht erhalten (...), alle Sünden zu vergeben." (Nr. 1461)

In der gesamten Überlieferung über Jesus von Nazareth, auf die sich die Amtskirchen berufen, ist weder von einem „Sakrament der Weihe" die Rede, noch setzte Jesus, der Christus, Bischöfe oder Priester ein.

Wenn Er, der Christus Gottes, die Vergebung der Menschen untereinander gelehrt hat und das vertrauensvolle Gebet zu Gott – wer lehrt dann in Seinem Namen etwas anderes? Wer schickt die Menschen stattdessen zu einem Priester?

Gott, die All-Liebe, straft nicht

Im katholischen Katechismus heißt es weiter, zu den „Wirkungen des Bußsakraments" gehöre *„der Erlass der ewigen Strafen".* (Nr. 1496)

Eine ewige Strafe? Warum suggeriert man den Menschen Derartiges seit Jahrhunderten?

Gott, unser himmlischer Vater, straft nicht. Jesus von Nazareth, der Sohn Gottes, der Erlöser aller Menschen und Seelen, zeigte uns die Güte Gottes, der alle Seine Geschöpfe gleich liebt, der jedem Menschen, der sich im Unheil verirrt hat, in Liebe nachgeht, und der jedem immer wieder Seine Hand zur Umkehr reicht.

Es sind die Priestermänner, die einen strafenden Gott erfunden haben, und die sich dann selbst als vermeintliche Retter vor einer angeblich „ewigen Strafe" aufspielen – natürlich nur dann, wenn man sich ihrem Bußsakrament unterwirft.
So verlangt der Priester vom Gläubigen als Bedingung für die vermeintliche Vergebung auch eine „Genugtuung". Diese erfolgt *„durch Buße, die wir freiwillig übernehmen oder die vom Priester auferlegt wird, und durch das geduldige Hinnehmen der Leiden, die uns Gott schickt"*. (Neuner/Roos, Nr. 659)

Was ist auch das anderes als Hohn und Spott auf Gott, den Ewigen, unseren liebenden Vater?
Nicht Gott schickt uns Leiden, wie die Vatikankirche behauptet, sondern die Leiden sind Folgen des menschlichen Fehlverhaltens im Gesetz von Saat und Ernte – eines Fehlverhaltens, das sich eventuell über sehr lange Zeiträume erstreckt hat, möglicherweise über viele Inkarnationen.
Von Gott, dem Ewigen, kommen weder Strafen noch Leiden; von Gott kommt einzig das Gute.

Der Missbrauch des Vaterunsers

Was eigentlich findet bei der sogenannten Beichte konkret statt? Von Kindheit an wird der Gläubige immer wieder in den Beichtstuhl geschickt, damit er sich hinkniet und einem Priester – der oft hinter einem Gitter unsichtbar bleibt – seine kirchlich definierten „Sünden" beichtet. Ist der Priester damit zufrieden, dann erteilt er dem Beichtenden die sogenannte Absolution und legt ihm noch die sogenannte Buße auf:

„Die Buße, die der Beichtvater auferlegt, ... kann bestehen im Gebet, in einer Gabe, in Werken der Barmherzigkeit (...) im Opferbringen (...)", so der katholische Katechismus. (Nr. 1460)

Es heißt dann zum Beispiel: „Als Buße sprich zehn Vaterunser."
Die Kirche bringt ihren Gläubigen so bei, als Buße für begangene Sünden das Vaterunser mehrmals hintereinander zu beten. Wird hier nicht das Vaterunser-Gebet zu einer Art „Strafzahlung" herabgewürdigt? Je rascher der Gläubige diese von der Kirche verordnete „Bußgenugtuung" hinter sich bringen will, desto mehr werden die Gebetsworte mit Billigung des Priesters zu einem bloßen Lippen- und Leiergebet, das einfach schnell herunter gesprochen wird.

Wird ein Mensch, dem das von Kindheit an so bei-
gebracht wurde, das Vaterunser nicht immer auch
mit Sündenbuße – also letztlich mit einer Form von
Bestrafung – in Verbindung bringen, statt zu erfassen, was uns Jesus von Nazareth mit diesem Gebet
der Einheit wirklich schenkte?

Jesus, der Christus, gab uns Menschen das wunderbare Gebet der Einheit, das Vaterunser, für unsere Hingabe an Gott und für die Zwiesprache des
Kindes mit Ihm, unserem himmlischen Vater. Wir
sollten das Vaterunser mit der Liebe zu Gott, dem
Ewigen, und zu unserem Nächsten beseelen und
uns bemühen, das Gebet auch in unserem Leben
zu erfüllen.
Die Vatikankirche aber missbraucht im sogenannten Beicht- oder Bußsakrament dieses Gebet, das
Jesus von Nazareth uns lehrte, für eine mantraartig
zu wiederholende Bußübung auf Anordnung ihrer
Priester.
Mit Jesus, dem Christus, haben solche kirchlichen
Anordnungen im Beichtstuhl nicht das Geringste
zu tun. Er lehrte:
„Wenn ihr betet, macht es nicht wie die Heuchler. Sie
stellen sich beim Gebet gern in die Synagogen und
an die Straßenecken, damit sie von den Leuten ge-
sehen werden. Amen, das sage ich euch: Sie haben
ihren Lohn bereits erhalten.

Du aber geh in deine Kammer, wenn du betest, und schließ die Tür zu; dann bete zu deinem Vater, der im Verborgenen ist. Dein Vater, der auch das Verborgene sieht, wird es dir vergelten.

Wenn ihr betet, sollt ihr nicht plappern wie die Heiden, die meinen, sie werden nur erhört, wenn sie viele Worte machen. Macht es nicht wie sie; denn euer Vater weiß, was ihr braucht, noch ehe ihr ihn bittet." (Matthäus 6, 5-7)

Jesus von Nazareth lehrte die Versöhnung, nicht die Beichte

Wem dient die kirchlich vorgeschriebene Buße außer dem Priesterkult – und oft auch der Kirchenkasse? Der Autor Karlheinz Deschner erläutert dazu in seinem Buch „Der gefälschte Glaube", man konnte *„die auferlegte Buße auch durch Geld begleichen, wodurch dem Klerus, besonders den Päpsten, eine bedeutende Einnahmequelle erwuchs."* (S. 120)

Hier wurde also jahrhundertelang mit der Angst der Menschen kräftig Geld verdient.

Wenn Jesus von Nazareth die Versöhnung der Menschen untereinander lehrte und nicht das Aufsuchen eines Beichtstuhls mit angeblicher Lossprechung durch einen Priester, was nützt es dann einem

Menschen, wenn er vor einem sündigen Menschen – der sich Priester nennt – im Beichtstuhl niederkniet und dort um Vergebung bittet, statt denjenigen um Vergebung zu bitten, dem er etwas angetan hat, und dieses wieder gutzumachen?

Was nützt es einem Menschen, wenn er ein paar festgelegte Worthülsen aufsagt, der Kirche eine Spende überweist oder von einem Priester zuvor ausgeklügelte Opfer bringt, wenn er nicht von seinem Nächsten, dem er ein Unrecht zugefügt hat, Vergebung erlangt?

Der Mensch, der vielleicht gutgläubig einem Priester beichtet und von ihm von seiner Sünde vermeintlich losgesprochen wird, verlässt den Beichtstuhl dann in der Meinung oder mit dem Gefühl, dass ihm die Schuld nun vergeben sei. Irgendwann – spätestens im Jenseits – muss er feststellen, vielleicht mit Schmerzen, dass derjenige, dem er etwas angetan hat, ihm noch lange nicht vergeben hat.

Der Priester hat also durch seine Behauptung, dass nun alles vergeben sei, in unzähligen Fällen auch eine wirkliche Versöhnung oder Wiedergutmachung zwischen Menschen verhindert und sich damit selbst schuldig gemacht.

Ein beichtender Protestant bekommt die vermeintliche Sündenvergebung durch die Worte eines Pfarrers sogar noch bequemer als der Katholik, da laut lutherischer Auffassung der Glaube daran genügen soll – ohne eine vom Pfarrer auferlegte Bußleistung. Und auch dort können problemlos die gleichen Sünden immer wieder gebeichtet werden.

Das Gesetz von Saat und Ernte gilt

Was ist damit gelöst? Nichts! Was verändert sich dadurch? Nichts!

Was die Institutionen Kirche mit ihrem Beicht- und Bußsakrament und ihren Bußlehren im Namen von Christus vorgeben, ist eine große Täuschung.

Denn mit der Erfindung dieses „Sakramentes" und der angeblichen Lossprechung von Sünden durch einen Priester hat die Kirche ihren Gläubigen etwas ganz Wesentliches unterschlagen: das Gesetz von Ursache und Wirkung, von Saat und Ernte. Das Prinzip „Aktion gleich Reaktion" ist ein ehernes Gesetz, das gilt – ganz gleich, ob der Mensch daran glaubt oder nicht.

Den Gottespropheten des Alten Bundes war dieses Urwissen der Menschheit vertraut, ebenso Jesus von Nazareth und auch den Christen Seiner Zeit, wie selbst aus der Bibel der Kirchen hervorgeht, wo es bei Paulus wörtlich heißt: *„Irret euch nicht. Gott lässt Seiner nicht spotten. Denn was der Mensch sät, das wird er ernten."* (Galater 6, 7)

Alles ist dabei von Bedeutung: Jede Tat, jedes Wort, jeder Gedanke, jede Empfindung. Denn alles ist „Energie", und keine Energie geht verloren, wie uns auch die Naturwissenschaften lehren. So geht eine „Saat" entweder noch in diesem Leben auf oder später in den jenseitigen Welten – oder in einem weiteren irdischen Leben.

Haben wir Positives „gesät", wird dementsprechend wieder Positives auf uns zukommen. Haben wir Negatives „gesät", fällt dies ebenfalls irgendwann auf uns zurück, dann, wenn es zuvor nicht in Ordnung gebracht wurde. Alle wahren Gottesboten – bis in unsere Zeit – lehren, diese negative Saat so schnell wie möglich zu „bereinigen", damit wir nicht unter den Wirkungen unserer eigenen negativen Ursachen zu leiden haben. Dazu gehört auch, wie gesagt, rechtzeitig wieder gutzumachen, was noch gutzumachen ist.

Jeder Mensch erhält in seinem Alltag Fingerzeige und Warnungen, um sein Fehlverhalten erkennen zu können. Das ist die Barmherzigkeit Gottes, denn Gott, der Ewige, spricht zu uns aus vielen Mündern, in vielen Situationen unseres Tages. Werden diese Hinweise und Mahnungen jedoch nicht wahrgenommen oder ausgeschlagen, dann werden unsere negativen Ursachen Wirkungen hervorbringen, die uns treffen – früher oder später.

In diesem Sinne sprach Jesus von Nazareth wie erwähnt die Mahnung aus, sich direkt mit dem Nächsten zu versöhnen: *„Schließ ohne Zögern Frieden mit deinem Gegner, solange du noch mit ihm auf dem Weg bist."*

Die Worte des Christus Gottes beinhalten auch die Warnung: Eines Tages bist du nicht mehr mit ihm auf diesem Weg. Beide befinden sich dann unter Umständen als Seele im Jenseits an unterschiedlichen Bestimmungsorten, und sie tragen weiter schwer an ihrem Unfrieden oder ihrer Unversöhnlichkeit. Sie haben die Chance ihres Erdenlebens nicht genützt, sondern haben ihre Feindschaft oft sogar noch verstärkt.

Die Priesterkaste aber bestreitet, dass das Weltgeschehen und das Leben jedes Einzelnen dem Gesetz von Saat und Ernte unterliegen. Stattdessen predigen die Priestermänner ein angebliches „Geheimnis Gottes", das die Menschen in Unwissenheit, Aggression, Depression und Verzweiflung hält.

Dieses angebliche „Geheimnis Gottes" führen die Theologen immer dann an, wenn sie sich in den Widersprüchen ihrer heidnischen Kunstreligion so verfangen haben, dass sie keinen Ausweg wissen. Wie viel Schuld haben sich die Amtskirchen dadurch aufgeladen, dass sie das Bibelwort vom

Säen und Ernten zwar erwähnen, aber in ihrer Lehre – was die Bereinigung von Sünden anbelangt – unterschlagen haben?

Wie viel Leid hätte von vornherein verhindert werden können, wenn den Menschen diese Gesetzmäßigkeit nahegebracht worden wäre? Wie viele Menschen hätten dann – im Bewusstsein des Gesetzes von Ursache und Wirkung – ihr Leben ganz anders gelebt und sich ihren Mitmenschen sowie der Natur und den Tieren gegenüber eventuell ganz anders verhalten und sich damit weniger Schuld aufgeladen?

Der Christus Gottes, der Mitregent der Himmel, bekräftigt in dem großen Offenbarungswerk „Das ist Mein Wort. Alpha und Omega":

„Erlöst ist der Mensch, der bereut, um Vergebung gebeten, vergeben und gesühnt hat und das Verursachte nicht mehr tut; dann ist alles gelöst. Denn Ich, Christus, Bin gekommen, um zu lösen – und nicht, um zu binden." (S. 133 f.)

Die Lehre von einem Bußsakrament, das ausnahmslos Priester vollziehen, ist also eine beispiellose Anmaßung der Kleriker und eine Verhöhnung von Christus. Es kann nicht oft genug wiederholt werden: Er, der Christus Gottes, hat weder Priester eingesetzt noch Sakramente – noch hat Er irgendeinem Menschen aufgetragen, in Seinem Namen über das diesseitige und jenseitige Schicksal anderer Menschen und Seelen zu entscheiden.

Die Beichte – ein perfektes Geheimdienst-Instrument

Gerade das Beicht- oder Bußsakrament diente über Jahrhunderte vor allem als ein nahezu perfektes „Geheimdienst-Instrument", um bis ins hinterste Schlafzimmer der Beichtenden vorzudringen. Denn mögen die Sünden auch *„noch so im Verborgenen geschehen sein"* – sie müssen vor dem Priester gebeichtet werden, wie es in einem Glaubensartikel heißt. (Neuner/Roos, Nr. 652)

Dieses Ausforschungs-System wurde auch dazu benutzt, Andersgläubige, sogenannte „Ketzer", zu verfolgen und „auszumerzen". Auf dem Lateran-Konzil im Jahr 1215 in Rom schrieb die Vatikankirche den Menschen erstmals vor, mindestens einmal im Jahr bei dem für sie zuständigen katholischen Priester beichten zu müssen.

Die Priester mussten auch die religiösen Auffassungen der Beichtenden ausfragen und prüfen, ob diese noch ausreichend katholisch sind. Im Beichtstuhl haben dann viele Menschen auf Druck des

Priesters zum Beispiel ihre Nachbarn als „Ketzer"
denunziert. Die Folge: Diese gerieten in die Fänge
der Inquisition und wurden auf Scheiterhaufen verbrannt.

Dieser Terror hat unter anderen die Katharer in
Südfrankreich und die Brüder und Schwestern des
Freien Geistes in Mittel- und Südeuropa getroffen –
schlichte Christen mit urchristlichen Idealen.

Wie das Bußsakrament dafür konkret eingesetzt
werden konnte, darüber schrieb der Jesuiten-
Priester Père Lachaise (1624-1709), der Beichtvater
König Ludwigs XIV. von Frankreich. Er berichtet,
dass er dem König bei der Beichte die Hölle an den
Kopf geworfen habe und er *„ließ ihn seufzen, sich
fürchten und zittern"*.

Als „Genugtuung" für die kirchliche Sündenvergebung verlangte der Beichtvater daraufhin als *„gute
Tat"*, dass der König *„alle Ketzer aus seinem König-
reich ausrotten müsste"*. (zit. nach Alexander Hislop,
Von Babylon nach Rom, Kritische Werksausgabe, S. 136 f.)
Was war die Folge? Der König gehorchte dem Befehl seines „Seelsorgers": Hunderte von Dörfern
wurden zerstört, „Ketzer" wurden inhaftiert und
Tausende getötet.

Dies ist kein Einzelfall. Auch Ferdinand II., (1578-
1637) Herrscher der katholischen Habsburger-
Monarchie, empfing während des Dreißigjährigen

Krieges politische und kriegerische Anweisungen aus dem Beichtstuhl, und viele andere katholische Herrscher mehr.

Das Sakrament der Buße diente so einer eiskalten Machtpolitik, die über Leichen ging: Krieg, Mord und Totschlag, und dies alles unter Missbrauch des Namens des Christus Gottes, des großen Friedens- und Weisheitslehrers, der in Seiner Bergpredigt zu uns sprach: *„Selig, die Friedensstifter, denn sie werden Kinder Gottes genannt werden."* (Matthäus 5, 9)

Der Ablass –
ein gewinnbringender Aberglaube

Doch nicht nur das „Bußsakrament" haben die Kirchen ihren Gläubigen aufgezwungen, auch der sogenannte Ablassschwindel wird bis zum heutigen Tag praktiziert.

Bei katholischen Weltjugendtreffen beispielsweise oder bei Papstbesuchen in großen Städten werden den meist jungen Teilnehmern nicht nur von Priestern angeblich die Sünden vergeben. Als große „Belohnung" verspricht der Papst oft auch sämtlichen katholischen Teilnehmern einen Ablass von allen Sündenstrafen im Jenseits.

In unserer Zeit gibt es noch eine Steigerung, nämlich: ein vollständiger Ablass aller Sündenstrafen für alle Teilnehmer am Weltjugendtreffen 2012 in Brasilien. Da aber diese Reise nicht allen willigen Gläubigen zugemutet werden konnte, gab es diese vermeintlichen Gnaden auch für diejenigen Gläubigen, welche die Veranstaltungen über die „sozialen Netzwerke" im Internet entsprechend den päpstlichen Vorgaben verfolgten.

Dahinter steckt eine äußerst bezeichnende katholische Lehre: Zwar könne der Priester die Sünden vergeben, aber die *Strafen* für diese Sünden müssten auch vom gläubigen Katholiken im Jenseits erlitten werden, ehe er in den Himmel komme ... Es sei denn, der Beichtende besorgt sich zusätzlich einen „Ablass", der ihn auch von diesen Strafen befreien oder ihre Dauer verkürzen könne.

Zwischen Ende 2015 und Ende 2016 – ein Zeitraum, den der Papst zum „Jahr der Barmherzigkeit", zu einem „Jubeljahr", erklärt hat – hat er für einen solchen Ablass unter anderem zur Bedingung gemacht, dass der Gläubige durch eine eigens zu diesem Anlass geöffnete „Heilige Pforte" in Rom gehen muss.

Papst Franziskus versprach im Jahr 2015 wörtlich: *„Wer durch diese Pforte hindurchschreitet, kann die tröstende Liebe Gottes erfahren, welcher vergibt und Hoffnung schenkt."* (Verkündigungsbulle „Misericordiae vultus", 11.4.2015, zit. nach vatican.va)

Doch welche Hoffnung und tröstende Liebe gibt der Ablass all denen, gegen die sich die Täter vergangen haben oder erneut vergehen, etwa die Opfer kirchlicher Sexualverbrecher? Was haben die Opfer und Leidenden dieser Welt vom Ablass für die Täter?

Wenn der Papst es mit der Barmherzigkeit ernst meinen würde, dann müsste der Vatikan beispielsweise seine Kunstwerke verkaufen. Mit den Einnahmen könnte er dann beginnen, Tausende von Missbrauchsopfern der Kirche angemessen zu entschädigen – oder auch die Nachkommen der Menschen, die von der Kirche enteignet, grausam gefoltert und ermordet wurden.

Der Ablass –
Freibrief für Mord und Totschlag

Karlheinz Deschner schrieb in dem Buch „Der gefälschte Glaube":

> *„Kaum ein Papst, der zur Führung und Förderung dieser Angriffskriege, die viele Millionen Menschen ums Leben brachten, nicht Ablässe ausgeschrieben hätte, gegen Türken und Tartaren, gegen die Mauren, gegen »Ketzer« und andere Teufel".* (S. 121)

So versprach z.B. Papst Innozenz III. im Jahr 1209 den Söldnern beim Kreuzzug gegen die urchristlichen Katharer die vollständige Vergebung ihrer Sünden und einen Ablass für alle Sündenstrafen. Die größten Verbrecher könnten sich nach katholischer Sicht demnach die Leiden im angeblichen Fegefeuer für ihre grausamen Taten sparen, wenn sie einfach das Ablass-Dekret des Papstes anwenden. Alle Massaker, Folterungen und durchgeschnittenen Kehlen seien damit abgegolten.

Selbst in den Bibeln der Kirchen steht aber etwas ganz anderes: *„Irret euch nicht. Gott lässt Seiner nicht spotten. Denn was der Mensch sät, das wird er ernten."* (Galater 6, 7)

Das ist die Lehre des Jesus von Nazareth. Ablässe sind demgegenüber katholisch, aber nicht christlich.

Auch den „normalen" Gläubigen, die keine Kreuzfahrer waren, wurden immer wieder Ablässe versprochen. Und sie erhielten sie auch – wenn sie nur genügend Geld bezahlen konnten. Das entsprechende Geldopfer kam dann wiederum den nächsten Kreuzfahrern zugute, die mordend in den nächsten Krieg zogen – unter Missbrauch des Namens von Christus.
Doch Christus, der Friedefürst, war es nicht, der diese Mordkolonnen angefeuert hat.

Jesus von Nazareth lehrte uns den Frieden. In Seiner Bergpredigt heißt es, wie gesagt:
„Selig sind die Friedensstifter, denn sie werden Kinder Gottes genannt werden."

Der angebliche „Schatz der Heiligen"

Die Vatikankirche hat um den Ablass herum ein groteskes Lehrgebäude errichtet, etwa mit der Behauptung im Katechismus:

„Der Ablass wird gewährt durch die Kirche, die (...) für den betreffenden Christen eintritt und ihm den Schatz der Verdienste Christi und der Heiligen zuwendet (...)." (Nr. 1478)

Hier tun die Priester so, als ob sie von den angeblich guten Werken z.B. der sogenannten Kirchen-„Heiligen" ein Quantum herausnehmen und diese Energie einem Gläubigen übergeben könnten, der einen Ablass möchte. Hat Jesus, der Christus, jemals solches gelehrt? Nein!

Auch sprach Jesus von Nazareth nie von dem, was im katholischen Weltkatechismus über verstorbene Gläubige zu lesen ist:

Wir können *„ihnen unter anderem dadurch zu Hilfe kommen, dass wir für sie Ablässe erlangen. Dadurch werden den Verstorbenen im Purgatorium* [Fegefeuer] *für ihre Sünden geschuldete zeitliche Strafen erlassen."* (Nr. 1479)

Der Kirchenexperte Karlheinz Deschner schreibt über die katholische Ablasstradition:

> *„Die Gnaden wurden immer größer. Von einer Ablasssumme von wenigen Tagen kam man – in echten oder gefälschten Dokumenten – bis zu 1000, 12.000, 48.000 sogar zu 100.000, ja (in einem englischen Gebetbuch) zu einem Ablass von 1.000.000 Jahren."*
> (Der gefälschte Glaube, S. 124)

Es handelt sich beim Ablass um *„einen der größten Faktoren der Wirtschaftsgeschichte",* so der katholische Staatswissenschaftler Hans Rost. (Die katholische Kirche, die Führerin der Menschheit, 1958, S. 170)

Eine weitere Erfindung – die „Letzte Ölung"

Was aber soll nach kirchlicher Lehre der Gläubige tun, wenn er in seiner Seele wieder neue Sünden und Sündenstrafen angehäuft hat und nun plötzlich die Sterbestunde naht?

Auch dafür hat die Vatikankirche ein Sakrament eingesetzt; die Krankensalbung, meist „Letzte Ölung" genannt. Diese soll vor allem die praktische Funktion haben, jedem Katholiken sozusagen in allerletzter Sekunde den Himmel zu öffnen, auch für den Fall, dass dieser sterbend nicht mehr in der Lage ist, bei einem Priester zu beichten und sich einen Ablass zu besorgen.

Der „heilig" gesprochene Papst Pius X. verkündete dazu 1906 in einem Dekret :

„In einem wirklichen Notfall genügt die Form: »Durch diese heilige Salbung vergebe dir der Herr alles, was du gefehlt hast. Amen.«" (Denzinger/Hünermann, Nr. 3391)

Den vollständigen Ablass soll der Sterbende bei dieser Ölung laut Papst Pius X. obendrein bekommen. Und zwar dann, wenn er zuvor vorsorglich – an einem beliebigen Tag seines Lebens – unter anderem ein vorformuliertes Gebet im Hinblick auf die spätere Sterbestunde gesprochen habe.

Im katholischen Katechismus wird behauptet:
„Diese letzte Salbung versieht das Ende unseres irdischen Lebens gleichsam mit einem festen Wall im Blick auf die letzten Kämpfe vor dem Eintritt in das Haus des Vaters." (Nr. 1523)

Es finde dabei *„die Vereinigung"* des Sterbenskranken *„mit dem Leiden Christi"* statt, und das Leiden des Sterbenden wird dann sogar *„zur Teilnahme am Heilswerk Jesu".* (Nr. 1521)

Wer hat solches erfunden? Jesus, der Christus, lehrte die Friedfertigkeit, die Gottes- und Nächstenliebe und lebte sie uns vor. Seine wahre Nachfolge, die Umsetzung Seiner Lehre in die Tat während des Lebens führt die Seele zum Heil – nicht eine von Priesterhand verabreichte Salbung am Totenbett. Solche priesterlichen Rituale wie das kultische Einölen Sterbender hat Jesus von Nazareth weder gelehrt noch praktiziert.

Himmel und „Hölle" sind im Menschen selbst

Angstvoll und schwer atmend fiebert so mancher vom Priester Gesalbte dem Todeszeitpunkt und dem Jenseits entgegen. Was wird ihn dort erwarten?

Durch das Prophetische Wort offenbart der Christus Gottes in unserer Zeit, dass jeder Mensch sein eigenes Gericht in sich trägt. „Himmel und Hölle sind im Menschen selbst", je nachdem, wie der Mensch zuvor gelebt hat. Der Tod nimmt ihm nichts, und er gibt ihm nichts. Seine Seele geht in der Sterbestunde so hinüber in die jenseitigen Bereiche, wie sie zuvor im Diesseits beschaffen war, um drüben – in der anderen Welt – ihren Weg fortzusetzen. In welchem Bewusstseinsstand? Das entscheidet jeder selbst, denn jeder ist sein eigener Wegbereiter.

Die eigene Seele ist das Buch des Lebens, in dem alles Gute, aber auch alles Negative aufgezeichnet ist, und alles, was nicht behoben ist, seine entsprechende Wirkung hat. Daran wird kein Ritual etwas ändern!

„Heiligenkult" und Reliquienverehrung

Der nahe Gott braucht keine Vermittler

Durch den Priesterstand und die Sakramente haben die Institutionen stets versucht, sich selbst zwischen Gott und die Menschen zu schieben.

Doch nicht nur die Priester stehen angeblich zwischen Gott und den Menschen. Weil der Kirchen-„Gott" fern und unnahbar ist und weil die Kirche Ihn auch zu einem strafenden und zürnenden Gott erklärt hat, hat man in der Vatikankirche die angeblich „Heiligen" und „Seligen" eingesetzt, die für die Gläubigen eine Brücke zu diesem weit entfernten „Gott" bauen sollen.

Bei den angeblich „Heiligen" und „Seligen" handelt es sich nach katholischer Lehre um verstorbene Menschen, die von einem Papst aufgrund ihrer angeblichen Verdienste für die Kirche eben „selig" oder „heilig" gesprochen wurden und den Gläubigen seither zur Anrufung im Gebet empfohlen werden.

Die Kirchen-"Heiligen" wiederum sollen sich dann als sogenannte „Fürbitter" bei Gott für die Anliegen des einzelnen Gläubigen und für dessen Wünsche einsetzen.

Das ist katholische Lehre. Bei der Ernennung der kirchlich „Heiligen" und „Seligen" geht es also folgerichtig um Verdienste für die Kirche, nicht um die Erfüllung der Gesetze Gottes. Das erklärt vieles.

Jesus, der Christus, lehrte solches nicht.

Er lehrte anders. Er empfahl uns das stille Kämmerlein, in dem wir uns selbst unmittelbar Gott, dem Ewigen, zuwenden können – jederzeit, in uns selbst. Im Vaterunser, dem Gebet der Einheit, lehrte Er uns, dass wir Gott mit Du ansprechen dürfen.

Er lehrte, dass es nur *einen* Heiligen gibt, den Schöpfer-Gott, den ewigen Vater allen Seins.

Der Überlieferung nach wurde Jesus von Nazareth gefragt: *„Guter Meister, was muss ich tun, um das ewige Leben zu gewinnen?"* Jesus antwortete: *„Was nennst du mich gut? Niemand ist gut außer Gott, dem Einen."* (Lukas 18, 18-19)

Jesus, der Christus, der Mitregent des Reiches Gottes, wollte nicht einmal als „gut" angesprochen werden.

Die Vatikankirche aber ernennt sogenannte „Heilige" und misst ihnen eine große Bedeutung zu. Weil diese angeblichen „Heiligen" aber alle schon längst verstorben sind und man dem Kirchenvolk auch etwas zum Anschauen geben wollte, wurde zur „Heiligenverehrung" noch der Reliquienkult installiert.

Reliquien –
ein prähistorischer Stammeskult

Wörtlich bedeutet das Wort „Reliquie" „Überbleibsel", also Reste von etwas ursprünglich Ganzem. In der Kirche sind das in erster Linie Leichenteile oder ganze Skelette von Verstorbenen, die von einem Papst – zumeist gegen eine hohe Geldleistung an den Vatikan – „selig" oder „heilig" gesprochen wurden. Hinzu kommen Kleidungsstücke oder Gebrauchsgegenstände aus dem früheren Alltagsleben dieser Menschen.

Ganzkörperreliquie der „heiligen" Munditia in der Kirche St. Peter in München

In den Lehrentscheidungen bei Denzinger/Hünermann heißt es dazu über die verstorbenen Kirchen-"Heiligen":

> Die Leiber *„sind von den Gläubigen zu verehren, wodurch den Menschen von Gott viele Wohltaten erwiesen werden; deshalb sind die, die behaupten, man schulde den Reliquien der Heiligen keine Verehrung und Ehrbezeugung oder sie und andere heilige Denkmale würden von den Gläubigen nutzlos verehrt, und das Gedenken der Heiligen zur Erwirkung ihrer Hilfe würde vergebens begangen, ganz und gar zu verurteilen, wie die Kirche schon früher verurteilt hat und auch jetzt verurteilt."* (Nr. 1822) (...) *„Wer aber diesen Beschlüssen Entgegengesetztes lehrt oder denkt, der sei mit dem Anathema belegt."* (Nr. 1824)

„Anathema", das bedeutet, wie mehrfach erläutert, Bannfluch, der nach dem Tod die ewige Hölle nach sich ziehen soll. Und dieser Bannfluch gilt bis heute. Der Toten- und Reliquienkult der Vatikankirche weist für neutrale Beobachter Ähnlichkeiten z.B. mit dem Voodoo-Zauber und anderen magischen Ritualen aus den tiefsten Abgründen prähistorischer Stammeskulte auf. Für alle Katholiken soll er bis heute, bis ins 21. Jahrhundert, von zentraler Bedeutung sein, wollen sie nicht auf ewig verdammt werden. Ist dieses Verhalten nicht als Obskurantismus zu werten? Was hat das mit Jesus von Nazareth zu tun?

Hat Jesus von Nazareth gelehrt, dass man Leichen und Totengebein verehren soll? Niemals.

Hat Jesus von Nazareth Bannflüche über Andersdenkende ausgesprochen? Nein, auch das nicht.

Die Vatikankirche jedoch verflucht Menschen in eine ewige Hölle, wenn diese der Lehre des Jesus von Nazareth Glauben schenken und nicht den von Menschen erdachten Lehrentscheidungen der Kirche.

Heilig ist nur Gott

Fragen wir weiter: Hat Jesus von Nazareth jemals von „Heiligen" gesprochen, wie es in dem gerade erwähnten Glaubensdogma heißt?

Der Christus Gottes und alle Gottespropheten vor und nach Ihm bekannten einmütig, dass nur Einer heilig ist, der Vater im Himmel. So steht bereits im Alten Testament, in der Bibel: *„Niemand ist heilig, nur der Herr; denn außer Dir gibt es keinen* [Gott]; *keiner ist ein Fels wie unser Gott."* (1. Samuel 2, 2) Und im „Lied des Mose", wiedergegeben in der „Offenbarung des Johannes", wird Gott mit den Worten gepriesen: *„Denn Du allein bist heilig: Alle Völker kommen und beten Dich an."* (Offenbarung 15, 4)

Die Vatikankirche nennt ihr Oberhaupt in Rom jedoch „Heiliger Vater". Sie machte und macht unzählige sündige Menschen nach deren Ableben zu „Heiligen" und sie fordert zwingend von den katholischen Kirchengläubigen die Verehrung der Reliquien der von ihr „heilig" und „selig" gesprochenen Verstorbenen.

Doch Jesus von Nazareth hat niemals gelehrt: „Verehre die Leiber bestimmter Verstorbener, dann wird Gott dir Gutes tun", wie es in den Anweisungen der Kirche verlangt wird. Er sprach vielmehr: *Lass die Toten ihre Toten begraben, du aber folge mir nach.*" (Matthäus 8, 22; Lukas 9, 60)

„Mumien-Religion"

Der bekannte Religionswissenschaftler, Professor Hubertus Mynarek, sieht ganz andere Hintergründe dieser äußeren Religion:
„In Wirklichkeit ist die katholische Religion eine echte Mumien-Religion, eine Mumien-Anbetungs-Religion, denn von den drei Elementen – Geist, Seele und Körper – haftet sie immer wieder am Körperlichen (...) Da sie aber nicht so offensichtlich eine Mumienreligion sein will, nimmt sie nur die Mumien der Heiligen und lässt sie von den Menschen verehren,

sodass also ein Mumienteil, eine Hand zum Bei-
spiel oder sogar eine Vorhaut von einem Heiligen, in
einem Altar – in jedem Altar! – eingebaut sein muss."
(Voodoo auf katholisch, S. 24)

Ist das nicht ein skurriler Totenkult? In jedem
katholischen Altar ist ein Leichenteil eines angeb-
lich „Heiligen" der Vatikankirche eingebaut. Viele
Menschen wissen das nicht!
Statt den Menschen also den lebendigen, aufer-
standenen Christus nahezubringen, wird von den
Gläubigen die Verehrung von Reliquien verstorbe-
ner Kirchenmänner und -frauen verlangt, die die
Kirche nach ihren Maßstäben zu „Heiligen" abstem-
pelt und deren Leichenteile sie in Altäre einbaut.
Das alles findet unter Missbrauch des Namens des
Jesus, des Christus, statt.

Totenkult zur Verhöhnung von Christus

Wie sieht es aus an den Kultstätten zur Verehrung
dieser „Heiligen", den Häusern aus Stein, den Kirchen und Kapellen? Hier ein Schädel eines „Heiliggesprochenen", dort ein Armknochen eines Kirchenlehrers, hier ein Kleidungsstück einer verehrten
Nonne, dort ein Kultgefäß eines angeblichen Märty-
rers – und inmitten der unübersehbaren Menge an

Reliquien wird auch eine Vielzahl von Exemplaren präsentiert, die aus der Zeit des Jesus von Nazareth stammen sollen: von Knochen bis hin zu Sandalenresten, Stoffresten oder verrosteten Gebrauchsgegenständen.

Wenn all dies auch noch unter dem Etikett „christlich" geschieht, dann ist das Hohn und Spott auf den guten Namen des Jesus, des Christus, und auf Seine Lehre.

Leichenteile oder ganze Skelette von Menschen, die von der Kirche „heilig" gesprochen wurden, werden sogar bei öffentlichen Prozessionen herumgetragen – angeblich, um den Glauben der an der Prozession teilnehmenden oder am Straßenrand stehenden Menschen zu kräftigen. Und das im 21. Jahrhundert!

Darüber hinaus gibt es Zigtausende sogenannter Kontakt- oder Berührungsreliquien. Darunter versteht man Gegenstände, die ein von der Kirchenhierarchie „heilig" gesprochener Mensch zu seinen Lebzeiten berührt haben soll oder die nach seinem Tod mit seinen Körperresten in Berührung gekommen seien.

Jesus von Nazareth sprach eindeutig: *„Ich bin der Weg und die Wahrheit und das Leben; niemand kommt zum Vater denn durch mich"* – also durch Christus.

Was soll dann dieser ganze „Heiligen"- und Reliquienkult? Welche Macht steht dahinter? Ein Totengott? Oder immer noch der Baal des Altertums aus vorchristlicher Zeit?

Institutionalisierte Leichenfledderei?

Der Kontakt mit Reliquien soll angeblich sogar dazu dienen, eine Gesellschaft friedfertiger zu machen. So vermittelten es kirchliche Würdenträger in Mexiko im Jahr 2012. Damals schauten unzählige Gläubige andachtsvoll betend zu einer Ampulle mit Blut empor, das dem verstorbenen Papst Johannes Paul II. zu Lebzeiten in einem Krankenhaus in Rom abgenommen worden war.

Muss man hier nicht fragen: Wie soll man denn durch die Ehrerbietung gegenüber einer bestimmten Blutampulle zu einem besseren Menschen werden?

Jesus von Nazareth lehrte nichts dergleichen. Er forderte uns auf: *„Folget Mir nach"*. Seine Nachfolge – und einzig diese – würde eine Gesellschaft friedfertiger machen – keine Reliquie.

Jeder kann einen solchen Kult auch einmal für sich persönlich hinterfragen. Wie halten wir es, wenn ein von uns hochgeschätzter Mensch gestorben ist?

Würden wir als Zeichen der Wertschätzung und Achtung Restbestände von Körperflüssigkeit dieses Menschen verehren, zum Beispiel eine Blutprobe? Oder würden wir einzelne Körperteile des geliebten verstorbenen Menschen abtrennen und bei uns zu Hause an hervorgehobener Stelle aufbewahren oder vielleicht an die Verwandten verteilen? Die Finger, die Ohren, die Nasenspitze oder die ganze Nase, einzelne Knochen, mit und ohne Restpartikel von Fleisch? Oder einzelne Organe wie das Herz, in Konservierungsflüssigkeit eingelegt, oder den Kopf, vom Rumpf abgetrennt, wie es bei manchem Kirchen-"Heiligen" geschah? Oder wenigstens einige Büschel Haare, ein paar Zähne, das Gebiss oder Finger- oder Fußnägel?

Man nennt dies „Leichenfledderei" oder Leichenschändung, und in der staatlichen Gesetzgebung gibt es den Paragraphen „Störung der Totenruhe". In der Priesterkirche des Vatikans dagegen wurden Verstorbene nicht selten zerstückelt und als angebliche „Heilige" auf der ganzen Welt verteilt.
Im Normalfall wird eine Aufteilung einer Leiche in mehrere Teile oder „Überbleibsel" – also „Reliquien" – vom Gesetzgeber gar nicht erlaubt.
Doch für die Kirche machen Politiker kirchlich dominierter Staaten nicht nur Ausnahmen von der Pflicht zur vollständigen Bestattung einer Leiche,

*Die abgetrennten Köpfe der Päpste Eleutherius und Lucius
als „Kopfreliquien"
(Reliquienkammer der Residenz München)*

sondern manche fördern den katholischen Kult samt seinem Knochen-, Mumien- und Reliquien-Kult auch noch mit Milliarden Euro an staatlichen Subventionen. Wessen Interessen dienen damit solche Staatsdiener?

Den einfachen Bürgern hingegen ist es nicht einmal erlaubt, den Lebenspartner oder guten Freund im Garten des gemeinsamen Hauses zu bestatten.

349

Ähnlichkeiten mit dem Voodoo-Kult

Jeder Mensch ist selbstverständlich frei, diesen Kult mitzumachen und zu nicht bestatteten Körperresten von angeblich „Heiligen" der Kirche zu pilgern. Doch man sollte sich hüten, dafür den Namen des Jesus, des Christus Gottes, zu missbrauchen, der einen solchen Totenkult nie gelehrt hat.

Derartige Praktiken mit dem Namen von Christus, dem Mitregenten der Himmel und Erlöser aller Seelen und Menschen, in Verbindung zu bringen, ist eine abgrundtiefe Verhöhnung und Verächtlichmachung des Sohnes Gottes.

Beim Reliquienkult drängt sich – wie bereits erwähnt – ein Vergleich mit den „Fetischen" im Voodoo-Kult auf. Ein Fetisch ist laut Duden-Wörterbuch ein *„Gegenstand, dem magische Kräfte zugeschrieben werden"*. Aus religionswissenschaftlicher Sicht weist die katholische Reliquienverehrung viele Ähnlichkeiten mit dem Voodoo-Kult auf: von der herausragenden Stellung eines Priesters über magische Kult-Gegenstände und den Totenkult bis hin zu den Verfluchungen der jeweiligen Gegner. Denn wehe, jemand stimmt dem katholischen Reliquienkult nicht zu. „Ganz und gar" werde er dann verurteilt und mit dem „Bannfluch" belegt, wie es in der zuvor zitierten Dogmensammlung heißt. Ewige Höllenstrafen sollen dann sein Schicksal sein.

Oben: Kopfreliquie, angeblich von Johannes dem Täufer.
(Reliquienkammer der Residenz München)
Eine Kopfreliquie von Johannes soll sich allerdings auch
in Rom, Damaskus und Amiens befinden.

Unten: Kopfreliquie angeblich vom „heiligen" Erasmus von Formia
(St. Peter in München)

Welche Reliquie ist überhaupt echt?

Ist es nicht paradox, wenn die Politiker eines demokratischen Staates richtigerweise die Todesstrafe ablehnen, gleichzeitig aber eine kirchliche Institution mit vielen Milliarden Euro jährlich subventionieren, die absolut alle Menschen angeblich in eine irreversible, ewige Verdammnis schickt, die z.B. einem Knochen- und Totenkult zeitlebens die Gefolgschaft verweigern?

Bei all dem ist dieser Umgang mit Leichenteilen und den sogenannten Berührungsreliquien auch den Verstorbenen gegenüber unwürdig und kommt einem pietätlosen Geschachere mit Leichenteilen gleich.

Nicht einmal vor Jesus, dem Christus, macht diese abscheuliche Pietätlosigkeit Halt. Aufs Grausamste wurde Jesus von Nazareth gefoltert und am Kreuz hingerichtet, weil Seine Gegner – die damalige Priesterkaste im Verbund mit der römischen Obrigkeit – es so wollten.

Noch Jahrhunderte später präsentierten die Anhänger der Romkirche und profitgierige Priester dann angeblich vom Marterkreuz stammende Holzstückchen, um mit diesen auch aus dem Martertod von Jesus, dem Christus, noch Profit zu schlagen, indem sie gutgläubige und naive Menschen belogen und betrogen.

Allein mit den unzähligen Holzstücken, die angeblich von dem Original-Kreuz stammen, an dem Jesus von Nazareth ermordet wurde, könnte man ein ganzes Schiff bauen, so der Humanist Erasmus von Rotterdam bereits im 16. Jahrhundert.

Der Kirchenrechtler und Reliquienexperte Prof. Horst Herrmann erklärt, dass man allenfalls bei modernen Reliquien eine Echtheit annehmen könne. *„Alles was älter ist, ist durch die Bank weg gefälscht"*, so der Reliquienexperte in einem Interview. (zit. nach „16 vor", 13.3.2012)

In seinem Buch „Lexikon der kuriosesten Reliquien" erklärt Horst Herrmann:

> *„Allein an hl. Kreuznägeln wurden zuzeiten 27 Stück verehrt, an Dornen der Dornenkrone über 800. Von 19 überprüften Heiligen existierten in Kirchen und Kapellen 121 Köpfe, 136 Leiber und eine Fülle anderer Glieder. Der hl. Erzmärtyrer Stephanus besaß einmal 13 Arme, der Apostel Philippus ein Dutzend, der heilige Vinzenz zehn, der Apostel Andreas 17."* (S. 140)

Wenn Reliquien im Sinne von Christus wären, warum hat Jesus, der Christus, dann Seinen Jüngern nicht auch nahegelegt, für eine spätere Verehrung ihrer eigenen Leichen Vorsorge zu treffen?

Denn was heute kirchlich als Knochenrest eines Jesusjüngers betrachtet wird, gehört für die Kirche zu den wertvollsten Reliquien überhaupt.

Dabei erweitert jeder neue, von der Kirche „selig" oder „heilig" gesprochene Katholik das uferlose Arsenal von Reliquien.

Was an Reliquien Jesus von Nazareth zugeordnet und seit Jahrhunderten in katholischen Wallfahrtsorten präsentiert wird, ist eine einzige weitere Verhöhnung des großen Menschheits- und Weisheitslehrers Jesus von Nazareth. Da gibt es zum Beispiel angeblich:

Windeln des Jesus-Babys.

Oder die Krippe, in der Er gelegen haben soll.

Oder die Gräten einiger Fische, die Jesus von Nazareth einst vermehrt haben soll.

Oder eine Schwanzfeder des „Heiligen Geistes", der sich ja in Gestalt einer Taube gezeigt haben soll.

Oder den Kot der Eselin, auf der Jesus von Nazareth nach Jerusalem geritten ist.

Oder unzählige Dornen aus der Dornenkrone, mit der Er auf dem Weg nach Golgatha gefoltert und gequält wurde.

Oder einen Fußabdruck des Auferstandenen.

Oder ehemalige angebliche Körperteile wie Seine Nabelschnur, Haare, Finger- oder Zehennägel von Ihm oder, als Höhepunkt der Perversion und

Verhöhnung, 14 Mal das „sanctum praeputium", die „Heilige Vorhaut", da Jesus von Nazareth wie alle jüdischen Knaben nach acht Tagen beschnitten wurde.

Wo bleibt die Achtung vor Jesus, dem Christus?

Lassen Sie das alles einmal in Ruhe auf sich wirken. Wenn wir für Jesus von Nazareth nur einen Funken Liebe verspüren, ist es dann nicht ekelerregend, dass solche Abartigkeiten mit Ihm in Zusammenhang gebracht werden?

Welche Schamlosigkeit und Würdelosigkeit gegenüber dem Erlöser der Menschheit, der als Christus Gottes der Mitregent der Himmel ist, wird hier von Priestern in die Welt gesetzt, die sich auf Ihn berufen, um dann ihren Spott mit Ihm zu treiben?
Die Verhöhnung von Jesus, dem Christus, durch die Vatikankirche nimmt gerade beim „Heiligen"- und Reliquienkult Formen an, deren Abgründe kaum mehr in Worte zu fassen sind.
So soll der auf diese Weise verhöhnte Christus laut kirchlicher Überlieferung der Kirchenlehrerin Katharina erschienen sein. Bei dieser Erscheinung habe er ihr „das Teil" Seines früheren Baby-Körpers, welches dem Baby bei der rituellen Beschneidung

entfernt wurde, als „Vermählungsring" über den Finger gestreift. Seither habe Katharina dann dieses makabre Geschenk wie einen Ehering getragen, nachdem es zuvor jahrhundertelang an einem geheimen Ort aufbewahrt worden sein soll.

Diese schamlose Verunglimpfung des Jesus, des Christus, findet ihre kirchliche Fortsetzung darin, dass nach dem Tod der Kirchenheiligen ihr Finger samt Reliquie abgetrennt wurde und heute im italienischen Siena als katholische Reliquie verehrt wird – mit Silber umwickelt in einem Altaraufbau aus Marmor, und zwar neben ihrem abgetrennten Kopf!

Dieser skurrile Kult ist ein weiterer Beweis beispielloser Missachtung des Jesus, des Christus, durch die Institution Kirche. Wer will sich mit dieser schamlosen Verunglimpfung in Verbindung bringen lassen? Unumwunden sagen wir: Für uns Nachfolger des Jesus von Nazareth sind dies Ausgeburten priesterlicher Schmutz-Phantasien, die dem „Moder und Totengebein" zuzuordnen sind, von dem Jesus, der Christus, zu den Priestern und Schriftgelehrten Seiner Zeit sprach.

„Ihr übertünchten Gräber!"

Noch im 21. Jahrhundert pilgern Menschen, die sich Christen nennen – auch der Papst – zu Reliquien, beispielsweise zum „Grabtuch" in Turin oder dem sogenannten „heiligen Rock" in Trier. Und es kommen immer neue Reliquien von Kirchen-"Heiligen" hinzu.

Jeder kann, wenn er das möchte, an Reliquien glauben. Nur bitte nicht im Namen von Jesus, dem Christus, und mit dem falschen Etikett „christlich". Er sollte sich dann „katholisch" oder sonst seiner religiösen Prägung entsprechend nennen – und sich so zu denen bekennen, die sich Derartiges ausgedacht haben.

Beim Sterben verlässt die unsterbliche Seele eines jeden Menschen ihren sterblichen Naturkörper, um in den jenseitigen Bereichen ihren Weg weiterzugehen – oder erdgebunden zu bleiben. Auf der Erde bleibt der tote, verwesende Naturkörper zurück.

In Anbetracht dieser kosmischen Wahrheit ist die Verehrung von Knochen und Überresten eines Menschen sowie der Asche oder irgendwelcher Reliquien von ihm nichts anderes als die Anbetung seelenloser Materie. Dass im Übrigen die ganze Anrufung und Anbetung von sogenannten „Heiligen" und „Seligen" völlig fruchtlos ist, zeigt der Zustand dieser Welt.

Wie der Weg der Seele nach dem Leibestod für den Einzelnen aussieht, das wiederum hängt von den Inhalten seiner Gefühle, Empfindungen, Gedanken, Worte und Handlungen ab, und nicht von den Kult-Praktiken einer bestimmten äußeren Religion.

So stellte einst ein Schriftgelehrter Jesus von Nazareth die Frage, was er denn tun müsse, um das ewige Leben zu erlangen. *„Jesus sagte zu ihm: »Was steht im Gesetz? Was liest du dort?« Er antwortete: »Du sollst den Herrn, deinen Gott, lieben mit ganzem Herzen und ganzer Seele, mit all deiner Kraft und all deinen Gedanken und: Deinen Nächsten sollst du lieben wie dich selbst.« Jesus sagte zu ihm: »Du hast richtig geantwortet. Handle danach, und du wirst leben.«"* (Lukas 10, 26-28)
Worte des Jesus von Nazareth, des Christus Gottes. Wozu also Reliquienkult?

Der Religionswissenschaftler, Prof. Hubertus Mynarek, erklärt dazu:
„Die Menschen wollen nicht die eigene Tat, wollen nicht die eigene Mühe, die eigene Anstrengung – und nun kommen die Wunder, nun kommen die Gnaden, die Wallfahrten, die Prozessionen." *„(...) weil das Wunder, das mir meine eigene Tat, meine eigene sittliche Handlung ersetzt, dort vermeintlich geschieht."* (Voodoo auf katholisch, S. 33 f.)

Statt Jesus nachzufolgen und sich um ein Leben nach Seiner Bergpredigt zu bemühen, werden also die angeblich „Heiligen" dazwischengeschoben, die bei Gott fürsprechen sollen, und es werden die Reliquien der „Heiligen" verehrt, womit man sich Gottes Gnade erhofft.

Was hier geschieht, lässt der russische Schriftsteller Dostojewski in seinem bereits erwähnten Roman „Die Brüder Karamasov" den Großinquisitor aussprechen. Der Großinquisitor bekennt dem wieder erschienenen Christus:

„Wir haben Deine Tat verbessert und sie auf das Wunder, das Geheimnis und die Autorität gegründet" – das „Wunder", das „Geheimnis" und die „Autorität" der Kirche also statt eines Lebens nach der Bergpredigt des Jesus von Nazareth.

Selbst für Gewissenlosigkeit gibt es „Heilige"

Das Wunder spielt auch bei der „Entstehung" neuer „Seliger" und „Heiliger" eine wichtige Rolle. Mindestens *ein* angebliches Wunder benötigt die Kirche für eine „Seligsprechung" und mindestens zwei angebliche Wunder für eine „Heiligsprechung".

Für die Kirche ist das Ganze in jedem Fall ein gutes Geschäft. Die Antragsteller für eine „Seligsprechung" oder „Heiligsprechung" müssen dem Vatikan sehr viel Geld für die Prüfungen und die Prozeduren im Vorfeld dieser „Ernennungen" bezahlen. Sind diese Hürden gegen entsprechende Taler genommen, werden jedem neuen „Heiliggesprochenen" ein oder mehrere Zuständigkeitsbereiche auf der Erde zugeteilt, für die er dann aus dem Jenseits heraus verantwortlich sein soll.

Anstatt die Lehre des Jesus von Nazareth zu erfüllen, die besagt: *„Wer diese meine Worte hört und danach handelt, ist wie ein kluger Mann, der sein Haus auf Fels baute"* (Matthäus 7, 24), stellen die Kirchenmänner nun ersatzweise entsprechende „Heilige" bereit, die auch „Nothelfer" genannt werden.
Die Aufzählung aller dieser sogenannten Nothelfer wäre uferlos, deshalb hier nur einige Beispiele: „Heiliger" für die Lotterie, „Heiliger" für Soldaten, „Heiliger" für das Internet, „Heiliger" für die Beichtväter, „Heiliger" für Büchsenmacher, also Waffenschmiede, „Heiliger" für Gefängniswärter, „Heiliger" für Geldwechsler und für Schatzgräber, „Heiliger" bei Zahnschmerzen, „Heiliger" bei Gewitter, „Heiliger" für Blinde, „Heiliger" für finanzielle Angelegenheiten, „Heiliger" für die Kunst, für die Post, für verloren gegangene Dinge, für unlösbare verlorene Fälle usw. usw. Auch gegen Gewissensbisse gibt es angeblich einen „Heiligen". Wenn also

jemand von seinem Gewissen geplagt wird, so kann er zu diesem „Heiligen" beten, und dieser kann angeblich bei Gott erwirken, dass sein Gewissen beruhigt wird.

In einem Kapitel, in dem es um „Heilige" und Reliquien geht, darf auch folgender Lehrsatz des Kirchenlehrers Thomas von Aquin nicht fehlen, weil er die Grausamkeit und Unbarmherzigkeit der Kirchengesetze und Dogmen, die Kirchenideale also, besonders deutlich macht:

> *„Damit den Heiligen die Seligkeit besser gefalle und sie Gott noch mehr dafür danken, dürfen sie die Strafen der Gottlosen vollkommen schauen."*
> (Super Sententiis, liber 4, distinctio 50; corpusthomisticum.org)

Die „Gottlosen", das sind angeblich „ewig Verdammte" – all die Menschen also, die nicht alles einschränkungslos glauben, was die Kirchenoberen von den Menschen zu glauben einfordern.
Unendliche Qualen und Folterungen von ewig verdammten Seelen vollkommen schauen zu dürfen – damit soll für den herausragenden Kirchenlehrer die Dankbarkeit der „Heiligen" gegenüber Gott für ihre eigene „Seligkeit" noch mehr gesteigert

werden. Das ist die Vorstellung eines katholischen sogenannten „Heiligen" und Kirchenlehrers vom katholischen Himmel und von seinem Gott.

War dies etwa auch die Geisteshaltung all jener Priestermänner, die bei den brutalen und qualvollen Folterungen Andersgläubiger und angeblicher Hexen zugegen waren und die Schreie und Martern der Menschen genossen, wenn diese auf dem Scheiterhaufen einen qualvollen Tod erlitten?

Welche Überheblichkeit, welche Grausamkeit und welche Unbarmherzigkeit sprechen aus diesen Worten! Welche Verhöhnung und Verspottung Gottes, des Ewigen, den uns Jesus von Nazareth als den liebenden Vater nahegebracht hat!

Was bedeutet selig sein?

Was in den institutionellen Kirchen über Gott, den Ewigen, gelehrt wird, stimmt nicht mit dem Schöpfergott überein, den uns Jesus von Nazareth nahebrachte.

Jesus von Nazareth nannte den Ewigen in inniger Vertrautheit „Abba, lieber Vater", und so dürfen auch wir im Gebet direkt zu Ihm sprechen, dem einzig Heiligen, unserem Vater im Himmel, dem ewigen Vater-Mutter-Gott.

Im ganzen Reich Gottes gibt es also nur diesen Einen Heiligen, das ist Gott, der Ewige, und an Ihn kann sich jeder Mensch unmittelbar wenden.

Deshalb nochmals die Frage: Wozu brauchen wir dann angebliche „Heilige", die unsere Bitten an Gott weiterleiten sollen? Wozu brauchen wir sogenannte Fürsprecher oder Fürbitter, wenn doch der Geist Gottes in uns ist und jedem ganz nah?

Wozu brauchen wir dann angebliche „Selige"?

Wer ist denn überhaupt selig?

In den Seligpreisungen der Bergpredigt des Jesus von Nazareth findet sich die Antwort:

„Selig, die keine Gewalt anwenden,
selig, die hungern und dürsten nach
der Gerechtigkeit,
selig die Barmherzigen,
selig, die ein reines Herz haben,
selig, die Frieden stiften." (Matthäus 5, 5-9)

Jesus, der Christus, nennt also nicht diejenigen selig, bei denen ein Papst entschieden hat, dass sie der Kirche in entsprechender Weise genützt haben, sondern diejenigen, die den Willen Gottes tun.

Wer den Willen des Ewigen erfüllt, wird von Jesus von Nazareth selig gepriesen, jedoch nicht „selig" gesprochen.

„... tausend heilig gesprochene Verbrecher"

Warum werden in der katholischen Kirche eigentlich nur Katholiken „selig" und „heilig" gesprochen? Was ist mit den Menschen, die ein Leben geführt haben, das den Seligpreisungen des Jesus von Nazareth tatsächlich entspricht, die aber keine Katholiken waren?

Die katholische Antwort auf diese Frage finden wir in der bereits zitierten, als unfehlbar geltenden Lehrentscheidung:

„[Die heilige römische Kirche ...] glaubt fest, bekennt und verkündet, dass »niemand außerhalb der katholischen Kirche, weder Heide« noch Jude noch Ungläubiger oder ein von der Einheit Getrennter des ewigen Lebens teilhaftig wird, vielmehr dem ewigen Feuer verfällt, das dem Teufel und seinen Engeln bereitet ist, wenn er sich nicht vor dem Tod, ihr [der Kirche] anschließt. (...)

Mag einer noch so viele Almosen geben, ja selbst sein Blut für den Namen Christi vergießen, so kann er doch nicht gerettet werden, wenn er nicht im Schoß und in der Einheit der katholischen Kirche bleibt. (Fulgentius)" (Neuner/Roos, Nr. 381)

Wer also von Jesus, dem Christus, „selig" gepriesen wird, weil er ein reines Herz hat, weil er barmherzig ist, weil er keine Gewalt anwendet und weil er Frieden stiftet, der wird von der Kirche in ein ewiges

Feuer verflucht, das *„dem Teufel und seinen Engeln"* bereitet ist, wenn er nicht Mitglied der Vatikankirche ist oder wird. Doch ist er jetzt selig und nahe bei Gott, wie Jesus lehrte – oder ist er dem ewigen Feuer verfallen, wie die Kirche lehrt? Wer sagt die Wahrheit und wer sagt die Unwahrheit? Und wer dient dem „Vater der Lüge", von dem Jesus gesprochen hat?

Wenn es für eine „Heilig- oder Seligsprechung" auf die Einhaltung der Gebote Gottes und der Lehren der Bergpredigt also nicht ankommt, sondern vor allem anderen darauf, Katholik zu sein und der Vatikankirche zu nützen, weshalb verbindet sich dann in der Vorstellung vieler Menschen mit dem Wort „heilig" auch die Vorstellung eines ethisch und moralisch hochstehenden Lebens des zum „Heiligen" Erhobenen? Das kann eigentlich nur auf erfolgreicher kirchlicher Indoktrination und Irreführung der Menschen beruhen.

„Wenn man ihre Heiligenlegenden liest, findet man die Namen von tausend heilig gesprochenen Verbrechern." schreibt der französische Philosoph Helvetius (1715-1771).

Was Helvetius hier über die „Heiligen" der Kirche schreibt, mag übertrieben erscheinen; wenn man jedoch nur einige der sogenannten „Heiligen" näher betrachtet, klingt diese Aussage schon viel realistischer.

Hier einige Beispiele: Der „heilige" Augustinus, der unter anderem die Folter als Mittel der Mission befürwortete.

Der „heilige" Kyrill, der Massaker an Juden durchführen und die Häuser Andersdenkender plündern ließ; der auch die Ermordung der bekannten Mathematikerin Hypatia veranlasste. Sie wurde auf dem Altar der Kirche in Alexandria nackt ausgezogen und mit Glasscherben in Stücke geschnitten.

Weitere Kirchen-"Heilige" sind:
Der „heilige" und heute noch hochverehrte Bernhard von Clairvaux, der mit seinen Kreuzzugsaufrufen einen Sturm der Gewalt in Europa und dem Nahen Osten entfachte.

Der „heilige" Dominikus, der vom Papst mit der Ausrottung der urchristlichen Katharer beauftragt wurde.

Der „heilige" Petrus von Verona, der Katharer ermorden und auch seine eigenen Eltern hinrichten ließ, da sie sich den Urchristen angeschlossen hatten.

Der „heilige" Thomas von Aquin, für den die Hinrichtung Andersdenkender ein Akt der Fürsorge für die Katholiken war.

Der „heilige" Capistranus, der Juden, Moslems und Christen verfolgen und ermorden ließ. Die Nazi-Zeitung „Der Stürmer" in Hitler-Deutschland berief sich auch auf diesen „Heiligen", da er wie kaum ein anderer die Verfolgung der Juden in Zentraleuropa betrieben hatte.

Der „heilige" Pedro Arbúes, der sich als grausamer Inquisitor, Folterer und Judenverfolger in Spanien einen Namen machte.

Oder der „heilige" Karl Borromäus, der in der Schweiz Abweichler vom Glauben der Vatikankirche bei lebendigem Leib verbrennen ließ. (theologe. de/theologe16.htm)

In Bezug auf all diese Männer gilt bis heute das Dogma der Vatikankirche:

„Wer sagt, es sei ungehörig, Messen zu Ehren von Heiligen und zur Erlangung ihrer Fürbitte bei Gott zu feiern, wie es die Kirche will, der sei ausgeschlossen" (Neuner/Roos, Nr. 610), also letztlich auf ewig verdammt.

Wenn also beispielsweise ein Katholik sagt, eine Messe zu Ehren von „heilig" gesprochenen Kriegstreibern sei eine „Verfälschung" der Lehre Christi, dann trifft auch ihn der Bannfluch der eigenen Kirche. Also hinein ins ewige Feuer, wo der Teufel schon auf ihn warten soll – während der „heilig" gesprochene Mordbrenner und Kriegstreiber aus den Himmeln für bittende Katholiken als Fürsprecher vor Gott wirken soll.

„Das Wunder ist des Glaubens liebstes Kind" (Johann Wolfgang von Goethe)

Im katholischen Himmel der angeblich „Seligen" soll z.B. auch die Seele des österreichischen Kaisers Karl I. (1887-1922) wirken.

Karl I., der letzte Kaiser von Österreich-Ungarn, wurde im Jahr 2004 von Papst Johannes Paul II. „selig" gesprochen.

Im Ersten Weltkrieg war er als Kaiser auch kommandierender General eines österreichischen Heeres, und in der Schlacht von Karfreit im Jahr 1917 ließ er dabei einen schrecklichen Giftgas-Einsatz gegen das italienische Heer zu.

Viele Jahre nach seinem Tod geschah dann das vermeintliche Wunder, das ihm die „Seligsprechung" bescherte. Im Jahr 1960 rief eine polnische Nonne den toten Kaiser – den sie schon zuvor verehrt hatte – um Heilung ihrer Krampfadern an. Am nächsten Tag war sie angeblich geheilt und Karl ab dem Jahr 2004 dann ein angeblich „Seliger" der Institution Kirche. Das ist der katholische Weg zur „Seligkeit". Auch Papst Johannes Paul II., der diesen Kaiser im Jahr 2004 „selig" sprach, wurden mangels „Wunder" im Diesseits angebliche Heilungswunder aus dem Jenseits für seine „Selig- und Heiligsprechung" in den Jahren 2011 und 2014 zugesprochen. Denn angebliche Wunder sind für die „Selig- und Heilig-sprechung" durch die Vatikankirche Bedingung.

Um jedem Anschein entgegenzutreten, dieser ganze Kultglaube habe irgendetwas mit Jesus, dem Christus, zu tun, sei wiederholt:

Jesus, der Christus, hat niemals Menschen zu „Heiligen" erhoben, ob sie nun anständige Menschen waren oder Verbrecher, und Er hat niemals die Verehrung von Reliquien gelehrt, denn Gott allein ist heilig, und der Geist der ewigen Liebe, der Geist unseres Vaters, wohnt in jedem von uns.

Mit Gott, dem Ewigen, den uns Jesus, der Christus, nahebrachte, haben Priester, „Heilige", Reliquien, Dogmen, Riten, Zeremonien nichts zu tun. Das alles sind aus dem Heidentum stammende Merkmale einer äußeren Kunstreligion.

Der Marienkult – eine Verunglimpfung Marias durch die Rom-Kirche

Auch Maria, die Mutter des Jesus von Nazareth, wird für die Kultlehren der kirchlichen Institutionen missbraucht.

Maria, die gottergebene, schlichte Frau, vollbrachte in Bescheidenheit und Demut Großes. Sie gehörte zu den wenigen Menschen, die Jesus von Nazareth, dem Christus, bis in die letzten Stunden treu beistanden.

Wie groß war wohl das Leid Marias, als Jesus von Nazareth den bitteren, schmerzhaften Kreuzesweg gehen musste! Sie, die Jesus unter ihrem Herzen getragen hatte und weiterhin in ihrem Herzen trug, musste mit ansehen, wie ihr geliebter Sohn unschuldig gefoltert und gekreuzigt wurde. Unvorstellbares hat Jesus von Nazareth auf sich genommen; und unvorstellbar groß müssen auch die Schmerzen von Maria gewesen sein, als sie ihren geliebten Sohn am Kreuz unsäglich leiden sah.

Diese edle, gottergebene Frau, die so vieles erleben und erleiden musste, zerrt die Vatikankirche in die Niederungen ihres marianischen Kultes – eines gewalttätigen Mutter-Göttinnen-Kultes, wie er der Vorstellungswelt antiker männlicher Priesterfantasien entspricht.

Papst Johannes Paul II. (1920-2005), dessen Regierungsdevise „totus tuus", „ganz der deine", an Maria gerichtet war, wiederholte in seiner Enzyklika „Redemptoris mater" 1987 eine wesentliche Lehraussage des 2. Vatikanischen Konzils.

Das Konzil interpretierte Maria als eine Mutter, die sich mit der Hinrichtung ihres Sohnes *„in mütterlichem Geist verband, indem sie der Darbringung des Opfers, das sie geboren hatte, liebevoll zustimmte".* (Absatz 18, zit. nach vatican.va)

Welche abgrundtiefe Verhöhnung des Jesus, des Christus, und Seiner Mutter Maria! Die damaligen Priestermänner waren es, die Seine Hinrichtung gewollt haben, und das aufgehetzte Volk hat zugestimmt.

Jesus von Nazareth lehrte keine „Marienverehrung"

Jesus von Nazareth lehrte das Gebet im Stillen Kämmerlein, in dem wir uns vertrauensvoll an Gott, unseren himmlischen Vater, wenden dürfen. Wir brauchen dabei keine Mittler, keine Fürsprecher, um mit Gott Zwiesprache zu halten.

Es bedarf auch keiner Anrufung der Mutter von Jesus von Nazareth, Maria. Selbst in den Bibeln der Kirchen ist Folgendes überliefert:

Nachdem eine Frau aus der Menge Ihm zurief: *„Selig die Frau, deren Leib dich getragen und deren Brust dich genährt hat"*, erwiderte Jesus von Nazareth: *„Selig sind vielmehr die, die das Wort Gottes hören und es befolgen."* (Lukas 11, 27-28)

Deutlicher konnte sich Jesus von Nazareth nicht gegen jeglichen Personenkult – auch gegenüber Seiner irdischen Mutter Maria – aussprechen.
Die Vatikankirche praktiziert jedoch, genau entgegen Seiner Lehre, einen regelrechten Marienkult. In einem „Apostolischen Schreiben" von Papst Paul VI. aus dem Jahr 1974 heißt es:
„Seitdem Wir auf den Stuhl Petri erhoben wurden, haben Wir Uns ständig darum bemüht, den marianischen Kult zu fördern". (vatican.va)

Deshalb ist nochmals klarzustellen: Die Vereinnahmung Marias zur *„Himmelskönigin", „Gottesmutter"* und *„Gottesgebärerin"*, mit der die Kirchenmänner Maria in ihren Religionskult einkerkern wollen, entspricht heidnischen Ritualen und hat weder mit Jesus, dem Christus, noch mit Maria etwas zu tun.

Mit „Maria" in den Krieg

Der kirchliche Missbrauch der Maria kennt keine Grenzen. Maria wurde von der Vatikankirche sogar zu einer Blut- und Kriegsgöttin degradiert. Zur Erinnerung an die blutigsten Gemetzel in unserer Geschichte wurden im katholischen Europa sogenannte „Maria-Sieg-Kirchen" errichtet. Mit Maria zu morden, wurde sozusagen zum katholischen Brauch.

Die beiden Experten für Kirchengeschichte, Karlheinz Deschner und Horst Herrmann, schreiben in ihrem Buch „Der Anti-Katechismus":

„Zahlreiche katholische Großschlächter waren innige Marienverehrer. Kaiser Justinian I., der mit päpstlichem Beistand zwei Germanenvölker ausgerottet hat, schrieb seine Blutsiege Maria zu. (...)

Karl der Große, der (...) immerfort Marias Bild auf der Brust trug, konnte in 46 Regierungsjahren auf fast fünfzig Feldzügen ganze Völker dezimieren (...)

Der Marien- und Schlachtkult wurde ausgebaut: (...) Das Feldgeschrei hieß »Maria, hilf!«. Die Kreuzfahrer riefen die Madonna an, bevor sie mordeten, und danach lobten sie die jungfräuliche Siegerin. (...)

Die fürchterliche Massakrierung der albigensischen »Ketzer« war »ein Triumphzug Unserer Lieben Frau vom Siege«, der das ganze Mittelalter durchziehende Krieg gegen den Islam ein Sieg der »Gottesmutter«. (...)

Auch das erste große Blutbad im Dreißigjährigen Krieg, die Schlacht am Weißen Berg von 1620, war ein Mariensieg. Der Heerführer Tilly, ein inbrünstiger Madonnenverehrer, erfocht »seine 32 Siege im Zeichen Unserer Lieben Frau von Altötting«.

So ging es weiter bis in unsere Zeit: Mussolinis Fliegertruppen hatten Maria zur Schutzpatronin, und selbst der Spanische Bürgerkrieg war in den Augen Francos von einem marianischen Endsieg gekrönt."
(S. 168 f.)

Von welch diabolischem Geist müssen diese katholischen Kriegshetzer besessen gewesen sein, als sie all dieses Morden, all dieses Leid, all diese Qualen der Mutter des Friedefürsten Jesus von Nazareth zuschrieben? Vor keinem noch so scheußlichen Missbrauch schrecken die Kirchenmänner zurück.

Die angebliche Jungfrauengeburt

Wer an den Marienkult und die sogenannte „Mutter Gottes" nicht glaubt, sondern Maria schlicht als leibliche Mutter Jesu achtet und von Herzen schätzt, der ist laut katholischer Kirchenlehre schon auf ewig verdammt.

> Nachzulesen ist dies in dem Buch „Der Glaube der Kirche in den Urkunden der Lehrverkündigung":
>
> *„Wer nicht mit den heiligen Vätern im eigentlichen und wahren Sinne die heilige und immer jungfräuliche und unbefleckte Maria als Gottesgebärerin bekennt, da sie eigentlich und wahrhaft das göttliche Wort selbst, das vom Vater vor aller Zeit gezeugte, in den letzten Zeiten, ohne Samen, vom Heiligen Geiste empfangen und unversehrt geboren hat, indem unverletzt blieb ihre Jungfrauschaft auch nach der Geburt: der sei verworfen."*
> (Neuner/Roos, Nr. 195)

Mit anderen Worten: Jeder wird „ewig verdammt", der glaubt, dass Maria ihren Sohn auf natürliche Art empfangen hat. Ebenso wird „ewig verdammt", wer nicht glaubt, dass Maria auch bei und nach der Geburt von Jesus von Nazareth Jungfrau geblieben ist.

Isis und Horus

Semiramis mit Tammuz

Indrani mit Kind

Devaki mit Krishna

*Der katholische Marienkult knüpft an die kultische
Verehrung von „Muttergöttinnen" in verschiedenen
antiken Religionen an.*

Das Matthäus-Evangelium beginnt mit der Vor-geschichte, in der der Stammbaum des Jesus von Nazareth aufgeführt ist. Es heißt: *„Im Ganzen sind es also von Abraham bis David vierzehn Genera-tionen, von David bis zur Babylonischen Gefangen-schaft vierzehn Generationen und von der Baby-lonischen Gefangenschaft bis zu Christus vierzehn Generationen."* (1, 17)

Wozu der irdische Stammbaum des Christus Gottes, wenn Er angeblich vom Heiligen Geist ge-zeugt wurde? Dann wäre doch ein irdischer Stamm-baum überflüssig!

Den Mythos der Jungfrauengeburt hat die Kir-che geradewegs aus antiken Kulten übernommen – ebenso wie die Vorstellung von einer „Mutter-Göttin", von denen es in der Antike zahlreiche gab. Doch Maria wird nach katholischer Lehre nicht nur eine Jungfrauengeburt unterstellt, sondern sie soll als einziger Mensch neben Jesus, dem Christus, auch ohne angebliche Erbsünde gezeugt worden sein, so ein Dogma aus dem Jahr 1854.

Die angebliche leibliche Himmelfahrt

Zudem soll Maria mit ihrem irdischen Leib in den Himmel aufgenommen worden sein.

> Dieses Dogma erfand Pius XII. erst im Jahre 1950! Es lautet:
>
> *„... es ist eine von Gott geoffenbarte Glaubenswahrheit, dass die unbefleckte, immer jungfräuliche Gottesmutter Maria nach Vollendung ihres irdischen Lebenslaufes mit Leib und Seele zur himmlischen Herrlichkeit aufgenommen worden ist."* (Neuner/Roos, Nr. 487)

Was sollte Maria mit einem irdischen Leib im Reich Gottes, das feinstofflich ist?

Man überlege nur, mit welchem Körper Maria leiblich in den Himmel aufgefahren sein soll. War das der Körper, der jahrelang im Grab gelegen hat? Stieg dieser dann himmelwärts? Wie soll das vor sich gegangen sein? Oder ist Maria selbst aus dem Grab herausgestiegen, mit ihrem Körper, der nach all den Jahren, Jahrzehnten, ja Jahrhunderten, gar nicht verwest gewesen sein soll?

Tatsächlich verlangt die Vatikankirche bis heute zu glauben, Maria habe *„als herrliche Krone aller ihrer Ehrenvorzüge"* das Privileg erhalten, *„dass sie von der Verwesung im Grab verschont blieb."* (Neuner/ Roos, Nr. 485)

Solche Obskuritäten sind Ausdruck der Absurdität des katholischen Kultglaubens. Dass sich die Vatikankirche dabei auf angebliche Offenbarungen Gottes beruft, ist eine absurde Anmaßung gegenüber dem Geist des Lebens, der sich in dem *Ich-Bin-der-Ich-Bin* durch die wahren Gottespropheten offenbart und der das Leben und die Wahrheit selbst ist.

Es ist an der Zeit, nicht nur den Christus Gottes zu rehabilitieren, sondern auch Maria, die Mutter des Jesus, die von der Vatikankirche mit diesem Marienkult ebenfalls aufs Schändlichste missbraucht wurde und wird.

Durch das Prophetische Wort durch Gabriele wissen wir, dass in Maria das hohe Geistwesen, der Seraph der göttlichen Barmherzigkeit, inkarniert war. Sie hat ihren großen himmlischen Auftrag erfüllt. Sie bereitete in großer Demut und tiefem Gottvertrauen dem Christus Gottes die Wege, der in Jesus von Nazareth inkarnierte, um den Menschen die Wahrheit des Reiches Gottes und die Erlösung zu bringen.

Die Abgründe des Martin Luther

Äußere Religionen schmücken sich mit dem Namen des Jesus, des Christus, und mit der Bezeichnung „christlich", um mit unchristlichen Machenschaften Menschen zu täuschen und blind dafür zu halten, was Jesus von Nazareth wirklich lehrte. Der Schwerpunkt dieser Machenschaften – und der damit verbundenen Schandtaten unter Missbrauch des Namens Christus – liegt, schon allein wegen des wesentlich längeren Bestehens, auf Seiten der römisch-katholischen Kirche.

Doch wie hielten und halten es Martin Luther und die Lutherkirche mit der Lehre des Jesus, des Christus?

Beginnen wir mit einem kurzen Blick in die Geschichte: Die Romkirche hatte um das Jahr 1500 enorme Macht. Bereits jahrhundertelang hatte sie Angst und Schrecken verbreitet durch die Verfolgung andersdenkender Menschen – durch Kreuzzüge und andere Kriege, durch Folter, Hinrichtungen, Kerker und Höllenandrohungen gegenüber unzähligen Mitmenschen. Die Macht der Päpste, Kardinäle, Bischöfe, ihre Geldeintreibungen bei Fürsten und Bürgern und ihre prunkvollen Selbstinszenierungen stießen jedoch auf immer größeren Unmut im Volk.

In Deutschland brachten Anfang des 16. Jahrhunderts die Ablassprediger des Vatikans das Fass zum Überlaufen. Sie versprachen den Bürgern gegen viel Geld einen Nachlass angeblich jenseitiger Sündenstrafen. Mit den Einnahmen aus dem Ablass wurde unter anderem der Bau des Petersdoms in Rom finanziert; und auch Bischöfe füllten damit die Kassen ihrer Bistümer.

Der katholische Theologieprofessor und Augustinermönch Martin Luther aus Wittenberg protestierte gegen den Ablasshandel und gegen den Machtanspruch des Papstes in Rom.

Luther behauptete zu Beginn seiner Reformation, anhand der Bibel zu den Wurzeln des Christentums zurückkehren zu wollen. Zwar schaffte er mit Hilfe der deutschen Fürsten in mehreren Ländern offensichtlich unchristliche Traditionen und Auswüchse ab, wie den Einfluss des Papsttums, den Ablasshandel, den Reliquienkult, die „Heiligsprechungen" oder den Zwangszölibat für Priester.
Doch wohin lenkte nun der Mönch und Professor der katholischen Theologie, Martin Luther, die Menschen?

Das Ziel: Lutherkirche als totalitäre Staatsreligion

Den Papst an der Spitze der Kirche ersetzte Luther durch die weltlichen Obrigkeiten, die auch der Kirche vorstehen sollten. Martin Luther verlangte in seiner Reformation einen totalitären Staat, dessen Anführer seine – also Luthers – Lehre mit Gewalt als Staatsreligion durchsetzen sollten, bei Androhung der Todesstrafe für alle Untertanen, die sich diesem von Luther reformierten katholischen Glauben nicht unterwerfen wollten – einem Glauben, der bald „protestantisch", „evangelisch" oder eben „lutherisch" genannt wurde.

Luther ernannte die Fürsten-Obrigkeiten zu Richtern im Namen Gottes und als solche auch zu Herren über Leben und Tod. Er schrieb: *„Die Obrigkeit ist eine Dienerin Gottes. (...) Gott führt der Obrigkeit die Übeltäter zu, damit sie nicht entkommen".* (Luther Deutsch, Band 9, Nr. 430)

Wo lehrte Jesus von Nazareth, dass in Seinem Namen eine Obrigkeit zusammen mit führenden Theologen Staat, Kirche und Gesellschaft beherrschen sollen?

Jesus von Nazareth sprach von der Gleichheit unter den Menschen und gegen die Herrschsucht der Obrigkeiten. Er lehrte:

„Ihr wisst, dass die, die als Herrscher gelten, ihre Völker unterdrücken und die Mächtigen ihre Macht über die Menschen missbrauchen. Bei euch aber soll es nicht so sein, sondern wer bei euch groß sein will, der soll euer Diener sein." (Markus 10, 42-43)

Martin Luther verwarf diese Lehre und folgte in seinem Denken und Tun denen, über die Jesus von Nazareth sprach, dass sie die *„Völker unterdrücken"* und *„ihre Macht über die Menschen missbrauchen"*. Luther verbündete sich mit der Obrigkeit und forderte von ihr gnadenlose Kriege und Hinrichtungen von Menschen, die nicht mit seiner persönlichen Vorstellung einer angeblich christlichen Gesellschaft übereinstimmten.

Die Lutherlehre: „Der Glaube genügt"

Negative Folgen fürchtete er nicht. Luther glaubte nämlich, dass man alleine durch den vermeintlich richtigen und von ihm neu definierten Glauben in den Himmel komme – ganz unabhängig von entsprechenden Taten. Er schrieb, *„dass wir keines Werkes bedürfen, zur Frömmigkeit und Seligkeit zu gelangen"*. (Von der Freiheit eines Christenmenschen, 1520, Weimarer Ausgabe, Band 7)
Jesus von Nazareth lehrte anders.

Wenn jedoch Luthers Lehre, dass der Glaube für das Seelenheil genüge, richtig wäre, wozu hat dann Mose die Zehn Gebote Gottes und Jesus von Nazareth die Bergpredigt gelehrt? Wenn der Glaube allein genügen würde, wie Luther behauptet – weshalb sprach dann Jesus, der Christus:

„Alles nun, was ihr wollt, dass euch die Leute tun, das tut ihnen auch. Das ist das Gesetz und die Propheten."? (Matthäus 7, 12)

Mit dieser Goldenen Lebensregel gab Jesus von Nazareth zusammenfassend den Maßstab für alle, die Ihm, dem Christus Gottes, nachfolgen. In der Bibel – die Luther ja selbst übersetzt hat – gibt es noch viele weitere Hinweise darauf, dass für das Seelenheil nicht der Glaube allein genügt, sondern die Taten entscheidend sind.

Jesus von Nazareth lehrte unmissverständlich:

„Es werden nicht alle, die zu mir sagen: Herr, Herr!, in das Himmelreich kommen, sondern die den Willen tun meines Vaters im Himmel." (Matthäus 7, 21)

Und am Ende Seiner Bergpredigt sprach Er mit der Vollmacht des Sohnes Gottes, des Mitregenten des ewigen Reiches:

„Wer diese meine Rede hört und tut sie, der gleicht einem klugen Mann, der sein Haus auf Fels baute." (Matthäus 7, 24)

Wenn Martin Luther erklärt, durch einen entspre-chenden Glauben allein käme man zur Sünden-vergebung und zum ewigen Heil, dann verkehrt er die Lehre des Jesus von Nazareth in ihr Gegenteil. Luthers weitere Behauptung, *sein* Glaube sei die einzig wahre christliche Lehre, ist folglich eine massive Fälschung der Botschaft des Jesus, des Christus. Martin Luthers Aussagen sind eben luthe-risch, aber sie sind genauso wenig christlich wie eine Kirche, die sich auf Luther beruft.

Luther leugnet das Gesetz von Saat und Ernte

Der „Reformator" trieb seine Verdrehung der Leh-re des Christus Gottes, des Freien Geistes, so weit, dass er sogar alle guten Taten eines Menschen als „verdammte Sünden" verurteilte, wenn dieser nicht den nach Luthers Vorstellung korrekten Glauben dazu hat:

„Wenn er nicht zuvor glaubte und Christ wäre, so gälten alle seine Werke nicht, sondern wären eitel närrische, verdammliche Sünden." (Von der Freiheit eines Christenmenschen, 1520)

Das bedeutet: Die guten Werke von allen Men-schen anderen Glaubens, seien sie Buddhisten, Hinduisten, Juden, Muslime oder Atheisten, sind aus Sicht Martin Luthers nichts als „verdammte Sünden" – nur, weil diese Menschen das „falsche" Gebetbuch haben.

Gutes tun – oder was Luther dafür hielt – das sei zwar seiner Meinung nach auch für seine Anhänger geboten; dies seien aber lediglich „Früchte" des Glaubens, also letztlich nicht ausschlaggebend. Denn das Seelenheil bekämen sie auch ohne dieses Tun, eben nur durch den rechten Glauben.

Was sind die Folgen dieser verdrehten Lehre? Wird damit nicht auch die Hemmschwelle für Grausamkeiten, Schandtaten und Sünden aller Art gesenkt? Luthers Taten und die seiner Nachfolger geben darauf eine aussagekräftige Antwort – die Fakten dazu, die sich oft wie eine Kriminalgeschichte lesen, kann jeder in den Geschichtsbüchern finden.

In diesem fatalen Zusammenhang steht auch Luthers Aufruf: *„Sündige tapfer, aber glaube noch tapferer."* (1521, Weimarer Ausgabe, Briefwechsel 2, S. 424) Denn durch den Glauben an die Vergebung würden die Sünden ja angeblich wieder weggenommen. Auch dies ist ein fundamentaler Widerspruch zu all den göttlichen Gesetzmäßigkeiten, die der Christus Gottes lehrt. Jesus von Nazareth sagte zu einem Mann, den Er zuvor geheilt hatte: *„Siehe zu, du bist gesund geworden; sündige hinfort nicht mehr, damit dir nicht etwas Ärgeres widerfahre."* (Johannes 5, 14)

Damit weist der Christus Gottes auf das kosmische Gesetz von Saat und Ernte hin, das zum Urwissen der Menschheit gehört, von der Lutherkirche jedoch verleugnet wird – obgleich es auch wörtlich in ihrer Luther-Bibel steht: *„Irret Euch nicht. Gott lässt sich nicht spotten. Denn was der Mensch sät, das wird er ernten."* (Galater 6, 7)

Wer Jesus, dem Christus, nachfolgt, ist bestrebt, die eigene negative Saat zu erkennen und zu bereinigen – durch Reue, Bitte um Vergebung, Vergebung und Wiedergutmachung, und indem er das erkannte Negative nicht mehr tut. So lehrte es Jesus von Nazareth, und so gab Er es auch dem von Ihm geheilten Mann als Mahnung mit auf den Weg.

Martin Luthers Lehre spricht sich jedoch klar dagegen aus, durch Selbsterkenntnis den eigenen Anteil am erlittenen Leid zu erkennen; er behauptet zum Beispiel: *„Ich glaube, dass bei allen schweren Krankheiten der Teufel der Urheber und Anstifter ist."*

Schon die bloße Suche nach den Ursachen von Wohlergehen oder Unglück erklärt Luther für teuflisch: *„Die schwersten Anfechtungen sind, wenn der Teufel uns dahin bringt, dass wir nach den Ursachen des Wohlergehens und des Unglücks forschen."* (Luther Deutsch, Band 9, Nr. 672)

Wenn also ein leidender Mensch nach den Ursachen für sein Schicksal forscht, um diese Aspekte bereinigen zu können, dann würde er laut Luther bereits dem Teufel folgen.

Mit schwersten Geschützen versucht der Mann aus Wittenberg auch die Einsicht zu verhindern, dass ein Mensch zum Beispiel als tötender Soldat oder als Henker negative Ursachen schafft, die früher oder später auf ihn selbst zurückfallen – auch wenn die Obrigkeit die Tötungsbefehle gegeben hat.

Mit seiner Ablehnung des kosmischen Gesetzes von Saat und Ernte hat Martin Luther die Basis für unzählige Kriege und Hinrichtungen in den darauf folgenden Jahrhunderten gelegt, für ein unermessliches Blutbad nach dem anderen, für unsagbares Leid, das seine Anhänger und Nachfolger anrichteten – immer in der Meinung, dass doch der Glaube allein samt Kirchentaufe genüge, alle Sünden dadurch vergeben seien und man sich des ewigen Heils nach dem Tod sicher sein könne. Jesus von Nazareth hingegen lehrte: *„Halte die Gebote und sündige nicht mehr."*

Todesurteile gegen „Täufer"

Zu Luthers Opfern gehören viele aufrichtige Männer und Frauen, die Luthers Anweisungen nicht folgen wollten. Denn er verlangte von allen Bürgern eines Landes einen einheitlichen Glauben und duldete keine Abweichungen.

Dieser Glaube beinhaltet unter anderem den Zwang zur Säuglingstaufe, durch die der Mensch bereits von seiner Geburt an von der Kirche vereinnahmt wird. Wer sich stattdessen dem Freien Geist zuwendet und sich einzig an die Lehre des Jesus, des Christus, hält, der sinngemäß sprach: *„Erst lehret, und dann taufet"*, der muss, so Luther, vom Staat hingerichtet werden.

Heute ist die Hinrichtung nicht mehr möglich – früher war es bittere Realität. Es traf insbesondere die sogenannten „Täufer". Sie ließen ihre neugeborenen Kinder nicht taufen, weil für sie die Entscheidung für ein christliches Leben eine freie Entscheidung des Erwachsenen sein sollte. Viele Menschen aus diesen Gemeinschaften erkannten deshalb auch ihre einstige kirchliche Zwangstaufe nicht mehr an. Stattdessen ließen sie sich aufgrund einer bewussten eigenen Entscheidung für Christus als Erwachsene neu taufen.

Für Martin Luther war dies ein todeswürdiges Vergehen, und er verlangte:

„Die Obrigkeit (...) soll (...) mit leiblicher Gewalt und nach Gelegenheit der Umstände auch mit dem Schwert strafen (...)." (Der 82. Psalm, 1530, Ausgabe Tomos 5, S. 74 ff .) Sie soll den Betroffenen dem *„Meister Hansen"* befehlen. Meister Hansen war ein geflügeltes Wort für den Henker.

Bei diesem Thema waren sich Luther und die Vatikankirche völlig einig. Beim Reichstag zu Speyer im Jahr 1529 wurden die katholischen und lutherischen Lehren dann zum staatlichen Reichsgesetz erhoben. Dieses lautet:

„Wer sich der Wiedertaufe unterzogen hat, ob Mann oder Frau, ist mit dem Tode zu bestrafen, ohne dass vorher noch ein geistliches Inquisitionsgericht tätig zu werden braucht."

Und weiter: *„Wer die Taufe für seine neugeborenen Kinder verweigert, fällt ebenfalls unter die Strafe, die auf die Wiedertaufe steht"* – also die Todesstrafe.

(Konstitution von Speyer, Nr. 1 und Nr. 5, zit. nach Deutsche Reichstagsakten)

Wo man ihrer habhaft werden konnte, wurden „Täufer" hingerichtet – und das unter Missbrauch des Namens des Jesus, des Christus!

Jesus von Nazareth war gegen jeden Zwang, gegen jede Vereinnahmung. Er lehrte die Freiheit und die Friedfertigkeit, und Er sprach: *„Liebe deinen Nächsten wie dich selbst."*
Was Martin Luther mit kirchlicher Todesandrohung und staatlicher Gewalt durchsetzte, ist das Gegenteil dessen, was Jesus, der Christus, lehrte.

Tod den Bauern und „Hexen"

Im Kampf um ihre Rechte begannen die Bauern in ihrer Not 1525 einen Aufstand gegen die Obrigkeiten. Unter Berufung auf Paulus – welcher entgegen der Lehre des Jesus von Nazareth der Obrigkeit das Schwert zusprach – forderte Luther deshalb die Fürsten auf:

> *„Steche, schlage, würge hie[r], wer da kann. Bleibst du darüber tot, wohl dir, einen seligeren Tod kannst du nimmermehr erlangen. Denn du stirbst im Gehorsam gegenüber dem göttlichen Wort und Befehl."* (1525, Wider die stürmenden Bauern, Weimarer Ausgabe Nr. 18, S. 357 ff.)

Damit gab Luther den Fürsten die vermeintliche Sicherheit, dass Gott hier angeblich ein Blutbad wolle. Es mögen die Götter der Unterwelt sein, die

Luther hier heranzieht. Der Gott, den Jesus von Nazareth verkündete, der die All-Liebe und der Schöpfer allen Seines ist, hat mit solchen todbringenden Aussagen nichts gemeinsam.

Zehntausende Menschen wurden in mehreren Schlachten oder unmittelbar danach geköpft, erstochen, erschlagen und gehängt, und Luther zog danach ohne Gewissensbisse und Reue Bilanz:

„Prediger sind die allergrößten Totschläger. Denn sie ermahnen die Obrigkeit, dass sie entschlossen ihres Amtes walte und die Schädlinge bestrafe. Ich habe im Aufruhr alle Bauern erschlagen; all ihr Blut ist auf meinem Hals. Aber ich schiebe es auf unseren Herrgott; der hat mir befohlen, solches zu reden." (Weimarer Ausgabe, Tischreden, Band 3, Nr. 2911b., S. 75)

„All ihr Blut ist auf meinem Hals. Aber ich schiebe es auf unseren Herrgott" – ist das nicht eine infame Verleumdung Gottes, unseres ewigen Vaters, der die Liebe ist und das Leben in allen Menschen?

Wo hat Jesus, der Christus, der Friedefürst, jemals Massaker befohlen?

Stehen nicht auch in der Bibel, die Martin Luther übersetzt hat, die Worte des Jesus, des Christus: *„Liebe deine Feinde, tut wohl denen, die euch hassen"?*

Was der lutherische Glaube, der ebenfalls, wie der katholische, allein selig machen soll, noch alles an Grausamkeiten im Gepäck hatte, das stand der Vatikankirche und ihren Kreuzzügen und Scheiterhaufen in nichts nach.

Die bald in Europa einsetzende „Hexenverfolgung" wütete sowohl in katholischen als auch in lutherisch regierten Ländern.

„Die Zauberinnen sollst du nicht leben lassen (...) man töte sie nur."

(Martin Luther, Reihenpredigten über 2. Mose, Weimarer Ausgabe, Band 16, S. 551)

So eine der vielen weiteren Tötungsforderungen Luthers.

Auch Luthers Einstellung gegenüber den Frauen war von Missachtung gezeichnet:

> „Die größte Ehre, die es [das Weib] hat, ist, dass wir [die Männer] allzumal durch die Weiber geboren werden." (zit. nach Karlheinz Deschner, Das Kreuz mit der Kirche, S. 215)

Dabei sei es auch egal, ob die Frauen dies überleben oder nicht:

> „Ob sie sich aber auch müde und zuletzt tot tragen, das schadet nichts. Lass sie nur tot tragen, sie sind darum da." (zit. nach Hubertus Mynarek, Luther ohne Mythos, S. 43)

Der Absolutheitsanspruch Martin Luthers

Der Christus Gottes, der in Jesus von Nazareth in-karniert war und als ein Mann des Volkes unter den einfachen Menschen lebte, warnte jeden, der zum Schwert greift: *„Stecke dein Schwert in die Scheide; denn alle, die zum Schwert greifen, werden durch das Schwert umkommen."* (Matthäus 26, 52)

Martin Luther jedoch entschied sich bei dieser Aussage für eine andere Übersetzung als alle an-deren bekannten Bibelübersetzer, wodurch der Sinn völlig verfälscht wurde. Bei Luther heißt es nicht mehr: *„Alle, die zum Schwert greifen, werden durch das Schwert umkommen",* sondern: *„Wer das Schwert nimmt, soll durchs Schwert umkommen."* Luther behauptet tatsächlich allen Ernstes, Jesus von Nazarteh hätte damit die Todesstrafe bestä-tigt beziehungsweise neu eingeführt. In Wahrheit wies Jesus von Nazareth warnend auf das Gesetz von Saat und Ernte hin, von Ursache und Wirkung: Wer Gewalt anwendet – gleich, ob auf Geheiß der Obrigkeit oder nicht –, der wird früher oder später selbst Gewalt erleiden. Doch gerade diese Gesetz-mäßigkeit verleugnete Luther.

Ein anderes Bibelverständnis als sein eigenes ließ der katholische Theologieprofessor Luther nicht gelten. Im Rausch immer größerer Macht unter dem

Schutz der Fürstenherrschaft stellte sich Luther als Richter sogar über die Gottesboten der Himmel. Luther wörtlich:

> *„Ich will meine Lehre ungerichtet haben von jedermann, auch von allen Engeln. Denn da ich ihr gewiss bin, will ich durch sie euer und auch der Engel (...) Richter sein, dass, wer meine Lehre nicht annimmt, dass er nicht möge selig werden. Denn sie ist Gottes und nicht mein; darum ist mein Gericht auch Gottes, und nicht mein."*
>
> (Wider den falsch genannten Stand des Papstes und der Bischöfe, 1522, zit. nach Boston College, Volume 10/2, S. 107)

Die Behauptung Luthers, seine Lehre sei die Lehre Gottes und deshalb unantastbar – nicht einmal durch die Engel Gottes – ist eine unglaubliche Anmaßung und Verhöhnung Gottes, unseres ewigen Schöpfers, der die Wahrheit ist und der durch Seinen Sohn, Jesus, den Christus, und durch Seine Propheten ganz anders lehrte als Luther.

Sein furchtbares „Gericht", seine Verurteilungen Andersgläubiger (Täufer, auch Juden und Muslime, usw.) bis hin zur Todesstrafe schreibt Luther in seiner Allmachtsfantasie Gott, dem Ewigen, zu und glaubt, damit seine Hände in Unschuld waschen zu können. Den Absolutheitsanspruch, den er beim

Papst bekämpfte, führt er bei sich zur Vollendung. In einem anderen Schreiben baute Luther diesen totalitären Herrschaftsanspruch noch aus: Für Luther ist es nicht ausreichend, wenn ein Gottesbote seine Lehre – die Lehre Luthers – zu 100 Prozent annimmt. Er müsse sich auch den Befehlen der Kirche unterwerfen – selbst wenn es ein hohes Geistwesen vor Gottes Thron ist wie z.B. der Erzengel Gabriel. Gehorcht er der Kirche nicht, müsse auch er hingerichtet werden:

> *„Wenn sie gleich das reine Evangelium wollten lehren, ja wenn sie gleich Engel und Gabriel vom Himmel wären (...) Will er predigen, so beweise er den Beruf oder Befehl [der Kirche] (...) Will er nicht, so befehle die Obrigkeit solchen Buben dem rechten Meister, der Meister Hans heißt."*
> (Der 82. Psalm, 1530, Ausgabe Tomos 5, S. 74 ff.)
> Mit „Meister Hans" ist, wie bereits gesagt, der Henker gemeint.

Luthers Lehre vom „unfreien Willen" – ein teuflisches Verwirrspiel

Luther stilisierte sich in seinem Wüten zum angeblichen Einzelkämpfer Gottes gegen den Teufel hoch. Bei näherem Hinsehen ist seine Lehre aber so konfus und gnadenlos, dass es bei ihm nicht einmal mehr eine klare Unterscheidung zwischen Gott und dem Teufel gibt. Nach der Lehre Martin Luthers bewirke Gott nämlich nicht nur das Gute, sondern auch das Böse in der Welt. Der Gläubige solle sich aber nicht näher mit diesem angeblichen Wesen Gottes beschäftigen. Luther schreibt:

„Dies gehört zu den Geheimnissen seiner Majestät, wo seine Urteile unfassbar sind. Es ist nicht unsere Aufgabe, diese Frage zu stellen, sondern diese Geheimnisse anzubeten." (zit. nach: Nachrichten der Evangelisch-Lutherischen Kirche in Bayern, Nr. 1/1997)

Der Theologieprofessor Luther steigert sich noch weiter in seine Theorien hinein, wenn er schreibt:

„Gott kann nicht Gott sein, er muss zuvor ein Teufel werden (...) Ich muss dem Teufel ein Stündlein die Gottheit gönnen, und unserem Gott die Teufelheit zuschreiben lassen." (Psalmenauslegungen, Weimarer Ausgabe Nr. 31/1, S. 249 f.)

Was hat Luther geritten, als er diese Ungeheuerlichkeiten schrieb?

Für einen Menschen, der an Gott, den All-Einen, glaubt, an Seine allumfassende Liebe und Güte, ist diese Aussage Luthers jedenfalls an Infamie nicht mehr zu überbieten. Damit ist Luther alles andere, nur kein Christ.

Steckt hinter dem Gott- und Teufel-Verwirrspiel Luthers letztlich nicht der Durcheinanderbringer, in der griechischen Sprache „Diabolos" genannt?

An anderer Stelle schreibt Luther über Gott, den Ewigen: *„Wenn ich also auf irgendeine Weise begreifen könnte, wie denn dieser Gott barmherzig und gerecht ist, der solchen Zorn und solche Ungerechtigkeit zeigt, wäre der Glaube nicht nötig."* (Vom geknechteten Willen, 1525, Weimarer Ausgabe Nr. 18, S. 633)

An welchen Gott glauben also Martin Luther und diejenigen, die ihn verehren? Der Gott, den uns Jesus von Nazareth lehrte, den wir im Vaterunser vertrauensvoll als „unseren Vater" ansprechen dürfen und der jedes Seiner Kinder liebt, kann es nicht sein!

Wer prüft, was Luther über Gott, den Schöpfer allen Lebens, lehrt, dem tun sich weitere schreckliche Abgründe auf: Der selbsterklärte Reformator behauptet, dass Gott, der Schöpfer, unzählige Seiner Kinder nach ihrem Tod nicht nur in eine ewig nie endende Höllenqual schickt. Ihre angeblich ewige Verdammnis sei von Gott sogar im Voraus bestimmt!

Dieser grausame „Gott", den Martin Luther hier erfindet, würde also einen Menschen erschaffen und für ihn gleich bei seiner Erschaffung eine spätere ewige Hölle vorausbestimmen, wo angeblich auch der Teufel ewig hausen soll. Gott würde also von Anfang an „Nachwuchs" für das satanische Reich erschaffen und später – wie es auch die Vatikankirche lehrt – nichts mehr dafür tun, um den angeblich dorthin verdammten Seelen zu helfen. Das ist die Lehre Luthers, von der er sagt: *„Wer meine Lehre nicht annimmt, dass er nicht möge selig werden."* Er spricht ausdrücklich von *seiner* Lehre, nicht von der Lehre des Jesus, des Christus, der solches nie lehrte. Welchem Lutheraner ist eigentlich bewusst, zu welcher Institution er sich bekennt und welcher Mann dort immer noch geehrt wird?

Luther trieb seine Lehre in noch weitere Abgründe äußerer Religionen. Das für die Hölle vorherbestimmte Opfer hat nach Martin Luther während seines Erdenlebens auch keinen freien Willen, um an seinem Los etwas zu ändern. Denn Luther lehrt, dass niemand den Weg zurück in die ewige Heimat, den uns Jesus, der Christus, lehrt, aus freier Entscheidung annehmen und gehen kann. Denn jeder Mensch werde laut Luther entweder von Gott oder vom Satan besetzt, und diese beiden Mächte würden entscheiden, wohin sie den Menschen steuern, je nachdem, wer von beiden Besitz von dem einzelnen Menschen ergriffen habe – so Luther. Ist es der Satan, dann müsse das Opfer eben später in eine ewige Hölle, auch wenn der Mensch zu Lebzeiten laut Luther nicht die geringste Chance hatte, sich von Satan zu lösen.

In diesem Sinne lehrt die lutherische Kirche bis heute, dass der Mensch in den für das Seelenheil entscheidenden Glaubensdingen keinen freien Willen habe.

Wie grausam und sadistisch muss der „Gott" Luthers sein, wenn er Seinen Geschöpfen solche Qualen bereits bei deren Geburt zugedacht hat?

Mit der göttlichen frohen Botschaft, die Jesus, der Christus, in die Welt brachte, haben diese lutherischen Theorien über den Teufel, die den Menschen sogar den freien Willen absprechen, nicht das Geringste zu tun.

Angesichts solcher lebensverachtenden Schreckenslehren sollten wir uns immer wieder die ursprüngliche Lehre des Jesus von Nazareth vergegenwärtigen, dessen Name für diese unheilvollen Verkündigungen missbraucht wird.

Jesus von Nazareth kam, um uns den nahen Gott zu zeigen, der die Güte, Liebe und die Barmherzigkeit ist; in dem nichts Böses ist und der nie etwas

Böses bewirkt. Gott, der Ewige, sandte uns Jesus, den Christus, Seinen Sohn, den Friedefürsten, dessen Liebe zu allem Sein auch die Feindesliebe beinhaltet:

„Liebe deine Feinde, segnet die euch fluchen, tut wohl denen, die euch hassen", so die Botschaft des Jesus, des Christus.

Die Lutherkirche folgt den Aufrufen Martin Luthers zu Gewalt und Krieg

Martin Luther lehrte im Gegensatz dazu immer wieder Krieg, Mord und Totschlag im Namen von Jesus, dem Christus – vor allem, wenn die Kriegsgegner einen anderen Glauben hatten, z.B. im Osmanischen Reich. Luther wörtlich:

„Weil die Christen (...) ein jeglicher von seiner Obrigkeit, zum Streit wider die Türken gefordert und berufen werden, sollen sie tun als die treuen und gehorsamen Untertanen und mit Freuden die Faust regen und getrost dreinschlagen, morden, rauben und Schaden tun so viel sie immer mögen, solange sie eine Ader regen können."
(Eine Heerpredigt wider den Türken, 1529, Ausgabe Tomos 4, S. 494 ff.)

„Dreinschlagen, morden, rauben" – kann jemand wirklich allen Ernstes behaupten, dass das irgendetwas mit Jesus, dem Christus, zu tun haben soll?

Die Spaltung zwischen Katholisch und Evangelisch im 16. Jahrhundert führte bald zu Kriegen zwischen den Papsttreuen und den Luther-Anhängern – auf beiden Seiten in der abwegigen Vorstellung, ihre absolutistischen Lehren, denen sie das Mäntelchen „christlich" umlegten, mit Blutvergießen, also mit satanischen Mitteln, durchsetzen zu müssen. Durch den furchtbaren Dreißigjährigen Konfessionskrieg im 17. Jahrhundert und seine Folgen wurden in manchen Regionen Europas zwei Drittel der Bevölkerung ausgerottet.

Die Historikerin Dr. Barbara Beuys berichtet in ihrem Buch „Und wenn die Welt voll Teufel wär' – Luthers Glaube und seine Erben" von weiteren Kriegsschauplätzen mit lutherischer Beteiligung, etwa anlässlich des Krieges Preußen gegen Frankreich im Jahr 1813:

> *„Die Regimenter der Freiwilligen kamen mit ihren Fahnen zur Weihe in die Kirchen, bevor sie in Kampf und Tod zogen. Wenn die Soldaten ihren Eid leisteten, hörten sie die anfeuernden Worte eines Geistlichen (...) Pazifisten wurden schlimme Folgen für das Jenseits angedroht."* (S. 417)

Allein bei der sogenannten Völkerschlacht bei Leipzig kamen im Jahr 1813 ca. 100.000 Menschen ums Leben.

Die Überlebenden des deutschen Heeres versammelten sich auf einer Anhöhe mit Blick auf die Lutherstadt Wittenberg, und man ließ sie nach dem Gemetzel das evangelische Kirchenlied singen: „Nun danket alle Gott".

In der Stadt Wittenberg errichtete man wenig später ein großes Lutherdenkmal aus Bronze und Gusseisen, das bis heute eine der Hauptattraktionen für Touristen ist. Weitere Lutherdenkmäler wurden in vielen anderen Städten errichtet.

Es folgte der Deutsch-Französische Krieg 1870/ 1871. Wie die Historikerin Barbara Beuys schreibt, kam *„wieder die große Stunde der evangelischen Prediger. Und wieder tönte es von den Kanzeln, dass der Tod auf dem Schlachtfeld zu Märtyrern im heiligen Krieg macht".* (S. 468 f.)

Beim Ausbruch des Ersten Weltkrieges 1914 verfasste die Kirchenleitung in Preußen, der Evangelische Oberkirchenrat in Berlin, ein Jubelschreiben an alle evangelischen Pfarrer, in dem es heißt: *„Gotteshäuser und Gottesdienst füllen sich. Scheinbar erstorbene Glaubensfunken leuchten wieder auf (...) Unser Volk findet seinen Gott wieder."* (S. 495)

Gemeint ist hier offenbar der Kriegsgott Martin Luthers.

Beispielhaft für den Blutrausch, in den die Lutherkirche die Soldaten trieb, ist eine Schrift des lutherischen Pfarrers Dr. Adolf Schettler aus dem Jahr 1915 für die Soldaten an der Front:

> *„Ihr, deutsche Kämpfer, seid jetzt das Werkzeug des Höchsten Gottes (...) Luther sagt: »Die Hand, die solches Schwert führt und würgt, ist alsdann nicht mehr Menschen Hand, sondern Gottes Hand, und nicht der Mensch, sondern Gott hängt, rädert, enthauptet, würgt und kriegt. Das alles sind seine Werke und Gerichte.« Herr Gott, wir danken dir, dass du uns ein Schwert gegeben hast, ein Schwert zur Rache."*
>
> (In Gottes Namen Durch!, S. 35 f.)

„Hängen, rädern, enthaupten, würgen und kriegen" – die Handschrift Luthers im Lauf der Jahrhunderte.

Zum Vergleich – Jesus von Nazareth lehrte: *„Steck dein Schwert in die Scheide; denn alle, die zum Schwert greifen, werden durch das Schwert umkommen."* (Matthäus 26, 52)

Deshalb: Wer Luther nachfolgt, kann sich „lutherisch" nennen, aber auf gar keinen Fall christlich.

„Den Himmel eher
mit Blutvergießen gewinnen ..."

Es folgte 1933 die nationalsozialistische Herrschaft. Der Katholik Adolf Hitler wusste, dass die Kriegsbegeisterung in Deutschland immer maßgeblich den Kirchenmännern zu verdanken war.

Zur Jahreswende 1943/1944, als halb Europa schon in Trümmern lag und in den Konzentrationslagern die Massaker an Millionen von Menschen vollzogen wurden, schrieb der Präsident und spätere lutherische Bischof der Thüringer Evangelischen Kirche Hugo Rönck:

> „Über Jahrhunderte hinweg mahnt uns das Vermächtnis Martin Luthers: »Solch wunderliche Zeiten sind jetzt, dass ein Volk den Himmel eher mit Blutvergießen gewinnen kann, denn anders sonst mit Beten«."
> (Thüringer Kirchenblatt Nr. 1/1944)

Der Zweite Weltkrieg forderte Millionen Opfer und brachte unvorstellbares Leid und Grauen.

Doch Adolf Hitler konnte sich auf die beiden Großkirchen verlassen. So schrieb zum Beispiel der evangelische Theologe Dietrich Bonhoeffer kurz vor Ausbruch des Zweiten Weltkriegs 1939 an den englischen Bischof George Bell, dass er nicht dagegen protestieren werde, dass in Deutschland immer mehr Männer zum Kriegsdienst einberufen werden.

Der Bonhoeffer-Biograph Eberhard Bethge schreibt dazu:

„Konnte Bonhoeffer mit einer Kriegsdienstverweigerung seine jetzt so angeschlagene (...) Bekennende Kirche belasten, so sie das weder gutheißen noch decken wollte? Tatsächlich gingen bei Kriegsausbruch aus den Reihen der Bruderräte [der Bekennenden Kirche] *Blätter an die Theologen in Kasernen und Schützengräben, in denen es hieß, Kriege seien nicht die Sache des Einzelnen, sondern der Regierungen, und man solle getrost ein guter Soldat sein."*
(Eberhard Bethge, Bonhoeffer, S. 72)

Bereits seit 1938 leisteten alle lutherischen Pfarrer in Deutschland auf Anweisung ihrer Bischöfe und Kirchenführer ihren Amtseid auf Adolf Hitler mit den Worten:

„Ich schwöre bei Gott dem Allmächtigen und Allwissenden: Ich werde dem Führer des Deutschen Reiches und Volkes, Adolf Hitler, treu und gehorsam sein."
(Amtsblatt für die Ev.-Luth. Kirche in Bayern 1938, S. 95)

Dies ist ganz im Sinne Luthers, der schrieb: *„Die Obrigkeit ist eine Dienerin Gottes"* – was bedeutet, dass ihr auch Pfarrer gehorchen müssen.

Elf lutherische Kirchenführer veröffentlichten 1939 die sogenannte Godesberger Erklärung mit dem Bekenntnis:

> *„Der Nationalsozialismus (...) führt (...) das Werk Martin Luthers nach der weltanschaulich-politischen Seite fort und verhilft uns dadurch in religiöser Hinsicht wieder zu einem wahren Verständnis christlichen Glaubens."* (zit. nach Ernst Klee, Die SA Jesu Christi, Die Kirche im Banne Hitlers, S. 139)

In dieser Zeit zog auch die Hasslehre Martin Luthers gegenüber Menschen jüdischen Glaubens die schlimmsten Folgen nach sich.

Noch zurückhaltend formulierten die Kirchenführer in der Nachfolge Martin Luthers in der Godesberger Erklärung: *„Der christliche Glaube ist der unüberbrückbare Gegensatz zum Judentum."*

Bereits aus dem Jahr 1923 wird ein Ausspruch des jungen Adolf Hitler überliefert:

„Luther war ein großer Mann, ein Riese. Mit einem Ruck durchbrach er die Dämmerung; sah den Juden, wie wir ihn erst heute zu sehen beginnen." (Dietrich Eckart, Zwiegespräche zwischen Adolf Hitler und mir, S. 35).

Adolf Hitler rechtfertigte 1933 die Judenverfolgung damit, *„dass er gegen die Juden nichts anderes tue als das, was die Kirche in 1500 Jahren gegen sie getan habe",* womit er sich hierbei sowohl auf die römisch-katholische Kirche als auch auf die lutherische Kirche beziehen konnte. (Friedrich Heer, Gottes erste Liebe, S. 10)

Der Philosoph Karl Jaspers stellt fest:
Luthers *„Ratschläge gegen die Juden hat Hitler genau ausgeführt."* (Der philosophische Glaube angesichts der Offenbarung, S. 90)

Solche Ratschläge findet man in Luthers Schrift „Von den Juden und ihren Lügen" aus dem Jahr 1543. (Wittenberg 1543; vgl. Jenaer Ausgabe 1558)

– Martin Luther behauptet, dass die Juden *„1400 Jahre unsere Plage, Pestilenz und alles Unglück gewesen sind und noch sind".*
Der Satz *„Die Juden sind unser Unglück"* wird dann zu einer der schlimmsten Parolen der nationalsozialistischen Zeit.

– Martin Luther fordert, man soll ihre *„Synagogen oder Schulen mit Feuer anstecken (...) unserem Herrn und der Christenheit zu Ehren, damit Gott sehe, dass wir Christen seien (...)"*

Der evangelisch-lutherische Landesbischof Martin Sasse aus Eisenach reagiert mit voller Zustimmung, als 1938 überall in Deutschland die Synagogen dann tatsächlich niedergebrannt werden. Nun würde also, so Sasse, dieses Vermächtnis Martin Luthers von einer deutschen Regierung erfüllt.

Der lutherische Kirchenführer bekräftigt auch die weiteren Forderungen Luthers und veröffentlichte dazu ein Buch mit dem Titel: „Martin Luther über die Juden – Weg mit ihnen!" (Sturmhut-Verlag, Freiburg 1938)

Im Vorwort schreibt der Bischof:
„Am 10. November 1938, an Luthers Geburtstag, brennen in Deutschland die Synagogen (...) In dieser Stunde muss die Stimme des Mannes gehört werden, der (...) der größte Antisemit seiner Zeit geworden ist, der Warner seines Volkes wider die Juden."

– Martin Luther fordert weiter, *„dass man ihnen nehme alle ihre Betbüchlein (...) auch die ganze Bibel und nicht ein Blatt ließe"*.
Die Nationalsozialisten lassen bereits 1933 die jüdischen Schriften verbrennen.

– Martin Luther empfiehlt, jüdische Mitbürger zu meiden: *„Wenn du siehst oder denkst an einen Juden, so sprich bei dir selbst also: (...) Ich sollte mit einem solchen verteufelten Maul essen, trinken oder reden? (...) So mache ich mich gewiss damit teilhaftig aller Teufel, die in den Juden wohnen."*
Die Nationalsozialisten verbieten 1941 Freundschaften zwischen Deutschen und Juden. In öffentlichen Einrichtungen dürfen Juden nicht mehr bei anderen Deutschen sitzen.

– Martin Luther fordert weiter, *„dass man ihre Häuser desgleichen zerbreche und zerstöre (...) Dafür mag man sie etwa unter ein Dach oder einen Stall tun".*
Die Nationalsozialisten vertreiben die Juden aus ihren Häusern und Wohnungen und sperren sie zunächst in Gettos, später in die Holzbaracken der Konzentrationslager.

– Martin Luther fordert, *„dass man den Juden das Geleit und Straße ganz und gar aufhebe (...) Sie sollen daheim bleiben".*
Juden dürfen in den Jahren ab 1941 ihren Wohnort nur mit polizeilicher Genehmigung verlassen.

– Martin Luther fordert, *„dass man (...) nehme ihnen alle Barschaft und Kleinod an Silber und Gold".*

411

Das tun die Nationalsozialisten ebenfalls. 1938 wird ihr Besitz enteignet, 1939 auch der Schmuck eingezogen, später alles Geld.

– Martin Luther fordert, *„dass man den jungen und starken Juden und Jüdinnen in die Hand gebe Flegel, Axt, Karst, Spaten, Rocken, Spindel und lasse sie ihr Brot verdienen im Schweiß der Nasen".* Die noch arbeitsfähigen jüdischen Mitbürger wurden in den Konzentrationslagern zur Zwangsarbeit gezwungen. Sie wurden zunächst von den Schwächeren getrennt, die sogleich umgebracht wurden. Wurden sie arbeitsunfähig, wurden auch sie ermordet.

– Martin Luther fordert, *„dass man ihnen verbiete, bei uns ... öffentlich Gott zu loben, zu danken, zu beten, zu lehren bei Verlust Leibes und Lebens".* Dies ist eine direkte Hinrichtungsforderung Luthers. Am Ende waren es Millionen von jüdischen Mitbürgern, die während der nationalsozialistischen Gewaltherrschaft umgebracht wurden.

– Martin Luther fordert: *„Summa: (...) dass ihr und wir alle der (...) teuflischen Last der Juden entladen werden (...)"* Man *„gehe mit ihnen um nach aller Unbarmherzigkeit".*

Das lehrte Luther – und wohin führte er die Menschen, die ihm folgten?

Jesus von Nazareth sprach: *„Folget Mir nach"*, Seinen Lehren der Bergpredigt und den Zehn Geboten Gottes.

Luther hingegen bekannte offen, wes Ungeistes Kind er war, mit den Worten: *„Prediger sind die allergrößten Totschläger. (...) Aber ich schiebe es auf unseren Herrgott; der hat mir befohlen, solches zu reden."*

„Prediger sind die allergrößten Totschläger".

Warum wird ein Mann, der solche Hasspredigten im Namen der Religion führt, nach 500 Jahren immer noch gefeiert oder geehrt? Warum werden Straßennamen nach ihm benannt?

Welche Verzweiflung, welches Leid der Reformator und „große Deutsche" – als der er oft bezeichnet wird – bei Millionen von Menschen verursacht hat, bei den unzähligen Opfern seiner Lehren ebenso wie bei deren Angehörigen, ist kaum zu ermessen.

Luthers Anhänger können sich lutherisch nennen; sie haben jedoch kein Recht, sich „christlich" zu nennen.

Schandtaten
über Schandtaten –
unter Missbrauch
des Namens des Jesus,
des Christus

„An ihren Früchten werdet ihr sie erkennen"

Weltliche Gerichte sind empört, wenn jemand falsches Zeugnis gibt, also eine falsche Zeugenaussage macht. Wir, Urchristen, Nachfolger des Jesus von Nazareth, sind empört über das falsche Zeugnis, das die institutionellen Kirchen Katholisch und Lutherisch über Jesus von Nazareth abgeben. Denn die Verantwortlichen der kirchlichen Institutionen nehmen die Lehre des großen Weisheitslehrers Jesus von Nazareth, des Christus Gottes, und setzen den Baalskult darauf mit seinen ungezählten Ritualen und Zeremonien, mit seinem verwirrenden Labyrinth an Glaubensvorschriften und Dogmen.

Die Institutionen Katholisch und Lutherisch sprechen wohl „Herr, Herr!". Sie geben vor, alles im Namen des Christus zu tun. Doch ihre Taten entsprechen *dem* Herrn, dem sie dienen, dem, der in ihrem Religionsgebilde thront und der in ihren Früchten zum Ausdruck kommt.
In zahlreichen Büchern sind Schandtaten über Schandtaten verzeichnet, die von den Führern der Institutionen Kirchen und ihren Mitläufern begangen wurden und teilweise noch immer werden – unter Missbrauch des Namens des Jesus, des Christus.

Wo bleibt die Waage der Gerechtigkeit?

Doch weder all die Kulthandlungen und dogmatischen Lehraussagen der äußeren Religionen Katholisch und Lutherisch, noch vor allem die grauenvollen Taten, die die Kirchengeschichte beider Konfessionen aufweist, haben mit Jesus von Nazareth und Seiner Friedenslehre irgendetwas zu tun. Die Rechtsprechung spricht Recht. Das allumfassende Gottesgesetz ist Gerechtigkeit. Urchristen streben nach der Gerechtigkeit. Die Waage der Gerechtigkeit ist immer der Ausgleich.
Wo ist die Waage? Wo ist die Gerechtigkeit?

Von Gerechtigkeit könnte man allenfalls dann reden, wenn begangenes Unrecht wieder gut gemacht würde, wenn beispielsweise der Vatikan die milliardenschweren Reichtümer seiner Kirche, die vatikanischen Schätze, für die Armen und Hungerleidenden veräußern und das über Jahrhunderte zusammengeraubte Beutegut wieder zurückgeben würde – eventuell an die Nachfahren derer, an denen man sich so überaus schwer versündigt hat. Es genügt nicht, wenn Päpste in die Opferländer reisen und für die Taten der Vergangenheit Schuldbekenntnisse aussprechen, dabei aber auf den geraubten Reichtümern sitzen bleiben. Was haben die Menschen von schön klingenden Worten der Täter und ihrer Nachfolger, solange ihr von der Kirche verursachtes Elend nicht gemildert, also zumindest ansatzweise wiedergutgemacht wird?

Bevor wir auf die blutdurchtränkte Geschichte der kirchlichen Institutionen näher eingehen, wollen wir uns noch einmal vergegenwärtigen, was Jesus von Nazareth lehrte – und was nicht.

Jesus von Nazareth brachte die schlichte Lehre der Gottes- und Nächstenliebe und der Friedfertigkeit, die Lehre des Freien Geistes.
Er lehrte den Weg der Selbsterkenntnis und der Bereinigung, der Reue, der Vergebung und der Bitte um Vergebung und der Wiedergutmachung dessen, was man verursacht hat.
Alles ohne Priester, ohne Kirchen,
ohne Kulte, ohne Zeremonien,
ohne Blutopfer, ohne Weihrauch,
ohne Eucharistie,
ohne Monstranz,
ohne Kindstaufe,
ohne Letzte Ölung,
ohne von Menschen erdachte Dogmen
und Kirchenlehren,
ohne angebliche „Heilige" und „Selige",
ohne Reliquien,
ohne Totenkult,

ohne Kruzifix, ohne Rosenkranz,
ohne angebliche „Mutter Gottes",
ohne Gebetsfloskeln,
ohne Ablasspforten,
ohne ewige Verdammnis,
ohne Päpste und Bischöfe,
ohne Beichtstühle,
ohne Kirchensteuer,
ohne Mammon,
ohne den ganzen äußeren Zauber, der die Menschen an die Priester binden soll.

Jesus von Nazareth lehrte: *„Jeder gute Baum bringt gute Früchte, ein schlechter Baum aber schlechte. Ein guter Baum kann keine schlechten Früchte hervorbringen und ein schlechter Baum keine guten."*
(Matthäus 7, 17-18)

Was haben all die Gebete, Zeremonien, Kulte und Gottesdienste gebracht, wenn unter den sogenannten Christen vielfach Friedlosigkeit herrscht, wenn die Umwelt derart geschändet wird, dass schon in wenigen Jahrzehnten der Großteil der Menschheit mehr und mehr durch den Klimakollaps elendig zugrunde zu gehen droht? Wessen Früchte gehen hier auf? Es sind die Früchte von Institutionen, die den Namen Christus nur im Munde führen, deren Taten aber eine ganz andere Sprache sprechen.

Die durch kirchliche Institutionen gesetzten negativen Ursachen sind so immens, dass sie hier nur ansatzweise wiedergegeben werden können. Beispielhaft werden einige der vielen ungesühnten Verbrechen, Bruchstücke einer 1700-jährigen Schuld der institutionellen Kirchen gegenüber der Menschheit, wieder ins Bewusstsein gerufen. Sie werden herausgeholt aus dem Kerker der Geschichtsfälschungen und des Vergessens, aus den Verliesen der von der Kirche in unvorstellbar großem Stil begangenen Geschichtsklitterung durch kirchenhörige und von den Kirchen bezahlte Geschichtsschreiber.

Gerade die Nachfolger des Jesus, des Christus, wurden von den Institutionen Kirche über all die Jahrhunderte bekämpft. Das, was in den vergangenen Jahrhunderten an Verbrechen über die Menschheit gebracht wurde, ist das Eine – was aber unter Missbrauch Seines Namens durch die Verfolgung und Ausmerzung der wahren Nachfolger des Jesus von Nazareth verhindert wurde, wiegt ebenso schwer. Auch darüber wird im Folgenden berichtet.

Die verfolgten Nachfolger
des Jesus von Nazareth

Blicken wir zurück: Wie war es damals, als Jesus von Nazareth auf der Erde lebte und kurz danach?
Die ersten Christen lebten so, wie Jesus von Nazareth es gelehrt hat: Sie lebten in Gemeinschaften und teilten alles miteinander. Jeder arbeitete mit, wie es seinen Fähigkeiten entsprach. Ein jeder war dem anderen gleichgestellt; es gab keine Höhergestellten. Frauen und Männer waren gleichgestellt und hatten beide verantwortliche Aufgaben in den Gemeinden, zum Beispiel als Wortträgerinnen und Wortträger Gottes. Es gab weder Priester noch Bischöfe noch sonstige Mittler. Die ersten Christen bemühten sich, die Lehren des Jesus von Nazareth in ihrem Leben Schritt für Schritt in die Tat umzusetzen.

Wie kommt es dann, dass heute – nahezu 2000 Jahre später – die Mehrzahl der Menschen, die sich als Christen bezeichnen, von diesem urchristlichen Leben nichts wissen und stattdessen eingebunden sind in eine institutionelle katholische oder lutherische Theologen-Kirche, die in krassem Gegensatz steht zu dem, was Jesus von Nazareth lehrte und vorlebte?

Das konnte nur deshalb geschehen, weil sich nach kurzer Zeit das alte Kult-Priestertum in die urchristlichen Gemeinschaften einschlich und mehr und mehr an Einfluss und Macht gewann.

Konstantin: Religion als Machtinstrument

In der aufblühenden Gemeinschaft der Urchristen, die nach der Erlösertat des Jesus von Nazareth, des Christus Gottes, sich mehr und mehr verbreitete, wirkte der Geist des Christus Gottes durch das Prophetische Wort.

Doch bereits durch Saulus, der später zu Paulus wurde, kamen die ersten Unstimmigkeiten in die urchristlichen Gemeinden. Paulus – der Jesus von Nazareth selbst nie gekannt hatte – hat das reine, von Christus gegebene Wort vermischt mit den ihm noch anhaftenden römischen Vorstellungen, die noch von Kämpferischem und Herrschsüchtigem geprägt waren, und so auch in seinen Briefen an die Urgemeinden niedergeschrieben.

Dadurch kam es vor allem zu Beginn seiner Lehrtätigkeit zu Verfälschungen der Lehre des Christus Gottes. In die Urgemeinden zogen Unstimmigkeiten ein; nach und nach ging der lebendige Geist, das Prophetische Wort Gottes, zurück. Mehr und mehr unterwanderten machthungrige Menschen die Urgemeinden.

Eine ganz entscheidende Rolle bei der Abkehr von der Lehre des Jesus von Nazareth – auch von der Lehre der Gottes- und Nächstenliebe, die die Tiere und die ganze Natur mit einschließt – spielten die römischen Kaiser Konstantin (um 280-337) und Theodosius I. (347-395), der im Jahr 380 dann ein bereits in sein Gegenteil verkehrtes „Christentum" zur Staatsreligion erhob.

Kaiser Konstantin stand bezüglich Machtbesessenheit, Herrschsucht und Grausamkeit seinen römisch-kaiserlichen Vorgängern in nichts nach. Und mit diesem Mann schloss die Priesterkaste – die sich in den ehemals urchristlichen Gemeinschaften inzwischen selbst installiert und die Macht übernommen hatte – Anfang des 4. Jahrhunderts ein Bündnis.

Die Priestermänner hatten die ernsthaften Nachfolger des Nazareners bereits zum Teil aus den Gemeinden hinausgedrängt und bekämpften sie als „Häretiker", unter anderem wegen deren Festhalten an der vegetarischen Lebensweise.

Nun verwarfen die Priester im Verbund mit Kaiser Konstantin noch die letzten Reste urchristlicher Lehre und urchristlichen Lebens und exkommunizierten diejenigen Christen, die – in Treue zur Lehre des Jesus von Nazareth – den Dienst an der Waffe verweigerten.

Das Gebot Gottes *„Du sollst nicht töten"* und die friedfertige Lehre des Jesus von Nazareth: *„Liebe deine Feinde"* und: *„Steck dein Schwert in die Scheide; denn alle, die zum Schwert greifen, werden durch das Schwert umkommen"*, wurden von der Priesterkaste mit Füßen getreten.

Denn Kaiser Konstantin führte viele Kriege, und dafür brauchte er Soldaten, menschliche „Schlachtopfer", um seine Vorstellungen von Machtausübung und Religion zu verwirklichen. Bis dahin wurden z.B. auch Jäger gar nicht in die Gemeinde aufgenommen – das war nun alles hinfällig. Im Gegenzug versorgte Konstantin die Priesterkaste mit Geld und Privilegien.

Kopf der einst 12 m hohen Kolossalstatue Konstantins des „Großen" in Rom

Das war die eigentliche Geburtsstunde der römisch-katholischen Kirche, die zum Dank dafür Kaiser Konstantin bis heute in ihrem „Heiligenkalender" führt. Damit wurde er für seine Verbrechen gegen die Nachfolger des Jesus von Nazareth und für den Hochverrat an Jesus von Nazareth, dem Christus Gottes, von der Vatikankirche „geadelt".

Die katholischen Priester übernahmen immer mehr aus heidnischen Kulten stammende Bräuche. Anstelle der vegetarischen Ernährung der Urchristen wurden die Gläubigen gezwungen, Fleisch zu essen. Sie zwangen im Verbund mit der Staatsmacht, dem Kaisertum, den Menschen das Fleischverzehren schließlich sogar unter Androhung der Todesstrafe auf.

Die hohe Ethik und Moral, die Jesus von Nazareth gelehrt hat, ging mehr und mehr verloren. Es fand, im wahrsten Sinne des Wortes, eine „feindliche Übernahme" der ursprünglich freien Lehre des Jesus von Nazareth und der Gemeinschaft, die sich in Seinem Namen versammelte, durch weltliche Herrscher statt, im Verbund mit einer die Riten heidnischer Kulte praktizierenden, sich aber christlich nennenden Priesterkaste.

Immer wieder entstanden in der Folgezeit jedoch auch Bewegungen und Gruppierungen, die an die ursprüngliche urchristliche Lehre anknüpften und diese in die Tat umzusetzen begannen – und immer wieder wurden diese Bewegungen von der römisch-katholischen Priesterkirche gnadenlos verfolgt und ausgemerzt. Ihren monströsen Höhepunkt erreichte die „Ketzerjagd" auf die verfolgten Nachfolger des Jesus von Nazareth in der Inquisition des Mittelalters. Doch ihre Anfänge hatten sich bereits vor der staatlichen Annexion durch Kaiser Konstantin abgezeichnet.

Markion: Gegen das falsche Gottesbild

Einer der verfolgten Urchristen war Markion (ca. 85-160). Er kämpfte gegen die sich entwickelnde amtskirchliche Tradition, die den Geist der Freiheit und Einheit der Urgemeinden in veräußerlichte Rituale zwängen wollte und vermachte sein Vermögen der Gemeinde in Rom. Er kämpfte auch gegen das falsche Gottesbild der Priesterkaste – das Bild von einem Gott der Strafe, der ewigen Verdammnis und der Angst und trat ein für den Gott der Liebe. Dafür wurde er aus der Gemeinde ausgeschlossen, die sich immer mehr von den urchristlichen Werten entfernte. Er gründete eigene Gemeinden, die sich im 2. und 3. Jahrhundert vom Euphrat bis zur Rhone ansiedelten; seine Anhänger lebten gewaltlos, vegetarisch und tranken keinen Alkohol.

Doch die unheilvolle Allianz von Priestertum und Kaisertum setzte sich durch: Zwei Jahrhunderte nach Markion verbot Konstantin die Versammlungen und Gottesdienste der Markioniten selbst in ihren Privathäusern, ließ ihren Besitz beschlagnahmen, ihre Versammlungshäuser zerstören.
Wenige Jahrzehnte nach Konstantin ließ Kaiser Theodosius die Bewegung der Markioniten und weitere Glaubensbewegungen noch brutaler verfolgen als Konstantin. Er machte den Katholizismus

ganz offiziell zur alleinigen Staatsreligion, zum einzigen im gesamten römischen Reich noch erlaubten religiösen Glauben.

Wer nicht katholisch ist, wird zum wahnsinnigen „Ketzer" erklärt

Kaiser Theodosius I. erließ am 28. Februar 380 das Edikt von Thessalonich, mit dem der Katholizismus zur einzigen Staatsreligion erklärt wurde.

Im ganzen Reich musste man nun an *„eine Gottheit Vaters, Sohnes und Hl. Geistes in gleicher Majestät und heiliger Dreifaltigkeit glauben. Nur diejenigen, die diesem Gesetz folgen, sollen, so gebieten wir, katholische Christen heißen dürfen; die übrigen aber, die wir für toll und wahnsinnig halten, haben die Schande ketzerischer Lehre zu tragen."* (Edikt Cunctos populos, Codex Theodosianus 16, 1,2)

Auf Veranlassung der Kirchenoberen wurde der Landbesitz der nunmehr als „Ketzer" Gebrandmarkten beschlagnahmt, und sie verloren ihre staatsbürgerlichen Rechte. Einen aus Sicht der neuen Staatskirche – und damit auch des Staates – „falschen" Glauben zu haben, wurde schließlich sogar zu einem „Majestätsverbrechen" erklärt, worauf Verbannung oder gar die Todesstrafe stand.

Doch nicht nur das: Die Präfekten des Kaisers wurden verpflichtet, eigens zum Aufspüren und Aburteilen der „Ketzerei" „Inquisitoren" (Untersuchungsrichter) und „Denunzianten" (Geheimagenten) zu ernennen.

Hier wurde also die spätere Inquisition – nicht nur dem Namen nach – bereits vorweggenommen. Es wurde ein spezieller geheimer Untersuchungsapparat mit uneingeschränkten Vollmachten eingerichtet. Auf diese Gesetze des Theodosius beriefen sich später im Mittelalter fast alle kirchlichen „Ketzerjäger" – übrigens auch Luther – zur Rechtfertigung der Inquisition und der Verfolgung von Menschen wegen ihres Glaubens.

Es waren zwar Gesetze des Staates – doch natürlich steckte hinter dieser gnadenlosen Verfolgung Andersdenkender immer schon die Kirche selbst, mit dem Ziel, alles „auszumerzen", was sich ihrer Doktrin nicht unterordnete.

Montanus – die Prophetie
wird zum Schweigen gebracht

Verleumdet, aufgespürt, jeglicher Rechte beraubt,
enteignet, verbannt, ermordet ... – die verfolgten
Nachfolger des Jesus, des Christus, befanden sich
in einer ausweglosen Lage.
Nur jenseits der Grenzen des katholischen spät-
römischen Reiches konnten sich Überlebende der
einzelnen Bewegungen neu sammeln und ihre Hingabe für die ursprüngliche Nachfolge des Jesus von
Nazareth in eine ungewisse Zukunft hinüberretten.

Die Priesterkirche hatte de facto die Macht im
Staate übernommen und machte sich daran, alles
„auszumerzen", was ihr nicht hörig war – alles unter
Missbrauch des Namens Gottes, des Allerhöchsten,
und unter Missbrauch des Namens des Jesus, des
Christus, des Mitregenten des Reiches Gottes.

Das betraf auch die Montanisten, deren Bewegung
bereits im 2. Jahrhundert entstanden war. Sie scharten sich um Montanus und um das Prophetische
Wort, das ihm vom Christus-Gottes-Geist gegeben war, ebenso wie einigen seiner Gefährtinnen.
Die Urchristen lebten – wie erwähnt – die Gleichberechtigung von Mann und Frau. Und in den
urchristlichen Gemeinden war das Prophetische

Wort eine Selbstverständlichkeit. Gott sprach durch Menschen, die Er sich als Instrumente erwählt hatte. Selbst in der Bibel der Kirchen kann man die Worte von Jesus von Nazareth nachlesen:

„Darum hört: Ich sende Propheten, Weise und Schriftgelehrte zu euch (...)" (Matthäus 23, 34)

Zu allen Zeiten versuchte jedoch die Machtkirche, das lebendige Wort Gottes zum Schweigen zu bringen. „Löschet den Geist aus!" – das war und ist bis heute ihre Devise.

Montanus und seine Gefährten wurden ausgeschlossen, verfolgt, verbannt, ermordet. Der reformierte Schweizer Theologe Professor Walter Nigg schreibt dazu in seinem Buch „Prophetische Denker":

„Mit der Ausscheidung der montanistischen Bewegung aus der Kirche verblasste auch das Prophetische in der Christenheit. Eine Stimme hörte auf zu reden, die niemals hätte verklingen dürfen, denn damit ging eine unmittelbare Lenkung von oben verloren (...)" (S. 43)

So heißt es auch in der Bibel der Kirchen: *„Ohne prophetische Offenbarung verwildert das Volk; wohl ihm, wenn es die Lehre bewahrt."* (Sprüche 29, 18) Die durch Montanus ins Leben gerufene urchristliche Gemeinschaft überlebte die Verfolgung durch den Katholiken Kaiser Theodosius nicht; sie verschwand im Verlauf des vierten Jahrhunderts.

Mani – der „Gesandte des Lichts"

Im dritten Jahrhundert entstand in Persien eine andere urchristliche Bewegung, die sich ebenfalls um das Prophetische Wort scharte.

Mani, der „Gesandte des Lichts", wies auf Christus hin, der für ihn der innere Führer der Seelen zum Licht, also zu Gott ist. Er lehrte, dass mit Hilfe des inneren Christuslichtes der Mensch das Dunkle, das Böse in sich und in der Welt durch das Gute überwinden kann.

Die nach ihm benannten Manichäer lebten vegetarisch und gewaltlos. Sie glaubten, wie die ersten Christen, an die Möglichkeit der Wiederverkörperung der Seele und lebten in der Gewissheit, dass jede Seele einst wieder bei Gott sein wird.

Weil sie fernab von Rom entstand, konnte sich diese freie Bewegung bis ins hohe Mittelalter hinein halten. Doch auch sie wurde dort blutig verfolgt, wo sie im Einflussbereich der Romkirche Anhänger hatte.

Besonders fanatisch hetzte der Kirchenvater und katholische angeblich „Heilige" Augustinus (354-430) gegen die sogenannten Manichäer.

Augustinus hatte sich selbst einige Jahre dieser Bewegung zugerechnet, war dort jedoch nie über den Stand eines bloßen Zuhörers hinausgekommen.

In der Folge wurde Augustinus zu einem geistigen Brandstifter, der sogar Folter und Todesstrafe für Andersgläubige forderte und rechtfertigte.

Die Bestrafung der Häresie – also jedes von der katholischen Kirche abweichenden Glaubens – sei, so Augustinus kein Übel, sondern ein „Akt der Liebe". Und die Folter sei – verglichen mit der ewigen Verdammnis, die die Kirche bis heute jedem „Ketzer" androht – geradezu eine „Kur" für die Seele, wenn er sich dadurch bessere.

Augustinus von Hippo

Origenes und die Arianer

Dass eine ewige Verdammnis, ebenso wie Gewalt und Folter, mit der Lehre des Jesus von Nazareth nicht das Geringste zu tun hat, das erkannte und lehrte der bereits erwähnte große antike Weisheitslehrer Origenes, der im 3. Jahrhundert lebte. Unter anderem geht die Bewegung der Arianer auf Origenes zurück, denn deren Namensgeber Arius baute auf der Lehre des Origenes auf.

Die Kirche verfolgte auch diese Lehre und rottete sie aus, wo sie nur konnte. Im Jahr 385 wurde auf Betreiben der Kirche in Trier der Spanier Priscillian mit sechs seiner Gefährten hingerichtet. Sein angeblich todeswürdiges „Vergehen" bestand darin, wie Origenes die Reinkarnation zu lehren, die vegetarische Ernährung, die Gleichstellung der Frau und die Achtung vor der Natur. Doch wer *für* den Gott der Liebe eintritt, *für* Christus, *für* den Freien Geist, der in allem das Leben ist, der gefährdet die Machtansprüche der Priesterkaste und die ihres Herren und muss deshalb „ausgemerzt" werden.
Der Name Priscillian taucht in den bis heute gültigen kirchlichen Verdammungsflüchen auf, nach denen Vegetarier als „Häretiker" gelten, die laut dem Kirchenvater Augustinus eine „gottlose Ketzermeinung" vertreten.

Der inzwischen fest etablierten vatikanischen Machtkirche war es insbesondere ein Dorn im Auge, dass während der Völkerwanderungszeit die meisten der germanischen Stämme sich ihr nicht unterordnen wollten, sondern lieber die freiere arianische Lehre annahmen, wenn auch ohne die urchristliche Gewaltlosigkeit.

Doch Abweichung ist Abweichung und muss aus Sicht der Kirche bestraft und „ausgemerzt" werden. Die katholischen Kleriker drängten im 6. Jahrhundert den oströmischen Kaiser Justinian so lange, bis er regelrechte Vernichtungskriege begann: Zunächst gegen die arianischen Ostgoten in Italien, dann gegen die ebenfalls arianischen Vandalen in Nordafrika. Beide Völker wurden dabei so gut wie ausgerottet. Dies ist das erste geschichtliche Beispiel dafür, dass die äußere Religion Römisch-Katholisch auch vor Völkermord nicht zurückschreckte, wenn es um die Vernichtung der religiösen „Konkurrenz" ging.

Im Umfeld dieser brutalen Eroberungskriege bedienten sich die römisch-katholischen Priestermänner auch der psychologischen Kriegsführung: Sie sorgten dafür, dass Kaiser Justinian die Lehre der Kriegsgegner – also die Lehre des Origenes – im Jahr 543 in Konstantinopel mit dem Bannfluch belegen ließ. Tod und ewige Verdammnis für alle, die sich dem Machtanspruch der katholischen

Zwangsreligion nicht unterordneten – das war ihre Devise. Und das alles im Namen Gottes und im Namen des Christus Gottes.

Der Strom des Urchristentums lässt sich nicht aufhalten

Die Blutspur der römisch-katholischen Kirche breitete sich allmählich immer weiter aus. Auch die Grausamkeit der kirchlichen Inquisition war noch längst nicht auf ihrem Höhepunkt angekommen. Im Mittelalter, rund tausend Jahre nach Christus, wähnte sich die katholische Kirche schon am Ziel. Im gesamten ehemaligen römischen Reich gab es weit und breit nur noch *eine* geduldete äußere Religion, und das war die römisch-katholische Kultreligion.

Mit dem Urchristentum ist es jedoch wie mit einem mächtigen Strom: Er lässt sich nicht aufhalten, indem man einen Damm baut oder Steine in das Flussbett legt. Man kann die Wassermassen eine Zeitlang stauen und dadurch vorübergehend aufhalten. Man kann sie zeitweise in den Untergrund zwingen. Doch früher oder später wird das Wasser an anderer Stelle wieder auftauchen; es wird alle Umwege hinter sich lassen, alle Hindernisse umfließen und überwinden.

Genau so ist es auch mit dem Strom des Urchristentums in der Geschichte. Die versprengten und zerstreuten Christusnachfolger sammelten sich immer wieder neu, bildeten – fernab der von der römischen Kirche kontrollierten Gebiete – Lebens- und Arbeitsgemeinschaften, lebten gewaltlos und vegetarisch, achteten die Natur und übten sich in der Gottes- und Nächstenliebe. Der Strom des Urchristentums brach immer wieder neu hervor, mächtiger als zuvor, und er strömt bis heute.

Denn auch wenn die Kirche die Christusnachfolger verteufelte, quälte und ermordete – ihre Seelen leben weiter. Sie vergaben ihren Peinigern, und viele von ihnen nahmen wieder neue Körper an. Sie kehrten zurück, um weiterzubauen an den Fundamenten für das zukünftige Reich des Friedens, das vor ca. 2700 Jahren bereits der Gottesprophet Jesaja angekündigt hatte.

Kreuzzug gegen die „Ketzer"

Das aber stachelte die Wut der Kirchenoberen und ihrer „Ketzerjäger" nur umso mehr an. Und sie verfügten über gewaltige Macht: *„Niemals wieder besaß das Papsttum eine Machtfülle wie unter Innozenz III.",* schreibt Karlheinz Deschner in dem Buch „Abermals krähte der Hahn" (S. 240) über den

Papst, der zu Beginn des 13. Jahrhunderts regierte. Dieser Papst verfolgte eine Glaubensbewegung, die schon während des 12. Jahrhunderts im Süden Frankreichs großen Zulauf hatte.

Es waren die Katharer, die von ihrer Hände Arbeit und gewaltlos lebten, die die Natur achteten und kein Fleisch aßen, die an die Reinkarnation glaubten und sich in der freien Natur oder in Höhlen trafen, um gemeinsam zu beten und sich auszutauschen. Kirchliche Rituale und Symbole lehnten sie ab. Ihre Lebensweise stand in scharfem Kontrast zum Reichtum und zum Verhalten der meisten Kleriker.

Viele Menschen erkannten, dass die Lebensweise der Kirchenvertreter mit der Botschaft des Jesus von Nazareth nichts zu tun haben konnte und schlossen sich deshalb der friedfertigen Bewegung der Katharer an oder sympathisierten offen mit ihr.

Papst Innozenz III. setzte nun seine gesamte Machtfülle ein, um diese Bewegung zu vernichten. Er hetzte den französischen König gegen das damals noch unabhängige Okzitanien und exkommunizierte den südfranzösischen Grafen von Toulouse, weil sich dieser nicht an der Verfolgung der „Ketzer" beteiligen wollte.

Im Jahr 1209 rief Papst Innozenz III. zu einem Kreuzzug gegen die „Ketzer" auf. *Vorwärts, ihr streitbaren Soldaten Christi!"* So trieb der Papst die Kreuzfahrer in den Krieg. *„Ziehet den Vorläufern des Antichrist entgegen und schlagt die Diener der alten Schlange tot! Bis heute habt ihr vielleicht für vergänglichen Ruhm gekämpft, kämpft jetzt für ewigen Ruhm! Bis heute habt ihr für die Welt gekämpft, kämpft jetzt für Gott! Wir ermahnen euch nicht, Gott diesen großen Dienst zu leisten für irgendeine irdische Belohnung, sondern um des Reiches Christi willen, das wir euch voll Vertrauen versprechen."*

(zit. nach J.R. Grigulevič, Ketzer, Hexen, Inquisitoren, S. 88)

Kann man sich eine größere Gotteslästerung vorstellen? Das Reich Christi – das ist das Friedensreich auf Erden, das bereits der Gottesprophet Jesaja angekündigt hat.

Und das soll mit Plündern, Verwüsten, Vergewaltigen, Foltern und Morden errungen werden? Im Namen Gottes? Wer ist hier der Antichrist? Wer spricht hier im Namen der „alten Schlange", im Namen des Widersachers Gottes? Und, wie schon Jesus von Nazareth zu den Schriftgelehrten Seiner Zeit sagte: Wer ist der Vater der Lüge?

Der Krieg gegen die Katharer und ihre Unterstützer dauerte zwanzig Jahre und wurde mit äußerster Grausamkeit geführt. In jeder Kleinstadt, in jedem Dorf, das die Kreuzzugsarmee erobert hatte, brannten kurz darauf die Scheiterhaufen mit den dort vorgefundenen „Ketzern".

Die Katharer wurden tatsächlich so gut wie ausgerottet. Die letzten noch verbliebenen Getreuen der Bewegung wurden im Jahr 1244 am Fuße der Burg Montségur verbrannt, wo sie vorübergehend Zuflucht gefunden hatten.

Inzwischen war die Inquisition offiziell von Papst Gregor IX. eingerichtet worden und versetzte über Jahrhunderte hinweg die Menschen im Machtbereich der römisch-katholischen Kirche in Angst und Schrecken.

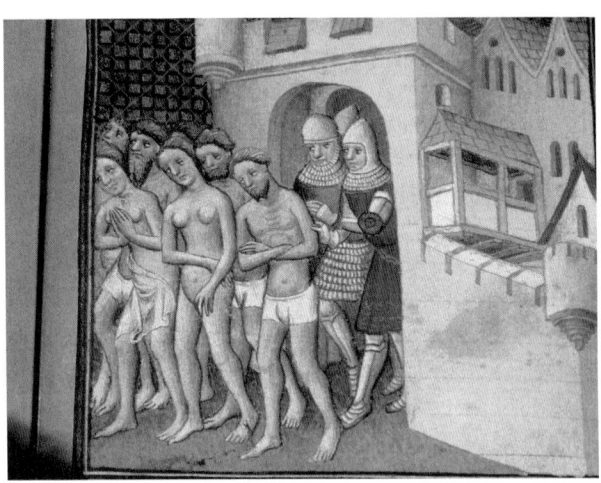

Die Vertreibung mehrerer Katharer im Jahr 1209 aus Carcassonne. Man zog sie nackt aus, so dass sie „nur mit ihren Sünden beladen" waren. Die meisten Katharer wurden durch die Kreuzfahrer verbrannt oder gehenkt.

Ein grausames Gottesbild

Die zum Scheiterhaufen geführten Katharer und andere Christusnachfolger aus dem urchristlichen Strom wussten sehr wohl, dass es nicht Gott sein konnte, der ihnen so etwas Grausames antat. Viele von ihnen gingen – den Augenzeugenberichten zufolge – erstaunlich zuversichtlich und gefasst in den Tod. Sie wussten, dass es nur die äußere Hülle ist, die stirbt; dass ihre Seele jedoch weiterlebt und Gott zustrebt. Doch wie viele Millionen Menschen wussten das nicht?

Jeder konnte in das unerbittliche Mühlrad der römisch-katholischen Inquisition geraten, aus dem es in ihrem Einflussbereich kaum ein Entrinnen gab. Und ihnen allen suggerierten die Priestermänner, dass es Gottes Wille sei, was hier geschehe:

– den Gefangenen, die man in Verhören einschüchterte und denen man Angst vor einer angeblich ewigen Verdammnis machte;

– den Gefolterten, denen man mit unerträglichen Schmerzen angebliche „Geständnisse" abpresste, um sie gleich darauf zu zwingen, gegen weitere angebliche „Ketzer" auszusagen;

– den zum Hängen, Köpfen und Verbrennen Verurteilten – aber auch den zu „milderen" Strafen Verurteilten, zu jahrelanger oder gar lebenslanger

Kerkerhaft, zu wöchentlicher Auspeitschung oder Geißelung vor der gesamten Gemeinde, zu lebenslanger Brandmarkung als „Ketzer".

Man suggerierte es den Folterknechten, den Schreibern und Henkern, ja allen eingeschüchterten und traumatisierten Menschen, die in der beständigen Angst lebten, selbst zu „Ketzern" erklärt zu werden; die lieber andere denunzierten, ehe sie vielleicht selbst an der Reihe waren; die gezwungen wurden, Zeugen von groß angelegten Hinrichtungen zu werden, die oft Stunden dauerten. Während die „Häretiker" unter furchtbaren Schmerzen auf den Scheiterhaufen verbrannten, mussten die Zuschauer das "Te Deum" singen, „Dich, Gott, loben wir".
Welchen Gott?
Wie vielen Millionen Menschen wurde hier ein zutiefst grausames, satanisches Gottesbild buchstäblich eingebrannt?
Wie viele Millionen Seelen haben dieses falsche Gottesbild in die jenseitigen Welten mitgenommen und eventuell wieder in neue Einverleibungen – und haben sich dadurch für lange Zeit von Gott und von Christus abgewendet?

Deshalb ist es so wichtig, dass Jesus, der Christus, rehabilitiert wird. Denn Er, der Friedefürst, hat all das nie gelehrt. Er trat für den Gott der Liebe ein!

Girolamo Savonarola –
ein von Gott gesandter Prophet

Immer wieder traten erleuchtete Männer und Frauen für den Gott der Liebe ein. Im 15. Jahrhundert war dies der Dominikanermönch Girolamo Savonarola (1452-1498). In einer schwierigen Zeit gab er der Renaissance-Metropole Florenz Ende des 15. Jahrhunderts neue Orientierung. Er strebte eine moralische Erneuerung im Sinne der Bergpredigt an. Doch Papst Alexander VI. belegte die gesamte Stadt mit dem Bann. Savonarola wurde gefangen genommen, gefoltert, schließlich auf dem Marktplatz öffentlich gehängt und verbrannt.

Gemälde von der Hinrichtung Savonarolas
auf der Piazza della Signoria in Florenz

Der reformierte Theologe Walter Nigg kommt zu dem Schluss, man werde wohl *„nicht um die Schlussfolgerung herum kommen, dass in Florenz nicht ein politisierender Mönch, wohl aber ein wirklich von Gott gesandter Prophet verbrannt worden ist!"* (Prophetische Denker, S. 83)

Auch Luther ließ Andersgläubige verfolgen

Knapp zwei Jahrzehnte nach Savonarolas Ermordung begann die Reformation.

Luther war keineswegs ein Gegner der Inquisition, im Gegenteil: Luther war ein katholischer Priester, der zwar das allzu weltliche Treiben der Päpste und ihre vatikanischen Gepflogenheiten als teuflisch anprangerte. Bei der Durchsetzung seiner Glaubensmeinung jedoch ging er ebenso unerbittlich vor wie die römisch-katholische Kirche. Die vielen Opfer des Martin Luther beweisen: Er hat erstaunlich schnell vom Vatikan gelernt, vor allem das gewalttätige Unterdrücken des Volkes.

Luther machte mit den Obrigkeiten gemeinsame Sache und ließ zum Beispiel die Täuferbewegung ebenso brutal unterdrücken und deren Vertreter ermorden wie die katholische Kirche – die Täufer, deren einziges „Vergehen" es war, die Säuglingstaufe abzulehnen, also die Zwangsvereinnahmung gerade erst geborener Kinder durch eine Institution. Die Täufer strebten ein gewaltfreies, selbstbestimmtes ethisches Leben an. Das war schon zuviel für den angeblichen Reformator Luther. Er war also ein oppositioneller Katholik, aber letztlich blieb er ein katholischer Mönch.

Hexenverfolgung – die Fortsetzung der Inquisition

Luther übernahm für das Herrschaftsgebiet seiner neuen Staatskirche auch nahtlos die Ermordung der sogenannten „Hexen" und „Zauberer". Für diese hatte wenige Jahrzehnte zuvor – im Jahr 1484 – Papst Innozenz VIII. mit der berüchtigten „Hexenbulle" die Grundlage geschaffen. Der Papst schrieb von vielen *„Personen beiderlei Geschlechts (...) die mit buhlerischen Nachtgeistern sich leiblich vermischen, durch zauberische Mittel mit Hilfe des Teufels die Geburten der Weiber, die Fruchtbarkeit der Tiere, die Früchte der Erde zugrunde richten (...)"* Unter Androhung schrecklicher Strafen verbot der Papst, der von ihm befohlenen „Hexenausrottung" entgegenzutreten. *„Wenn aber jemand sich dieses zu erkühnen unternehmen würde, der soll wissen, dass er den Zorn des allmächtigen Gottes (...) auf sich laden werde."* (zit. nach Karlheinz Deschner, Abermals krähte der Hahn, S. 487)

Auch Luther forderte die Hinrichtung der „Hexen":
„Es ist ein überaus gerechtes Gesetz, dass die Zauberinnen getötet werden, denn sie richten viel Schaden an (...) Also (...) sollen sie getötet werden, nicht allein weil sie schaden, sondern auch, weil sie Umgang mit dem Satan haben." („Hexenpredigt", 1526, Weimarer Ausgabe XVI, S. 551-552)

Man warf den unglückseligen Frauen vor, Mitglieder einer „Hexensekte" zu sein. Sowohl in katholischen wie auch in lutherischen Gebieten brannten die Scheiterhaufen.

Die gnadenlose Jagd auf angebliche „Hexen" und „Zauberer" war eine Fortsetzung der Inquisition, nur mit anderen Opfern. Denn die „Ketzer" hatte man weitestgehend ausgerottet – und dabei war eine „Maschinerie" der Verfolgung in Gang gesetzt worden.

Die Opfer dieser Maschinerie waren die von der Inquisition Gefolterten, Getöteten und deren Familien. Sie mussten für die unaussprechlichen Folterqualen und die Hinrichtung auch noch selbst bezahlen; das Vermögen der „Ketzer" und „Hexen" wurde beschlagnahmt, einen guten Teil beanspruchte die Kirche für sich – in den Fürst-Bistümern, wo Kirchenfürsten regierten, sogar alles. Es war also blanker Raubmord im Namen der unantastbaren Kirche und unter schändlichem Missbrauch des Namens des Jesus von Nazareth.

In den katholischen Fürst-Bistümern, in der „Hölle an Rhein und Main", wie der Volksmund sagte, wurden auch die meisten „Hexen" verbrannt – in Würzburg etwa an die 1200, in Bamberg knapp 1000. Dort wurde innerhalb weniger Jahre fast die gesamte Oberschicht mitsamt der Bürgermeister ausgerottet; ganze Straßenzüge standen leer. Den gequälten Frauen und Männern hatte man unter der grausamen Folter seitenlang Einwohnerlisten vorgelesen, damit sie beim erzwungenen Denunzieren nicht lange nachdenken mussten.

Und wie wird die römisch-katholische Inquisition von der Vatikankirche heute beurteilt? Kardinal Joseph Ratzinger, der spätere Papst Benedikt XVI., sagte kurz vor seiner Wahl zum Papst im März 2005 im Deutschen Fernsehen:

> *„Aber man muss doch sagen, dass Inquisition der Fortschritt war, dass nichts mehr verurteilt werden durfte ohne »inquisitio«, das heißt, dass Untersuchungen stattfinden mussten."* (ARD-Magazin Kontraste, 3.3.2005)

Welch eine Menschenverachtung spricht aus diesen Worten!

Joseph Ratzinger war vor seiner Wahl zum Papst viele Jahre lang Präfekt der vatikanischen Glaubenskongregation, der Nachfolgebehörde der Inquisition. Und diese ist nach wie vor aktiv, wenn auch heute zeitbedingt mit eingeschränkten Methoden.

Weiterhin gelten die Worte des deutschen Philosophen Karl Jaspers (1883-1969), dass der *„biblisch fundierte Absolutheitsanspruch"* nach wie vor *„ständig auf dem Sprung"* stehe, *„von neuem die Scheiterhaufen für Ketzer zu entflammen."* (Der philosophische Glaube, S. 73)

Die Rufmordkampagne gegen die Prophetin Gottes und gegen die Urchristen

Welche Macht die institutionellen Kirchen nach wie vor für sich beanspruchen und mit welcher Heftigkeit sie gegen alles vorgehen, was sich ihrem Diktat nicht unterwirft, zeigt sich heute – besonders in Bezug auf Gabriele, die Prophetin und Botschafterin Gottes in unserer Zeit, und die Nachfolger des Jesus von Nazareth, die Urchristen von heute, die sich zum Freien Geist Gottes bekennen, dem Christus-Gottes-Geist.

Die jahrzehntelange Verleumdung und Verfolgung der Gottesprophetin Gabriele und der Nachfolger des Jesus von Nazareth durch die Institutionen Kirche, aber auch durch diesen hörige Behördenvertreter, Politiker und Journalisten lässt sich an dieser Stelle nur zusammenfassend wiedergeben. Ausführlich geschildert sind diese Vorgänge in den Büchern „Der Steinadler und sein Schwefelgeruch", „Der Schattenwelt neue Kleider" sowie „Des Satans alte Kleider".

Ihren Feldzug gegen das Prophetische Wort begannen die großen, staatlich subventionierten Amtskirchen, wie bereits erwähnt, kurz nachdem

Gabriele, ihrem Auftrag Gottes folgend, in die Öffentlichkeit gegangen war und Gott, der Ewige, und Christus, Sein Sohn, der Mitregent der Himmel, durch sie den Menschen das Wort aus dem Reich Gottes schenkten.

Der Auftakt der kirchlichen Hetzkampagne war die Aufforderung, katholische Gläubige sollten sich von „Menschen mit einer fixen Idee" fernhalten, wenn die „Gefahr der Ansteckung besteht" – so ein Kommentar in einer Würzburger Kirchenzeitung.

Mit diesen Worten wurde das mittelalterliche Drohmuster der Kirche wieder aktiviert, sich von „Ketzern" fernzuhalten. Damals erfolgte dies unter Androhung der Todesstrafe, heute vorwiegend mit den Mitteln von Verleumdung, Diskriminierung und Ausgrenzung. Damals wurden damit „Inquisitoren" beauftragt – heute nennt man ihre Nachfolger „Sektenbeauftragte". Damals Mord – heute Rufmord. Auch heute schrecken diese „modernen Inquisitoren" vor kaum einer noch so abstrusen sogenannten Meinungslüge zurück, wenn es gilt, die Menschen gegen den Freien Geist aufzuwiegeln.

Franz Graf von Magnis etwa, Beauftragter des Bischofs von Würzburg Dr. Paul-Werner Scheele und passionierter Großwildjäger, griff in den 1980er-

Jahren zu der absurden Behauptung, die vegetarische Ernährung sei eine lebensbedrohliche Ernährungsweise. 30 Jahre später klingt eine solche Aussage lachhaft, und es ist allgemein bekannt, dass diese Aussage ebenso absurd ist wie der Glaube daran, dass die Sonne um die Erde kreist. Doch zu dieser Zeit gab es noch reichlich Kirchenhörige, die dem Glauben schenkten, was ihre Wortführer verbreiteten.

Der lutherische Pfarrer Friedrich-Wilhelm Haack, der „Weltanschauungsbeauftragte" der bayerischen Landeskirche, wiegelte die Bevölkerung eines Dorfes in Unterfranken bei einem Vortrag im katholischen Pfarrsaal mit seinen Hetzreden derart auf, dass im Anschluss daran vor dem Gebäude Rufe gegen die Urchristen laut wurden wie: *„An die Wand sollte man sie stellen!"* oder *„Aufhängen sollte man euch!"* Eine ältere Frau spuckte vor einigen schweigend dastehenden Christusfreunden verächtlich aus und jemand schrie: *„Heil Hitler!"*
Anlass für den Vortrag war, dass einige Urchristen in diesem Ort Grundstücke besaßen, auf denen sie Wohnhäuser bauen wollten.
Der katholisch beeinflusste Ortsbürgermeister Waldemar Zorn hatte dies als „tödliche Gefahr" bezeichnet und die Erschließung des Baugebiets

mit dubiosen Mitteln verhindert. Er wurde später von seiner „christlichen" Partei zum Landrat gemacht und erhielt für seine „herausragenden Verdienste" um die katholische Kirche den päpstlichen Silvester-Orden verliehen.

Der Nachfolger Haacks, der lutherische Pfarrer Wolfgang Behnk, suggerierte monatelang einer breiten Öffentlichkeit, bei den auf einem Bauernhof in Unterfranken lebenden Nachfolgern des Nazareners bestünde die Gefahr eines „Massenselbstmordes". Daraufhin suchten Zeitungs- und Fernsehreporter aus dem gesamten Bundesgebiet das Anwesen wochenlang heim, auf der Suche nach Sensationen – die es aber dort nicht gab.

Diese wenigen Beispiele stehen für unzählige – und sie haben eines gemeinsam: Die Lügenhaftigkeit aller kirchlichen Hetzparolen ist längst erwiesen. Die Prognosen der Sektenbeauftragten haben sich nicht erfüllt, ganz im Gegenteil: Vegetarische Ernährung genießt inzwischen große Anerkennung, weil sie erkennbar gesünder und klimafreundlicher ist als die Fleischnahrung. Urchristen sind in zahlreichen unterfränkischen Ortschaften längst als friedliche Nachbarn und gute Arbeitgeber für viele Mitarbeiter bekannt und geschätzt. Und rund um den besagten Bauernhof haben Urchristen ein Landwirtschaftskonzept aus dem Gottesgeist in die Tat umgesetzt – den Friedfertigen Landbau, in Achtung vor der Natur, ohne Mist und Gülle und ohne jegliche Chemie. Kilometerweit ziehen sich Hecken durch eine zuvor völlig kahle, tote Agrarlandschaft. Wälder, Feldgehölze, Feuchtbiotope und Steinbiotope bieten Lebensraum für Hunderte von Tierarten, darunter viele andernorts vom Aussterben bedrohte Vögel, Schmetterlinge oder Fledermäuse. Hier herrscht Frieden zwischen Mensch, Natur und Tieren. Es ist ein einzigartiges Naturschutzgebiet entstanden, dessen Konzept weltweite Beachtung und Nachahmung findet, unter anderem in Afrika.

In den Medien spielen viele das böse Spiel mit

Ungeachtet der offensichtlichen Unwahrheit ihrer Hetzparolen haben Vertreter des kirchlichen Machtapparates über Jahrzehnte hinweg Nachfolger des Nazareners bei jeder sich bietenden Gelegenheit verleumdet, verhöhnt und ausgegrenzt. Sie konnten sich dabei einer Medienlandschaft bedienen, die ihnen fast unbegrenzt zur Verfügung steht. Der kirchliche Einfluss auf die Medienwelt – und damit auf die Masse der Menschen – wird in der Regel massiv unterschätzt. Beide Großkirchen in Deutschland sitzen in den Rundfunkräten der öffentlich-rechtlichen Rundfunk- und Fernsehanstalten, in nahezu allen Medien haben sie ihre Lobbyisten als angebliche „Experten" untergebracht.

Nach katholischer Lehre ist ein Kirchenmitglied, auch ein Journalist oder Politiker, sogar verpflichtet, immer im Sinne der Kirche zu handeln.
Laut dem kirchlichen Gesetzbuch Codex Iuris Canonici müssen alle Gläubigen *das Wachstum der Kirche (...) fördern".* (Can. 210) Auch haben sie die *„Pflicht (...), dazu beizutragen, dass die (...) Heilsbotschaft der Kirche von allen Menschen überall auf der Welt erkannt und angenommen wird"* (Can. 211), was Journalisten auch unmittelbar beruflich betrifft. Was damit gemeint ist, versteht man, wenn man weiß, dass die Kirche die Aufgabe der Sektenbeauftragten, also die Inquisition, ausdrücklich als „Seelsorge" im Sinne dieser „Heilsbotschaft" versteht. Dabei haben sie es verstanden, durch die Einflussnahme auf staatliche Organe sich ihres Status als Körperschaft des öffentlichen Rechts so zu bedienen, dass ein Schutz gegen ihre intriganten Machenschaften unmöglich ist.
Diese „Sektenbeauftragten" konnten daher immer wieder ungeprüft in den Massenmedien ihre negativen Ansichten verbreiten. Beschimpfungen, Verdrehungen, Lügen und diffamierende Behauptungen

gegen die prophetische Bewegung, die Werte wie die Zehn Gebote Gottes und die Bergpredigt des Jesus von Nazareth im Alltag leben wollen, waren von Anfang an an der Tagesordnung.

Vor der Jahrtausendwende z.B. wurden die Urchristen in fast allen Medien einschließlich der Fernseh-Talkshows als „Endzeitjünger" verhöhnt und lächerlich gemacht, weil der Christus-Gottes-Geist schon zu Beginn der 80er-Jahre die Menschen vor der Gefahr einer drohenden Klimakatastrophe gewarnt hatte.

Die Folgen dieser ständigen niederträchtigen Kampagnen blieben nicht aus.

An Gebäuden, in denen sich die Nachfolger des Jesus von Nazareth regelmäßig treffen, wurden nicht nur hämische Plakate und Schmierereien angebracht, auch anonyme Drohungen gegen Leib und Leben wurden in regelmäßigen Abständen vorgefunden, Scheiben wurden eingeworfen und sogar durch eine Fensterscheibe geschossen, ein ca. 3 m hohes Auferstehungskreuz der Urchristen zertrümmert.

Die Indoktrination von Kindesbeinen an ist eine Macht, die sich die Kirche in Deutschland sogar staatlich subventionieren lässt. Die Verleumdungen und Hetzreden kirchlicher Wortführer und die herabwürdigenden und ehrverletzenden Berichte in den Medien werden von konfessionell gebundenen Lehrern im Religionsunterricht immer und immer wieder breitgetreten und den Schülern damit suggeriert, dass von der Gemeinschaft der Urchristen eine Gefahr ausgehe, vor der man sich in Acht nehmen müsse. Für die Kinder, deren Eltern sich den Nachfolgern des Jesus von Nazareth, des Freien Geistes, zugehörig fühlten, begann nun vielfach ein Spießrutenlauf, heute verwendet man dafür den Begriff Mobbing. Die Kinder, die in der Freiheit aufwuchsen, ihren Glauben selbst wählen zu können, wurden nun in „Sippenhaft" genommen. Dafür, dass sich ihre Eltern den Urchristen, den freien Nachfolgern des Jesus von Nazareth, zugehörig fühlten, wurden nun die Kinder ausgegrenzt und verspottet.

Die kirchlichen Hetzkampagnen zeigten ihre Wirkung auch in der Zerstörung der Familien. Familienangehörige wurden von klerikalen Beauftragten teilweise persönlich bedrängt und aufgehetzt; viele wendeten sich ab und verweigerten den Umgang – teilweise auch, um nicht selbst den Spott und die Häme ertragen zu müssen, die über die Urchristen ausgegossen wurden. So mancher Nachfolger des Jesus von Nazareth, allen voran die Prophetin und Botschafterin Gottes, Gabriele, erlebten, was es heißt, wenn sich die Familie von einem abwendet und man – nur weil man konsequent der Lehre des Jesus von Nazareth folgt – plötzlich allein, ohne familiären Rückhalt, dasteht.

Den kirchlichen Verleumdungsbeauftragten ging es vor allem auch um die gesellschaftliche und wirtschaftliche Ausgrenzung all derer, die sich der urchristlichen Lehre durch das Prophetische Wort verbunden fühlen.

Die Folgen der Diskriminierung trafen so manchen, der daraufhin seinen Arbeitsplatz verlor. Vor allem richteten sich die Verleumungen gegen Betriebe und Einrichtungen, die Urchristen gemeinsam aufbauten. Zu Beginn der 1980er-Jahre hatte der Christus Gottes durch Seine Prophetin Gabriele in vielen Ländern Menschen aus allen vier Winden dazu aufgerufen, das, was sie durch die Anwendung der Lehren des lebendigen Wortes des Christus Gottes an sich erfahren konnten, in der Gemeinschaft weiter umzusetzen, indem sie, ähnlich wie die Urchristen der ersten Jahrzehnte, miteinander leben und arbeiten.

Menschen aus allen Kulturen und aus vielen Ländern gründeten im Raum von Würzburg in Deutschland Betriebe: Handwerksbetriebe, Bauernhöfe, Bäckereien und Verarbeitungsbetriebe von vegan-vegetarischen Lebensmitteln. Sie gründeten Kindergärten und Erziehungseinrichtungen.

Sie gründeten Seniorenheime und bauten ein Heilwesen auf, das nach den Gesetzen der Natur und der Lehre des Christus Gottes den ganzen Menschen mit einbezieht.

Menschen, die nicht nur in Worten, sondern in der Tat christlich leben wollen, die also bestrebt sind, gemeinsam Jesus, dem Christus, dem Freien Geist, im Alltag nachzufolgen, schaffen sich nicht nur eine unabhängige wirtschaftliche Basis für ihren Lebensunterhalt – sie könnten auch zeigen, dass die Bergpredigt des Jesus, des Christus, auch im beruflichen bzw. wirtschaftlichen Leben keine Utopie ist.

Darin liegt für den, der gegen die Lehre des Jesus von Nazareth, des Christus Gottes, ist, eine der größten Gefahren, denn er will das Prinzip „Trenne, binde und herrsche" mit reich und arm, mit Herrschenden und Abhängigen. Deshalb führten die kirchlichen Beauftragten beider Institutionen, Katholisch und Lutherisch, von Beginn an gegen die sich aufbauenden Betriebe einen erbitterten Kampf mit Meinungslügen und falschen Anschuldigungen.

In der Folge lehnten Zeitungen es ab, ihre Anzeigen z.B. für vegetarische Produkte zu schalten. Aufgrund der Hetze von kirchlichen Sektenbeauftragten wurde ihnen das Recht, ihre Produkte auf Marktplätzen anzubieten oder auf Messen auszustellen, oftmals verweigert. Ladengeschäfte oder Standplätze in Markthallen wurden plötzlich gekündigt – trotz vorheriger jahrelanger guter Zusammenarbeit. Oder Banken verweigerten aufgrund kirchlicher Intrigen plötzlich Mittel für weitere Investitionen.

Mag es auch nach „Kleinigkeiten" klingen, für einen Betrieb, der von Grund an aufgebaut wird, mit ehrlichem Engagement und Einsatz nach dem Prinzip „Üb' immer Treu und Redlichkeit", ist es sehr schwer, wenn immer wieder die kirchlich geschürte Hetze und Ausgrenzung zum Tragen kommt. Es ist jedoch Teil der zerstörerischen Tradition der kirchlichen Institutionen, Andersgläubigen durch Boykottaufrufe die Lebensgrundlage zu entziehen und sie zu ruinieren.

Im Laufe der Jahre entwickelten die beiden Kirchenkonzerne ein gut funktionierendes Rufmordnetzwerk mit vielen Verästelungen, bis hinein in staatliche Stellen. Die Wirkungen waren bald sichtbar. Urchristen wurde vielfach die Ausübung selbstverständlicher staatsbürgerlicher Rechte generell verweigert, Rechtsbruch und Diskriminierung durch kirchenhörige Stellen waren an der Tagesordnung. Es erforderte viel Zeit und Geld, um mühsam in jedem Einzelfall die bürgerlichen Rechte geltend zu machen. Nicht selten blieb nur der Weg offen, Gerichte anzurufen, um seine ganz alltäglichen staatsbürgerlichen Rechte in Anspruch nehmen zu können.

Besonders schwierig war es für urchristliche Eltern, ihr von der Verfassung garantiertes Recht wahrzunehmen und eine private Grund- und Hauptschule zu gründen. Sie mussten ihr Recht erst fünf Jahre lang vor Gericht erkämpfen. Denn das Bischöfliche Ordinariat Würzburg hatte die zuständigen Behörden mit Verleumdungen gegen die Urchristen versorgt, woraufhin der Antrag auf Genehmigung der Schule zunächst abgelehnt worden war. Als die Schule dann eröffnet war, versuchte der lutherische Sektenbeauftragte Pfarrer Wolfgang Behnk sie nachträglich zu torpedieren, indem er Politiker jahrelang gegen sie aufhetzte. Doch ohne Erfolg: Die Behörden konnten nach ungewöhnlich häufigen und auch unangemeldeten Besuchen die „Zwanglosigkeit", die „Sprachgewandtheit" und „Reife" der Schüler nur loben.

Das alles ist nur ein kleiner Auszug aus dem Dunstkreis klerikaler Ideologen.

Ein ehemaliger Richter analysiert

Ein ehemaliger Richter hat das System der Verleumdung bis hin zum Rufmord kommentiert. Er zeigt auf, was im Zentrum der beiden kirchlichen Kampagnen gegen Minderheiten steht: Alles „auszumerzen", was nicht ihrer Doktrin entspricht. Hier Auszüge aus seiner Analyse:

„Besonders skrupellos war die Priesterkaste traditionell immer gegenüber den wahren Gottespropheten und denen, welche die echte Nachfolge des Jesus, des Christus, anstrebten und über den Etikettenschwindel und die Falschmünzerei der Priester aufklärten. Die Priester reagierten dann, wie sie immer reagieren und wie die Priester sich auch gegenüber Jesus von Nazareth verhalten hatten: Mit Verleumdung, Ausgrenzung, Rufmord, Folter und Mord. Von den geschichtlich bekannteren Fällen sei nur beispielhaft genannt der Völkermord an den Katharern oder der Mord an Girolamo Savonarola (S. 438 ff. und 443).
So ist es nicht verwunderlich, dass die Priesterkaste alarmiert war, als um das Jahr 1980 in der Öffentlichkeit bekannt wurde, dass Gott wieder durch einen Menschen spricht, eine Frau, die ihr Leben vollkommen in den Dienst Gottes und Seines Sohnes Christus gestellt hat. Die Kirche erkannte schnell, dass Gott hier eine Prophetin als Sein Sprachrohr berufen hatte. Es begannen die Versuche der

Vatikankirche, die Prophetin Gottes unter Kontrolle zu bringen. Als es der Priesterkirche nicht gelang, diese Frau zu korrumpieren und in ihrem System zu vereinnahmen, sondern als diese Frau Gottes Wort frei aussprach und Gott durch sie auch die Machenschaften der Priester und den Missbrauch des Namens Christi anklagte, reagierten die Priester, wie sie seit Tausenden von Jahren reagieren: mit dem gesamten Arsenal ihrer Untaten, die in den Dogmen der Priesterkirche als verbindliche Lehranweisung anschaulich mit dem Wort »ausmerzen« beschrieben sind. Zielscheibe war in erster Linie Gabriele, die für die Priesterkaste und ihren jahrtausendealten Etikettenschwindel eine existentielle Gefahr darstellt. Keine Diffamierung war zu infam, um nicht gegen die Prophetin Gottes in Umlauf gebracht zu werden.

Die Aggression der Priester richtete sich aber auch gegen alle Anhänger des Prophetischen Wortes, insbesondere gegen Menschen, die sich ab Beginn der 1980er-Jahre aus der großen Zahl von Christusfreunden weltweit im Raum Würzburg zusammenschlossen, um gemeinsam zu leben und zu arbeiten. Es handelte sich dabei überwiegend um Aussteiger aus den erwähnten konfessionellen Organisationen, die mit deren Machenschaften nichts mehr zu tun haben wollten.

Die meisten dieser Aussteiger waren aufgrund von lebenslanger konfessioneller Indoktrination mehr oder weniger auch noch von dem geprägt, was die Konfessionen seit Jahrhunderten ausmacht.

Gabriele brachte in unzähligen Schulungen und Veranstaltungen allen Gottsuchenden die Lehre des Jesus, des Christus, die Lehre der Gottes- und Nächstenliebe, nahe. Dazu gehörte auch ein neuer Weg im betrieblichen Bereich, mit der Vorgabe, die Lehren der Bergpredigt im Alltag umzusetzen.

Es war von Anfang an nicht leicht, die hochgesteckten Ziele zu erreichen. Die beiden Amtskirchen versuchten mit allen Mitteln, die neu gegründeten Betriebe und die Familien, die darin ihren Lebensunterhalt verdienten, in den Ruin zu treiben, was ihnen in einem Fall auch gelang.

Für diese »Drecksarbeit«, wie es einer der für diese Tätigkeit charakterlich prädestinierten Pfarrer bezeichnete, wurden mit großem finanziellem Aufwand Inquisitionsstellen eingerichtet, die von sogenannten »Sektenbeauftragten« geleitet werden. Diese setzten dabei hemmungslos ihre traditionellen Mittel ein: Lüge, Verleumdung, Rufmord, Drohung, Boykottaufrufe, Korruption, und sie konnten sich dabei auf ihre Helfershelfer in den Medien, in Politik und Staat verlassen. Von den traditionellen Mitteln der Inquisition kam – bis auf Folter und Mord, die in unserer Zeit vom Staat nicht geduldet werden – eigentlich das gesamte kirchliche Instrumentarium zum Einsatz.

Dabei lief das Ganze unter anderem unter dem Etikett Seelsorge – ein Begriff aus der traditionellen Inquisition, wo die Menschen sadistisch zu Tode gefoltert wurden, »um ihre Seele zu retten«.

Ihr Ziel, durch Vernichtung der Lebensgrundlage der Christusnachfolger die Prophetin und Botschafterin Gottes zum Schweigen zu bringen und die Verbreitung der Wahrheit zu unterbinden, haben die Amtskirchen dennoch nicht erreicht. Das Wort Gottes und die Friedensbotschaft des Jesus, des Christus, gehen in die ganze Welt. Auch die Falschmünzerei und der Etikettenschwindel einer sich scheinheilig christlich nennenden Priesterkaste werden weltweit offenbar.

Trotzdem bleibt für viele die Frage, wie in einem Land wie der Bundesrepublik Deutschland mit einer demokratischen Verfassung eine Organisation mit einer bis heute unverändert hochgehaltenen Inquisitionstradition so ungehindert ihre mittelalterlichen totalitären und menschenverachtenden Exzesse ausleben kann. Für mich ergibt sich die Antwort aus folgender Beobachtung:

Der bekannte Würzburger Kriminologe Uwe Dolata meinte gegenüber einer Würzburger Zeitung: »Deutschland ist Weltmeister der Korruption« und stand zu seiner Einschätzung auch im Deutschen Fernsehen.

Man darf aber auch nicht übersehen, und das ist kein Geheimnis, dass die gute deutsche Verfassung und viele allgemeine Gesetze und auch die von den Vereinten Nationen proklamierten Menschenrechte in vielen Punkten von den Priesterorganisationen ganz offen gar nicht eingehalten werden.

So hält die Priesterkirche zum Beispiel Artikel der Grundrechte nicht ein, von den allgemeinen Menschenrechten beansprucht sie Ausnahmen, die Kirche zahlt nicht Steuern wie alle anderen, sie beachtet viele arbeitsrechtliche Vorschriften nicht, der allgemeine Datenschutz gilt nicht für die Kirchen und vieles mehr.

Man kann ohne Übertreibung sagen, die Priester bilden eine Art Staat im Staat.

Dies erklärt aber immer noch nicht, wieso beispielsweise die Kirche einem Menschen, der schon als kleines Kind immer wieder von einem ihrer Vertreter vergewaltigt wurde und dessen Leben dadurch zu einem einzigen Leidensweg wurde, jede Entschädigung mit der Begründung verweigern kann, sein Anspruch gehe sie nichts an, er hätte sich früher melden sollen, wieso die Kirche andererseits aber vom deutschen Steuerzahler jedes Jahr Millionen von Entschädigungszahlungen einstreicht für

angebliche Enteignungen – was so gar nicht zutrifft
– vor 200 Jahren?

Oder warum jeder deutsche Steuerzahler zur Kasse
gebeten wird, damit die Priester jedes Jahr rund 18
Milliarden Euro vom Staat, also vom Steuerzahler, an
Subventionen und Steuerbefreiungen einstreichen.

Erst wer sich lange mit solchen Fragen befasst,
merkt allmählich, dass es in Deutschland die oft
zitierte Trennung von Kirche und Staat nicht gibt.

Das beweist nicht nur der halbstaatliche Status der
Amtskirchen mit besonderen Privilegien und Macht-
befugnissen, sondern vielmehr die Realität: an sämt-
lichen entscheidenden Stellen im Staat hat die Kir-
che ihre Repräsentanten platziert.

Das beginnt in den höchsten politischen Ämtern der
Regierung und geht über die Ministerien, den Bun-
destag, die Länder und Verwaltungen, die Städte
und Gemeinden und wieder bis hinauf in die höchs-
ten Gerichte. Gegen diese Seilschaften gibt es abso-
lut keine rechtliche Handhabe.

In Deutschland kann kein Richter oder Entschei-
dungsträger wegen seiner Zugehörigkeit zur Seil-
schaft der Amtskirchen wegen Befangenheit abge-
lehnt werden, wenn sich ein Bürger an den Staat um
Hilfe gegen die Angriffe der Priesterkirche wendet.

Das ist in Deutschland vom höchsten Gericht fest-
gelegt, welches sich mindestens einmal im Jahr zu
einer vertraulichen Aussprache mit den deutschen

katholischen Bischöfen hinter verschlossenen Türen trifft. Auch dem Papst hat es schon gesammelt seine Aufwartung gemacht. Wer also auf einen Kirchenfunktionär im Amt trifft, der nach den verbindlichen Lehren der Kirche das Interesse der Kirche über seinen Amtseid und die staatlichen Gesetze stellen muss, kann sich die Erfolgsaussicht seines Begehrens leicht ausrechnen.

Es gibt sicher überall viele Gruppierungen und Organisationen, die innerhalb der Gesellschaft mit sittenwidrigen, unmoralischen oder ungesetzlichen Mitteln zu Geld und Macht gekommen sind, die Menschen betrügen und ausnehmen oder vielleicht sogar Kinder schänden.

Für viele erscheint dies als unvermeidbar oder gar »normal«. So mancher mag sich gar zu solchen Organisationen bekennen. Wenn diese Organisationen unter dem Deckmantel des »Glaubens« segeln und nicht verboten sind, kann jeder sogar Mitglied solcher Organisationen werden oder bleiben, der sich an deren »Ethik« und »Moral« nicht stört.

Wenn jedoch eine solche Organisation auch nur für eine ihrer unchristlichen Verhaltensweisen in höchster Scheinheiligkeit den unantastbaren Namen des Jesus, des Christus, missbraucht, ist es höchste Zeit, dass diese Falschmünzerei und der Etikettenschwindel aufgedeckt werden, damit der Christus Gottes weltweit rehabilitiert wird."

So weit einige Auszüge aus den Ausführungen eines ehemaligen Richters über seine Erfahrungen mit den Amtskirchen und ihrem Umgang mit Nachfolgern des Jesus, des Christus.

„Haben sie mich verfolgt, so werden sie auch euch verfolgen." Diese sinngemäßen Worte des Jesus, des Christus Gottes, wurden auch bei den Nachfolgern des Jesus von Nazareth, den heutigen Urchristen, zur alltäglichen Realität.

Gabriele, die als Prophetin und Botschafterin Gottes den allen suchenden Menschen offenstehenden Weg zum Reich Gottes aufzeigt und ihn vorausging, stand und steht während all dieser hier nur in aller Kürze angedeuteten Angriffe unerschrocken für die Wahrheit ein; sie hielt und hält bei den sich wiederholenden Verleumdungen der Kirchenvertreter immer wieder die andere Wange hin. Schon 1987 erklärte sie selbst dazu:
„Als ich die ersten Verleumdungen las (...), konnte ich nicht verstehen, dass Menschen Behauptungen aussprechen, die sie nicht beweisen können. ...
Heute weiß ich, dass es aus Angst geschah (...) Sie glauben z.B., dass die Lehre von der Wiedergeburt unchristlich ist, weil sie nicht wortgetreu in der Bibel niedergeschrieben ist. Die Lehre von der Wiedergeburt beruht auf Gesetzmäßigkeiten, und das

Gesetz hat Jesus von Nazareth gelehrt und gelebt. Die Bibel enthält nicht das vollständige Gesetz Gottes (...)

Hätten die Vertreter der katholischen und evangelischen Kirche die Wahrheit, dann wären sie frei, und sie müssten nicht andere Menschen verunglimpfen, verleumden, verhöhnen, verspotten und die Offenbarungen des Christus Gottes verdrehen. Denn wer zur Wahrheit gefunden hat, der weiß, dass sich die Wahrheit für den Menschen einsetzen wird und dass die Wahrheit alles an den Tag bringen wird (...)

Es war zu allen Zeiten so, und so ist es auch heute noch: Wer gegen die Institution Kirche das Wort erhebt, wird an den Pranger gestellt. Er wird verleumdet, verhöhnt und verspottet. Er wird des Satanischen bezichtigt, obwohl der, der bezichtigt wird, nichts verursacht hat.

Hingegen wissen wir, was die Institution Kirche, insbesondere die römisch-katholische, für ein Blutbad in dieser Welt angerichtet hat. Jesus sagte: „Liebet eure Feinde, tuet Gutes denen, die euch hassen."

Wenn wir die Worte Jesu in unser Leben einbeziehen, dann können wir vergeben, und wenn wir die Worte Jesu als Wahrheit leben und als Quelle der Kraft annehmen, dann ist es uns auch möglich, beide Wangen hinzuhalten. So habe ich auf die Verleumdungen hin immer wieder beide Wangen hingehalten und werde es auch weiterhin tun, denn ich weiß:

Ich habe zur Wahrheit gefunden, und die Wahrheit hat mich frei gemacht. Ich weiß: Der gerechte Gott, der durch mich spricht, wird alles ans Licht bringen."

Gabriele fährt fort: *„Als Jesus vor Hannas stand und Ihn der Knecht des Hohenpriesters schlug, fragte Jesus: »Habe Ich unrecht geredet? Dann weise es nach! Habe ich aber recht geredet – warum schlägst du Mich?« (...)*
Die gleiche Frage möchte ich den Vertretern der Institution Kirche stellen: »Habe ich unrecht geredet, so beweist es mir; habe ich aber recht geredet, warum verleumdet ihr mich? Was habe ich euch getan? Wenn ihr die Wahrheit besitzt, dann beweist die Wahrheit.« Das käme einem Christen nahe. Doch bisher haben die »christlichen« Institutionen ihre Wahrheit nicht bewiesen. Denn wären sie aus der Wahrheit, dann wäre es um die Welt besser bestellt."

Das war Gabrieles Reaktion auf die kirchlich inszenierten Anfeindungen. Doch wie immer folgten auf die Fragen an die Kirchenoberen nur Schweigen und neue Verleumdungen.

Schandtaten über Schandtaten

Teuflische Kriege im Namen Gottes

„Du sollst nicht töten!" – so lautet das klare Gebot Gottes. Auch Jesus von Nazareth sprach ebenso unmissverständlich gegen das Töten. Er war Pazifist. Er lehrte nicht nur die Gottes- und Nächstenliebe, Er lehrte sogar die Feindesliebe, und forderte Petrus, der Ihn mit Gewalt verteidigen wollte, auf, sein Schwert wegzustecken.

Die römisch-katholische Kirche jedoch segnete die Schwerter und die Soldaten schon im ersten Jahrtausend und ließ in Kreuzzügen Menschen bestialisch ermorden. Die institutionellen Kirchen rechtfertigten im Namen von Jesus, dem Christus, immer wieder den Griff zum Schwert – bis in die Gegenwart hinein.

Jesus von Nazareth, der Christus, der Friedefürst, preist die Friedensstifter selig. Denn Gott, der Ewige, ist der Friede. Christus, der Sohn Gottes, inkarnierte in den Menschen Jesus von Nazareth, um allen Menschen den Frieden des Reiches Gottes zu bringen.

Die institutionellen Kirchen jedoch erlauben und fördern – wenn auch in unserer Zeit zunehmend in raffinierte Worthülsen verpackt – Kriege, bis heute.

Die institutionellen Kirchen, die für sich in Anspruch nehmen, die einzige verbindliche moralische Instanz der Völker zu sein, haben sich das Deckmäntelchen „christlich" umgehängt – und trotzdem über all die Jahrhunderte hinweg Gewalt, Tod und Verdammnis gepredigt und vielfach selbst das Allerschrecklichste über die Menschheit heraufbeschworen: Krieg, immer wieder Krieg, bis zum heutigen Tag.

Es gilt auch deshalb: Dieser skandalöse Missbrauch des Namens des Jesus, des Christus, des Friedefürsten, muss ein Ende haben. Er wird aufgezeigt, damit alle Menschen weltweit erkennen: Der Christus Gottes, der Friedefürst, hat nichts mit der kriegerischen Blutspur der institutionellen Priesterkirchen zu tun. Gar nichts!

Urchristen leben gewaltlos

Du sollst nicht töten. Liebe deinen Nächsten, liebe deine Feinde. Tuet Gutes denen, die euch hassen. Diese Himmelslehre aus dem Reich Gottes war der Maßstab für das Leben in den ersten urchristlichen Gemeinden, getreu dem Vorbild des Jesus, des Christus. Deshalb wurden, wie dargelegt, weder Soldaten noch Jäger in die frühen Urgemeinden aufgenommen.

Doch schon bald etablierte sich wieder eine Priesterkaste mit einer heidnischen Kunstreligion und verdrängte den urchristlichen Geist der Urgemeinden.

Unter Kaiser Konstantin zeichnet sich dann der Beginn einer 1700-jährigen Blutspur der Kirche unter Missbrauch des Namens des Christus Gottes ab, und das Gebot Gottes durch Mose „Du sollst nicht töten!" wird von einer antichristlichen Priesterkaste dauerhaft missachtet.

Karlheinz Deschner und Horst Herrmann schreiben dazu:

„Der römische Kaiser Konstantin hatte 313 den Christen die volle Religionsfreiheit gewährt, und schon im folgenden Jahr beschlossen sie die Exkommunikation fahnenflüchtiger Soldaten. Wer die Waffen wegwarf, galt als gebannt. Vordem war es umgekehrt." (Der Anti-Katechismus, S. 156)

Ganz am Ende des zehnten und letzten Bandes seiner „Kriminalgeschichte des Christentums" schreibt Karlheinz Deschner:

„Seit Konstantin wurden Heuchelei und Gewalt die Kennzeichen der Kirchengeschichte, wurde Massenmord zur Praxis einer Religion. Einen zu töten war strikt verboten, Tausende umzubringen ein gottgefälliges Werk." (S. 226)

Das ist das irrsinnige Kriegsgeschrei der äußeren Kampfreligionen; mit Jesus, dem Christus, hat das nicht nur nichts zu tun – es ist die Kampfansage des kriegerischen Widersachers gegen den Friedefürsten Christus.

Was folgte, waren jahrhundertelanges Blutvergießen und Machtkämpfe verschiedenster Könige und Kaiser. Es gab Rivalitäten und Tumulte um den römischen Bischofssitz. Es gab Kriege in der Kirche und um die Kirchen.

Der Schweizer Literaturkritiker Dieter Fringeli schreibt auf der Rückseite des dritten Bandes der „Kriminalgeschichte des Christentums: Die Alte Kirche" von Karlheinz Deschner:

„In Deschners kantigen Sätzen profiliert sich das Elend ganzer Epochen; Zerstörungen, Verheerungen, Mördereien bestimmen die Tagesordnung; Geschichte als Leichenschau; Mord, Hohn und Totschlag, stets in Reichweite die segnende Kirche, tatverdächtig. Welch ein Anblick! Die jahrhundertlang tolerierte und verfügte Grässlichkeit und Menschenschlächterei, die Wandlung der Christenheit, »von der Kirche der Pazifisten zur Kirche der Feldpfaffen« ist nicht zu fassen."

„Gott will es!"
Der gotteslästerliche Schlachtruf der Kirche

Der Wahlspruch von Papst Gregor VII. im elften Jahrhundert lautete:
„Verflucht sei der Mensch, der sein Schwert vom Blut zurückhält." (zit. nach Deschner, Opus Diaboli, S. 17 f.)
Solch brutale Vertreter des Typus Gewaltmensch scheuen sich auch nicht, den Namen Christus für ihre antichristlichen Ziele zu missbrauchen, denn sie dienen ganz offensichtlich dem, der gegen Christus ist, dem Vater der Lüge, der ein Mörder war von Anfang an, wie Jesus von Nazareth sagte.
Der Wahlspruch des Papstes zeigte seine Wirkung. Nur zehn Jahre nach dem Tod von Papst Gregor VII., im Herbst des Jahres 1095, rief dessen Nachfolger Urban II. zum ersten Kreuzzug auf.

Bei den furchtbaren Kreuzzügen, die allesamt von Päpsten ausgerufen wurden, ist die Blutspur der Kirche besonders breit. Über den katholischen Kreuzzug zur Vernichtung der urchristlichen Katharer in Südfrankreich von 1209-1229 haben wir bereits berichtet. Hinzu kamen zwischen 1096 und 1291 sieben Kreuzzüge in Richtung „Heiliges Land". Dabei zogen die Kreuzritter im Auftrag des Papstes aus, um Andersgläubige zu vertreiben und zu vernichten.

Papst Urban II. ruft zum Kreuzzug auf

Bei seinem Aufruf zum Kreuzzug im Jahr 1095 be-
stieg Papst Urban II., wie überliefert ist, ein Podest,
das auf einem Feld vor der französischen Stadt
Clermont errichtet worden war.

Mit erlogenen Schilderungen über angebliche
Massaker von Moslems an pilgernden Christen
hetzte er die Menschen seiner Zeit auf, und er rief
sie dazu auf, dass sie als Kreuzritter nach Jerusalem
ziehen und die „heilige" Stadt von den so genannten Ungläubigen befreien sollen.

Dabei schürte er das Feuer des Hasses mit folgenden Lügen über die sogenannten Heiden:

„Ihr solltet von dem Umstand berührt sein, dass das Grab unseres Erlösers in der Hand eines unreinen Volkes ist, das die heiligen Stätten schamlos und gotteslästerlich mit seinem Schmutz besudelt! (...) Ich bitte euch demütig, nein, nicht ich, sondern Gott, dass ihr (...) Reiche wie Arme ständig auffordert, dieses verbrecherische Volk rechtzeitig aus unseren Ländern zu verjagen und den Christen beizustehen (...) Christus (...) befiehlt es." (zit. nach Peter Milger, Die Kreuzzüge, S. 10 und 12)

Die aufgewühlte Menge schrie daraufhin wie aus einem Munde *„Gott will es!"* Unter den aufgebrachten Menschen wurden vorbereitete Stoffstreifen verteilt, aus denen man sich ein Kreuz bilden konnte, um es an die Kleidung zu heften. Das Symbol der Kreuzritter war geboren. Dem sogenannten „guten Kirchen-Christen" wurde also tatsächlich ein Freibrief zum Töten ausgestellt. Vom Papst, nicht von Gott, dem Ewigen – aber unter gotteslästerlichem Missbrauch Seines und Seines Sohnes Namen.

Automatisch erhielt der Kreuzfahrer damit angeblich auch die Absolution für all seine Sünden, wenn er an dieser „bewaffneten Wallfahrt" teilnahm. In einem solchen Kreuzzug könne man sich – so versprach der Papst – die Gnade Gottes und einen Platz nahe Seinem Thron „verdienen" – indem man tötete. Brudermord, Schwestermord als Verdienst, um Gott nahe zu sein?

Eine ungeheure Gotteslästerung des wahren, Ewigen All-Einen Gottes, des Schöpfers des Universums, des liebenden Vaters aller Seiner Kinder. In Wahrheit war es Brudermord, um dem Herrn der Kirche zu gefallen, ihrem „Gott". Ein Frevel, der sich nicht nur in der Geschichte des sogenannten „Christentums" wiederholen sollte, auch – wie bereits dargelegt – bei Luther und seinen Anhängern, und der bis heute bei äußeren Religionen Nachahmer findet.

Diejenigen, die sich dem Tötungsaufruf widersetzten, wurden unter den päpstlichen Fluch gestellt, den schon Papst Gregor VII. über jeden ausgesprochen hatte, *„der sein Schwert vom Blut zurückhält"* und den nun sein Nachfolger, Papst Urban II., neu aussprach. Wörtlich:

„Des apostolischen Stuhles Fluch soll jeden treffen, der sich unterfängt, das heiligste Unternehmen zu hindern; sein Beistand [also der Beistand des Apostolischen Stuhles] *dagegen im Namen des Herrn eure Bahn ebnen und euch geleiten auf allen Wegen!"* (Friedrich von Raumer, Geschichte der Hohenstaufen und ihre Zeit, 1884, S. 49)

Priester setzen die Kreuzfahrer unter Druck und schwören sie ein auf das Gemetzel.
(Priests Exhorting Crusaders; Illustration von Gustav Doré)

479

Völkermord im Auftrag des Vatikans

Die Propagandarede von Papst Urban II. war der Beginn der grausamen Kreuzzüge. Die ersten Kreuzfahrer erreichten Jerusalem im Juni 1099 und nahmen die Stadt, nach kurzer Belagerung, am 15. Juli 1099 ein. Das Blutbad, welches die Eroberer anrichteten, so wird berichtet, sorgte in der ganzen arabischen Welt für blankes Entsetzen. Man muss bedenken, dass bis zu diesem Zeitpunkt Juden, Muslime und Christen in der Stadt Jerusalem friedlich miteinander gelebt hatten.

Durch die päpstliche Demagogie als *„Untermenschen"* und als *„ungläubige Hunde"* verhetzt, wurde die arabische Bevölkerung von den Kreuzrittern aufs Grausamste niedergemetzelt, ohne Rücksicht auf Betagte, Frauen und Kinder.

Ein Chronist beschrieb die Vorkommnisse wie folgt: *„Als dann die Stunde kam, in der unser Herr Jesus Christ es zuließ, dass er für uns den Kreuzestod erlitt (...), flohen die Verteidiger von den Mauern der Stadt, und die Unsrigen folgten ihnen und trieben sie vor sich her, sie tötend und niedersäbelnd, bis zum Tempel Salomos, wo es ein solches Blutbad gab, dass die Unsrigen bis zu den Knöcheln im Blut wateten. (...) Nachdem die Unsrigen die Heiden endlich zu Boden geschlagen hatten (...), durcheilten die Kreuzfahrer die ganze Stadt und raff-*

ten Gold, Silber, Pferde und Maulesel an sich und plünderten die Häuser. (...) Dann, glücklich und vor Freude weinend, gingen die Unsrigen hin, um das Grab unseres Erlösers zu verehren, und entledigten sich ihm gegenüber ihrer Dankesschuld." (Die Kreuzzüge in Augenzeugenberichten, dtv 1971, S. 100f.)

So ein Bericht eines Geschichtsschreibers aus den Reihen der Kreuzfahrer.

Erster Kreuzzug 1096-1099, Eroberung von Jerusalem durch die Kreuzfahrer unter Gottfried von Bouillon, 15. Juli 1099

*Die Kriegsmaschinerie der Kreuzfahrer
(Illustration von Gustav Doré)*

Doch nicht nur die Muslime wurden massakriert, auch die jüdische Bevölkerung wurde systematisch umgebracht. In den Überlieferungen heißt es sinngemäß: Sie wurden in die Synagoge gesperrt und bei lebendigen Leib mit der Synagoge zusammen verbrannt. Menschen bei lebendigem Leib zu verbrennen ist eine besonders perverse Art des Mordens und Hinrichtens durch katholische Obrigkeiten und Religionsführer, wie die Geschichte der Inquisition zeigt.

„Die Ritter Christi" so schreibt ein Augenzeuge, *„troffen"* nach der Ermordung von 60.000 bis 70.000 Menschen *„vom Scheitel bis zur Sohle vom Blut".* (Deschner, Kriminalgeschichte des Christentums, Band 6, S. 381)
Es waren *„Leichenhaufen wie Häuser",* beschreibt ein Zeitzeuge. *„Keiner der zeitgenössischen christlichen Chronisten äußerte im geringsten Gewissensbisse",* so merkt Karlheinz Deschner an. (S. 382)
Warum auch, so könnte man fragen, sie hatten ja alle den päpstlichen „Segen"! Und der Vatikan hatte seinen Reichtum vermehrt, indem er die Landgüter der gefallenen Kreuzritter konfiszierte oder sich diese schon vor der Abreise des Ritters überschreiben ließ, für den Fall, dass dieser auf dem Kreuzzug zu Tode käme. Dafür wurde dem Kreuzritter der absolute Ablass all seiner Sünden in Aussicht gestellt.

Im Verlauf der Kreuzzüge durchquerten Hunderttausende von Kreuzfahrern weite Teile der damals bekannten Welt. Das Ausmaß ihrer Grausamkeiten und Abartigkeiten gegen Andersgläubige ist unfassbar.

Der britische Historiker Thomas Asbridge berichtet in seinem Buch „Die Kreuzzüge", wie die Kreuzfahrer auf dem Weg nach Jerusalem die Stadt Antiochia, in der heutigen Türkei gelegen, belagert hatten. Er schildert auch Einzelheiten:

„Nachdem die Kreuzfahrer zu Beginn des Jahres 1098 eine größere Schlacht gewonnen hatten, trennten sie mehr als 100 muslimischen Toten die Köpfe ab, steckten sie auf Speere und marschierten damit schadenfroh vor den Mauern Antiochias auf und ab, »um den Schmerz der Türken zu vergrößern«.

Nach einem anderen Gefecht schlichen sich die Muslime nach Einbruch der Dämmerung aus der Stadt hinaus, um ihre Toten zu begraben. Als das die Christen bemerkten, so ein lateinischer Augenzeuge, befahlen sie, die Leichen auszugraben und die Gräber zu zerstören. Die toten Männer wurden aus ihren Gräbern herausgezogen. Sie warfen sämtliche Leichen in eine Grube, trennten ihre Köpfe ab und brachten sie zu unseren Zelten. Als die Türken das sahen, waren sie sehr bestürzt und außer sich vor Trauer; sie klagten viele Tage lang und taten nichts anderes als weinen und heulen." (Thomas Asbridge, Die Kreuzzüge, S. 81)

Der Papst, der zu diesem Kreuzzug aufgerufen hatte, Papst Urban II., wurde dann im Jahr 1881 von Papst Leo XIII. „selig" gesprochen!
Das ist römisch-katholisch, aber nicht christlich.

In Folge der kriegerischen Eroberungen durch die Kreuzfahrer wurden vier Kreuzfahrerstaaten gegründet, in denen überall auf grausamste Weise die einheimische Bevölkerung ermordet wurde.
Als eines der neu gegründeten Königreiche von den Arabern zurückerobert wurde, folgte im Jahre 1144 in Europa wiederum eine Welle der katholischen Hetze gegen die arabischen Völker.
Diesmal war es der von der katholischen Kirche „heilig" gesprochene und heute noch hoch verehrte Bernhard von Clairvaux, der den Hass und den Mord im Namen des Kreuzes schürte und einen erneuten Kreuzzug herbei predigte, in der Geschichtsschreibung als „Zweiter Kreuzzug" von 1147-1149 bekannt.

Von welchem Ungeist Bernhard von Clairvaux getrieben wurde, zeigt seine Predigt zum Kreuzzug, nachzulesen in seiner Schrift „Buch an die Tempelritter – Lobrede auf das neue Rittertum":

„Die Ritter Christi aber kämpfen mit gutem Gewissen die Kämpfe des Herrn und fürchten niemals weder eine Sünde, weil sie Feinde erschlagen, noch die eigene Todesgefahr. Denn der Tod, den man für Christus erleidet oder verursacht, trägt keine Schuld an sich und verdient größten Ruhm.

Hier nämlich wird für Christus, dort Christus erworben. Er nimmt wahrlich den Tod des Feindes als Sühne gern an und bietet sich noch lieber seinem Streiter als Tröster dar.

Ein Ritter Christi, sage ich, tötet mit gutem Gewissen, noch ruhiger stirbt er. Wenn er stirbt, nützt er sich selber, wenn er tötet, nützt er Christus. »Denn nicht ohne Grund trägt er das Schwert, er steht im Dienst Gottes und vollstreckt das Urteil an dem, der Böses tut, zum Ruhm aber für die Guten.« (Röm 13, 4; 1 Petr 2, 14)

Ja, wenn er einen Übeltäter umbringt, ist er nicht ein Menschenmörder, sondern sozusagen ein Mörder der Bosheit, und mit Recht wird er als Christi Rächer gegen die Missetäter und als Verteidiger der Christenheit angesehen.

Wenn er aber selbst umgebracht wird, ist es klar, dass er nicht untergegangen, sondern ans Ziel gelangt ist. Der Tod, den er verursacht, ist Christi Gewinn; wenn er ihn erleidet, sein eigener. Der Christ rühmt sich, wenn er einen Ungläubigen tötet, weil Christus zu Ehren kommt.“

486

*Bernhard von Clairvaux ruft am 31. März 1146 in Vézelay in
Frankreich zum Kreuzzug auf. Vézelay gehört bis heute zu
den bedeutenden katholischen Wallfahrtsorten.*
(Stahlstich von Colin nach dem Gemälde von Émile Signol)

Dies sind die Worte des katholischen „Heiligen"
und heute noch hochverehrten Bernhard von Clairvaux. Kann man den Namen und das Leben des
Jesus von Nazareth noch boshafter, noch teufli-
scher pervertieren als eben geschildert?

Das Kreuzfahrerheer fällt in Konstantinopel ein (1202).
(Illustration von Gustav Doré)

Es wundert wenig, dass der katholische Hassprediger Bernhard von Clairvaux später dann in Martin Luther, der seine Zeitgenossen ebenfalls zum Morden und Plündern im Namen Gottes aufrief, einen glühenden Verehrer hatte. Martin Luther schrieb über Bernhard von Clairvaux: *„Ist jemals ein gottesfürchtiger und frommer Mönch gewesen, so war's St. Bernhard, den ich allein viel höher halte als alle Mönche und Pfaffen auf dem ganzen Erdboden."* (zit. nach Meinolf Rode, Die Templer – ein Einblick und Überblick, 2011, S. 588)

Aufgrund der Predigten des Bernhard von Clairvaux kam es, wie gesagt, wiederum zu grausamen, blutigen Schlachten, in denen aber die Kreuzritter geschlagen wurden.

Nachdem im Jahr 1187 Jerusalem wieder an die arabischen Völker zurückgefallen war, nahmen und missbrauchten die drei mächtigsten Männer ihrer Zeit abermals das Kreuz für die Schlacht: Kaiser Friedrich I. Barbarossa, König Philipp II. von Frankreich und Richard I. Löwenherz von England.

Jerusalem wurde in diesem „Dritten Kreuzzug" nicht verschont, ebenso wenig wie andere Städte.

Die Anzahl der bei den Kreuzzügen ermordeten Menschen, bei diesem grausamen Wüten im Auftrag der römischen Papstkirche, kann man im Nachhinein nur schätzen.

Doch ob man nun Hunderttausende annimmt oder weit mehr, bis hin zu viele Millionen, immer gilt die Frage des Schriftstellers Hans Wollschläger:

„Wofür? Nur für die Tätigkeit einer Institution, eines gigantischen Syndikats, das einst die Welt terrorisierte?" (Die bewaffneten Wallfahrten gen Jerusalem, 2006, S. 224)

Und vor allem gilt die Frage Gott-Vaters, die in den alten Schriften nachzulesen ist: *„Kain – wo ist dein Bruder Abel?"* (Genesis 4, 9)

Die Kreuzfahrer begingen Brudermord. Alle Menschen sind die Kinder eines liebenden Schöpfergottes und damit untereinander Brüder und Schwestern. Gott ist der Geber allen Lebens, und kein Mensch hat das Recht, einem anderen dieses Leben zu nehmen.

Die Anstifter zum Massenmord werden bis heute verehrt

Am 14.7.1881 wurde Urban II., der erste Anstifter zu diesen gnadenlosen Gemetzeln und Völkermorden, von der Vatikankirche offiziell in den Kanon der angeblich „Seligen" aufgenommen.

Im „Ökumenischen Heiligenlexikon" im 21. Jahrhundert heißt es dazu: *„Die seit unvordenklicher Zeit bestehende Verehrung für Urban wurde von Papst Leo XIII. bestätigt".* (heiligenlexikon.de)

Das beweist: Die Kreuzzüge waren kein mittelalterlicher „Ausrutscher" von einigen wenigen gewissenlosen Schurken auf dem Papstthron – sie waren vielmehr, mit den Mitteln der damaligen Zeit, die konsequente Umsetzung einer „Mission", zu der Päpste selbst aufgerufen hatten, weil sie in den Lehrsätzen der katholischen Kirche damals wie heute gefordert wird.

Trotz all der verbrecherischen Grausamkeiten durch Päpste hat nie ein späterer Papst eine „Selig- oder Heiligsprechung" zurück genommen. Denn der jeweilige Amtsinhaber ist ja als dessen Nachfolger gleichsam ein Abkömmling von Abkömmlingen von Abkömmlingen derer, die unter schändlichstem Missbrauch des Namens Christus Kriege, Völkermorde und Ausmerzungsfeldzüge in Seinem Namen befohlen hatten.

In dem göttlichen Offenbarungswerk „Das ist Mein Wort. Alpha und Omega" erläutert Christus selbst durch das Prophetische Wort in unserer Zeit Folgendes:

„Auf schändliche Art und Weise wurde Mein Name missbraucht und verkauft. Nicht nur in den so genannten Kreuzzügen versuchten Menschen, die sich Christen nannten, jedoch nicht christlich lebten, Andersgläubige mit dem Schwert in der Hand zu christianisieren. Kirchliche Obrigkeiten missbrauchten und missbrauchen Meinen Namen, fesselten und fesseln ihn an ihre Dogmen und behaupten, dass sie die allein seligmachende Gnade hätten, weil sie Mich, Christus, im Joch ihrer Dogmen gefangen glauben." (S. 799)

All dieses ungesühnte Leid, all diese Grausamkeiten, welche die Menschen zu erdulden hatten, denen während ihrer Ermordung bei ihrem letzten Atemzug noch das Kruzifix vor Augen gehalten wurde, sind in den Seelen eingraviert. Die Seelen gingen in diesem Zustand ins Jenseits, also mit der Gravur dieser Erniedrigungen und Peinigungen, insbesondere dann, wenn die Seele des brutal Ermordeten nicht vergeben konnte.

Diese Gräueltaten, damals verursacht durch die Machthaber im Vatikan, wurden nie wirklich aufgearbeitet, mit ehrlichen Schuldeingeständnissen

Links: In Nicäa schleuderten die Kreuzritter 1097
die abgetrennten Köpfe der ermordeten Türken in die Stadt.
Rechts: Der sogennante Kinderkreuzzug im Jahr 1212
(Illustrationen von Gustav Doré)

den Nachkommen der Opfer gegenüber, und nie wiedergutgemacht.

Es wurde seitens des Vatikans nie dem Ausmaß des Verbrechens entsprechend um Vergebung gebeten.

Es wurde niemals mit der Wiedergutmachung ernst gemacht, soweit solche Verbrechen überhaupt wieder gutzumachen sind. Die Lehre des Jesus von Nazareth gebietet aber: Wer sich christlich nennt, sollte sich ernsthaft darum bemühen, die Lehren des Jesus von Nazareth im Alltag anzuwenden.

Die grausamen Kreuzzüge können auch deshalb nicht einfach der Vergangenheit zugeordnet werden, weil die Vatikankirche dreist das Gegenteil von Reue und Wiedergutmachung praktiziert. Einige der Kreuzzugs-Verbrecher werden von ihr geradezu glorifiziert, bis heute. Für Gräueltaten und Gemetzel, für den grausamen Tod von Andersgläubigen auf Geheiß der Romkirche steht, stellvertretend für viele, z.B. Gottfried von Bouillon (1060–1100), einer der Heerführer des ersten Kreuzzuges von 1096 und der erste, der bei der Belagerung am 15. Juli 1099 in die Stadt Jerusalem eindrang.

Zu Ehren von Gottfried von Bouillon und seinen „Verdiensten" für die Kirche ist heute noch eine Bronzestatue von ihm in der Hofkirche in Innsbruck aufgestellt. (rechts)
In der sogenannten „Kirche vom heiligen Grab" in der Altstadt von Jerusalem wurde er begraben, und dort wird heute noch das Schwert zur Schau gestellt (nächste Seite, rechts oben), mit dem Gottfried von Bouillon in Jerusalem das Blut

seiner Mitmenschen ver-
gossen hat: ausgerechnet
– oder vielmehr: passend
– in der Kirche, die zu den
größten „Heiligtümern" des
Katholizismus zählt und die
der Romkirche als überlie-
ferte Stelle der Kreuzigung
und des Grabes des Jesus
von Nazareth gilt.
Das zeugt davon, dass die
Vatikankirche ihre Ausmerzungsfeldzüge heute noch
bejaht.

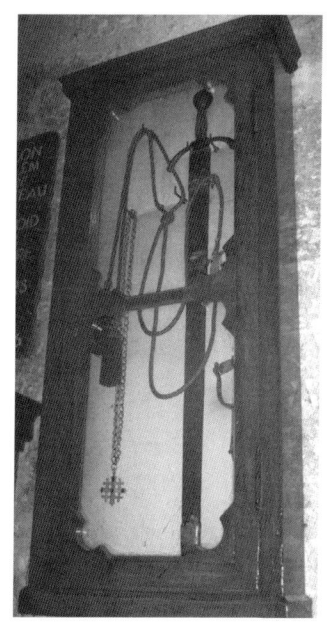

Ein Reiterdenkmal des päpstlichen Kreuzzug-Heerführers,
Gottfried von Bouillon, steht vor dem Königspalast in Brüssel.

Generation für Generation wurde ganzen Völkern – kirchlich legitimiert – Gewalt angetan, obwohl Jesus von Nazareth, der Friedefürst, das Gegenteil davon lehrte.

Aber die Herren der äußeren Religion Römisch-Katholisch nennen sich bis heute christlich. Welch eine Blasphemie, welch Hohn und Häme auf Jesus von Nazareth, den Mitregenten der Himmel.

Immer wieder predigten die Priester von der Kanzel und auf den Schlachtfeldern: *„Gott will es! Dient der Obrigkeit!"* Wer Ross und Reiter – dem Staat und der Kirche – nicht gehorchte, kam nicht nur in den Kerker, an den Galgen oder vor ein Erschießungskommando – ihm wurde von Priestern in boshafter Absicht auch die angebliche ewige Verdammnis auferlegt.

Die Leichenberge auf den Schlachtfeldern türmten sich immer höher auf, und die geschundenen Völker wurden mehr und mehr entvölkert, bis kaum noch jemand den Mut besaß, gegen den todbringenden Irrsinn unter römisch-katholischer Flagge aufzubegehren.

Gerade die jungen Männer des einfachen Volkes wurden immer wieder mit kirchlichem Segen in die Schlachten getrieben, in die Gemetzel, wo die Kanonen und Granaten ihre jungen Körper zerfetzten, oftmals bis keine jungen Männer mehr da waren, die mit aufrührerischen Gedanken gegen die herrschende Kaste aus Kirche, Adel und Regierung rebellieren konnten.

Für all dies musste der Name des Jesus von Nazareth herhalten, denn man bezeichnete sich oft auf allen Seiten der Fronten als „christlich".

Die Scheinheiligkeit, Arroganz und Menschenverachtung von „Ross und Reiter", von Staat und Kirche, zeigt sich auch im Sprachgebrauch: Soldaten werden angeblich nicht getötet oder ermordet, nicht erschossen oder zerstückelt, nicht verbrannt oder pulverisiert, nicht verstümmelt und in Stücke gerissen, nicht schrecklichst verwundet an Leib und Seele, nein, sie „fallen" einfach – einfach so. Mit kirchlichem Segen sind sie dann die „Gefallenen"!

Früher hat man sie kurzerhand in Massengräbern verscharrt und die Verwundeten sich selbst überlassen, unzählige einfach mit Wundbrand verfaulen lassen – so, wie es anschaulich bei Bertha von Suttner (1843-1914) in ihrem Buch „Die Waffen nieder!" beschrieben ist.

Heute kommen sie in feinen sauberen Särgen mit Staatsflagge und Trauerflor als angebliche Helden auf den Heldenfriedhof, wo der Militärbischof seine Worthülsen drechselt, bevor die Erde scheinbar alles zudeckt.

Ein schlichtes weißes Holzkreuz soll an den angeblich tapferen Blutzoll „für Gott und Vaterland" erinnern. Schon der Titel „Militärbischof" ist ein Tribut an den Widersacher des Christus Gottes.

Welch eine Irreführung des Volkes und der Leidtragenden, der ermordeten Soldaten-Seelen, die mit kirchlichem „Segen" auf dem Schlachtfeld egoistischer Interessen der Mächtigen ihr kostbares Erdenleben vergeudeten, nachdem sie zuvor auf „Befehl" unzählige ihrer Brüder und Schwestern massakrieren und ermorden mussten. Ermordete und Verstümmelte, unsäglich Leidende auf allen Seiten. Aber man nennt sich christlich, obwohl es scheint, als wollten die Mächtigen die kirchliche Hölle und ihre Qualen auf die Erde bringen.

Auch die Ureinwohner Lateinamerikas fielen einem Eroberungsfeldzug nach dem anderen zum Opfer, als die Spanier auf ihrem Kontinent einfielen – mit dem ausdrücklichen Segen der Kirche! Der katholische Theologe Leonardo Boff nennt die Eroberung Amerikas den *„größten Völkermord aller Zeiten"*. (zit. nach Publik-Forum, 31.5.1991)

Bis zu 90% der ursprünglichen Bevölkerung wurde dabei ausgerottet oder starb an unmittelbaren Folgen der Eroberung; insgesamt viele Millionen Menschen. Aber man nennt sich „christlich".

Der Dreißigjährige Krieg in Europa wäre ebenfalls ohne die Kriegstreiberei – insbesondere der Jesuiten am Habsburger Hof – wohl kaum zustande gekommen. Dieser größte Religionskrieg in Mitteleuropa kostete ebenfalls mehrere Millionen Menschen das Leben, nach Schätzungen mehr als ein Drittel der Bevölkerung.

Hier, wie auch in unzähligen anderen Kriegen und Schlachten, standen sich auf beiden Seiten von Priestern gesegnete, angeblich „christliche" Soldaten in tödlicher Feindschaft gegenüber – welch ein Hohn auf Jesus, den Christus!

So mancher glaubt vielleicht, die einst ganz offensichtlich kriegerische Vatikankirche habe diese Zeit hinter sich gelassen. Wie sieht es jedoch aus mit dem Diebesgut, das sie auf ihren Feldzügen erobert, also anderen Ländern und Menschen entrissen hat? Wie sieht es aus mit dem Beutegut, das bis heute im Vatikan und in vielen katholischen Kirchen zur Schau gestellt wird? Ist das viele geraubte Gold etwa nicht Blutgold? Steht derjenige, der das Kriegs- gleich Diebesgut nicht zurückgibt, nicht noch immer im Krieg und somit im Kampf gegen das Land und gegen die Menschen, denen es entwendet wurde?

Alles längst Vergangenheit? Nein, ein Blick in die jüngere Geschichte zeigt, dass beide Kirchen auch im 20. Jahrhundert das Blutvergießen nicht nur nicht bekämpften, sondern sogar förderten.

Zwei Tage vor Ausbruch des Ersten Weltkrieges, am 26. Juli 1914, schickte der bayerische Geschäftsträger beim Vatikan, Baron von Ritter, ein Telegramm nach München:

> *„Baron Ritter an die bayerische Regierung. Der Papst billigt ein scharfes Vorgehen Österreichs gegen Serbien. Der Kardinalstaatssekretär (...) fragt sich, wann es denn sollte Krieg führen können, wenn es nicht einmal entschlossen wäre, mit den Waffen eine ausländische Bewegung zurückzuweisen, die die Ermordung des Erzherzogs herbeigeführt hat."* (zit. nach Deschner, Die Politik der Päpste im 20. Jahrhundert, Bd. 1, S. 163 f.)

Der Billigung des Papstes wurde prompt Rechnung getragen. Österreich-Ungarn begann den Krieg, in dessen Verlauf 17 Millionen Menschen grausam zu Tode kamen.

> Die Legitimation für ein solches Völkerschlachten lieferte der Kirche bereits ihr „heilig" gesprochener Kirchenlehrer Augustinus:
> *„Was hat man denn gegen den Krieg? Etwa, dass Menschen, die doch einmal sterben müssen, dabei umkommen?"* (zit. nach Deschner, Kriminalgeschichte des Christentums, Bd. 1, S. 524)

Wer sich zu einer Organisation bekennen will, deren angesehenste und als „heilig" verehrte Vertreter und Lehrer derart lebensverachtende Äußerungen von sich geben, der kann dies in freier Entscheidung tun. Eine solche Organisation kann sich auch katholisch nennen – aber auf gar keinen Fall christlich.

Denn, wir wiederholen: Jesus von Nazareth ist als der Christus Gottes der Friedefürst, der Mitregent der Himmel. Er brachte die Lehre der Feindesliebe, der Gottes- und Nächstenliebe, der Friedfertigkeit. In Seiner Bergpredigt sprach Er:

„Ihr habt gehört, dass gesagt worden ist: Du sollst deinen Nächsten lieben und deinen Feind hassen. Ich aber sage euch: Liebt eure Feinde und betet für die, die euch verfolgen, damit ihr Söhne eures Vaters im Himmel werdet; denn er lässt Seine Sonne aufgehen über Bösen und Guten, und er lässt regnen über Gerechte und Ungerechte." (Matthäus 5, 43-45)

Jesus von Nazareth
lehrte keinen „gerechten Krieg"

Völlig entgegengesetzt zur Lehre des Jesus von Nazareth folgt die Vatikankirche der Lehre vom „gerechten Krieg", die auf den vorchristlichen römischen Politiker Cicero (106-43 v.Chr.) zurück-geht. Der „heilig" gesprochene Kirchenlehrer und Kirchenvater Augustinus von Hippo (354-430) griff dieses römische Gedankengut auf und brachte es in die Kirchenlehre ein – ganz im Sinne des Wider-sachers Gottes.

Jesus von Nazareth, der Sohn Gottes, lehrte die Versöhnung und nicht den Krieg. Er lehrte den Frieden und die Gerechtigkeit Gottes und niemals den „gerechten" Krieg. Er lehrte, dass *jeder* Krieg ein Brudermord ist. Denn vor Gottes Angesicht, vor dem himmlischen Vater, sind alle Menschen Brüder und Schwestern.

„Du sollst nicht töten" – so lehrte Gott, der Ewige, durch Mose. In jüngster Zeit aber hat die Kirche dieses Gebot geändert in „Du sollst nicht morden". Warum?

Wer das Wort töten zu „morden" umwandelt und somit in seiner absoluten Bedeutung, die keine Ausnahme kennt, verwässert, ist letztlich *für* den Krieg und *gegen* die Lehre des Jesus von Nazareth. Gott ist Leben, und von Ihm haben alle Menschen das Leben empfangen. Wir Menschen atmen, weil in unserem Atem das Leben strömt, die allmächtige Kraft. Wer nimmt sich das Recht heraus, zu erlauben, seinem Bruder, seiner Schwester den Atem zu nehmen? Und dies im Namen des Jesus, des Christus? Doch nur der, von dem Jesus von Nazareth sagte, er sei der Vater der Lüge und ein Mörder von Anfang an.

Solange die Mächtigen dem Ruf des Widersachers „Trenne, binde und herrsche" folgen, bauen sie zum Erhalt ihrer Macht auf Gewalt, Waffen und Kriege und verwerfen damit die Lehre des Jesus von Nazareth. Wer solches befürwortet, hat kein Recht, sich christlich zu nennen.

Die Mitschuld der Kirchen am Faschismus

Die Kirche und der Krieg – allein dieses eine Thema füllt viele Bücher: Siebzehn Jahrhunderte Blut und Leid, Mord und Totschlag im Namen Gottes und im Namen Seines Sohnes, Christus.

Es mag daher genügen, beispielhaft nur noch näher auf das zwanzigste Jahrhundert einzugehen. Denn gerade das letzte Jahrhundert zeigt auf, dass die Kriegstreiberei der Kirche nicht etwa nur im fernen Mittelalter lag, im Gegenteil: Die beinahe vollkommene Symbiose von Priestertum und Soldatentum fand gerade in der jüngeren Vergangenheit unter dem von Kirchenvertretern beider Konfessionen geförderten Faschismus ihren Höhepunkt.

„Gerade wir Deutschen dürfen auf gar keinen Fall vergessen, was von deutschem Boden ausgehend geschah", so hört man immer wieder. Das ist richtig. Doch warum wird dann die übergroße Schuld der sogenannten christlichen institutionellen Kirchen kaum thematisiert, also dem Vergessen anheim gestellt?

Bis heute betreiben die kirchlichen Institutionen großen Aufwand, um ihre erhebliche Mitschuld an den faschistischen Diktaturen und deren Verbrechen in Europa zu relativieren, zu verharmlosen, zu vertuschen, zu leugnen. Trotzdem gibt es Publikationen von unerschrockenen Schriftstellern aus unterschiedlichen Ländern, die bis ins Detail die Rolle der sogenannten christlichen Kirchen bei den Gräueln des Faschismus in Europa dokumentieren.

In seinem Buch „Die Vertreter Gottes" entlarvt der Kirchengeschichtsforscher Karlheinz Deschner *„die rücksichtslose Machtpolitik der frommen Kirchenmänner von Pius X. (1903-1914) bis Pius XII. (1939-1958)".*

Er belegt, *„dass die Päpste entscheidend zu den politischen Katastrophen des 20. Jahrhunderts beigetragen haben",* wie es auf der Buchrückseite heißt.

Der Autor schreibt: *„Das römische Papsttum (...) war vor allem durch Pius X. beträchtlich am Ausbruch des Ersten Weltkriegs beteiligt."* (S. 29)

Es *„förderte durch Pius XI. entscheidend die Heraufkunft des Faschismus in Italien"* (S. 41) und, so belegt Deschner weiter, auch in Österreich, in Deutschland und schließlich im katholischen Spanien.

Faschisten und Päpste – gemeinsam gegen die Bolschewisten

Es ist unbestritten, dass der Vatikan z.B. das faschistische Mussolini-Regime in Italien bereits seit 1923 maßgeblich förderte. Dies zeigte sich später auch beim Überfall Italiens auf Abessinien 1935 – also vier Jahre vor dem Ausbruch des Zweiten Weltkriegs.

„Nach einem Gelehrten der Harvard-Universität unterstützten wenigstens 7 italienische Kardinäle, 29 Erzbischöfe und 61 Bischöfe den faschistischen Überfall sofort (...)." (Karlheinz Deschner, Abermals krähte der Hahn, S. 598)

Ähnliches trug sich in Spanien zu, als das Franco-Regime an die Macht kam. Auch dort huldigte die Kirche – Bischöfe und Kleriker bis hinauf zum Papst – dem neuen Diktator.

So schrieb Papst Pius XII. am 1. April 1939 an den Faschisten Franco:

„Indem Wir Unser Herz zu Gott erheben, freuen Wir Uns mit Ehrwürdiger Exzellenz [dem Bischof] *über den von der katholischen Kirche so ersehnten Sieg. Wir hegen die Hoffnung, dass Ihr Land nach der Wiedererlangung des Friedens mit neuer Energie die alten christlichen Traditionen wiederaufnimmt."* (zit. nach Karlheinz Deschner, Kirche und Faschismus, S. 36)

Was darunter zu verstehen war, *„die alten christlichen Traditionen wieder aufzunehmen"*, hat dann Franco in den folgenden Jahren gezeigt:
Es wurden noch nach Ende des spanischen Bürgerkriegs mehr als 100.000 Republikaner ermordet und in meist namenlosen Gräbern verscharrt.

Die Traditionen der Kirche mögen katholisch sein – oder auch lutherisch –, christlich sind sie nicht.

Pius XI. und Pius XII. haben tatsächlich allen faschistischen Diktatoren – Mussolini, Franco, Hitler und Pavelić – den Weg zur Diktatur geebnet und diese dann systematisch unterstützt – das weist unter anderen Karlheinz Deschner in seinem Buch „Mit Gott und den Faschisten" im Detail nach.

Darin heißt es über das gemeinsame Motiv dieser Allianzen:

„Wie die Faschisten aber den Zusammenbruch fürchteten, so fürchtete die Kurie den ständig vordringenden Kommunismus. Pius XII., der niemals die zahlreichen Aggressionen Hitlers verurteilt hatte, erhob (...) unermüdlich seine Stimme, um vor der Gefahr aus dem Osten zu warnen, womit er dasselbe tat wie Goebbels in Berlin, selbstverständlich nur aus »seelsorgerischen« Motiven. (...)"
(Mit Gott und den Faschisten, S. 159)

Der Vatikan verfolgte dabei jedoch noch weitere langfristige politische Ziele. Papst Pius XII. hatte, wie seine Vorgänger Pius X. und Pius XI., ihrem dogmatischen „Missionsauftrag" folgend, die Osterweiterung der Kirche und die Verdrängung der orthodoxen Kirche als lohnendes Beutegut für den Vatikan ausgemacht.

Die Geschichte hat längst ihr vernichtendes Urteil über die Tyrannen gefällt, mit dem die Priesterkaste immer in einem Boot sitzt. Dass aber Christus, der Friedefürst aus dem Reich Gottes, von den Kirchen in diese Gräuel und diesen Sumpf durch Missbrauch Seines Namens hineingezogen wird, lassen Nachfolger des Nazareners nicht unwidersprochen. Wir zeigen auf, wem die Tyrannen,

507

die Massenmörder und ihre kirchlichen Beistände, in Wahrheit dienen und damit der Menschheit Tod, Leid und Verderben bringen.

Vatikanische Unterstützung für Hitlerdeutschland

Auch an dem bisher größten aller Kriege, dem Zweiten Weltkrieg, hat die Kriegstreiberei der Kirchen maßgeblichen Anteil. Es war der Vatikan, der dem erklärten Gewaltherrscher Hitler sechs Jahre vor Kriegsausbruch mit in den Sattel verholfen hatte. Er sorgte durch politische Intrigen dafür, dass Hitler im März 1933 die notwendigen Stimmen für das „Ermächtigungsgesetz" im Reichstag von der katholischen Zentrumspartei erhielt.

In seinem Buch „Ein Jahrhundert Heilsgeschichte" zitiert Karlheinz Deschner den bekannten Münchner Kardinal Faulhaber mit den Worten, Papst Pius XI. sei *der beste Freund, am Anfang sogar der einzige Freund des neuen Reiches gewesen. Millionen von Menschen im Ausland standen lange misstrauisch dem neuen Reich gegenüber und haben erst durch den Abschluss des Konkordats Vertrauen zur deutschen Regierung gefasst.* (Band 1, S. 453)

Unter seiner Leitung verhalf der Vatikan
Mussolini, Hitler und Franco zur Macht:
Papst Pius XI.

Und der päpstliche Nuntius für Bayern, Erzbischof Vasallo di Torregrossa, sagte zu Adolf Hitler:

„Ich habe Sie lange nicht verstanden. Ich habe mich aber lange darum bemüht. Heute verstehe ich Sie."

(zit. nach Nikolaus von Preradovic/Josef Stingl, Gott segne den Führer, Bildtafel nach S. 200)

Kaum jemand weiß heute noch, dass bereits Franz von Papen, Reichskanzler und päpstlicher Geheimkämmerer, mit Nachdruck den Weg zu Hitlers Machtergreifung ebnete. Franz von Papen war es auch, der im Juli 1933 als Vize-Kanzler Hitlers das erwähnte Konkordat des Deutschen Reiches mit dem Vatikan unterzeichnet hat, das der Kirche weitreichende Privilegien zugestand.

Konkordatsunterzeichnung am 20. Juli 1933 in Rom.
Von links nach rechts: Prälat Ludwig Kaas, Vizekanzler Franz von Papen, Unterstaatssekretär Giuseppe Pizzardo, Kardinalstaats-sekretär Eugenio Pacelli (der spätere Papst Pius XII.), Substitut Alfredo Ottaviani und Ministerialdirektor Rudolf Buttmann während des Unterzeichnungsaktes
(Aufnahme aus dem Bundesarchiv Bild 183-R 24391)

Im Gegenzug erkannte der Vatikan Nazideutschland in vollem Umfang an. Und Franz von Papen wurde von Papst Pius XI. der Piusorden verliehen, eine der höchsten Auszeichnungen des Vatikans.

Die Unterstützung Nazideutschlands durch den Vatikan hielt auch noch an, als Hitler wenige Jahre später einen Angriffskrieg nach dem anderen führte.

So lobte der nachfolgende Papst Pius XII. noch im Herbst 1943 (!) das deutsche Volk:

> *„Es ist ein großes Volk, das in seinem Kampf gegen den Bolschewismus nicht nur für seine Freunde, sondern auch für seine derzeitigen Feinde blutet. Ich vermag nicht zu glauben, dass die Ostfront zusammenbrechen wird."*

Und Ende 1943 bekräftigte er, *„dass Wir* [der Papst] *gerade das deutsche Volk seit jeher in Unser Herz geschlossen haben und dass dem jetzt so schwergeprüften deutschen Volke vor allen anderen Nationen Unsere Sorge gilt".* (zit. nach Deschner, Mit Gott und den Faschisten, S. 160)

Dies gibt Einblick in das Verhältnis des Vatikans, vertreten durch den selbsternannten Stellvertreter Christi, den Papst, zu Hitlerdeutschland und zum Faschismus in Deutschland.

Was würde Jesus von Nazareth wohl dazu sagen? Dieses ganze unmoralische, in erster Linie macht-politische Streben hat nichts mit Jesus von Naza-reth zu tun. Nichts davon ist christlich.

Die Gotteslästerung der Kriegstreiber

Während des gesamten Zweiten Weltkriegs pre-digten die Priester und Pfarrer, die Bischöfe beider kirchlicher Institutionen fast bis zum letzten Kriegs-tag kriegerische „Pflichterfüllung", und sie schwo-ren in Deutschland die Soldaten auf Hitler ein.
Der bereits erwähnte Präsident der Thüringer Evan-gelischen Kirche Hugo Rönck, der in einem Aufruf zum Jahreswechsel 1943/1944 die Lutherworte wiederholte, dass es Zeiten gibt, in denen *„ein Volk den Himmel eher mit Blutvergießen gewinnen kann, denn anders sonst mit Beten"* (Thüringer Kirchenblatt Nr. 1/1944), bekräftigte noch im Juli 1944 die Bedeu-tung des Diktators Adolf Hitler für die lutherische Kirche.

„Adolf Hitler aber ist für unsere lutherische Fröm-migkeit wahrhaft der Führer von Gottes Gnaden. Sein Auftrag ist unmittelbar von Gott und sein Befehl ist Gottes Befehl!«" (zit. nach Preradovich/ Stingl, Gott segne den Führer, S. 8)

Wie groß die Sympathie des Vatikans – bis in die Gegenwart – für den Hitlerstaat ist, zeigt ein weiteres Beispiel: Graf von Galen, Bischof und später Kardinal in Münster, wurde im Jahr 2005 „selig" gesprochen.

Als Bischof hat er bereits 1938 den Krieg für den *„Führer" „bis zum letzten Blutstropfen"* gutgeheißen und 1942 in einem Hirtenbrief die deutschen Soldaten, die im Krieg umkamen, gerühmt.

Graf von Galen sprach wörtlich von einem *„neuen Kreuzzug"* und huldigte dabei auf seine Weise dem Blutopfergedanken, den die Priesterkaste seit alters her vertritt:

Die Soldaten, so von Galen, *„wollten Blutspender sein, auf dass das an Altersschwäche und anderen Übeln erkrankte Volk wieder jugendlich gesunde und aufblühe. Sie wollten in einem neuen Kreuzzug mit dem Feldgeschrei »Gott will es« den Bolschewismus niederringen, wie es vor wenigen Jahren der spanische Befreier Franco in einer Rede zu Sevilla mit christlicher Zielsetzung rühmte."* (zit. nach Deschner, Die Politik der Päpste im 20. Jahrhundert, Band 2, S. 77, 581)

Franco, der Massenmörder, ein *„Befreier"* mit *„christlicher Zielsetzung"*? Diese Zielsetzung mag katholisch sein – christlich ist sie nicht!

Jesus von Nazareth pries die Friedensstifter selig – die Vatikankirche aber spricht auch noch im 21. Jahrhundert Kriegstreiber wie Graf von Galen „selig".

Wo bleibt der Aufschrei im sich christlich nennenden Abendland, wenn eine Institution Menschen mit solchem Gedankengut in den, nach ihrer Vorstellung, verehrungswürdigsten Stand erhebt, der ja Vorbildfunktion haben soll?

Nicht nur dieser Kirchenmann setzte sich mit Eifer für das Gemetzel Mensch gegen Mensch, Bruder gegen Bruder, ein.

Noch kurz vor Ende des Zweiten Weltkriegs, im Januar 1945, forderte der Würzburger Bischof Matthias Ehrenfried die Katholiken auf:

„Stellt euch aber auch auf Seiten der staatlichen Ordnung! (...) Im Geiste des heiligen Bruno darf ich euch zurufen: Erfüllet gerade in Notzeiten eure Pflichten gegen das Vaterland! Denkt an die Mahnung des heiligen Paulus: »Jedermann unterwerfe sich der obrigkeitlichen Gewalt.«" (zit. nach Deschner, Politik der Päpste im 20. Jahrhundert, Band 2, S. 203)

Auch Luthernachfolger predigen den Krieg

Schon beim Erntedankfest 1939 wurde von evangelischen Kanzeln in Deutschland für die *„reiche Ernte"* im Krieg auf den polnischen Schlachtfeldern gedankt und dafür, dass Gott *„unseren Waffen den schnellen Sieg gegeben hat."* (Der Geistliche Vertrauensrat der Deutschen Evangelischen Kirchenkanzlei am 29.9.1939)

Und 1940 – nach den Überfällen Hitler-Deutschlands auf Belgien, die Niederlande und Frankreich – jubelte der bayerische Landesbischof Meiser von der evangelischen „Bekennenden Kirche":

„Wir beugen uns vor der Größe dieser Stunde; wir stehen anbetend vor unserem Gott, der die Geschicke der Völker so majestätisch lenkt. Wir gedenken voll Ehrfurcht derer, die so Großes so kühn planten, und derer, die es so tapfer und Wagemutig vollbrachten." (zit. nach Gerhard Wehr, Gutes tun und nicht müde werden, S. 175)

Und die heutige Lutherkirche? Mit Zähnen und Klauen verteidigte sie beispielsweise die Ehrung dieses Mannes in dem Straßennamen „Bischof-Meiser-Straße" in München. Erst nach heftigen Auseinandersetzungen hat der Stadtrat im Jahr 2010 die Straße umbenannt.

Das Leiden der Opfer

Man kann nur ahnen, wie viele Millionen von Soldaten in den Tod gegangen sind, in den Schlachten andere getötet haben und selber getötet wurden, weil sie auf die antichristlichen Parolen kirchlicher „Würdenträger" gehört hatten.

Wenn die aus ihrer Bibel abgeleitete, kirchliche Forderung lautet: *„Jedermann unterwerfe sich der obrigkeitlichen Gewalt"* (Römer 13, 1) – warum sind dann aber die kriegsbegeisterten Kirchenoberen nicht mit „gutem" Beispiel vorangegangen und haben sich selbst an die Front gestellt?

Haben die Kirchenführer auch nur *einen* Gedanken daran verschwendet, was ein Krieg für ihre Mitmenschen bedeutet?
Denken wir an die Soldaten – junge Männer, die zum Teil Frau und Kinder zurücklassen müssen, weil ihnen der Krieg befohlen wird; die gezwungen werden, ihre Mitmenschen im Krieg zu töten oder sie selbst würden hingerichtet; die ständig in Todesangst leben; die oftmals schwer verletzt oder verstümmelt werden; die, auch wenn sie äußerlich unversehrt bleiben, nach Kriegsende meist seelisch gebrochen nach Hause kommen, von den Gräueln des Krieges gezeichnet?

Wie geht es den Müttern, die um das Leben ihrer Söhne bangen – ihrer Kinder, die sie liebevoll und voller Fürsorge großgezogen haben? Wie geht es den Frauen, die in ständiger Angst leben, dass ihre Ehemänner im Krieg umkommen; und die oft, in Kriegswirren allein zurückgelassen, die Familie allein versorgen müssen?

Wie viele Zivilisten kommen in den Kriegen um – Frauen, Kinder, alte Menschen? Wie sieht das Leben der Menschen in den Kriegsgebieten aus, denen es meist am Allernötigsten fehlt, an ausreichender Nahrung, Kleidung und Schutz in zerstörten und geplünderten Häusern – und wenn jeder Tag von Angst geprägt ist? Doch Kirchenführer rufen: „Gott will es!"

Katholische Gräueltaten in Kroatien

In unserer Zeit sprechen Päpste zwar oft vom Frieden. Doch welcher Wertschätzung sich der kriegerische Ungeist auch heute noch in ihrer Kirche erfreut, wird daran deutlich, wen die Vatikankirche „selig" oder „heilig" spricht.

So befürwortet der Papst nach Aussage der kroatischen Staatspräsidentin beispielsweise die „Heiligsprechung" des katholischen Kardinals Alojzije Stepinac (1898-1960). (Frankfurter Rundschau, 5.6.2015)

Bereits 1998 wurde Stepinac von Papst Johannes Paul II. „selig" gesprochen.

Wer war Alojzije Stepinac?
Diese Frage führt uns in ein besonders grausames Kapitel der jüngeren vatikanischen Geschichte. Es ist der Völkermord der katholisch-kroatischen Ustascha-Faschisten an Hunderttausenden orthodoxer Serben. Der oberste Militärgeistliche der Faschisten während dieser Gräueltaten war eben dieser Kardinal Stepinac, damals Erzbischof von Zagreb.
Erzbischof Stepinac war ein Vertrauter des Diktators und Ustascha-Führers Ante Pavelić (1889-1959), der mit unfassbarer Gewalt und Brutalität gegen die orthodoxen Serben wütete.
In seinem Buch „Jasenovac – das jugoslawische Auschwitz und der Vatikan" bringt der jugoslawische Historiker Vladimir Dedijer eine ausführliche Dokumentation zu den Gräueltaten. In der Einleitung heißt es: *„Die Metzeleien nahmen solche Ausmaße an, dass sogar deutsche Nazis, die diesbezüglich auch nicht gerade zart besaitet waren, protestierten."* (S. XXVI)

Unzählige Menschen wurden damals lebendig begraben, grausam verstümmelt, zu Tode gefoltert, zerhackt, zersägt, zu Tode geprügelt, lebendig verbrannt, erschossen oder geköpft – schändlichste, unmenschliche Verbrechen, alles zigtausendfach mit Beteiligung katholischer Priester, unter dem Schutz des Erzbischofs und katholisch „seligen" Stepinac, und unter stillschweigender Billigung von Papst Pius XII.

Der Diktator und Ustascha-Führer Ante Pavelić mit dem katholischen Erzbischof Alojzije Stepinac

Ein brutaler Massenmörder –
Audienz beim Papst

Der 1998 katholisch „selig" gesprochene Kardinal Stepinac begrüßte die faschistische Machtübernahme von Anfang an als *„Wirkung der göttlichen Hand"*.

Auch Papst Pius XII. emp-fing den Ustascha-Führer Pavelić mehrfach zu Audienzen und verabschiedete ihn mit den besten Wünschen *„für die weitere Arbeit"*. Zahlreiche katholische Geistliche beteiligten sich aktiv an der Ermordung von mehreren Hunderttausend Serben, auch in dem berüchtigten Konzentrationslager Jasenovac.

Papst Pius XII.

Der „selig" gesprochene und bald vielleicht „heilig" gesprochene Erzbischof Stepinac trug als Kirchenführer Kroatiens die Verantwortung dafür. Noch 1943 – als bereits Hunderttausende Serben im Namen Gottes ermordet, vertrieben oder zwangsbekehrt waren –, dankte der Erzbischof *„vor allem den Franziskanern"* für deren *„Verdienste"* bei der *„Bekehrung"* von Orthodoxen. (Deschner, Die Politik der Päpste im 20. Jahrhundert, Bd. 2, S. 241)

Vatikanische Fluchthilfe für Kriegsverbrecher

In den letzten Kriegstagen konnte Ante Pavelić, der grausame Anführer dieses Regimes, dank der Hilfe katholischer Klöster entkommen. Pavelić lebte später unbehelligt unter dem katholischen Diktator Franco in Spanien und starb 1959 im deutschen Krankenhaus von Madrid.
Karlheinz Deschner schreibt:

> *„Nach dem Zusammenbruch des katholischen Regiments wurden bezeichnenderweise gerade ausländische Franziskanerklöster die Zufluchtsstätten der Massenmörder (...) »Überall fanden diese Verbrecher kirchliche Hilfe und Beistand. Das war nur zu verständlich, denn die Taten der Ustaschis waren Taten der Kirche.«"*
> (Mit Gott und den Faschisten, S. 185)

Der Diktator Pavelić *„erhielt noch auf dem Totenbett den Segen des Heiligen Vaters".* (S. 189)

Ein Einzelfall war die Fluchthilfe der Kirche für Kriegsverbrecher nicht. Der deutsche Historiker Olaf Blaschke äußerte sich in einem Radiointerview zum Thema: „Wie Kirchenleute Nazi-Verbrechern zur Flucht verhalfen":

> „Ordens- und Kirchenleute haben nach dem Kriegs-
> ende (…) mehrere tausend Nationalsozialisten und
> Kollaborateure nach Argentinien geschleust. Zu ih-
> nen gehörten über 300 höhere Nazi-Funktionäre
> und rund 50 Massenmörder und Kriegsverbrecher.
> Diese sogenannte »Klosterroute« – CIA-Agenten
> sprachen von der »Rattenlinie« – konnten unter
> anderem NS-Täter wie Erich Priebke, Klaus Barbie,
> Josef Mengele und Adolf Eichmann nutzen."
> (Deutschland-Radio, 17.5.2015)

„Seligsprechung" für einen mit Verbrechen belasteten Papst?

> Über Papst Pius XII. – das damalige Oberhaupt
> der Vatikankirche – schreibt Karlheinz Deschner:
> „Erwägt man das Verhalten Eugenio Pacellis zur
> Politik von Mussolini, Franco, Hitler und Pavelić,
> so scheint es kaum eine Übertreibung, zu sa-
> gen: Pius XII. ist wahrscheinlich mehr belastet
> als jeder andere Papst seit Jahrhunderten. Mit-
> telbar und unmittelbar ist er so offensichtlich in
> die ungeheuersten Gräuel der faschistischen Ära
> und damit der Geschichte überhaupt verstrickt,
> dass es bei der Taktik der römischen Kirche nicht
> verwunderlich wäre, spräche man ihn heilig."
> (Mit Gott und den Faschisten, S. 194)

Das schrieb Deschner im Jahr 1965, und tatsächlich: Seit Jahren wird im Vatikan zumindest die „Seligsprechung" von Papst Pius XII vorbereitet.

Während seiner Amtszeit wurden durch katholische Milizen Hunderttausende orthodoxer Serben „ausgemerzt". Während seiner Amtszeit als Nuntius, Kardinalstaatssekretär und Papst förderte er den Faschismus in Italien, Deutschland, Spanien und anderen Ländern – ein politisches System, das durch Kriege und Massaker unsägliches Leid über die Menschen des ganzen Kontinents brachte.

Er soll „selig" gesprochen werden, obwohl er zum Holocaust an den Juden schwieg und seine Kirche unzähligen Völkermördern zur Flucht verhalf.

Bedeutet das nicht, dass das Gebot des „Ausmerzens" der Vatikankirche gegen alle und alles, was sich dem katholischen Diktat nicht unterwirft, nach wie vor höchste Anerkennung findet?

Kardinal befürwortet Wiederaufrüstung

Nach dem Zweiten Weltkrieg mit all der Gewalt, Zerstörung, Not, dem Leid und der Flucht keimte in vielen Menschen die Hoffnung auf, dass es doch gelingen müsse, eine freiere Welt ohne Krieg und Gewalt aufzubauen.

Wie verhielten sich in dieser Situation die äußeren Religionen? Hatten die Kirchen aus all dem Grauen etwas gelernt? Haben sie sich von ihrem alten Kriegsgott abgewandt und sich in Wort und Tat der Friedfertigkeit, der Gottes- und Nächstenliebe des Jesus, des Christus, zugewandt?

Fest steht: Die Mehrheit der Deutschen wollte keinen Krieg mehr. Und im November 1949 lehnte der Deutsche Bundestag eine „nationale Wiederbewaffnung" ab. Die Kirche jedoch hatte andere Pläne im nun entstehenden Ost-West-Konflikt. Wieder waren es die Priester, allen voran der Kölner Erzbischof und Kardinal Joseph Frings, der damals mächtigste Katholikenführer Deutschlands, der vehement vor einem pazifistischen „Irrweg" warnte und auf eine baldige Wiederbewaffnung Westdeutschlands drängte.
Kardinal Frings sprach von einer „Gottesordnung". Wenn diese bedroht und angegriffen sei, *„haben die Staaten vor Gott das Recht, ja die Pflicht, wenn alle anderen Wege versagen, selbst mit Waffengewalt diese Ordnung wiederherzustellen".* (zit. nach Der Spiegel, Nr. 5/1953)

Zuvor hatte sich Joseph Kardinal Frings für die Wiedereingliederung ehemaliger NSDAP-Mitglieder in leitende Positionen im Staat eingesetzt.

Auch unterstützte er im Zusammenwirken mit dem Vatikan die Flucht von nationalsozialistischen Kriegsverbrechern aus Deutschland nach Südamerika. (Ernst Klee, Das Personallexikon zum Dritten Reich, S. 168)

Jesus von Nazareth war Pazifist. Kardinal Frings lehnte den Pazifismus ab.
Damit lehnte er Jesus, den Christus, ab und bezichtigte Ihn als Verkünder eines Irrwegs, also als Irrlehrer! Somit entlarvte er seine Kirche als nicht christlich.

Denkmal für Kardinal Frings in Neuss, eingeweiht im Jahr 2000

Und er war nicht der Einzige. Karlheinz Deschner schreibt in seinem Buch „Kirche des Unheils" unverblümt über die „Hirten" der Kirche:
„1956 wurde der Generalvikar und stellvertretende Armeebischof Hitlers, Werthmann, der hakenkreuzgeschmückt katholische Kriegsdienstverweigerer einst »ausgemerzt und einen Kopf kürzer gemacht« sehen wollte, Generalvikar in der Bundeswehr. 1957 forderte Erzbischof Jäger, der schon als

Divisionspfarrer den nazistischen Gangstern gedient, (...) die Erfüllung der »Ideale der Kreuzzüge (...) in neuzeitlicher Form«. 1958 propagierten, offenbar zur Verdeutlichung dieser Form, Jäger und andere führende Kleriker die Atombewaffnung der Bundeswehr." (S. 66 f.)

Theologen für atomare Vernichtungswaffen

Nachdem Abgeordnete der CDU/CSU-Fraktion im Deutschen Bundestag die Kirche 1958 um eine Stellungnahme zur möglichen Atombewaffnung der Bundesrepublik gebeten hatten, erstellten „sieben führende Moraltheologen Deutschlands" – so das Nachrichtenmagazin „Der Spiegel" – ein Gutachten „zur christlichen Friedenspolitik und zur atomaren Rüstung".

Die Theologen der Vatikankirche erklärten öffentlich, dass der Einsatz dieser Massenvernichtungswaffe *„nicht notwendig der sittlichen Ordnung"* widerspreche und *„nicht in jedem Fall Sünde sei"* und dass eine Atombombe *„eingesetzt"*, also offenbar abgeworfen werden dürfe, wenn der *„Wert der bedrohten Güter"* dies rechtfertige. (Der Spiegel, Nr. 3/1969 und Nr. 20/1958)

Neben dem späteren Kardinal und langjährigen Vorsitzenden der Deutschen Katholischen Bischofskonferenz Joseph Höffner, Großkreuz-Ritter vom Heiligen Grab und Träger von zwei Bundesverdienstkreuzen, unterschrieben das Gutachten die Professoren der Moraltheologie Monzel, Egenter, Auer, Fleckenstein, Hirschmann und Welty.

Die Kirchenmänner beschlossen sogar: Die Anwendung von Atomwaffen soll erlaubt sein, *„wenn »die moralische oder physische Existenz von Völkern« auf dem Spiele steht.» In diesem Fall kann sie (die atomare Verteidigung) sogar Pflicht sein. Um dieser Pflicht willen dürfen und müssen den Bürgern auch große materielle und persönliche Opfer zugemutet werden.«"*
(Der Spiegel Nr. 20/1958)

Vergleichen wir dazu die Worte des Jesus von Nazareth, des Friedefürsten. Er lehrte in der Bergpredigt: *„Selig die keine Gewalt anwenden; denn sie werden das Land erben."* (Matthäus 5, 5)

Der damalige Ratsvorsitzende der Evangelischen Kirche in Deutschland, EKD, Otto Dibelius, dachte in die gleiche Richtung wie seine katholischen Theologen-Kollegen und legte bereits 1954 auf der 2. Vollversammlung des Ökumenischen Rates der Kirchen in Evanston/USA folgendes Bekenntnis ab:

> *„Die Anwendung einer Wasserstoffbombe ist vom christlichen Standpunkt aus nicht einmal eine so schreckliche Sache, da wir alle dem ewigen Leben zustreben. Und wenn zum Beispiel eine einzelne Wasserstoffbombe eine Million Menschen töte, so erreichen die Betroffenen um so schneller das ewige Leben."* (zit. nach Ossietzky, Zweiwochenschrift für Politik/Wirtschaft/Kultur, Nr. 3/2013)

Das alles sind keine Entgleisungen von Unzurechnungsfähigen. Das sind Aussagen von Zynikern, die sich unter Missbrauch des Namens „christlich" zu angeblichen Vorbildern der Gesellschaft hochstilisieren, mit entsprechendem Einfluss auf Politik und Gesellschaft.

Was sagte Jesus von Nazareth zu den Priestern Seiner Zeit?

„Weh euch, ihr Schriftgelehrten und Pharisäer, ihr Heuchler! Ihr zieht über Land und Meer, um einen einzigen Menschen für euren Glauben zu gewinnen; und wenn er gewonnen ist, dann macht ihr ihn zu einem Sohn der Hölle, der doppelt so schlimm ist wie ihr selbst. (...)

Weh euch, ihr Schriftgelehrten und Pharisäer, ihr Heuchler! Ihr seid wie die Gräber, die außen weiß angestrichen sind und schön aussehen; innen aber sind sie voll Knochen, Schmutz und Verwesung.

So erscheint auch ihr von außen den Menschen gerecht, innen aber seid ihr voll Heuchelei und Ungehorsam gegen Gottes Gesetz. Ihr Nattern! Ihr Schlangenbrut!" (Matthäus 23, 15.27-28.33)

Einer der renommiertesten Professoren der Vatikankirche, Gustav Gundlach aus Rom, enger Berater der Päpste Pius XI. und Pius XII., lehrte gar, selbst ein Weltuntergang durch einen atomaren Krieg würde nur wenig bedeuten:

> *„Denn wir haben erstens sichere Gewissheit, dass die Welt nicht ewig dauert, und zweitens haben wir nicht Verantwortung für das Ende der Welt. Wir können dann sagen, dass Gott der Herr, der uns durch seine Vorsehung in eine solche Situation hineingeführt hat, ... dann auch die Verantwortung übernimmt."* (zit. nach Deschner, Die Politik der Päpste im 20. Jahrhundert, Band 2, S. 426)

Welch ein Zynismus und welch eine Gotteslästerung! Hier wird einmal mehr Gott, der die All-Liebe ist, mit dem katholischen Bild des grausamen Gottes der Unterwelt beschmutzt, indem Ihm eine „Vorsehung" angedichtet wird, in der das Ende der Welt durch Atomwaffen in Seiner Verantwortung läge. Welch ein Hohn und Spott auf Gott, den Ewigen. Das ist katholisch und das Gegenteil von christlich.

Waffenexport-Förderer mit dem „C" im Partei-Namen

Jesus von Nazareth lehrte: *„Alle, die zum Schwert greifen, werden durch das Schwert umkommen."* Diese Seine Worte werden auch und vor allem von Organisationen und Parteien in den Wind geschlagen, die das „C" für christlich im Namen tragen.

Denn es waren und sind bis heute – gerade in Europa – vielfach Politiker aus angeblich „christlichen" Parteien, die einen schwunghaften Waffenexport auch in Krisenländer möglich machten und machen. Deutschland ist unter ihrer Führung zum viertgrößten – zeitweise sogar drittgrößten – Waffenexporteur der Welt aufgestiegen. Politiker der Parteien mit dem „C" im Namen haben nach dem Zweiten Weltkrieg das strenge Waffenkontrollgesetz der Bundesrepublik durch ein schlau eingefädeltes Außenwirtschaftsgesetz praktisch außer Kraft gesetzt. So mancher Politiker, der vorgibt, christlich zu sein, ist gleichzeitig als Lobbyist der Rüstungsindustrie tätig. Routinemäßig werden todbringende Waffen überall hin verkauft – bis heute!

Die Bezeichnung „christlich" wird missbraucht, wenn vorgeblich christliche Politiker oder Parteien sich für Waffenlieferungen in alle Welt einsetzen. Es geht um Panzer, U-Boote, ganze Munitionsfabriken und riesige Mengen von Kleinwaffen wie Schnellfeuergewehre, die dann binnen kurzem an allen möglichen Krisenherden der Erde zum Einsatz kommen.

Der Vorsitzende der Deutschen Bischofskonferenz, Kardinal Reinhard Marx, hielt z.B. im September 2014 deutsche Waffenlieferungen an kurdische Kämpfer im Nordirak für gerechtfertigt. Es gehe in diesem Fall um einen Kampf für einen *„gerechten Frieden".*
Einst hieß es: Morden für einen „gerechten Krieg" – jetzt heißt es Morden für einen „gerechten Frieden". Allen lebensverachtenden Wortdrechseleien zum Trotz – das Gebot Gottes lautet: *„Du sollst nicht töten."* Jesus von Nazareth sprach nie davon, dass man mit Waffen Frieden schaffen könne. Er lehrte in den Seligpreisungen eindeutig: *„Selig, die Frieden stiften; denn sie werden Söhne Gottes genannt werden."* (Matthäus 5, 9)

Der Papst und die „Doppelzüngigkeit"

Im Gegensatz zu Kardinal Marx proklamierte Papst Franziskus im Juni 2015, dass jemand, der Waffen herstellt oder in die Waffenindustrie investiert, sich nicht ernsthaft als Christ bezeichnen könne.

Nachdenklich stimmten den Papst *„Leute, Manager, Geschäftsmänner, die sich als christlich bezeichnen und Waffen herstellen."* (zit. nach spiegel.de, 22.6.2015) Und weiter: *„Doppelzüngigkeit ist heutzutage die Währung (...) sie sagen eine Sache und tun dann aber eine andere",* kritisierte der Papst das Verhalten von Investoren der Waffenbranche. (zit. nach sueddeutsche.de, 22.6.2015)

Wenn der Papst verkündet, dass all jene, die in die Waffenindustrie investieren oder Waffen herstellen, sich nicht als Christen bezeichnen dürften, müsste er dann nicht umgehend all die „heilig" und „selig" gesprochenen Kriegsführer, all die Kirchenführer, die zu Kriegen aufgerufen oder Kriege befürwortet haben, „ent-heiligen" beziehungsweise „ent-seligen"? Wenn Papst Franziskus öffentlichkeitswirksam dafür plädiert, dass sich Hersteller und Investoren von Waffen nicht als christlich bezeichnen könnten, dann müsste er auch schleunigst Parteien, die sich als „christlich" bezeichnen, auffordern, das „C" aus ihrem Parteinamen zu entfernen.

Wenn Papst Franziskus seine eigenen Worte ernst nähme, dann müsste er umgehend aktiv werden. Sonst läuft er Gefahr, dass man ihn auch zu denen zählt, die das eine sagen und das andere tun – und deren „Doppelzüngigkeit" er so publikumswirksam angeprangert hat.

„Der Papst ruft zum Krieg auf"

Wie chamäleonhaft Päpste sich zu diesem Thema auch äußern, Tatsache ist: Auch nach dem Zweiten Weltkrieg hat der Vatikan aus seiner Abneigung gegen die Friedenslehre des Jesus von Nazareth und gegen das Gottesgebot „Du sollst nicht töten" keinen Hehl gemacht.

Papst Johannes Paul II. hat 1991 während des damaligen Krieges gegen den Irak – Golfkrieg genannt – öffentlich bekannt: *„Wir sind keine Pazifisten; wir wollen keinen Frieden um jeden Preis, sondern einen gerechten Frieden, Frieden und Gerechtigkeit."* (zit. nach Abendzeitung, 18.2.1991; Heinz-Joachim Fischer, Die Päpste und der Islam, EBook)

Damit stellte er sich offen gegen Jesus von Nazareth, der Pazifist war.

Am 23.7.1995, als der Krieg in Bosnien, tobte, erklärte derselbe Papst einer dpa-Meldung zufolge öffentlich: *„Das Recht auf Verteidigung muss umgesetzt werden zum Schutz der Zivilbevölkerung in einem ungerechten Krieg."* (zit. nach archiv.rhein-zeitung.de) Daraufhin veröffentlichte die Abendzeitung aus München groß die Schlagzeile: *„Der Papst ruft zum Krieg auf."* (24.7.1995)

Viele hatten seine Erklärung als Ermunterung, ja als Aufforderung verstanden, Krieg zu führen.

Im Jahr 2011 wurde dieser Papst bekanntlich von seinem Nachfolger, Benedikt XVI., in Rom „selig" gesprochen, und 2014 von seinem Nach-Nachfolger Franziskus „heilig".

Kardinal Joachim Meisner aus Köln – ein enger Vertrauter und Anhänger Johannes Pauls II. wie auch seines Nachfolgers Benedikt XVI. – tat in einer Predigt am 30.1.1996 vor Soldaten Folgendes kund:

> *„Einem Gott lobenden Soldaten kann man guten Gewissens Verantwortung über Leben und Tod anderer übertragen, weil sie bei ihm gleichsam von der Heiligkeit Gottes mit abgesichert sind. (...) Wem käme es in den Sinn, Soldaten, die auch Beter sind, dann noch als Mörder zu diskriminieren. Nein, in betenden Händen ist die Waffe vor Missbrauch sicher."* (zit. nach ARD-Magazin Monitor, 15.2.1996)

Noch im November 2004, wenige Monate vor seiner Wahl zum Papst, lehnte auch Joseph Ratzinger Pazifismus als „unchristlich" ab. (Radio Vatikan, 23.11.2004)

Das ist katholische Ideologie, und man kann sie leider nicht der Vergangenheit zuordnen. So sieht es auch der Rechtshistoriker und Katholik Dr. Michael Hebeis. Er schreibt in seinem „Schwarzbuch Kirche":

„Die Kreuzzugsidee ist nicht aus der Kirche verschwunden, sie schläft gewissermaßen, wie ein alter Vulkan, bei dem niemand sicher sein kann, dass er nicht doch eines Tages erneut ausbricht." (S. 52)

Die Tradition Martin Luthers: „Manchmal muss man zur Waffe greifen"

Was Kirchenobere vorgeben, das geben auch sich christlich nennende Politiker wieder. So sprach beispielsweise der lutherische Pfarrer und Bundespräsident Gauck im Jahr 2014 von einer „größeren Verantwortung", die man wahrnehmen solle. Wörtlich: *„Manchmal muss man zur Waffe greifen (...) Ich habe das Gefühl, dass unser Land eine Zurückhaltung, die in vergangenen Jahrzehnten geboten war, vielleicht ablegen sollte."* (zit. nach ntv.de, 14.6.2014)

Die Online-Ausgabe des Nachrichtenmagazins „Der Spiegel" kommentiert dies mit den Worten: *„Damit steht der Pastoren-Präsident in einer unseligen Tradition: der protestantischen Begeisterung für den (selbst)-gerechten Krieg. (...) Am Anfang dachte man, Gaucks Thema sei die Freiheit. Aber das war ein Irrtum. Langsam wird deutlich: Es ist der Krieg."* (19.6.2014)

Dieser Pastor und Präsident Deutschlands bezeichnet sich zwar selbst als christlich – seine Haltung ist aber das Gegenteil von christlich, nämlich lutherisch. Denn das ist die unselige Tradition, in die er sich stellt. Martin Luther rechtfertigte, wie erwähnt, einen Krieg einmal mit den Worten: *„Solch wunderliche Zeiten sind jetzt, dass ein Volk den Himmel eher mit Blutvergießen verdienen kann, denn anders sonst mit Beten."*

Kirchenmänner rufen zum militärischen Eingreifen auf

Doch nicht jeder Kirchenmann gibt seine Gesinnung so unverschlüsselt preis. In unseren Tagen arbeitet der Klerus gerne mit christlich anmutenden Floskeln. Von den besorgten Gläubigen wird zum Beispiel gefordert, sie sollten für den Weltfrieden beten.

Auf ein klares Bekenntnis der Kirchen zum Pazifismus des Jesus von Nazareth und auf die Einforderung Seines konsequenten Gewaltverzichtes von den eigenen Gläubigen wartet man jedoch vergebens – ganz im Gegenteil:

Als sich im Jahr 2011 die Verbündeten Deutschlands in der NATO für die Bombardierung Libyens entschieden, zögerten die deutschen Regierungspolitiker und stimmten kurz darauf für eine Waffenruhe und Verhandlungen.

Doch prompt mussten sie dafür Kritik von den Kirchen einstecken. Der Münchner Erzbischof Reinhard Marx rief die *„Bundesregierung in der Libyen-Politik zur Geschlossenheit mit den westlichen Verbündeten"* auf. (z.B. focus.de, 23.4.2011)

Der katholische Erzbischof meinte damit, dass sich die Bundesregierung *den* Regierungen anschließt, die dort einen Krieg begonnen hatten, der schließlich zum Zerfall des Landes führte.

Und der damalige Vorsitzende der Evangelischen Kirche in Deutschland, der Lutheraner Nikolaus Schneider, erklärte in einem Interview:
„Staatsmänner müssen militärische Gewalt einsetzen, wenn sie mit dem Bösen in der Welt konfrontiert sind und auf andere Weise nicht weiterkommen."
(zit. nach welt.de, 15.5.2011)

Jesus von Nazareth hat Solches oder Ähnliches nicht gelehrt. Deshalb: Militärische Gewalt entspricht der katholischen und lutherischen jahrhundertelangen Tradition – christlich ist sie nicht.

Die Früchte der Kirchen

In Lateinamerika unterstützten die Päpste in den 70er- und 80er-Jahren des 20. Jahrhunderts sämtliche Militärdiktaturen, ob in Brasilien, Chile, Argentinien oder Paraguay, um nur einige zu nennen. Tausende von Gefolterten, Erschlagenen, Verschwundenen gehen daher mit auf das Schuldkonto der Vatikankirche.

Allein in Argentinien wurden zwischen 1976 und 1983 30.000 Menschen von einem Militärregime umgebracht, das von Beginn an mit dem Wohlwollen höchster katholischer Bischöfe rechnen konnte. Bis zu 2000 Regimegegner – oder Menschen, die man dafür hielt – wurden betäubt und von Flugzeugen aus lebend ins Meer geworfen. Nach Augenzeugenberichten erhielten die Todespiloten hinterher „Trost" von katholischen Militärkaplänen.

Christus ist der Friedefürst

Mit all den kriegerischen Umtrieben äußerer Religionen hat Jesus, der Christus, nichts zu tun. Deshalb stehen wir, Söhne und Töchter Gottes im Auftrag Gottes, für die Rehabilitation des Christus Gottes ein, weil wir es nicht zulassen, dass Er, der Friedefürst, und Sein Name für all die Ungeheuerlichkeiten missbraucht werden, die vom Vater der Lüge kommen, von dem Jesus von Nazareth sprach, dass er ein Mörder war von Anfang an.

Christus, der Mitregent der Himmel, ist und bleibt der Friedefürst. Er ist die liebende und tragende Kraft in jedem Menschen und in jeder Seele. Er ist gegen jede Gewalttätigkeit. Er ist die allumfassende Liebe in allem, was lebt.

Niemals darf ein Krieg vorbereitet oder geführt werden unter Berufung auf Jesus von Nazareth und unter dem Etikett „christlich".

Kriege zu führen ist unchristlich. Waffen herzustellen, um gegen seinen Nächsten, der letztlich Bruder oder Schwester ist, vorzugehen, ist ebenfalls unchristlich.

Jesus von Nazareth, der allen Menschen und Seelen die Erlösung brachte, ließ sich selbst als Beispiel der Gewaltlosigkeit ohne Schuld an das Kreuz schlagen. Wie können Menschen Waffen herstellen, Waffen segnen und angeblich „gerechte" Kriege führen und sich gleichzeitig als Christen bezeichnen?

Wer Kriege führen will, der soll seinen Götzen bei dessen Namen nennen: es ist der Gott der Unterwelt, der Gott der Gewalt, der Gott der Brutalität, der Gott der Schandtaten, den Jesus, der Christus, wie gesagt, den Vater der Lüge nannte, der ein Mörder war von Anfang an.

Jesus, der Christus, der für den Frieden, für die Liebe, für die Einheit allen Seins am Kreuz auf Golgatha Sein Leben gegeben hat, der wie kein anderer Gottesprophet zuvor und wie kein anderer Gottesprophet nach Ihm von der Priesterkaste in Misskredit gebracht wurde, darf nicht weiterhin öffentlich unwidersprochen missbraucht werden, indem man unter dem Namen „christlich" Waffen produziert und in Kriege zieht, die als „Friedensmission" ausgegeben werden.

Wer Kriege will, wer Kriege befürwortet, soll sich nicht christlich nennen. Wer solches tut, ist nun mal nicht christlich.

Regierungen und religiöse Institutionen, die sich christlich nennen und gleichzeitig Waffen und Krieg befürworten, wenn auch mit noch so wohltönenden Umschreibungen, sind Falschmünzer, Täuscher und geistige Betrüger, denn sie missbrauchen den Namen des Christus Gottes.

Wer einen Funken Liebe zu Jesus von Nazareth in sich fühlt, wer einen Funken Liebe zu diesem großen Geist, der Majestät der Himmel, dem Christus Gottes, dem Erlöser aller Seelen und Menschen, hat, der kann nie und nimmer in Seinem Namen zur Waffe greifen. Das ist Verhöhnung des Christus Gottes, bösartiger Zynismus. Das ist der Versuch der Lächerlichmachung und Verspottung des größten Gottespropheten aller Zeiten, der als Jesus von Nazareth auf dieser Erde gelebt, gewirkt und gelehrt hat – und der als Christus Gottes aus dem Reich Gottes für das Kommen Seines Friedensreiches, des Friedensreiches Jesu Christi, wirkt.

Ausbeutung, Sklaverei, Mission – Bausteine zur Weltherrschaft

2000 Jahre nach Jesus von Nazareth hat sich ein klerikales Pseudo-Christentum über die ganze Welt verbreitet. Doch die sogenannten „Christen" sind aufgespalten in unzählige unterschiedliche Konfessionen, in äußere Religionsgebilde mit Priestern und Predigern, mit mehr oder weniger kultischen Bräuchen, Ritualen und Zeremonien. Es scheint, als gäbe es allein in der sogenannten Christenheit Dutzende verschiedener Götter, welche die Priester der jeweils unterschiedlichen Kulte anbeten.

Warum gibt es kein geeinigtes Christentum, wenn es doch nur einen Gott und nur einen Christus Gottes gibt?
Weil die sogenannte Christenheit schon lange in die Vielgötterei von vor Abrahams Zeiten zurückgefallen ist – sie nennt sich nur „christlich".

Trotzdem haben sich die äußeren Religionen auf Ihn, Christus, berufen und angeblich in Seinem Namen in den vergangenen 1700 Jahren unzählige Missionare in alle Welt geschickt, um die Menschen an ihren jeweiligen Götzen zu binden.
Wurde die Welt dadurch besser? Wie war die Saat dieser Missionare, und wie wird ihre Ernte sein?

Jesus von Nazareth lehrte: *„An ihren Früchten werdet ihr sie erkennen."*

2000 Jahre nach Jesus von Nazareth steht die Welt am Abgrund wie nie zuvor. Kriege, Terror und Hass, organisierte Kriminalität und wirtschaftliche Not durchziehen viele Länder. Zahllosen Menschen wird die Lebensgrundlage entzogen, das Flüchtlingselend nimmt zu, Lebensräume für Tiere und Pflanzen werden vernichtet, und die Erde steht unmittelbar vor dem Klimakollaps. All dies geht zu einem großen Teil zurück auf die maßlose Gewalt und das schrankenlose Profit- und Machtstreben einer Zivilisation, deren Vertreter sich überwiegend als „christlich" bezeichnen. Doch was hat diese Zivilisation mit Christus zu tun? Was, außer dass sie Seinen Namen missbraucht?

Jesus von Nazareth missionierte nicht

Die Nachfolge des Jesus von Nazareth ist das Leben im Freien Geist, ohne Dogmen, ohne Zeremonien, ohne Sakramente, ohne Priester und ohne Kirchen aus Stein.

Jesus von Nazareth sandte Seine Jünger zu den Menschen – doch nicht, um Menschen mit Wasser zu taufen und zu Mitgliedern einer Institution zu machen, schon gar nicht unmündige Säuglinge.

Er kannte keinen Glaubenszwang. Niemand kann einem anderen Menschen die Richtigkeit seines Glaubens beweisen, und schon gar nicht mit Gewalt. Jeder kann sich die Wahrheit seines Glaubens nur selbst beweisen, indem er in seinem Leben Schritt für Schritt das in die Tat umsetzt, was er als Wahrheit angenommen hat. Dann wird er zum Vorbild für andere, weil er aus seiner eigenen Erfahrung und Verwirklichung anderen Hilfe und Stütze sein kann.

Die ersten Nachfolger des Jesus von Nazareth bemühten sich, Seine Lehren der Gottes- und Nächstenliebe in die Tat umzusetzen und diese insbesondere durch ihr Vorbild zu verbreiten. Sie trafen sich in urchristlichen Gemeinden, in denen es keine Hierarchie gab, kein Oben und Unten, keine Pfarrer und Priester, keine Bischöfe oder gar Päpste. Frauen und Männer waren einander gleichgestellt. Sie strebten die Prinzipien des Urchristentums an: Gleichheit, Freiheit, Einheit, Brüderlichkeit – gleich Geschwisterlichkeit – und Gerechtigkeit. Und sie achteten auch das Leben der Tiere und der Natur. Der Geist des Christus Gottes war in ihrer Mitte das zentrale Licht, das mächtig ausstrahlte.

Ihre Nachfolge des Jesus von Nazareth und die Ernsthaftigkeit ihres Miteinanders zogen weitere Menschen an, die neue Gemeinden gründeten.

Doch es setzte, wie bereits geschildert, in den Gemeinden eine Entwicklung ein, die den Freien Geist des Christus Gottes und das Prophetische Wort immer mehr zum Schweigen brachte und durch starre vereinheitlichte Normen ersetzte. Als Kaiser Konstantin Anfang des 4. Jahrhunderts diese nur noch dem Namen nach „christliche", mittlerweile zur Kirche entartete äußere Religion privilegiert hatte, war die Entwicklung zur einzigen totalitären Staatsreligion nur noch eine Frage der Zeit. Diejenigen, die den Namen des Christus Gottes dafür missbrauchten, verbündeten sich von nun an Jahrhundert für Jahrhundert mit den Herrschenden dieser Welt. Auf diese Weise konnten sie mit Hilfe der Staatsmacht weitere Menschen ihrer an den alten Baal-Priesterkult erinnernden heidnischen Kultreligion einverleiben und ihre Macht und ihren Reichtum stetig vermehren.

Die Kirche als Sklavenhalterin

Das Bündnis der kirchlichen Priesterkaste mit den Mächtigen – mit den Kaisern und Königen sowie dem sogenannten Adel – beinhaltete auch, dass die menschenverachtende Sklavenhaltergesellschaft der Antike von der römischen Kirche nicht angetastet wurde, im Gegenteil:

Die Kirche wurde selbst zum Sklavenhalter und Sklavenhändler und verdiente mit diesem lukrativen Wirtschaftszweig riesige Vermögen. Und sie war um ein Vielfaches schlimmer als ihre römischen Vorbilder, denn sie gab vor, die Sklaven im Namen Gottes und Seines Sohnes, Jesus von Nazareth, des Christus Gottes, zu halten.

Es wird von Kirchenvertretern der Eindruck erweckt, die Kirche habe die Menschenrechte gefördert und sich für die Unterdrückten gegen die Sklaverei eingesetzt. Das ist reine Geschichtsklitterung. Das Gegenteil ist der Fall.

Für römische Sklaven gab es noch gewisse Möglichkeiten, freigelassen zu werden. Doch nachdem die Kirche unter Kaiser Konstantin zur beherrschenden Religion aufgestiegen war, wurden die Möglichkeiten der Freilassung erheblich eingeschränkt. Der Experte für Verbrechen der Kirche, Karlheinz Deschner, schreibt im dritten Band seiner „Kriminalgeschichte des Christentums":

> *„Die (...) Kirche (...) verfocht energisch die Erhaltung der Sklaverei, sogar deren Verfestigung, ja sie machte die demütige Unterwürfigkeit der Unfreien zu einer Tugend."* (S. 513)

Zu den Rechtfertigern der Sklaverei gehört vor allem auch der von der Kirche bis heute hochverehrte Kirchenvater Augustinus, der sie zu einem angeblichen „Urteilsspruch Gottes" und zu einem Ausfluss der „natürlichen Ordnung" erklärt.

Der Kirchen-"Heilige" Augustinus wörtlich:
„Also hat die Sklaverei, die darin besteht, dass ein Mensch an einen anderen durch die soziale Stellung in Unterwürfigkeit gekettet wird, ihren letzten Grund in der Sünde; denn dazu kann es nur kommen durch einen Urteilsspruch Gottes, und bei Gott gibt es keine Ungerechtigkeit, und er weiß die verschiedenen Strafen je nach den Missverdiensten der Schuldigen zuzuteilen (...) Trotzdem jedoch die Sklaverei den Charakter einer Strafe trägt, ist doch auch sie ein ordnender Ausfluss des Gesetzes, das die natürliche Ordnung zu wahren befiehlt und zu stören verbietet; denn wäre nicht gegen dieses Gesetz verstoßen worden, so gäbe es nichts durch die Strafe der Sklaverei zu büßen."
(Der Gottesstaat, 19. Buch, Kapitel 15)

Diesem Vorbild folgen Theologen bis heute: Was sie an ungerechten und menschenverachtenden Strukturen unterstützen und für ihre Zwecke nutzen wollen, das schreiben sie kurzerhand Gott zu.

Die Kirchengeschichte ist ein einziger Beleg für diesen Missbrauch des Namens Gottes und Seines Sohnes Christus.

Solange die Vatikankirche sich nicht von ihren Kirchenlehrern, die das Gegenteil von dem verkünden, was Jesus von Nazareth lehrte, distanziert und diese angeblich „Heiligen" nicht „ent-heiligt", gibt die Kirche selbst davon Zeugnis, dass sie eine augustinische und paulinische Lehre der Lehre des Jesus von Nazareth vorzieht. Dann soll sie sich auch so nennen; auf keinen Fall jedoch hat sie das Recht, sich als christlich zu bezeichnen.

Der mittelalterliche Feudalstaat katholischer Prägung

Die Institution Kirche befahl also, wie Karlheinz Deschner schreibt, über ein Heer von „Kirchensklaven". Der angeblich „heilige" Martin von Tours etwa nannte als Bischof 20.000 Sklaven sein „eigen". (Kriminalgeschichte, Band 3, S. 524)
Die Freilassung solcher Kirchensklaven war höchst selten, am Ende sogar gänzlich untersagt:

> *„Schließlich hat die Kirche, was es sonst nirgends gab (!), die Freilassung ihrer Sklaven unmöglich gemacht. Sie waren als »Kirchengut« unveräußerlich."* (Kriminalgeschichte, Band 3, S. 523)

Doch damit nicht genug: Die Kirche sorgte auf ihre Art für Sklaven-"Nachwuchs". Zeitweise wurden Kinder, die Kleriker trotz des Zölibats gezeugt hatten, zu Kirchensklaven gemacht, ebenso Kinder, die von ihren Eltern in Notlagen ausgesetzt worden waren. Und in solche Notlagen gerieten die Armen und Ärmsten der Gesellschaft eher noch häufiger, als das Mittelalter die Antike ablöste. Nicht zufällig entstand ausgerechnet im Mittelalter, im Zeitalter der allumfassenden, alles prägenden Herrschaft der katholischen Religion, eine Gesellschaft *„mit strenger erblicher Berufsbindung und sehr verhärteten Standesgrenzen"*. (Kriminalgeschichte, Band 3, S. 530)

Der mittelalterliche Feudalstaat mit seiner Ausbeutung und grausamen Unterdrückung der Unterschichten, mit seiner wachsenden Kluft zwischen Arm und Reich – die bekanntlich bis heute fortbesteht – wurde durch die Kirche entscheidend mitgeprägt. Aufstände der Verzweifelten wurden immer wieder – mit ausdrücklicher Billigung der Kirche – äußerst brutal und blutig unterdrückt.

Die Lutherkirche brachte hier keineswegs Besserung: Der Aufruf Martin Luthers im Jahr 1525, die von der Feudalherrschaft ausgebeuteten Bauern zu *„schlagen, zu stechen, zu würgen, wer da kann"* ist Ausdruck derselben feudalistischen menschenverachtenden Haltung, die der Lehre und dem Wirken des Jesus von Nazareth absolut widerspricht. Machtbesessenheit und Brutalität sind die Insignien äußerer Religionen und ihrem Wesen nach antichristlich.

Taufe oder Tod!

Dass sich die Bauern bei ihrem Aufstand auf ihre Rechte als freie Kinder Gottes beriefen, nützte ihnen nichts. Denn von den Freiheitsrechten des Menschen haben die Herrschenden, im Verbund mit der Kirche, noch nie viel gehalten. Gerade die Priestermänner der Kirche waren es, die das ganze Mittelalter hindurch die Mächtigen immer wieder dazu aufstachelten, weitere Gebiete zu erobern.

Dieses Vorgehen war nicht eine zeitbedingte Ausnahme – es gehört zum missionarischen Programm der römisch-katholischen Kirche, das durch alle Jahrhunderte gilt und mit den jeweils möglichen Mitteln vollzogen wird.

Nur beispielhaft einige Eckpunkte der katholischen „Mission":
Der englische Mönch Winfried, genannt „Bonifatius", zog im Auftrag des Papstes im 8. Jahrhundert mit einer Militäreskorte durch das damalige Deutschland, um sowohl „Heiden" als auch arianische „Christen", die dort ebenfalls lebten, zwangsweise zu Katholiken zu machen. Einige Jahrzehnte später war es dann Karl – der angeblich „Große" –, der mit dem Schwert den Stamm der Sachsen bekriegte und sie vor die Wahl stellte: Taufe oder Tod.

Mit derselben Parole – Taufe oder Tod – zogen später deutsche Kaiser und Könige immer wieder gegen slawische Stämme im Osten Europas, die Priester im Gefolge, um die Gepeinigten mit Feuer und Schwert unter die Kultreligion römischer Prägung zu zwingen. Die Päpste Roms befeuerten diese Plünderungs- und Mordaktionen, indem sie einige Male sogar zu regelrechten „Kreuzzügen" gegen die Slawen aufriefen.

Doch welche Zerstörung wird in der Seele eines Menschen angerichtet, wenn er zuerst bedroht und beraubt wird, wenn er den Tod naher Angehöriger miterleben muss, und wenn er dann durch Drohungen oder Folter auch noch gezwungen wird, einen ihm fremden Glauben anzunehmen – in dem ganz offensichtlich die Gottes- und Nächstenliebe in das genaue Gegenteil verkehrt wird: in Hass, Folter und Mord? Vor allem, wenn dies alles im Namen des Christus Gottes geschieht?

Wie konnte ein Mensch, dem solches widerfahren war, noch an einen Gott der Liebe glauben? Zumal ihm die Priester – die angeblichen Männer Gottes – auch noch ständig Angst vor einer angeblich ewigen Hölle machten, in die er komme, wenn er ihren Willen nicht bedingungslos erfülle?

Eines hatten die Priester und ihre Hintermänner erreicht: den Hass gegen Christus in die Seelen der gefolterten und gequälten Opfer zu säen.

Die blutige Eroberung Amerikas

Als Europa weitgehend der Knute eines falschen „Christentums" unterworfen worden war – wenn sich dieses auch in unterschiedliche äußere Religionen aufzuspalten begann, gerieten neue Kontinente ins Blickfeld: Afrika, Amerika und Asien.

Den Startschuss zur Eroberung Amerikas gab wiederum ein Papst. Nur wenige Monate, nachdem Kolumbus Amerika erreicht hatte, gab in Rom im Mai 1493 Papst Alexander VI. die Bulle „Inter Caetera" heraus. Er schrieb darin an die spanischen Könige:

„Unter allen Werken, die der Göttlichen Majestät angenehm sind und unser Herz wünscht, steht gewiss am höchsten, dass der katholische Glaube und die christliche Religion besonders in unseren Zeiten verherrlicht und überallhin verbreitet werden, dass man sich um die Rettung der Seelen bemüht und die barbarischen Völker unterworfen und zum christlichen Glauben gebracht werden (...)

Wir haben nun erfahren, wie Ihr seit einiger Zeit euch vorgenommen habt, einige ferne und unbekannte Inseln und Festländer zu suchen und aufzufinden, die bisher von niemand entdeckt worden sind, um die Eingeborenen und Bewohner zur Verehrung des Erlösers und zum Bekenntnis des katholischen Glaubens zu bringen. (...)

Damit Ihr ein so großes Unternehmen (...) anzugreifen vermöget, schenken (...) und übertragen Wir hiermit (...) an euch und eure Erben und Nachfolger (...) für alle Zeiten (...) alle entdeckten oder zu entdeckenden Inseln und Festländer.''

(zit. nach Richard Konetzke, Lateinamerika seit 1492)

Jesus von Nazareth hat nie einen Priester oder Papst eingesetzt. Und doch beruft sich ein Papst ausdrücklich auf die „Göttliche Majestät" und auf Christus, wenn er ein Land, das ihm gar nicht gehört und das er nie gesehen hat, an Herrscher dieser Welt verschenkt. Und er fordert sie dazu auf, die Menschen, die dort leben, zu unterwerfen, sie also mit Gewalt zu Katholiken zu machen, zu römisch-katholischen Untertanen.

Das geschah dann auch. Die spanischen Eroberer stellten überall, wo sie hinkamen, ein Kruzifix auf und verlasen vor den staunenden Einheimischen ein eigens zu diesem Zweck verfasstes Schriftstück in spanischer Sprache, was natürlich außer ihnen niemand verstand. Darin wurde die Kirche als „Herrin der ganzen Welt" vorgestellt, und sie wurden zum Gehorsam gegenüber ihrem neuen Herren aufgefordert. Für den Fall des Ungehorsams wurde ihnen angedroht, *„(...) so werde ich mit Gottes Hilfe und unter Aufbietung aller Macht gegen euch vorgehen und euch, wo und wie immer ich kann,*

bekriegen und dem Joch der Kirche und ihrer Majes-
täten unterwerfen; und ich werde euch (...) zu Skla-
ven machen und als solche verkaufen (...) ich werde
eure Habe wegnehmen und euch Unheil und Scha-
den zufügen (...) wie es Vasallen gebührt, die ihren
Herren nicht gehorchen." (zit. nach Enrique Rosner, Missionare und Musketen, S. 66)

Dies waren keine leeren Drohungen. Genau so wurden sie in die Tat umgesetzt. In den ersten 50 Jahren
nach der Entdeckung Amerikas durch die katholischen Spanier waren bereits unzählige Indianer im
karibischen Raum zugrunde gegangen – ermordet,
durch Zwangsarbeit zu Tode geschunden oder an
Infektionen gestorben. Es war ein grausamer, katholisch inspirierter Völkermord. Die Indios wurden
zerhackt, langsam über Feuer verbrannt, in Fallgru-
ben mit spitzen Pfählen getrieben oder von eigens
dafür abgerichteten Hunden zerfleischt, und vieles
weitere, unvorstellbar Grausame mehr.

„20 Millionen Indianer fielen dem religiös mo-
tivierten, von den Päpsten legitimierten Völker-
mord zum Opfer, sie wurden verbrannt, gehenkt,
gepfählt. Renitente Indios galten nicht als Men-
schen, sondern als Gegenstände, die bestenfalls
als »Kirchengut« registriert wurden." (Der Spiegel,
Nr. 17, 24.4.2000)

All dies unter Missbrauch des Namens des Jesus, des Christus, der uns Menschen den Gott der Liebe nahebrachte. Die katholischen Priester waren immer an vorderster Stelle, mit dem Kruzifix in der Hand, an dem der Leichnam des grausam gefolterten und ermordeten Gottespropheten Jesus von Nazareth als Trophäe zur Schau gestellt wurde.

Der Priester gibt die Absolution für das Gemetzel

An entscheidenden Wendepunkten der Eroberungszüge übernahmen die Priester persönlich das Kommando, etwa im Jahre 1533 in Peru, als auf dem Marktplatz von Cajamarca nach Augenzeugenberichten ein Dominikanerpriester dem Inka Atahualpa gegenübertrat, in der einen Hand ein Kruzifix, in der anderen die Bibel.

Als der Inka das Buch – das er natürlich nicht lesen konnte – zornig auf den Boden warf, rief der Priester den spanischen Soldaten zu:

„Stürzt euch auf ihn – ich gebe euch die Absolution!"

Und das Gemetzel begann. (vgl. Gert von Paczensky, Verbrechen im Namen Christi – Mission und Kolonialismus, S. 67)

Mord und Grausamkeit im Namen „Gottes"! Doch was löste dies bei den Indios aus? Aus Mexiko ist Folgendes überliefert:

Ein Häuptling wurde von den Spaniern hingerichtet. Vor seiner Verbrennung wurde er gefragt, ob er sich taufen lassen wolle, um wenigstens in den Himmel zu kommen. Er fragte zurück, ob denn auch Christen in den Himmel kämen. Dies wurde bejaht. *„Sogleich und ohne weiteres Bedenken erwiderte der Kazike* [der Häuptling], *»dort wolle er nicht hin, sondern lieber in die Hölle, damit er nur dergleichen grausame Leute nicht mehr sehen, noch da sich aufhalten dürfe, wo sie zugegen wären«."* (taz, 21.2.1987)

Das ist das Ergebnis der Gewalt und Grausamkeit, wie sie über Jahrhunderte im Namen von Christus, dem Friedefürsten, verübt wurde. Sein guter Name wurde verhöhnt und missbraucht – und das millionenfach.

Millionen von Menschen wurden auf diese Weise von Gott und von Christus entfremdet. Das ist das Ziel des Widersachers Gottes. Deshalb ist es an der Zeit, den Namen des Jesus, des Christus, der mit all diesen Scheußlichkeiten nicht das Geringste zu tun hat, zu rehabilitieren. Denn all dies ist immer noch nicht Vergangenheit. Bis heute gibt es im katholisch geprägten Lateinamerika mit die höchsten

Unterschiede zwischen Arm und Reich in der Welt. Und bis heute bilden die Nachkommen der damals so brutal unterworfenen Ureinwohner die Schicht der Armen und Ärmsten.

Was nützt es da, wenn ein Papst – wie im Juli 2015 – nach Südamerika reist und die Indios um Verzeihung bittet für das, was ihnen von der Kirche angetan wurde?

Weshalb widerruft er nicht die brutale Lehre, die seine Vorgänger zu diesem Handeln veranlasste? Weil er dann die Dogmen aufheben müsste, die von seinen „heilig" gesprochenen Vorgängern erfunden wurden und immer noch verbindlich sind.

Doch stattdessen beschrieb der von Papst Franziskus „heilig" gesprochene Papst Johannes Paul II. die unzähligen Verbrechen als *„glückliche Schuld"*, weil *„die »bewundernswerte Evangelisierung« zu einer »Ausweitung der Heilsgeschichte« beigetragen habe"*. (zit. nach Spiegel Spezial Nr. 3/2005)

Wenn man also von „Schuld" spricht, weshalb erhalten die Unterdrückten dann nicht zumindest die Schätze zurück, die ihren Vorfahren einst geraubt wurden? Dann wäre auch Schluss mit dem Almosen-Predigen, dann wäre Gerechtigkeit hergestellt. Weshalb werden damit keine Arbeitsplätze geschaffen, keine Schulen und Krankenhäuser gebaut, die die Armen der Welt so dringend benötigen?

Weshalb muss jeder Staat, den ein Papst besucht, immense Kosten dafür aufbringen, einerlei, wie notleidend die Bevölkerung ist?

Solange das so ist, wie es ist, sind säuselnde Worte nur verbrämte Weihrauchnebelkerzen, die den Blick für Gerechtigkeit und Wahrheit verstellen sollen.

Geraubte Schätze gibt es reichlich. Enrique Rosner schreibt in seinem Buch „Missionare und Musketen": *„Wen überfällt nicht ein Schaudern, wenn er den mit 20 Tonnen Blattgold vergoldeten Altar der Kathedrale von Sevilla bestaunt und dabei an das in den Minen vergossene Blut der Indios denkt."* (S. 60)

Was von einer päpstlichen „Bitte um Verzeihung" zu halten ist, ergibt sich auch aus folgendem Beispiel – und es zeigt auch, dass das missionarische Programm der römisch-katholischen Kirche nicht der Vergangenheit zugeordnet werden kann. Die „Missionsarbeit" für die Kirche wird auch heute vom Vatikan besonders ausgezeichnet:

Im Jahr 2015 – also im selben Jahr, in dem der Papst nach Südamerika reiste und dort die Indios um Verzeihung bat – wurde ein spanischer Missionar namens Junipero Serra aus dem 18. Jahrhundert vom Vatikan „heilig" gesprochen.

Wodurch zeichnete sich dieser Mann aus?

Den Nachfahren der Indianer Kaliforniens zufolge stehe der neue „heilige" Franziskanermönch Junipero Serra für die *„Ausbeutung, Unterdrückung, Versklavung und den Genozid an Tausenden indigenen Kaliforniern",* und sie protestierten in einer Petition gegen dessen „Heiligsprechung". (http://petitions.moveon.org/sign/urge-pope-francis-to) Die katholischen Missionen seien regelrechte „Todeslager" gewesen, in denen Zehntausende wegen Misshandlung, Krankheiten oder Unterernährung gestorben seien.

Für die Führer der äußeren Religion Katholisch spielt es jedoch keine Rolle, für welche Untaten dieser Mönch verantwortlich war. Entscheidend ist für sie, dass er den Grundsatz hochgehalten und verbreitet hat, der bis heute in katholischen Dogmensammlungen zu lesen ist, und der von jedem Katholiken weltweit verbindlich zu glauben ist, bei Androhung der ewigen Verdammnis:

> *„Dem römischen Papst sich zu unterwerfen, ist für alle Menschen unbedingt zum Heile notwendig. Das erklären, behaupten, bestimmen und verkünden Wir."* (Neuner/Roos, Nr. 430)

Sklaverei – das „Verbrechen des Jahrtausends"

Millionen von Indios wurden zur Zwangsarbeit gepresst, z.B. in den Minen, um dort Gold und Silber zu schürfen, und sie kamen dabei elendig um. Als man merkte, dass die Ureinwohner die Sklavenarbeit für die Besatzungsmacht aufgrund ihrer körperlichen Konstitution nicht allzu lange durchhielten, verfiel man auf die Idee, sich „Ersatz" aus Afrika zu besorgen.

Die Anleitung dafür geht ebenfalls auf einen Papst zurück. Kaum hatten portugiesische Seefahrer Afrika „entdeckt", da erteilte Papst Nikolaus V. 1452 ihnen schon in einer Bulle die *„Erlaubnis"*, die Afrikaner nach Belieben *„zu vertreiben, zu unterjochen und in ewige Knechtschaft zu zwingen"*, also auch Sklavenhandel mit ihnen zu treiben. (zit. nach Friedhelm von Othegraven, Litanei des weißen Mannes, S. 101) Die „Begründung": *„Die Afrikaner könnten auf diese Weise zum Evangelium bekehrt werden".* (Paczenski, Verbrechen im Namen Gottes, S. 31) Eine Aussage von diabolischem Zynismus!

Evangelium bedeutet wörtlich „Frohe Botschaft". Doch was für eine „Botschaft" war es, die in den darauffolgenden Jahrhunderten von Anhängern verschiedener konfessioneller Kulte, die sich „christlich" nennen, Millionen von Menschen gebracht wurde? Sie wurden versklavt, aus ihrer Heimat und Familie gerissen, sie wurden grausam misshandelt und gefoltert, unzählige starben bereits auf dem Transport, die anderen starben fern ihrer Heimat unter der Zwangsarbeit – und das alles unter Missbrauch des Namens Gottes!

Das erste englische Sklavenschiff, das von Afrika nach Amerika fuhr, trug im 16. Jahrhundert den Namen „Jesus"! (Hans Dollinger, Schwarzbuch der Weltgeschichte, S. 259)

INSPECTION AND SALE OF A NEGRO.

Die Kirche rechtfertigte die neuzeitliche Sklaverei nicht nur – sie verdiente auch selbst daran. Bischof Rodriguez de Fonseca aus Sevilla stand schon ab dem Jahr 1495 *„selbst als Auftraggeber hinter dem Sklavenverkauf der Indianer in Sevilla".* (Othegraven, S. 101)

„Auf Haiti betrieben die Jesuiten im 17. Jahrhundert fünf Zuckerraffinerien mit Sklavenarbeit (...) Die meisten Missionare besaßen Sklaven, die auf ihren Anwesen arbeiten mussten." (Paczensky, S. 33)

Der Vatikan war dann im 19. Jahrhundert einer der letzten Herrschaftsgebiete, die die Sklaverei abschafften. Dazu Karlheinz Deschner:
„Bekanntlich hat (...) die Catholica von Generation zu Generation stets neue Unfreiheit verhängt und unter allen europäischen Großstädten das päpstliche Rom auch am längsten an der Sklaverei festgehalten." (Kriminalgeschichte, Bd. 10, S. 224)

Das Nachrichtenmagazin „Der Spiegel" nennt die Sklaverei das *„Verbrechen des Jahrtausends":*
„In der größten erzwungenen Migration der Weltgeschichte wurden mindestens 13 Millionen Menschen unter grausamen Umständen von einem Kontinent zum anderen verschifft." (Nr. 8 vom 16.2.1998)

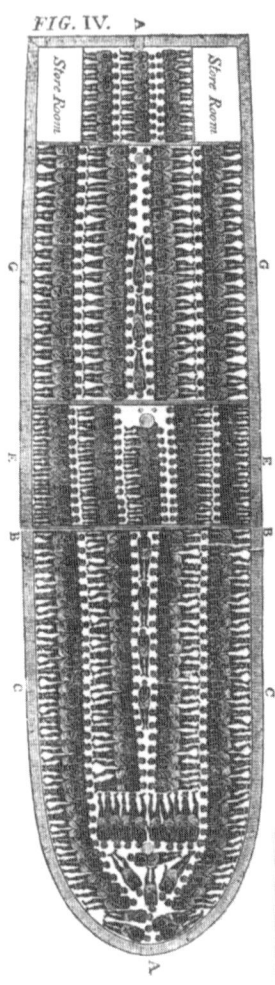

FIG. IV.

FIG. V.

Zeichnung eines Sklaventransportschiffs für den atlantischen Sklavenhandel, aus Unterlagen eines Komitees des House of Commons des Vereinigten Königsreichs, 1790 und 1791

Die in Afrika gefangenen Menschen wurden nach einem langen Fußmarsch aus dem Landesinneren auf ein Schiff geladen, wie Ware.

Sie waren gezwungen, in ihren eigenen Exkrementen zu liegen und litten während der langen Überfahrt unsagbar unter der Enge, der Hitze. Viele wurden krank, Schwerkranke warf man lebendig über Bord.

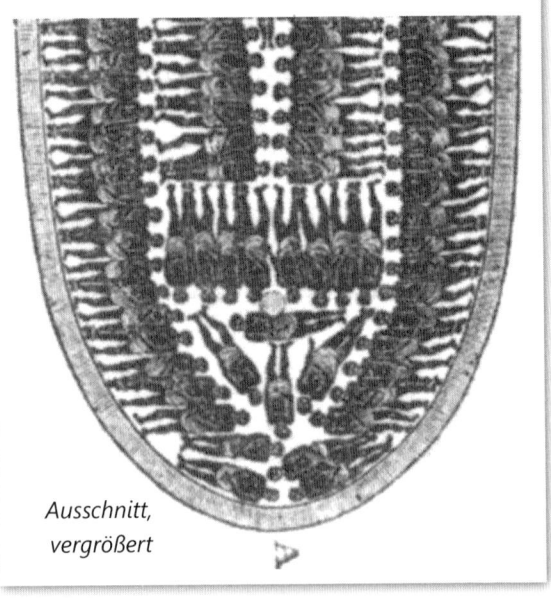

Ausschnitt, vergrößert

Kolonisieren, Zivilisieren, Missionieren – die Masken der Bestie Mensch

Erging es den unterjochten Menschen, die nicht als Sklaven in ferne Länder verschleppt wurden, besser? Den Soldaten, die aus angeblich christlichen Ländern Europas die „unterentwickelten" Kontinente eroberten, folgten immer sogenannte Missionare auf dem Fuß. Und diese unterschieden sich in ihren Verhaltensweisen und Einstellungen kaum von den weißen Kolonialbeamten, Grundbesitzern oder Geschäftsleuten, ganz im Gegenteil: Sie rechtfertigten Misshandlungen und Grausamkeiten nicht nur, sie beteiligten sich oft genug selbst daran.

Der Journalist und Mitbegründer des ARD-Fernsehmagazins Panorama Gert von Paczensky beschreibt in seinem Buch „Verbrechen im Namen Christi – Mission und Kolonialismus" mit einer Fülle von Details, was die einheimischen Menschen in Afrika, Lateinamerika oder Asien über Jahrhunderte zu erleiden hatten.

Sie wurden gezwungen, ihre kulturelle Identität aufzugeben und ihre Lebensweise radikal zu ändern. Von quälerischen Schikanen, wie z.B. europäische Kleidung tragen zu müssen, obwohl diese zum Klima überhaupt nicht passte, bis hin zur alltäglichen Grausamkeit bereiteten die „Herrenmenschen" ihren unterjochten Mitmenschen ein trostloses

Dasein. Sie wurden von den „Herrenmenschen" bei fast jeder Gelegenheit mit Peitschen geprügelt, bezeichnenderweise auch im sogenannten Religionsunterricht, oder Folterstrafen ausgesetzt. Sie wurden zwangsumgesiedelt und als Zwangsarbeiter ausgebeutet.

Die Missionare hatten in aller Regel „ihre" Diener und Haussklaven. Gewachsene Wirtschaftsstrukturen wurden zerstört, das Land wurde den Einheimischen geraubt, und dennoch mussten sie hohe Abgaben bezahlen. Sie mussten in Lateinamerika mehr Kirchen errichten, als sämtliche Einwohner je hätten füllen können.

Teilweise wurden ihre Kinder eingefangen, um sie einer kirchlichen Zwangserziehung auszusetzen. Eine Bildung, die über einfachste Grundbegriffe hinausging, war jedoch nicht vorgesehen, denn der weißen Besatzungselite sollte keine Konkurrenz erwachsen. Rassistische Vorurteile wurden auch von Missionaren gepflegt und verbreitet.

Von Theodor Lessing, einem deutschen Philosophen, der 1933 von Nationalsozialisten ermordet wurde, stammen dazu die bitteren Worte:

„Man raubt, stiehlt, lügt, plündert. Wie aber nennt man's? Kolonisieren, Zivilisieren, Kultur verbreiten. Man mordet, meuchelt, massakriert (...) aber nennt es:

Seelsorge, Christentum, Dienst am Ideal. So sind denn die Ideale nur Masken der Bestie Mensch."
(Europa und Asien, 1924, S. 162)

Die „Bestie Mensch" nannte und nennt sich vielfach „christlich". Doch welche Botschaft haben die Unterdrücker verbreitet? Diejenige des Widersachers Gottes, unter Missbrauch des Namens des Friedefürsten Jesus von Nazareth.

Über Jahrhunderte bis heute haben Menschen in aller Welt deshalb ein abgrundtief falsches Bild von Gott, dem Ewigen, vermittelt bekommen: das Zerrbild eines strafenden, willkürlichen Gottes; eines Tyrannen, der unbotmäßige Kinder auf ewig verdammt; eines Gewaltherrschers, der es angeblich gutheißt, dass Menschen mit einer helleren Hautfarbe das Sagen haben, dass sie Menschen mit dunklerer Hautfarbe gewohnheitsmäßig unterdrücken und ausbeuten und auch die Natur und die Tiere schänden und zerstören.

Jesus, der Christus, sprach vom Vater im Himmel, der alle Seine Kinder liebt, einerlei, welcher Religion, Sprache oder Hautfarbe sie sind. Was haben die Missionare aller Schattierungen aus dieser Lehre gemacht? Was haben sie aus dieser Welt gemacht? Der Maßstab des Jesus von Nazareth hat Gültigkeit: *„An ihren Früchten werdet ihr sie erkennen."*

*„Die Kirche hat einen guten Magen,
hat ganze Länder aufgefressen und doch
noch nie sich übergessen"
(Johann Wolfgang von Goethe)*

Bis heute leiden Menschen in aller Welt darunter, dass die Kluft zwischen Arm und Reich immer größer wird.

Die Kolonialisierung geht heute unter anderem in Afrika weiter, wo ganze Landstriche von reichen Investoren aufgekauft und die Kleinbauern vertrieben werden. Zu diesen „Investoren" gehören auch solche aus Ländern, die sich als „christlich" bezeichnen.

Die Sklavereizentren der Erde befinden sich heute in sogenannten „unterentwickelten" Ländern, wo Menschen unter unerträglichen Bedingungen und mit Billigstlöhnen ausgebeutet werden, damit der Profit reicher Konzerne unter allen Umständen gewahrt bleibt. Die Geldgeber und Manager dieser Konzerne nennen sich ebenfalls oft „christlich".

Auch die großen Kirchenkonzerne mit ihren Aktienpaketen und Fondsbeteiligungen profitieren davon. Die Kirche hat es schon immer verstanden, auf der Seite der Mächtigen zu stehen und dabei immense Reichtümer auf Kosten ihrer Mitmenschen zu horten.

Jesus von Nazareth hingegen war ein Mann des Volkes, der mit Seiner Hände Arbeit Sein Brot verdiente. Er beanspruchte keinen Reichtum für sich. Als ein junger Mann, der sehr reich war, Ihn fragte, was er tun müsse, um ins Himmelreich zu kommen, antwortete ihm Jesus von Nazareth:

„Wenn du vollkommen sein willst, geh, verkauf deinen Besitz und gib das Geld den Armen; so wirst du einen bleibenden Schatz im Himmel haben; dann komm und folge mir nach.
Als der junge Mann das hörte, ging er traurig weg; denn er hatte ein großes Vermögen.
Da sagte Jesus zu seinen Jüngern: Amen, das sage Ich euch: Ein Reicher wird nur schwer in das Himmelreich kommen. Nochmals sage ich euch: Eher geht ein Kamel durch ein Nadelöhr, als dass ein Reicher in das Reich Gottes gelangt." (Matthäus 19, 21-24)

Gilt das nicht auch für die milliardenschweren kirchlichen Institutionen? Wie viel von ihrem Vermögen haben sie den Menschen genommen, und wie wenig haben sie den Armen zurückgegeben?
Was ist dann davon zu halten, wenn z.B. Papst Franziskus von einer *„Kirche der Armen"* spricht und den Kapitalismus als *„unmenschlich"* verurteilt?
Während er solches sagt, vermehrt sich die Rendite und das Vermögen seines institutionellen Kirchenkonzerns weiter:

Die milliardenschweren Aktienpakete und Fondsbeteiligungen des Vatikans werfen weiter ihre Dividenden ab, die Immobilien in bester Geschäftslage in Italien, in Deutschland, in England oder den USA nehmen an Wert zu, ebenso wie die sicher gehorteten Goldreserven.

Der Immobilienbesitz der Vatikankirche beläuft sich laut der italienischen Finanz- und Wirtschaftszeitung „Il Sole 24 Ore" (15.2.2013) auf 2000 Milliarden, also zwei Billionen Euro. Und dieser gigantische Besitz entstand nicht zuletzt auch in Verbindung mit obskuren Finanzgeschäften der Vatikanbank, mafiösen Strukturen, Korruption, bis hin zu mysteriösen Mordfällen.

Es lohnt sich, nochmals einen Blick darauf zu werfen, wie dieser unermessliche Reichtum der katholischen Kirche über Jahrhunderte entstanden ist: durch Erbschleicherei etwa – der Priester war immer der Letzte am Totenbett – oder durch Ausbeutung der Armen: Klöster knechteten ihre Untertanen durch den Kirchenzehnt und durch Fronarbeiten. Die Mönche des Mittelalters fälschten Urkunden, um sich Ländereien einzuverleiben.

Päpste und Bischöfe führten selbst Kriege, um sich ganze Landstriche anzueignen. Sie bereicherten sich am Hab und Gut verurteilter „Ketzer" und „Hexen", das ohne jede Rücksicht auf die Familie der Opfer gnadenlos beschlagnahmt oder besser: geraubt wurde.

Weil dies alles unter dem falschen Etikett „christlich" geschah, wurde dadurch tausendfach, ja millionenfach der gute Name des Jesus von Nazareth, des Christus Gottes, besudelt, der doch gesagt hatte: *„Ihr sollte euch nicht Schätze sammeln auf Erden, wo sie die Motten und der Rost fressen."* (Matthäus 6, 19)

Das soziale Feigenblatt der Kirchen – vom Steuerzahler finanziert

Die Amtskirchen lassen die Menschen gern in dem Glauben, sie würden sich sozial engagieren und viel Gutes tun. Die Realität sieht anders aus.

In Deutschland z.B. werden die Sozialeinrichtungen der beiden Kirchen – wie Kindergärten, Schulen, Krankenhäuser und Seniorenheime – zu fast 100 Prozent vom Steuerzahler und den jeweiligen Nutzern finanziert. Aus der Kirchensteuer – die in Deutschland der Staat für die Kirche einzieht – fließen dorthin nur wenige Prozent. Um ein Vielfaches mehr erhalten die steinreichen Kirchen jedoch zusätzlich vom Staat geschenkt.

Der Staat – also der Steuerzahler – gibt, die Kirche nimmt. Der deutsche Staat z.B. bezahlt die Gehälter der Bischöfe und Landesbischöfe, er bezahlt den kirchlichen Religionsunterricht an staatlichen Schulen, er bezahlt die Ausbildung der Theologen an staatlichen Universitäten, er bezahlt die konfessionelle Militärseelsorge und vieles mehr. Zusammen mit umfangreichen Steuerbefreiungen kommt hier eine Summe von rund 18 Milliarden Euro jährlich zusammen – wohlgemerkt zusätzlich zur Kirchensteuer und zusätzlich zu den staatlichen Zahlungen für die kirchlichen Sozialeinrichtungen.

Der deutsche Staat finanziert also mit Milliarden an Euro zwei Großkirchen, deren Vermögen Experten allein in Deutschland vorsichtig auf rund 500 Milliarden Euro schätzen. In Deutschland gehört ihnen allein an Grundbesitz eine Fläche halb so groß wie das Bundesland Schleswig-Holstein.

Nur wenige wissen, dass auf diese Weise alle Bürger des deutschen Staates – ob Atheist, Jude, Moslem, Hinduist oder Buddhist – die großen Religionskonzerne über das allgemeine Steueraufkommen mitfinanzieren müssen, obwohl sie von diesen laut den kirchlichen Dogmen und Lehrsätzen in die ewige Hölle verdammt werden.

Man fragt sich: Wie ist so etwas möglich? Soviel Steuergelder für steinreiche Institutionen? Die Antwort lautet: Die Kirchen haben es verstanden, willfährige Politiker mit einer kostspieligen Legende zu täuschen. Sie behaupten, der deutsche Staat habe sich zu Napoleons Zeiten verpflichtet, Entschädigung für angebliche Enteignungen zeitlich unbegrenzt zu bezahlen. Doch es gab damals weder eine flächendeckende Enteignung von Kirchengut, noch hat sich der Staat zu derartigen Zahlungen verpflichtet – und schon gar nicht auf ewig. Dass kaum ein Politiker es bis heute wagt, diese Geschichtsklitterung zu hinterfragen, zeigt, wie fest der „Reiter" – die Kirche – bis heute noch auf dem Ross – dem „Staat" – sitzt. Und dass die Kirchen bis heute an dieser Version festhalten, zeigt, wie wenig sie trotz anderslautender Bekundungen für die Armen und Notleidenden übrig haben, die diese Steuergelder dringend benötigen würden. Es geht eben immer um Macht und Geld.

Jesus von Nazareth hingegen ging es um etwas ganz anderes. Er sprach:

„Was ihr für einen meiner geringsten Brüder getan habt, das habt ihr mir getan." Und weiter sprach er: *„Was ihr für einen dieser Geringsten nicht getan habt, das habt ihr auch mir nicht getan."*

„Denn ich war hungrig, und ihr habt mir nichts zu essen gegeben; ich war durstig, und ihr habt mir nichts zu trinken gegeben; ich war fremd und obdachlos, und ihr habt mich nicht aufgenommen; ich war nackt, und ihr habt mir keine Kleidung gegeben; ich war krank und im Gefängnis, und ihr habt mich nicht besucht." (Matthäus 25, 40.42-43.45)

Wo findet sich da ein milliardenschwerer Vatikan wieder, eine katholische Kirche, die auf unschätzbaren Werten und Reichtümern sitzt? Sie huldigt heute noch dem Mammon und gibt nichts ab von ihrer zusammengeraubten Beute aus Jahrhunderten, von den Schätzen ihrer hingemordeten Opfer. Und wo finden sich da die Lutherkirche und ihre Bischöfe wieder, die seit ihrem Bündnis mit den deutschen Fürsten zu Macht und Reichtum aufgestiegen sind?

Der Einfluss der Kirchen auf die Politik ist gerade in Deutschland nach wie vor sehr groß. Man könnte beinahe von einer Staatskirche sprechen, obwohl das deutsche Grundgesetz klar vorgibt: *„Es besteht keine Staatskirche."*
Lobbyisten und Funktionäre der kirchlichen Institutionen sitzen in großer Zahl in den politischen Parteien, in den Länderparlamenten und im Bundestag, in Aufsichtsräten, Rundfunkräten und in den Redaktionen der Meinungsschmieden der Republik, in den verschiedensten staatlichen und gesellschaftlichen Gremien, um überall den kirchlichen Einfluss zu sichern.
Einige politische Parteien umgarnen das Volk, indem sie das Wort „christlich" in ihren Parteinamen führen und doch ganz offensichtlich und ungeniert unchristliche Politik betreiben und befürworten –

nicht nur in Bezug z.B. auf Waffenexporte, sondern auch, indem sie der fortschreitenden Umweltzerstörung kaum Einhalt gebieten, indem sie etwa die industrialisierte Landwirtschaft und die qualvolle Massentierhaltung offen legitimieren.
Auch das ist Missbrauch des Namens des Jesus, des Christus.

Wer hat die Welt „ent-christlicht"?

Dass die Vatikankirche ihren Anspruch auf Missionierung und Weltherrschaft nie aufgegeben hat, sieht man auch daran, dass so gut wie jeder Papst seit mehr als 50 Jahren von einer sogenannten „Weltautorität" spricht, die notwendig sei.

Papst Franziskus zitierte in seiner Enzyklika „Laudato si'" im Juni 2015 seinen Vorgänger Johannes XXIII., der bereits 1963 eine solche „Weltautorität" gefordert hatte.
Sein Nachfolger, Paul VI., sprach sogar von einer „Weltregierung", und auch Johannes Paul II. und Benedikt XVI. forderten eine solche „Weltautorität".
„Das Vorhandensein einer echten politischen Weltautorität", so Papst Benedikt XVI., sei *„dringend nötig"* (Enzyklika „Caritas en veritate", 29.6.2009, zit. nach vatican.va)

Doch wer soll damit gemeint sein? Nach dem bereits zitierten Dogma kann das nur der „römische Papst" selbst sein – denn ihm sollen sich ja angeblich alle Menschen unterwerfen.

Zu dieser langfristigen Strategie einer „Weltautorität" passt auch die Einrichtung eines neuen Ministeriums im Vatikan: Papst Benedikt XVI. gründete am 21.9.2010 einen päpstlichen „Rat zur Förderung der Neu-Evangelisierung", *„damit sich die ganze Kirche (...) der heutigen Welt mit einem missionarischen Elan zeige, um eine neue Evangelisierung zu fördern (...) und dann kennen wir leider Zonen, die fast vollständig entchristlicht erscheinen (...) welche einer erneuerten Erstverkündigung des Evangeliums bedürften."* (Apostolisches Schreiben „Ubicumque et semper", zit. nach vatican.va)

Doch wer war es denn, der die Welt weitgehend „entchristlicht" hat? Waren es nicht diejenigen, die die Lehre des Nazareners in ihr Gegenteil verkehrt haben,
– die an die Stelle von Frieden Krieg gesetzt haben,
– an die Stelle der unendlichen Liebe Gottes die ewige Verdammnis,
– an die Stelle der Nächstenliebe Unterdrückung und Ausbeutung,
– an die Stelle der Naturverbundenheit der ersten Christen die Naturverachtung und die Tierquälerei,

– und die all das im Laufe der Jahrhunderte mit Feuer und Schwert, mit List und Tücke, mit Manipulation und Indoktrination über die ganze Erde verbreitet haben?

Unter dem „missionarischen Eifer" der äußeren Religionen Katholisch und Lutherisch hat die Welt jedenfalls schon genug gelitten! Bereits Jesus von Nazareth durchschaute die wahren Absichten hinter dem Missionseifer der Priesterkaste Seiner Zeit, als Er sprach:

> *„Weh euch, ihr Schriftgelehrten und Pharisäer, ihr Heuchler! Ihr zieht über Land und Meer, um einen einzigen Menschen für euren Glauben zu gewinnen; und wenn er gewonnen ist, dann macht ihr ihn zu einem Sohn der Hölle, der doppelt so schlimm ist wie ihr selbst."* (Matthäus 23, 15)

Äußerste Wachsamkeit ist also geboten, wenn ein Kirchenvertreter von „missionarischem Eifer" oder dergleichen spricht. Oder wenn Papst Franziskus – wie im Juli 2015 – beiläufig erwähnt, die Zukunft der Kirche liege in Asien. Was derlei Missionierung oder „Neu-Evangelisierung" für die betreffenden Völker tatsächlich bedeutet, das kann man zum Beispiel in Deutschland studieren.

Als im Jahr 1990 Deutschland wiedervereinigt wurde, beeilten sich die beiden Kirchen, mit den neu entstandenen östlichen Bundesländern die gleichen Verträge und Konkordate abzuschließen, die ihnen in den alten Ländern bereits jährliche Millionenzahlungen des Staates für Bischofsgehälter, Theologenausbildung und Ähnliches sichern. Kirchenhörige Politiker waren ihnen dabei mit großem Eifer behilflich.

Das Wohl der ihnen anvertrauten Bürger können sie dabei kaum im Auge gehabt haben. Denn in diesen Bundesländern gehört nur eine Minderheit überhaupt einer Kirche an. Auch die bereits erwähnten sonstigen jährlichen Milliardenzuwendungen des deutschen Staates an die Kirchen wurden auf die neuen Länder ausgedehnt. Ausgedehnt wurde auch eine für die Kirchen äußerst vorteilhafte Regelung aus den 60-er Jahren des 20. Jahrhunderts, wonach kirchliche Sozialeinrichtungen gegenüber den kommunalen, also staatlichen, stark bevorteilt werden. Dadurch gelang es den Kirchen, nach und nach immer mehr Sozialeinrichtungen – wie Schulen oder Krankenhäuser des Staates – in ihre eigene kirchliche Regie zu übernehmen. Wobei der Staat diese Einrichtungen „natürlich" weiterhin voll bezahlen muss. Um ihre Arbeitsplätze nicht zu verlieren, treten dann Menschen in die Kirche ein – keineswegs aus Überzeugung, sondern aus wirtschaftlichen Erwägungen.

Mit der Vereinnahmung suchender Menschen durch die katholische „Neu-Evangelisierung" soll auch verhindert werden, dass Menschen zu dem Freien Geist des Christus Gottes finden, zu Jesus von Nazareth, dem Weisheitslehrer der Gottes- und Nächstenliebe, zu ihrem Erlöser.

Ähnlich wie in der Frühzeit der Kirche geht es darüber hinaus auch darum, sich eine möglichst große Anzahl an zahlenden Schäfchen sowie Pfründe und Privilegien zu sichern, sprich: Macht und Geld.

Der Christus Gottes spricht: *„Mein Reich ist nicht von dieser Welt."* Sein Reich ist ein Reich des Inneren und ein Reich des Friedens. Und es entsteht überall dort, wo Menschen den Willen Gottes erfüllen, sich einzig an Ihm, Christus, dem Freien Geist, und an Seinen Lehren der Bergpredigt orientieren und diese schrittweise lebendig werden lassen, indem sie das tun, was sie im Vaterunser beten: *„Dein Wille geschehe, wie im Himmel, so auf Erden!"*

Söhne und Töchter Gottes sind gleichberechtigt.
Die Tradition der Kirche: Missachtung und Unterdrückung der Frau

Jesus von Nazareth war kein „Kind Seiner Zeit" – und Er folgte auch nicht dem Zeitgeist. Er lebte als geistiger Revolutionär, der die göttlichen Prinzipien verkörperte, zu denen auch die Gleichheit gehört. Jesus, der Christus Gottes, liebt alle Menschen. Er macht keine Unterschiede, auch nicht zwischen Mann und Frau – im Gegensatz zu den kirchlichen Institutionen, die über Jahrhunderte hinweg im Namen des Christus Gottes Frauen missachtet, gedemütigt, unterdrückt, ausgebeutet, erniedrigt und getötet haben. Diese frauenverachtende Haltung der Kirchenmänner hat mit der Lehre und dem Leben des mutigen jungen Mannes Jesus von Nazareth nichts gemein.

Im Laufe der Kirchengeschichte wurde oft betont, dass Gott zuerst Adam geschaffen habe, und Eva sei aus der Rippe Adams geformt worden, wie es in der Bibel nachzulesen ist. Dort ist jedoch noch ein weiterer Bericht über die Erschaffung des Menschen zu finden: *„Gott schuf also den Menschen als Sein Abbild; als Abbild Gottes schuf er ihn. Als Mann und Frau schuf er sie."* (Genesis 1, 27)

Was ist nun richtig? Sind Mann und Frau gleichermaßen von Gott geschaffen – oder wurde Eva aus Adams Rippe und damit die Frau aus dem Mann hergestellt?

In den göttlichen Offenbarungen durch Gabriele, die göttliche Weisheit, die dritte Grundkraft Gottes, werden die kirchlichen Irrlehren entlarvt, und es wird klargestellt, dass Gott, der ewige All-Eine, der Vater-Mutter-Gott ist, der Seine Kinder als gleichberechtigte Söhne und Töchter schuf.

Es ist – vor allem für viele Frauen – eine befreiende Botschaft, dass Jesus von Nazareth die Gleichheit lehrte und lebte.
Er stellte Männer nicht über Frauen, sondern brach für die Frauen sogar mit der damals üblichen Gesellschaftsordnung: Er sprach mit Frauen, Er kehrte bei Frauen ein, Er heilte Frauen, und Er rettete ihr Leben.
Als zum Beispiel die Schriftgelehrten und Pharisäer eine Frau zu Ihm brachten, die beim Ehebruch ergriffen worden war und deshalb gesteinigt werden sollte, ließ Er die Frau nicht nur nach Hause gehen, sondern deckte noch dazu die Heuchelei der anklagenden Männer auf, indem Er sagte:
„Wer von euch ohne Sünde ist, werfe als Erster einen Stein auf sie." (Johannes 8, 7)

Die Offenheit des Jesus von Nazareth im Umgang mit Frauen bemerkten auch Seine Jünger.

Das zeigte sich zum Beispiel, als Er eine Samariterin an einem Brunnen bat, Ihm zu trinken zu geben und sich mit ihr unterhielt, obwohl Samariterinnen in der sozialen Rangordnung damals ganz unten standen. Die Reaktion der Jünger darauf wird wie folgt wiedergegeben: *„Sie wunderten sich, dass er mit einer Frau sprach, aber keiner sagte: »Was willst du?« oder: »Was redest du mit ihr?«"* (Johannes 4, 27)

Es gab auch Jüngerinnen

Ebenso, wie die kirchlichen Institutionen das Bild der Schaffung Evas aus Adams Rippe jahrhundertelang forcierten, prägten sie auch das Bild der Apostel als reine Männergesellschaft.

Diese falsche Darstellung wurde ebenfalls über Jahrhunderte in die Köpfe der Kirchengläubigen gepflanzt und bringt seitdem entsprechende Früchte hervor. Und weil aus kirchlicher Sicht nicht sein kann, was nicht sein darf, wurde zum Beispiel eine Frau mit Namen Junia, die laut Paulus im Römerbrief (16, 7) ein „Apostel" ist, kurzerhand in einen Mann mit Namen Junias umgewandelt.

Dass Jesus von Nazareth angeblich nur Jünger – keine Jüngerinnen – gehabt haben soll, wird bis heute als Argument herangezogen für die Benachteiligung und Diskriminierung der Frau in der katholischen Kirche. Im Katechismus der Katholischen Kirche heißt es dazu, Jesus habe *„Männer gewählt, um das Kollegium der zwölf Apostel zu bilden"*. Obwohl diese Apostel eindeutig keine Priester waren und der Begriff „Apostel" nicht nur für diese Gruppe der Zwölf gebraucht wurde, missbraucht die Vatikankirche die Berufung der Jünger für ihre Priesterweihen und sie schlussfolgert: *„Darum ist es nicht möglich, Frauen zu weihen."* (Nr. 1577)

Wo hat Jesus von Nazareth Derartiges gelehrt? Solche Lehraussagen der katholischen Kirche sind nicht auf Jesus, den Christus, zurückzuführen – weder, was die Frauen betrifft, noch das Priestertum. Denn: Jesus von Nazareth gründete keine Kirche und Er weihte keine Priester. Jesus von Nazareth rief alle Menschen auf: *„Folget Mir nach!"*
Deshalb hatte Jesus von Nazareth auch nicht nur Jünger um sich, sondern auch Jüngerinnen, die Ihm ernsthaft und konsequent nachfolgten. Wie lässt sich sonst erklären, dass es vor allem Frauen waren, die Jesus bis zum Kreuzestod auf Golgatha die Treue hielten? Wo waren denn die „starken" Apostel unter dem Kreuz? Und bei Petrus hatte ja bereits der Hahn gekräht, weil er Jesus von Nazareth dreimal verleugnet hatte.

Nicht von ungefähr waren auch Frauen die ersten, die Seine Auferstehung verkündeten. In der Bibel heißt es:

„Und sie kehrten vom Grab in die Stadt zurück und berichteten alles den Elf und den anderen Jüngern. Es waren Maria Magdalena, Johanna und Maria, die Mutter des Jakobus; auch die übrigen Frauen, die bei ihnen waren, erzählten es den Aposteln. Doch die Apostel hielten das alles für Geschwätz und glaubten ihnen nicht." (Lukas 24, 9-11)

Ist es nicht bezeichnend, dass Petrus Jesus von Nazareth verleugnete und dass Petrus den Frauen, die von Seiner Auferstehung kündeten, nicht glaubte? Und wer sieht sich als direkter Nachfolger von Petrus und sitzt bis heute auf einem „Stuhl Petri"?

Von Jesus von Nazareth ist jedenfalls kein einziges Wort überliefert, das eine Handhabe zur Unterdrückung der Frau bieten könnte oder zu ihrem Ausschluss von irgendeiner Aufgabe.
Im Urchristentum wirkten Frauen noch in großer Anzahl und auf unterschiedlichste Weise mit: Sie dienten als urchristliche Heilerinnen, wirkten als Apostelinnen und gaben als Prophetinnen das Wort Gottes in den urchristlichen Gemeinden. Die Aufgaben, die die Frauen zu Lebzeiten des Jesus

von Nazareth und in den Urgemeinden erfüllten, durften sie jedoch nicht lange ausüben. Im Laufe des ersten und zu Beginn des zweiten Jahrhunderts wurde aus der freien Gemeinschaft von Brüdern und Schwestern, in der jeder Gott in seinem Inneren zustrebte, mehr und mehr eine äußere Religion mit Ritualen und Zeremonien, die in vielerlei Hinsicht römische Traditionen übernahm.

Aus einer freien, geschwisterlichen Gemeinschaft gleichberechtigter Männer und Frauen entstand eine – wie im damaligen römischen Reich üblich – patriarchale Hierarchie, an deren Spitze bis heute als absolutistischer Monarch der Papst in Rom steht.

Die Frauen sollen „in der Versammlung schweigen"

Die kirchliche Missachtung und Unterdrückung der Frauen wird auf Paulus zurückgeführt beziehungsweise auf Textstellen in seinen Briefen an die Gemeinden, wobei sich die Verantwortlichen der Institutionen Kirche nicht einig sind, was wirklich von Paulus stammt und was von seinen Schülern. Allerdings betrachten sie alle diese Bibelstellen als angeblich „Gottes Wort". Im 1. Brief an die Korinther heißt es:

„Der Mann darf sein Haupt nicht verhüllen, weil er Abbild und Abglanz Gottes ist; die Frau aber ist Abglanz des Mannes. Denn der Mann stammt nicht von der Frau, sondern die Frau vom Mann. Der Mann wurde auch nicht für die Frau geschaffen, sondern die Frau für den Mann." (1. Korinther 11, 7-9)

Dies hatte auch praktische Folgen. Dazu heißt es: *„Wie es in allen Gemeinden der Heiligen üblich ist, sollen die Frauen in der Versammlung schweigen; es ist ihnen nicht gestattet zu reden. Sie sollen sich unterordnen, wie auch das Gesetz es fordert. Wenn sie etwas wissen wollen, dann sollen sie zu Hause ihre Männer fragen; denn es gehört sich nicht für eine Frau, vor der Gemeinde zu reden."* (1. Korinther, 14, 33-35)

Und an die Epheser hat Paulus oder einer seiner Schüler geschrieben:

„Ihr Frauen, ordnet euch euren Männern unter wie dem Herrn; denn der Mann ist das Haupt der Frau, wie auch Christus das Haupt der Kirche ist; er hat sie gerettet, denn sie ist sein Leib. Wie aber die Kirche sich Christus unterordnet, sollen sich die Frauen in allem den Männern unterordnen." (Epheser 5, 22-24)

Paulus, unter dessen Namen diese Aussagen verbreitet werden, wird von der katholischen Kirche nicht nur als „Heiliger" verehrt, sondern auch als

Autor von „Gottes Wort". Warum wohl? Wo hat Jesus von Nazareth solches gelehrt?

Jesus, der Christus, hat weder die Kirche gegründet, noch verlangte Er eine Unterordnung von irgendjemandem. Er lehrte schlicht: *„Folget Mir nach!"* Dies gilt für Frauen, für Männer; für alle Menschen.

Wie sind diese diskriminierenden Aussagen, auf die sich die Kirchenmänner durch all die Jahrhunderte beriefen, mit der Aussage in Übereinstimmung zu bringen, die ebenfalls Paulus zugeschrieben wird:
„Ihr alle seid also Söhne und Töchter Gottes, weil ihr an Jesus Christus glaubt und mit ihm verbunden seid. (...) Hier gibt es keinen Unterschied mehr zwischen Juden und Griechen, zwischen Sklaven und freien Menschen, zwischen Mann und Frau." (Galater 3, 26-28)

Welcher Paulus ist für die Kirche nun katholisch „heilig"? *Der* Paulus, der die Unterordnung der Frau forderte und die Frauen zum Schweigen verdammte? Oder *der* Paulus, der für die Gleichheit von Männern und Frauen eintrat?

Diese Frage beantwortet die Kirchengeschichte selbst. Keine der frauenverachtenden Aussagen, die Paulus zugeschrieben werden, ist auf Jesus von Nazareth zurückzuführen. Dennoch dienten diese

Bibelstellen seither unzähligen Kirchenvätern, Kirchenlehrern, Eminenzen, Exzellenzen, Bischöfen und Priestern, um Frauen an den Rand zu drücken und sie zum Schweigen zu bringen.

Diese Aussagen sind die Grundlage der noch bis heute herrschenden Ungleichbehandlung von Männern und Frauen. Sie dienten über Jahrhunderte der Unterdrückung, Ausbeutung, Erniedrigung und Missachtung der Frauen, was früher oft auch deren Verfolgung und grausame Ermordung zur Folge hatte.

Die Lehre der Kirchenmänner: Frauen sollen für die „Sünde Evas" büßen

Nach den Bibeln der institutionellen Kirchen habe sich die erste Frau Eva vom „Teufel" zum Ungehorsam verführen lassen, indem sie von einer nicht erlaubten Frucht kostete und auch Adam davon essen ließ. (Genesis 3) Aufgrund dieses Kapitels in der Bibel geben die Kirchenmänner Eva die Schuld an allem Bösen, was seither auf der Welt geschah.
Dreist wurde immer wieder behauptet: Die Frauen müssten nun für diese „Sünde" Evas büßen, obwohl weder die Gottespropheten noch der Christus

Gottes solches jemals gelehrt haben. Ausgehend von Paulus wurde die Frau unter der Herrschaft der Kirche immer mehr verachtet und unterdrückt.

Der Kirchengelehrte Tertullian (160-225) schimpfte in seiner Schrift „Über den weiblichen Putz" über die Frauen:
"*In Schmerzen und Ängsten musst du gebären, o Weib, zum Manne musst du dich halten, und er ist dein Herr. Und du wolltest nicht wissen, dass du eine Eva bist? Noch lebt die Strafsentenz Gottes über dein Geschlecht in dieser Welt fort; dann muss also auch deine Schuld noch fortleben. Du bist es, die dem Teufel Eingang verschafft hat.*"
(De Cultu Feminarum, Buch 1, 1. Kapitel, Absatz 1)

Der „heilige" Kirchenlehrer Johannes Chrysosto-mos (354-407) legt den Frauen sogar ein komplet-tes Redeverbot auf:
„*Es ist ihnen* [den Frauen], *will er* [Paulus] *sagen, nicht bloß verboten, zu reden, sondern auch in der Kirche um Etwas zu fragen. Dürfen sie aber nicht einmal fragen, um so mehr ist ihnen sonst zu reden verboten. Und warum verurteilt er sie denn zu einer so strengen Unterwürfigkeit? Weil die Frauen schwach, unbeständig und leichtsinnig sind. Darum setzt er ihnen die Männer zu Lehrern.*" (Homilie Nr. 37/ II über den 1. Korintherbrief)

Der „heilig" gesprochene Kirchenlehrer Hieronymus (347-420) erklärt über die Familie:

„Wenn sich die Frau ihrem Mann, der ihr Haupt ist, nicht unterwirft, ist sie desselben Verbrechens schuldig wie ein Mann, der sich nicht seinem Haupt (Christus) unterwirft." (Commentarii in Epistulam ad Titum 2, 5; zit. nach Deschner, Das Kreuz mit der Kirche, S. 209)

Als Alternative wird ihr eine lebenslange Jungfrauschaft empfohlen.

Zeitgleich trat auch der bis heute als einer der größten Kirchenväter verehrte und ebenfalls „heilig" gesprochene Augustinus von Hippo (354-430) auf. Er *„erklärt das Weib für ein minderwertiges Wesen, das Gott nicht nach seinem Ebenbilde geschaffen (...) Nach Augustinus entspricht es »der natürlichen Ordnung unter den Menschen, dass die Frauen den Männern (...) dienen.«"* (zit. nach Deschner, Das Kreuz mit der Kirche, S. 209)

„Ich finde also keine andre Hilfeleistung, für die dem Mann ein Weib erschaffen wurde, wenn nicht die, ihm Kinder zu gebären." (De Genesi ad litteram 9,5,9)

Dies sind Worte aus der Vatikankirche, die solche katholischen Meinungsbildner bis heute als „Heilige" verehrt.

Wo lehrte Jesus von Nazareth, dass die Frauen den Männern dienen sollen? Sprach Er nicht: *„Wer der Größte unter euch sein will, der sei der Diener aller"*? (Matthäus 23, 11)

Bei alldem stellt sich die Frage: Was hat die „Männerwirtschaft" bis zum heutigen Tag der Welt gebracht? Vor allem, wenn wir die Frage nicht aus der Sicht der Täter, sondern aus der Sicht der Opfer stellen?
Denken wir nur an die unzähligen Kriege, an die Versklavung und Unterdrückung von Menschen, an die Zerstörung unserer Mutter Erde einschließlich der Brutalität gegenüber den Tieren und, und, und.

„Hat das Weib eine Seele?"

Teilweise rätselten Kirchenmänner ernsthaft über die Frage, ob Frauen überhaupt in den Himmel kommen können.
In seinem Werk „Das Kreuz mit der Kirche" schreibt Karlheinz Deschner:
„Berüchtigt wurde ein Vorfall auf der Synode von Mâcon (585), wo man die Frage verhandelte, ob verdienstvolle Frauen bei der Wiederauferstehung des Fleisches nicht zuerst in Männer verwandelt werden müssten, ehe sie das Paradies betreten könnten. (...)

Und noch im frühen 19. Jahrhundert erschienen Schriften zu dem berüchtigten scholastischen Disput (...) »Hat das Weib eine Seele?«" (S. 209, 213)

Wie können sich Priestermänner anmaßen, darüber entscheiden zu wollen, ob Frauen eine Seele haben oder nicht?

Anfang des 13. Jahrhunderts tat sich der Kreuzzugsprediger und bekannte Kirchenlehrer Albertus Magnus hervor, der meinte, dass eigentlich nur vollkommene Menschen, das heißt Männer, geboren werden dürften. Doch: *„Damit das Werk der Natur nicht gänzlich zunichte wird, formt sie ein Weib".* (De Animalibus, Buch 16, Kapitel 1 und 2, zit. nach Deschner, S. 210)

Albertus Magnus wurde 1931 „heilig" gesprochen, also im 20. Jahrhundert, und er gilt der Vatikankirche als Patron der Theologen, Philosophen und Naturwissenschaftler, soll also von diesen auch im 21. Jahrhundert bevorzugt „angerufen" werden. Wer so etwas lehrt wie diese Kirchenmänner. braucht sich nicht zu wundern, wenn Menschen den Worten des Johannes von Patmos folgen, der sagte: *„Zieht aus von ihr, mein Volk, damit ihr nicht an ihrer Sünde mitschuldig werdet und nicht an ihren Plagen Anteil nehmen müsst!"* (Offenbarung 18, 4) So steht es in der Bibel, auf die sich die Kirchenmänner immer berufen.

Der Kirchen-"Heilige" Thomas von Aquin

Auf dem Gipfel frauenverachtender Aussagen steht der „heilig" gesprochene Kirchenlehrer Thomas von Aquin (1225-1275), der zudem zum Patron aller katholischen Schulen und der katholischen Erziehung erhoben wurde. Auch nach seiner Ansicht müsse die Ehefrau dem Mann untertan sein, denn er sei ihr Haupt und an Leib und Seele vollkommener als sie, so Thomas von Aquin. Er forderte den Gehorsam der Frau im häuslichen und öffentlichen Leben und verkündete:

> *„Das Weib verhält sich zum Mann wie das Un-*
> *vollkommene und Defekte zum Vollkommenen."*
> Für ihn ist die Frau geradezu ein *„Missgriff der*
> *Natur",* eine Art *„verstümmelter", „verfehlter",*
> *„misslungener Mann".*
>
> *„Die Frau ist von Natur aus mit weniger Tugend*
> *und Würde ausgestattet als der Mann. Denn im-*
> *mer ist das ehrenwerter, was handelt, als das,*
> *was erleidet, wie Augustinus sagt."* (Summa Theo-
> logia Band 1, 92; zit. nach Deschner, S. 211)

Dies sind nur einige wenige Auszüge aus den
Schmähreden, mit denen Kirchenmänner über
Jahrhunderte Frauen erniedrigt, gedemütigt und
missbraucht haben. Diese Männer sind aber in der
katholischen Kirche bis heute angesehene und teil-
weise sogar „heilig" gesprochene Kirchenlehrer.
Die Priestermänner haben die Frauen zu einer
Sache erklärt, die man benutzen kann.
Sicher ist: Keines, kein einziges dieser Worte
gründet auf Jesus, den Christus, den Sohn Gottes,
der auf die Erde kam und uns Menschen die
Gottes- und Nächstenliebe lehrte und vorlebte.
Die Frauen verachtenden Lehren sind nicht das
Wort Gottes, sondern Ausdruck neurotischer Män-
nerfantasien.

Despektierliche Aussagen über Frauen sind allerdings kein Vorrecht katholischer „Würdenträger". Luthers Frauenverachtung steht der seiner katholischen Amtskollegen in nichts nach.

Für Luther sind Frauen das *„schwächste Werkzeug".* *„Es ist ein arm Ding um ein Weib. Die größte Ehre, die das Weib hat, ist, dass wir allzumal durch die Weiber geboren werden."* (zit. nach Walch, Luther-Gesamtausgabe 1734, XXII, 43, 16)

In diesem Sinne verkündete Luther: *„Ob sie sich aber auch müde und zuletzt tot tragen, das schadet nichts; lass sie nur tot tragen, sie sind drum da."* (zit. nach Hubertus Mynarek, Luther ohne Mythos, S. 43)

Außerdem sollte sich laut Luther die Frau vor dem Mann *„ducken als vor ihrem Herrn, den sie soll fürchten, ihm untertan und gehorsam sein."* (Eine Predigt vom Ehestand, 1525)

Mit Jesus, dem Christus, hat das alles nichts zu tun. Wenn Jesus gewollt hätte, dass Frauen den Männern dienen, warum hat Er es dann nicht gesagt? Wenn Jesus davon ausgegangen wäre, dass Frauen mit weniger Tugend und Würde ausgestattet seien als Männer, warum hat Er es dann nicht gelehrt?

Und wenn Jesus geglaubt hätte, dass Frauen „minderwertige Wesen" seien, es ihre „größte Ehre" sei, Männer zur Welt zu bringen und sie schweigen sollen usw., warum hat Er dann mit ihnen gesprochen, mit ihnen gegessen, ist bei ihnen eingekehrt?

Jesus, der Christus, gab allen Menschen das gleiche Gebot: *„Liebt einander, so wie ich euch geliebt habe."* (Johannes 15, 12)

Kirchenmänner: Vorbereiter des Hexenwahns

Die Abwertung und Verachtung der Frau durch kirchliche Würdenträger stellt nicht nur eine seelische Grausamkeit dar, sondern hatte oft auch körperlich brutale und blutige Auswirkungen.

Augustinus gilt als der „Theologe des Hexenwahns", dessen Thesen später von Thomas von Aquin und Heinrich Kramer, dem Verfasser des „Hexenhammers", übernommen wurden. Für den Dominikanermönch Heinrich Kramer waren Frauen nicht nur dümmer und unverständiger als der Mann, sondern:

„Also schlecht ist das Weib von Natur, da es schneller am Glauben zweifelt, auch schneller den Glauben ableugnet, was die Grundlage für die Hexerei ist." (Hexenhammer von 1487, Nachdruck, 1980, S. 100)

Die „Hexenbulle" von Papst Innozenz VIII. (1484)
und der „Hexenhammer" (1486) dieses Dominika-
nermönchs bildeten den Grundstein für die Hexenverfolgung in katholischen Gebieten.

Protestantische Gegenden waren für Frauen allerdings genauso gefährlich, denn Luther sagte über
die „Hexen und Zauberer":
*„Mit denselben soll man keine Barmherzigkeit haben;
ich wollte sie selber verbrennen."* (zit. nach Rainer
Decker, Hexen – Magie, Mythen und die Wahrheit, S. 48)

Ein halbes Jahrtausend, vom 13. bis ins 18. Jahrhundert, wurden Frauen von Männern grausamst – oftmals sogar mit speziell gegen Frauen entwickelten Marterinstrumenten – gefoltert. Viele wurden zu Tode gequält oder bei lebendigem Leibe verbrannt.

Der Religionswissenschaftler Prof. Hubertus Mynarek schreibt dazu:

„Es gab speziell-spezifische Folterinstrumente gegen die Frauen, z. B. die »vaginale Birne«, die, durch Drehung der Schraube ausgeweitet, Eingeweide und Gebärmutter zerriss (...) Auch der »Keuschheitsgürtel« war entgegen seiner nachträglichen Mystifizierung in Wirklichkeit ein Folterwerkzeug. Natürlich gab es auch »Schandmasken« für die Frauen sowie gegen ihre angebliche Geschwätzigkeit gerichtete »orale Birnen«, also kunstvoll gefertigte Eisenknebel, deren zugespitztes Ende das Aufschlitzen der Kehle bewerkstelligte (...)

Oft schmachteten sie jahrelang in unterirdischen kalten, feuchten und dunklen Verließen, die von Ratten, Mäusen und jeglichem Ungeziefer nur so wimmelten. Die jüngeren Frauen waren darüber hinaus den Vergewaltigungen durch Geistliche und Gefängniswärter ausgesetzt.

Man band viele »Hexen« auf Holzkreuze oder schmiedete sie an Mauern an, man ließ sie im Hexenturm mit ihren gefolterten Gliedern an Ketten in der Luft hängen und langsam verdursten und verhungern usw. usf." (Die neue Inquisition, S. 45 ff.)

Insgesamt sollen ca. 60.000 Menschen – vorwiegend Frauen – diesem von Kirchenmännern angeregten Wahn zum Opfer gefallen sein. Das sind die Früchte der Kirche, die mit ihren Frauen verachtenden Aussagen die Saat dafür gelegt hat.

Die kirchliche Lehre der Unterdrückung der Frau prägte viele Jahrhunderte lang die Gesellschaft. Durch das ganze Mittelalter hindurch hatten Männer – juristisch festgelegt – das sogenannte Züchtigungsrecht gegenüber ihren Ehefrauen. Das bedeutete, dass sie ihre Frauen schlagen durften, sie durften sie peitschen, mit Sporen traktieren, bis das Blut aus hundert Wunden floss oder bis sie fast wie tot zusammenbrachen.

Dies erlaubte nicht nur das weltliche Recht, auch im katholischen Gesetzbuch, im Codex Iuris Canonici wurde bis 1918 festgelegt:

„Männer dürfen ihre Frauen „schlagen, einsperren, binden und fasten lassen." (zit. nach Deschner, Das Kreuz mit der Kirche, S. 225)

Wer gab den Männern dieses Recht? Jesus, der Christus, war es nicht!

Dass heute in vielen Ländern die Gleichberechtigung von Männern und Frauen angestrebt wird, ist kein Verdienst der Kirchen. Im Gegenteil: Diese Selbstverständlichkeit gilt nur als moralischer Fortschritt, weil er – wie so vieles – gegen den Widerstand der kirchlichen Institution errungen werden muss.

Vergewaltigungen von Frauen durch Bischöfe und Priester

Gerade in jüngerer Zeit häuften sich die Berichte über Sexualverbrechen von Priestermännern an Frauen. Laut „Der Spiegel" (Nr. 13/2001) und „Der Tagesspiegel" (21.3.2001) lagen bereits Anfang des Jahrtausends aus 23 Ländern der Erde Verbrechensberichte vor, wonach katholische Bischöfe und Priester Nonnen oder andere Frauen vergewaltigten oder unter Androhungen zum Sex gezwungen haben. Wie hoch mag hier die Dunkelziffer sein?

Sind das nicht die Folgen der frauenverachtenden Lehren der Kirchenmänner?

Jahrzehntelang galten Ehefrauen in der Bundesrepublik Deutschland als „nicht vergewaltigbar". Bis zum Mai 1997 waren eheliche Vergewaltigung und eheliche sexuelle Nötigung nicht strafbar. Strafbar war nur die außereheliche Vergewaltigung oder Nötigung. Der Körper der Ehefrau hatte jedoch ihrem Gatten uneingeschränkt zur Verfügung zu stehen – eine der vielen Folgen der kirchlichen Lehre, dass die Frau dem Mann als ihrem „Haupt" unterworfen sei.

Wie viel Leid mussten Frauen dadurch erdulden – nicht nur körperlichen Schmerz, sondern auch seelische Grausamkeit, Erniedrigung und absolute Demütigung?

Mit welchem Recht nimmt die Kirche das Wort „Frau" überhaupt noch in den Mund, solange sie ihre Kirchenlehrer und Kirchenväter, die derart unheilige, ja unheilvolle Aussagen über Frauen gelehrt haben, nicht offiziell für abgesetzt erklärt und die „Heiliggesprochenen" unter ihnen wieder „entheiligt" hat?

Solange der Papst als Oberhaupt dieser Institution die Frauendiskriminierung in der Geschichte der Kirche nicht aufarbeitet, sind seine Aussagen nichts als Worte, wenn sich beispielsweise Papst Franziskus mehr „Genius der Frau" bei der Bewältigung globaler Probleme wünscht, wie in einer Botschaft an Frauen am 22. Mai 2015. Wörtlich:

„Möge eure Arbeit zuallererst von professioneller Kompetenz gekennzeichnet sein, ohne Eigeninteresse oder oberflächlichen Aktivismus, sondern mit großherziger Hingabe."

Frauen sollen andere ermutigen, *"auf Ebenen der Gesellschaft Feinfühligkeit, Verständnis und Dialog zu fördern, und indem sie Barmherzigkeit und Zärtlichkeit verkörpern, die Versöhnung und Einheit in unsere Welt bringen. All dies ist Teil des »Genius der Frau«, den unsere Gesellschaft so dringend braucht."* (vatican.va)

Weil die Vatikankirche seit jeher den „Genius der Frau" ausgeschlossen und zum Schweigen verur-

teilt hat, weil sie seit jeher die weibliche „profes-
sionelle Kompetenz", ihre „Feinfühligkeit" und ihr
„Verständnis" unterdrückt hat, auch deshalb ist der
Zustand unserer Erde so, wie er heute ist:

Es gibt keine Einheit und Versöhnung – vielerorts
herrscht Krieg: Krieg zwischen den Völkern und
auch Krieg gegen die Tiere und die Mutter Erde.
Die Welt ist geprägt von Machtstreben und von
Egoismus – das sind die Folgen der Kirchenlehre,
die von Männern konstruiert wurde.

Die Vatikankirche Kirche hat nichts mit Jesus von
Nazareth zu tun, der keine Kirche gegründet hat,
noch hat die vatikanische Männerkirche irgendetwas mit der Würde der Gleichberechtigung von
Frau und Mann als Töchter und Söhne Gottes zu
tun.

Die Verbrechen der Kirche an den Kindern

„Wenn ihr nicht umkehrt und werdet wie die Kinder, werdet ihr nicht in das Himmelreich gelangen." (Matthäus 18, 3) Das sprach Jesus von Nazareth zu Seinen Jüngern, als sie Ihn der Überlieferung nach fragten, wer im Himmelreich der Größte sei.

Wo stehen dann viele Kirchenmänner, nach alldem, was sie unzähligen Kindern angetan haben?

Oft wird vom „Missbrauchsskandal der Kirchen" gesprochen – doch das ist kein bloßer „Skandal"; es handelt sich um schlimmste Verbrechen, die an Kindern begangen und vertuscht wurden, zigtausendfach. Der Kronanwalt Geoffrey Robertson, Gründer und Leiter der größten britischen Kanzlei für Menschenrechte, kommt in seinem Buch „The Case of the Pope" (deutsche Ausgabe: „Angeklagt: Der Papst") zu dem Ergebnis:

„Zehntausende, vielleicht sogar Hunderttausende – vor allem männliche Kinder und Jugendliche – wurden von Geistlichen sexuell missbraucht und haben in den meisten Fällen schwerwiegende und langfristige seelische Schäden davongetragen." (Geoffrey Robertson, Angeklagt: Der Papst - Die Verantwortlichkeit des Vatikans für Menschenrechtsverletzungen, S. 291)

Jesus von Nazareth und die Kinder

Weil dies alles unter dem Etikett „christlich" ge-
schah und geschieht, ziehen die Amtskirchen da-
mit die Lehre der Gottes- und Nächstenliebe, die
Jesus von Nazareth brachte und vorlebte, in den
Schmutz und missachten auch Sein Vorbild im Um-
gang mit Kindern.
Von Ihm ist folgende Begebenheit überliefert:
Jesus stellte ein Kind in die Mitte, nahm es in die
Arme und erklärte Seinen Jüngern:
*„Wer dieses Kind um meinetwillen aufnimmt, der
nimmt mich auf; wer aber mich aufnimmt, der
nimmt den auf, der mich gesandt hat."* (Lukas 9, 48)

In der Bibel, auf die sich die Kirchen berufen, ist
weiter zu lesen:
*„Da brachte man Kinder zu ihm, damit er ihnen die
Hände auflegte. Die Jünger aber wiesen die Leute
schroff ab.*
*Als Jesus das sah, wurde er unwillig und sagte zu
ihnen: Lasst die Kinder zu mir kommen; hindert sie
nicht daran! Denn Menschen wie ihnen gehört das
Reich Gottes."* (Markus 10, 13-14)

Jesus von Nazareth brachte den Kindern also Liebe und Fürsorge entgegen. In kirchlichen Einrichtungen, die sich christlich nennen, wurden jedoch

weltweit Abertausende Kinder von Priestermännern durch Sexualverbrechen körperlich und seelisch geschändet. Wie ist es möglich, dass eine so unfassbare Zahl schwerster Sexualverbrechen an Schutzbefohlenen über Jahrzehnte – wohl gar Jahrhunderte – geschehen konnte?

Einzig dadurch, dass diese Verbrechen durch das katholische System gedeckt werden, um deren Bekanntwerden und die juristische Aufklärung zu verhindern. Als Teil des Systems werden Täter begünstigt, und somit wird weiteren Verbrechen Vorschub geleistet. Die minderjährigen Opfer sind aufgrund der Vertuschungsstrategie ihren priesterlichen Peinigern hilflos ausgesetzt – und die verbrecherische Tat steigert sich zur körperlichen und seelischen Folter.

UN-Gremium prangert den Vatikan an

Nachdem das Vertuschungssystem der klerikalen Kinderschänderverbrechen allmählich weltweit sichtbar geworden war, stellte im Jahr 2014 das UN-Kinderschutzkomitee in seinem Bericht zu Kinderrechten dem Vatikan ein ethisch-moralisch vernichtendes Zeugnis aus.

Der UNO-Bericht prangerte unter anderem an, dass die Kirche Kindern keinen ausreichenden Schutz vor körperlicher Gewalt bietet und zu wenig tut, um Prügelstrafen und andere „körperliche Züchtigung" zu verbieten. Die Hauptkritik ist aber, dass die Kirche Kinder nicht vor sexuellem Missbrauch durch ihre Priester schützt und der Vatikan vor allem darauf bedacht sei, sich selbst zu schützen – nicht aber die schutzbefohlenen Kinder in seiner Obhut.

Der UN-Ausschuss schrieb wörtlich:

„Wir sind zutiefst besorgt. Weltweit waren Kleriker in zehntausende Fälle von sexuellem Kindesmissbrauch verwickelt. Doch der Heilige Stuhl hat das Ausmaß der Verbrechen nicht anerkannt; er hat die nötigen Maßnahmen zu Schutz und Vorbeugung nicht getroffen. Und er hat Verfahrensweisen angenommen, die zur Fortsetzung des Missbrauchs und zur Straffreiheit der Täter führten."

Weiter hieß es, „wohlbekannte Kinderschänder" seien einfach „von Pfarrei zu Pfarrei oder in andere Länder versetzt worden, aber weiterhin in Kontakt mit Kindern".

Der UN-Ausschuss berichtete auch, „ein Kurienkardinal habe einen Bischof sogar dafür gelobt, dass er schuldig gewordene Priester nicht der Polizei übergeben hatte. (...) Generell müsse festgestellt werden, die Kirche habe der weltlichen Justiz »entkommen« wollen. Die Vorsitzende des Ausschusses, die norwegische Juristin Kirsten Sandberg, beschuldigte den Vatikan, seinen »eigenen Ruf« über das Wohl unschuldiger Kinder gestellt zu haben." (zit. nach tagesspiegel.de, 5.2.2014)

Das ist das katholische Muster der „Vergangenheitsbereinigung" – es geht einzig darum, Schaden von der eigenen Reputation abzuwenden. Die Opfer verbrecherischer Priester werden in der Regel ihrem Leid überlassen.

Hier zeigt sich die Doppelmoral der Kirche, die in den eigenen Reihen und Einrichtungen die schändlichsten Verbrechen an Kindern zuließ und die Verbrecher schützte, doch nach außen hin das Etikett „christlich" trägt. Jedes dieser Verbrechen ist damit auch eine Verhöhnung des Jesus, des Christus.

Seelische Wunden – lebenslänglich!

Was in dem Bericht der UNO nur recht sachlich und nüchtern angedeutet wurde, zeigt bei weitem noch nicht, welches Leid diese pädokriminellen Verbrechen von Priestermännern bei den Kindern und deren Familien verursachen.

Arglose Kinder, die bei Erwachsenen Schutz und Geborgenheit suchen, die auf Fürsorge und Zuwendung angewiesen sind, werden durch schändliche Handlungen physisch und psychisch zutiefst verletzt. Es sind Wunden, die zumeist ein Leben lang nicht heilen. Studien zeigen, dass Kinder, die missbraucht wurden, im späteren Leben häufig an diffusen Schmerzzuständen, an chronischen Unterleibsschmerzen und unter Nervenzusammenbrüchen leiden.

Genauso schlimm ist, dass Kinder, die sexuell missbraucht wurden, oft ihr ganzes Leben lang keine normale, glückliche und freie Beziehung führen können. Viele dieser Kinder sind später nicht in der Lage, ihren Mitmenschen zu vertrauen. Sie werden ihr Leben lang von tief sitzenden Ängsten geplagt, sind oft arbeitsunfähig, haben kein Selbstvertrauen, kein Selbstwertgefühl – und so manches Missbrauchsopfer war so verzweifelt, dass es keinen anderen Ausweg sah, als sich selbst das Leben zu nehmen.

Auch die Familie leidet mit

Wird ein Kind missbraucht, so leidet zudem meist die ganze Familie. Wie ergeht es einer Mutter, die ihr Kind neun Monate unter dem Herzen trug und innig mit ihrem Kind verbunden ist? Wie geht es den Eltern, die eines Tages merken, wie sich ihr Kind mehr und mehr verschließt, wie es sich abkapselt und zurückzieht – oder wie das Kind aggressiv wird. Das Kind wird vielleicht über mehrere Jahre immer wieder von einem Priester missbraucht. Aus lauter Scham, aus lauter Verzweiflung – und weil der Kinderschänder es zwingt, zu schweigen – vertraut sich das Kind nicht seinen Eltern an. Die Eltern sind verzweifelt; sie wissen nicht, was mit ihrem Kind los ist, was es belastet – und wissen deshalb auch nicht, wie sie ihrem Kind helfen können. Seit Jahrhunderten gibt die Kirche vor, eine moralische Instanz zu sein – und das, obwohl die pädokriminellen Verbrechen von Priestermännern das Leben von zigtausenden Menschen zerstört haben. Dies ist zutiefst unmoralisch. Dies mag katholisch sein – christlich ist es nicht.

Ein Vertuscher wird nach Rom befördert

Es waren die Artikel des Boston Globe, die im Jahr 2002 erstmals einen Eindruck vermittelten über das Ausmaß der Verbrechen, die Priestermänner unter dem Deckmantel „christlich" begangen haben, und auch über das vatikanische, päpstliche Vertuschungssystem.

Seit Mitte der 1990er-Jahre, so schrieb die Zeitung, hatten 130 Opfer eines Priesters aus Boston über ihre furchtbaren Kindheitserlebnisse berichtet. Sie waren als Schulkinder missbraucht und vergewaltigt worden. Doch dies war kein Einzelfall – und das wusste auch der zuständige Kardinal, Bernard Law: Mehrere der ihm unterstellten Priester vergingen sich an Jugendlichen. Auf die Anschuldigungen ihrer Opfer reagierte der Kardinal lediglich damit, dass er ihre Peiniger versetzte – in andere Pfarreien, wo niemand von ihrer Vergangenheit wusste.
Kardinal Law wurde ebenfalls versetzt – in den Vatikan, wo ihn ehrenvolle Aufgaben erwarteten. Seine Diözese musste später 100 Millionen Dollar Entschädigung zahlen an die Opfer der Priester, die er gedeckt hatte.
Es gab bald kaum einen amerikanischen Bundesstaat mehr, in dem nicht Kinderschänderverbrechen durch katholische Priester bekannt wurden.

Es wurde für die Bischöfe nun schwieriger, die Täter einfach wie bisher in andere Pfarreien oder Diözesen zu versetzen – und manche gingen dazu über, sie in andere Länder zu schicken anstatt vor den Richter. Es fand ein regelrechter Austausch pädophiler Priester statt zwischen den USA, Irland, Rom, Mexiko und Afrika.

Das John Jay College of Criminal Justice in New York erstellte im Auftrag der Katholischen Bischofskonferenz der USA eine Studie und ermittelte dabei Mindestzahlen der Sexualverbrechen: Im Zeitraum von 1950 bis 2002 hatten 10.667 Betroffene glaubhafte Anschuldigungen gegen 4.392 Priester erhoben.

Ein ähnlich detaillierter Bericht erschien in Irland – die irische Diözese Dublin betreffend – im November 2009. Eine Kommission unter Leitung der Richterin Yvonne Murphy ermittelte 14.500 Opfer und kam zu dem Ergebnis:
„Die Kommission hat keinen Zweifel daran, dass der sexuelle Missbrauch von Kindern von der Diözese Dublin und anderen kirchlichen Stellen verheimlicht wurde. (...)
Die Strukturen und Regeln der katholischen Kirche haben die Verheimlichung erleichtert. Die staatlichen Autoritäten sind nicht ihrer Verantwortung

nachgekommen, dafür zu sorgen, dass das Gesetz auf alle Menschen gleichermaßen angewandt wird, und haben den kirchlichen Einrichtungen gestattet, außerhalb der Rechtsprozesse zu stehen. Dadurch leisteten sie der Verheimlichung Vorschub. Das Wohlergehen der Kinder, das absolute Priorität hätte haben müssen, wurde in der ersten Zeit nicht einmal als Faktor in Erwägung gezogen. Vielmehr ging es vor allem darum, Skandale zu vermeiden und den guten Ruf, das Ansehen und das Vermögen der Institution und der Priester (...) zu wahren." (zit. nach spiegel.de, 23.10.2010; zenit.org, 11.12.2009)

Unwillkürlich denkt man hier an die Worte, mit denen Jesus von Nazareth den Priestermännern Seiner Zeit den Spiegel ihres Verhaltens vor Augen hielt:

„Weh euch, ihr Schriftgelehrten und Pharisäer, ihr Heuchler! Ihr seid wie die Gräber, die außen weiß angestrichen sind und schön aussehen; innen aber sind sie voll Knochen, Schmutz und Verwesung. So erscheint auch ihr von außen den Menschen gerecht, innen aber seid ihr voll Heuchelei und Ungehorsam gegen Gottes Gesetz."
(Matthäus 23, 27-28)

Es ist eine unbestrittene Tatsache, dass innerhalb der Kirche Hunderttausende von Kindern von Priestermännern misshandelt, vergewaltigt und geschändet wurden, und dass diese Verbrechen von den Kirchenoberen vertuscht wurden – und das alles unter dem falschen Etikett „christlich". Doch mit dem Schmutz und der Verwesung und den Verbrechen dieser Priesterkaste hat Jesus, der Christus, nichts zu tun.

Kanada:
Der Steuerzahler entschädigt Kirchenopfer

In Kanada, so wurde im Jahr 2001 bekannt, hatte sich eine katholische Schule in Montreal zu einer regelrechten Brutstätte von Sexualverbrechen entwickelt. Die sexuellen Verbrechen durch Priester wurden über Jahre hinweg vertuscht, indem man Schweigegelder zahlte. Die Polizei wurde nicht eingeschaltet. Wie die staatlichen Ermittler 2003 herausfanden, hatte ein Bischof das handschriftliche Geständnis eines Priesters versteckt. Er hatte ihn von einer Pfarrei in die nächste versetzt, ohne irgendjemand über das kriminelle Vorleben des Priesters in Kenntnis zu setzen. Dieser Priester wurde schließlich wegen des sexuellen Missbrauchs von 47 Mädchen verurteilt. Der Bischof ging offenbar straffrei aus. Geoffrey Robertson schreibt über Kanada:

> *„Erschüttert wurde das Land zudem durch Enthüllungen über den sexuellen, körperlichen und emotionalen Missbrauch in Internatsschulen für Kinder aus Eingeborenenfamilien, die vom Staat finanziert und vorwiegend von der katholischen Kirche betrieben wurden. Eine nationale Entschädigungsvereinbarung verlangte der Kirche schließlich die Zahlung von 80 Mio. Dollar ab (der kanadische Staat musste 2,2 Mrd. Dollar zahlen)."* (Angeklagt: Der Papst, S. 70)

Der Staat zahlte also mehr als das 27-fache der Kirche – obwohl die Internate vorwiegend von der Kirche betrieben wurden. Menschen werden von Priestern gequält, in ihrer Entwicklung massiv gestört – und die Kirche gibt im Verhältnis gerade mal ein Almosen, während der Staat, also letztlich die Gesamtheit der Bürger, die gewaltige Summe von 2,2 Milliarden Dollar tragen muss.

Bei jeder anderen Vereinigung mit solch einschlägig kriminellen Handlungen würde der Staat als Kläger auftreten – hier bezahlt er! Wo ist der Aufschrei jener Menschen, die für Christus sind? Weshalb lässt man es zu, dass eine Institution, in der Verbrechen derart systematisch vertuscht werden, sich „christlich" nennen darf und sich Entschädigungszahlungen in Milliardenhöhe auch noch vom Staat finanzieren lässt?

„Päpstliche Geheimhaltung":
Verbrechensvertuschung

Sexuelle Abartigkeit ist im Rahmen der Institution Kirche keineswegs auf die einfache Priesterschaft beschränkt, sondern reicht bis in die höchsten Ränge der katholischen Kirche.

Großes Aufsehen erregte z.B. der 1995 aufgedeckte Fall des Kardinals Hans Hermann Groër (1919-2003) aus Österreich. Dieser missbrauchte auf dem 20-jährigen Karriereweg zum Bischofsamt schätzungsweise 2000 Knaben. Er wurde dafür nie zur Rechenschaft gezogen. Stattdessen gestattete ihm Papst Johannes Paul II., sich unbehelligt in ein Kloster zurückzuziehen. *„Einige seiner Opfer",* so Robertson, *„erhielten eine »Entschädigung« als Gegenleistung für ihre Verschwiegenheit über den ungeheuren Skandal."* (Angeklagt: Der Papst, S.64)

Doch weshalb ist über derartige Fälle bis vor wenigen Jahrzehnten so wenig zu hören und zu lesen gewesen? Dazu führte der katholische Kirchenrechtler Prof. Norbert Lüdecke in einem Vortrag zum Thema „Sexueller Missbrauch von Kindern und Jugendlichen durch Priester" Folgendes aus:

„(...) bis Anfang der 1980er-Jahre funktionierte das Kartell gegen die Opfer. Sie schwiegen, weil sie erfahren mussten, nicht gehört, eingeschüchtert oder gar

616

selbst beschuldigt, ja sanktioniert zu werden. Pries-
tertäter, die ihnen genau das drohend vorhersagten,
hatten also Recht. Psychologen verharmlosten, Sozi-
albehörden schauten weg, Ermittlungsbehörden und
Justiz verhielten sich kirchenparteilich, Journalisten
konnten ihre Recherchen nicht unterbringen." (www.
imprimatur-trier.de)

Wie funktionierte dieses Kartell gegen die Opfer?
Der Umgang des Vatikan mit solchen Verbrechen
gründete seit 1962 auf einem päpstlichen Erlass
mit dem Titel: „Crimen sollicitationis" (dt: „Verbrechen der Verführung").
Dieser Erlass betraf alle innerkirchlichen Verfahren
zu Sittlichkeitsdelikten durch Priester, und darin wurde jeder Täter, jedes Opfer und jeder Zeuge zu absoluter Verschwiegenheit verpflichtet – ein System
also, wie man es von Kriminellen kennt. Mitgliedern
des kirchlichen Gerichtshofs wurde darüber hinaus
bei Bruch der Geheimhaltung die schwerste katholische Strafe, die Exkommunikation, angedroht.
Am 30.04.2001 bekräftigte Papst Johannes Paul II.
durch ein „Motu proprio", ein „Apostolisches Schreiben", diese Bestimmungen aus dem Jahr 1962, und
am 18.5.2001 wurde dieses Schreiben von dem damaligen Vorsitzenden der Glaubenskongregation,
Kardinal Ratzinger, in einem Brief an alle Bischöfe
der katholischen Kirche ergänzt.

Darin heißt es unter anderem, dass jede „Straftat gegen die Sittlichkeit, nämlich: die von einem Kleriker begangene Straftat gegen das sechste Gebot des Dekalogs mit einem noch nicht 18-jährigen minderjährigen Menschen (...) der Glaubenskongregation als Apostolischem Gerichtshof vorbehalten" sind. (zit. nach Robertson, S. 358)

„... vorbehalten": Das bedeutet offenbar, dass die Straftaten einzig der Glaubenskongregation zu melden sind und nicht den normalerweise dafür zuständigen Behörden. Von der Polizei ist nie die Rede.

Weiter heißt es in dem Brief an die Bischöfe:
„Wenn ein Bischof oder Hierarch eine vage Kenntnis von einer derartigen Straftat hat, muss er sie nach abgeschlossener Voruntersuchung an die Glaubenskongregation weitermelden, die, wenn sie nicht wegen besonderer Umstände den Fall an sich zieht, durch Weitergabe der entsprechenden Vorschriften dem Bischof beziehungsweise Hierarchen gebietet, durch sein je eigenes Gericht das weitere Verfahren führen zu lassen. (...) Prozesse dieser Art unterliegen der päpstlichen Geheimhaltung." (S. 358 f.)

Ein Bollwerk des Grauens

„Päpstliche Geheimhaltung" – das also ist das Bollwerk, hinter dem sich die Priester gegenseitig vor
der Verfolgung durch weltliche Gerichte schützen
und somit ihre grauenvollen Verbrechen an Kindern verbergen. Selbst der Generalstaatsanwalt
von Massachusetts, der mit der Aufklärung von
Kindsmissbrauch durch Priester beauftragt war,
sprach von einer „Kultur des Geheimnisses."
Diese „Kultur" untersuchte auch das kriminologi-
sche John-Jay-College in seiner Studie, mit dem
Ergebnis:

> „Die wirklich erschütternde Feststellung war, dass
> 76 % der Missbrauchsvorwürfe gegen Priester nie
> den Strafverfolgungsbehörden gemeldet worden
> waren. Lediglich 6 % der beschuldigten Priester
> waren verurteilt worden und gerade einmal 2 %
> erhielten Gefängnisstrafen." (Angeklagt: Der Papst,
> S. 50)

Auch die Murphy-Kommission in Irland kam zu
dem Schluss, dass in Massachusetts wie in Dublin
das Geheimnis „die Institution auf Kosten der Kinder
schützte". (Murphy-Bericht, Chapter 1, Randnummer 28)
Die Geheimhaltung solcher Verbrechen, auf die in
dem Brief Kardinal Ratzingers aus dem Jahr 2001

erneut hingewiesen wird, war also für den Vatikan nicht nur rechtlich das oberste Gebot – die Vertuschung war auch de facto übliche Praxis.

Das mag die Lehre der Vatikankirche sein, doch mit Jesus, dem Christus, der die Kinder, ja, der alle Menschen liebt, hat ein solches Verbrechen und dessen Vertuschung nichts zu tun, ganz im Gegenteil – Jesus von Nazareth sprach der Überlieferung nach: *„Wer einen von diesen Kleinen, die an mich glauben, zum Bösen verführt, für den wäre es besser, wenn er mit einem Mühlstein um den Hals im tiefen Meer versenkt würde."* (Matthäus 18, 6)

Jesus, der Christus, war ein friedliebender Mensch. Er war gegen das Töten. Doch als mächtiger Gottesprophet nutzte Er das Wort, um die Menschen aufzurütteln. Und Er schilderte drastisch, welche Schwere das Vergehen eines Menschen haben kann. Wenn Er, der Friedefürst, der Überlieferung nach sinngemäß derart kräftige Worte gebraucht, dann macht das deutlich, welch schwerwiegende Last die Seele eines Menschen zu tragen hat, wenn er sich an einem Kind vergeht.

Sexualverbrechen fallen unter das „Berufsgeheimnis" der Priester

Dem Vatikan geht es offensichtlich um sein Ansehen – weniger um das Wohl der Kinder. Angesichts der sich häufenden Kinderschänderskandale hatte die amerikanische Bischofskonferenz zwar eine Strategie der „Null-Toleranz" vorgeschlagen. Sie wollte die Täter bei der Polizei anzeigen und verlangte einen häufigeren Gebrauch der Amtsenthebung schuldiger Priester.

Doch aus Rom kam ein entschiedenes Veto: Der damalige Stellvertreter Josef Ratzingers in der Glaubenskongregation und spätere Kardinal-Staatssekretär Tarcisio Bertone erklärte im Februar 2002:

„Meiner Meinung nach ist die Forderung, dass ein Bischof verpflichtet sei, mit der Polizei Kontakt aufzunehmen, um einen Priester anzuzeigen, der ein Verbrechen der Pädophilie begangen hat, unbegründet. Natürlich hat die Zivilgesellschaft die Verpflichtung, ihre Bürger zu schützen. Aber genauso muss das »Berufsgeheimnis« von Priestern respektiert werden. (...)

Wenn ein Priester seinem Bischof nicht mehr vertrauen kann, weil er Angst haben muss, denunziert zu werden, dann gäbe es keine Gewissensfreiheit mehr." (zit. nach John L. Allen Jr., All the Pope's Men, S. 242)

Welch ungeheuerliche Argumentation eines in der katholischen Kirche einflussreichen Kardinals! Für den Kinderschänderverbrecher beansprucht der Kardinal „Gewissensfreiheit", die Aufklärung von solchen Verbrechen nennt er Denunzierung! Und all das ist das „Geheimnis" des Priesterberufes!

Kardinal Castrillón Hoyos, Vorsitzender der Priesterkongregation, erklärte, dass die Kirche es bevorzuge, *„die Dinge innerhalb der Familie zu behalten."* (zit. nach Allen, S. 245)

Solche Aussagen kennt man sonst nur aus Filmen, in denen es um organisiertes Verbrechen geht.

Der römisch-katholische Abgrund, der sich hier auftut, scheint noch scheußlicher zu sein, als man es sich im Entferntesten vorstellen kann. Damit werden die Opfer der Priester genauso verhöhnt wie Jesus von Nazareth, dessen Namen die Priester mit ihren Verbrechen besudeln, wenn sie sich „christlich" nennen.

Eine bittere Bilanz

Geoffrey Robertson fasst die Ungeheuerlichkeiten unzähliger klerikaler Sexualverbrechen in seinem Buch „Angeklagt: Der Papst" wie folgt zusammen:

„Tausende von Geistlichen, deren Schuld an sehr schwerwiegenden Verbrechen einer Art, die meist mit einer Rückfallneigung der Täter einhergeht, bekannt war, wurden nicht aus dem Priesterstand entlassen. Ihnen wurde von der Kirche Unterschlupf gewährt, sie wurden in andere Gemeinden oder Länder versetzt und gemäß den Regelungen des kanonischen Rechts, die ihnen Vergebung im Diesseits wie im Jenseits bieten, vor Entdeckung und weltlicher Bestrafung – in der Regel einer Gefängnisstrafe – geschützt.
Der Heilige Stuhl, ein Pseudo-Staat, hat in befreundeten Staaten ein fremdes Rechtssystem etabliert, nach welchem unter strengster Geheimhaltung Sexualverbrecher auf eine Weise behandelt wurden, die mit dem Recht des Staates, in dem der Heilige Stuhl operiert, unvereinbar war, ja in manchen Fällen sogar in konträrem Gegensatz dazu stand, und er hat das Beweismaterial für die Schuld der Verbrecher den Strafverfolgungsbehörden vorenthalten."
(S. 292)

Der Vatikan, so bilanziert der Menschenrechtsjurist Robertson weiter, betreibt eine *„parallele, para-staatliche Gerichtsbarkeit",* die *„Sünden vergab, die in den jeweiligen Gaststaaten als Verbrechen bestraft werden."* (S. 295)

In Anspielung auf die „Rattenlinie", auf welcher der Vatikan Naziverbrechern die Flucht nach Südamerika ermöglicht hatte, schreibt Robertson:

„Doch die wirkliche »Rattenlinie«, die der Vatikan zur Verfügung gestellt hat, ist ein Fluchtweg für Kinderschänder – nicht so sehr als Freifahrschein, aus dem Gefängnis zu entkommen, sondern vielmehr als Freifahrschein, niemals eine Gefängnisstrafe zu riskieren. Infolge einer Mischung aus Arroganz, Nachlässigkeit und Sorglosigkeit, entsprungen aus dem Glauben an die eigene staatliche Immunität und dem übertriebenen Verlangen, ein politischer Akteur auf der Weltbühne zu sein, haben der Papst und seine Armee von Kardinälen, Nuntien, Erzbischöfen und Amtsträgern eine Kirche geleitet, in der Kinder unter ausgedehntem und systematischem Missbrauch litten." (S. 295)

Und eine solche Kirche heftet sich das Etikett „christlich" an. Sie vertuschte und förderte Kinderschänderverbrechen und schändet damit auch den guten Namen des Christus Gottes, der als Jesus von Nazareth die höchste Ethik und Moral lehrte und vorlebte.

Ein neuer „Gerichtshof" als Publicity-Maßnahme?

Wie erwähnt, kritisierte das UN-Kinderschutzkomitee den Vatikan 2014 heftig wegen seines Umgangs mit Sexualverbrechen. Durch diesen öffentlichen Druck sah sich der Vatikan offenbar veranlasst, eine öffentlichkeitswirksame Maßnahme zu ergreifen. Papst Franziskus stimmte dem Vorschlag der *„päpstlichen Kinderschutzkommission"* zu, einen neuen „Gerichtshof" einzurichten *„für Bischöfe, die Missbrauchsfällen in ihrem Bistum nicht konsequent genug nachgehen (...) Zuvor gab es keine kirchenrechtliche Handhabe gegen Bischöfe, die ihr Amt nutzen, um straffällig gewordene pädophile Priester zu schützen".* (zit. nach Deutsche Bischofskonferenz, dbk.de)

Der Gerichtshof soll in der „Glaubenskongregation" angesiedelt werden, also in der ehemaligen Inquisitionsbehörde, die schon bisher für alle klerikalen Kinderschänderverbrecher zuständig war. Deren Präfekt ist allerdings ausgerechnet Kardinal Gerhard Ludwig Müller, dem als ehemaligem Bischof von Regensburg selbst „Vertuschung" vorgeworfen werden darf – es geht dabei um einen wegen Kindsmissbrauchs vorbestraften Priester, der im Bistum Regensburg trotz der Verurteilung wieder im Gemeindedienst eingesetzt worden war. Dort vergewaltigte der Priester einen zunächst elfjährigen Ministranten 22-mal und wurde deswegen von einem „weltlichen" Gericht später zu drei Jahren Haft verurteilt.

Der Bürgermeister des betroffenen Ortes *„warf der Kirchenleitung Versagen vor. Sie hätte die Gläubigen schon vor Jahren über die kriminelle Vergangenheit des Priesters aufklären müssen."* (dpa, 3.9.2007)

Und der betroffene Pfarrgemeinderat erklärte, das Bistum habe sich auf ein *„grausames Experiment mit den Seelen unserer Kinder"* eingelassen. Dafür sollte der Bischof zumindest zurücktreten. (Main-Post, 7.9.2007)

Doch stattdessen wurde Bischof Müller im gleichen Jahr 2007 von Papst Benedikt XVI. zunächst zum Mitglied der vatikanischen Glaubenskongregation ernannt und 2012 von ihm gar als Präfekt an deren Spitze berufen, sodass ihm jetzt auch der Gerichtshof untergeordnet ist, welcher über vertuschende Bischöfe urteilen soll. Die deutsche Zeitung „Die Welt" schrieb: *„Opfervertreter auf der ganzen Welt sind entsetzt: Will Franziskus mit Müller den Bock zum Gärtner machen?"* (welt.de, 15.6.2015)

Zwar wehrte sich Müller als Regensburger Bischof gerichtlich gegen die Vorwürfe. Der Bundesgerichtshof in Karlsruhe bestätigte jedoch in letzter Instanz *„ein Urteil des Oberlandesgerichts Hamburg: Man könne Müller zuschreiben, »dass mit dem Vorwurf der »Vertuschung« die erneute Verwendung des Priesters im Gemeindedienst gemeint ist, die erfolgte, ohne dass im neuen Umfeld des Kaplans bekannt gegeben worden wäre, dass er sich wegen Missbrauchs strafbar gemacht hatte und von ihm möglicherweise eine Gefahr ausgehen könnte«."* (zit. nach welt.de, 15.6.2015)

Obwohl der Kardinal Müller unterstellte „Gerichtshof" eine erneute rein interne Maßnahme ist, reagierten Teile der Medien mit Lob für den Papst, so, als würde er hier den bisherigen Kurs des Vatikan ändern.

Doch wie viele der priesterlichen Sexualverbrecher an Kindern hat er je der bürgerlichen Gerichtsbarkeit überstellt? Bei jedem Täter aus einer anderen Berufsgruppe ist es selbstverständlich, dass dieser sich vor einem weltlichen Gericht verantworten muss. Warum bei Priestern nicht?

An den kirchlichen Sondergesetzen ändert auch der neue installierte Gerichtshof für Bischöfe nichts. Der Papst hat nur vordergründig den Eindruck erweckt, jetzt ginge es um das Aufdecken anstelle des jahrzehntelangen Schweigens. Letztlich gilt aber nach wie vor: Es soll alles innerkirchlich geheim gehalten werden.

Die Polizei und die weltliche Justiz bleiben weiterhin außen vor. Ist das nicht so, als würde man es Organisationen, aus deren Reihen traditionell schwerste Verbrechen begangen wurden, überlassen, ihre Verbrecher selbst zu „bestrafen"?

Es ist Seelenmord

Jesus, der Christus, sprach: *„Selig die hungern und dürsten nach der Gerechtigkeit, denn sie sollen gesättigt werden."* (Matthäus 5, 6) Das ist die Lehre des Jesus von Nazareth.

Verdammen, Vertuschen, Verschleiern und Behindern der Offenlegung von Verbrechen durch Priester – das sind die Anweisungen der katholischen Kirche.

Besonders infam ist es, wenn derartige Verbrechen an Kindern unter dem guten Namen des Christus Gottes begangen werden, der die höchste Ethik und Moral lehrte. Kronanwalt Geoffrey Robertson führt in seinem Buch „Angeklagt: Der Papst" aus, weshalb ein Sexualverbrechen durch Priester aus seiner Sicht noch schlimmer ist als jeder andere Missbrauch:

„Der sexuelle Missbrauch von Kindern ist eine Gräueltat, schlimm genug schon in »gewöhnlichen« Fällen des »fremden Onkels«, schlimmer noch, wenn Lehrer, Pfadfinderführer, Babysitter oder Eltern das in sie gesetzte Vertrauen ausnützen und ihre Schützlinge missbrauchen. Aber am schlimmsten sind Priestertäter, die sich ihre Opfer – durch die ihnen verliehene geistliche Autorität – im Beichtstuhl, auf Freizeiten oder anderweitig heranziehen (und dem Opfer nach ihrer sexuellen Befriedigung dann oft auch noch die Absolution erteilen).

Die Opfer beschreiben die Übergriffe als im wörtlichen Sinne »seelenzerstörend«, da sie ihre Fähigkeit, zu glauben, genauso zerstören wie die Balance in ihrem weiteren Leben. Die Beweislage deutet darauf hin, dass die Opfer von klerikalem Missbrauch längere Zeit brauchen, um Heilung zu erlangen, und dass die Wahrscheinlichkeit, gar keine Heilung zu erlangen, im Vergleich zu anderen Opfern von Kindsmissbrauch größer ist.

Und der Schaden wird noch größer, wenn die Opfer durch die Kirche auf »päpstliche Geheimhaltung« eingeschworen werden und dabei wissen, dass der, der ihr Vertrauen missbraucht hat, Vergebung erfährt und unbehelligt neue Übergriffe verüben kann." (S. 18 f.)

Der Sexualpsychologe Christoph Ahlers berichtet aus seiner Erfahrung, warum gerade Kinder, die im

Schatten von Kreuz und Beichtstuhl missbraucht wurden, oft über Jahrzehnte nicht darüber sprechen können:

„Der Täter ist Repräsentant einer moralisch höher stehenden Organisation. Wie soll ich denn das irgendjemandem erzählen? Es kann ja nicht sein, dass er ein Täter ist, dann wäre ja Gott ein Täter, denn den repräsentiert er ja. Das macht mich stumm und zwar noch stummer als es mich machte, wenn der Missbrauch außerhalb der Kirche stattfände." (tagesschau.de, 15.3.2015)

Die Priester geben vor, Gott zu repräsentieren. Dabei hat weder Gott, der Ewige, noch Jesus von Nazareth Priester als Repräsentanten eingesetzt. Durch solche Verbrechen rauben sie den Kindern die Lebensperspektive und Lebensfreude – und zudem zerstören sie in vielen Fällen das Vertrauen der Kinder in Gott und den Glauben an einen liebenden Vater. Und das ist Seelenmord unter Missbrauch des Namens Gottes und Seines Sohnes, Christus. Mag sich die Vatikankirche noch so leichtfertig schütteln – die ungesühnten Kinderschänderverbrechen fallen auf sie zurück, denn es steht auch in ihren eigenen Bibeln: *„Was der Mensch sät, das wird er ernten."*

„Sakramente" – gültig auch bei einer „Todsünde" des Priesters

Woher kommt die kirchliche Fiktion, Priester seien Repräsentanten Gottes? Woher kommt die Kultpotenz und Positionsmacht, auf die sich der katholische Klerikerstand beruft? Der katholische Kirchenrechtler Prof. Dr. Norbert Lüdecke erklärt in seinem bereits zitierten Vortrag über die kirchlich geprägte Selbstwahrnehmung der – wie er sie nennt – *„strikt abgeschlossenen Männergruppe der Kleriker":*
„Die Weihe hat sie so unvergleichlich Christus gleichgestaltet, dass nur sie das Volk Gottes als »Mittler zwischen Gott und den Menschen« belehren, kultisch versorgen und leiten können. Die Schlüsselfiguren sind die Priester und Bischöfe. Unverlierbar und daher unabhängig von ihrer moralischen Qualität sind sie zur Verteilung der sakramentalen Gnadenmittel, insbesondere der Eucharistie, befähigt."
Festgelegt ist das in der bereits erwähnten, als unfehlbar geltenden Lehrverkündigung der katholischen Kirche:
„Wer sagt, der Ausspender [der Priester], der sich im Stand der Todsünde befinde, bringe kein Sakrament zustande oder teile keines mit, obwohl er alles Wesentliche beobachtet, was zum Zustandebringen und Mitteilen des Sakramentes gehört, der sei ausgeschlossen." (Neuner/Roos, Nr. 517)

Und dieses „ausgeschlossen" bedeutet im katholischen Sinn letztlich: Der sei ewig verdammt.

Das heißt konkret: Ein Priester, der einen Jungen vergewaltigte, hat laut Kirchenlehre trotzdem die kirchliche Macht, z.B. die Eltern dieses Kindes angeblich von ihren Sünden loszusprechen – oder ihnen die Absolution zu verweigern.

> Das bedeutet auch: Der Priester, der gerade ein Kind im Beichtstuhl geschändet hat, kann nach kirchlicher Lehre anschließend zum Taufbecken gehen, mit seinen schmutzigen Händen Wasser über das Baby gießen und es auf diese Weise angeblich zu einem Kind Gottes machen.

Abgesehen davon, dass Jesus, der Christus, überhaupt keine Priester und keine Sakramente eingesetzt hat – wer soll das glauben, dass Er durch einen Menschen wirken soll, der sich derart versündigt hat? Ist nicht auch das eine Anmaßung und Hohn und Spott auf Jesus, den Christus?

> Schwerer sexueller Missbrauch von Kindern gilt in Deutschland als Verbrechen. Im Codex Iuris Canonici – dem Gesetzbuch des Kirchenrechts der katholischen Kirche – ist der sexuelle Missbrauch Minderjähriger kein Vergehen gegen Leben und Freiheit eines Menschen, sondern faktisch nur gegen eine Klerikerpflicht, den Zölibat.

Gemessen an der kirchlichen Strafandrohung gehört der sexuelle Missbrauch Minderjähriger – anders als beispielsweise das angebliche Sakrileg des Wegwerfens einer Hostie – nicht zu den Schwerstverbrechen. Das bedeutet: Ein solches Glaubensdelikt wird mit der Höchststrafe, der „Tatstrafe" der Exkommunikation geahndet – der sexuelle Missbrauch Minderjähriger durch Kleriker soll, allgemein formuliert, nur *„mit gerechten Strafen belegt werden, gegebenenfalls die Entlassung aus dem Klerikerstand nicht ausgenommen".* (Can. 1395 § 2)

Das zeigt, dass für die Vatikankirche das Leben eines schutzbefohlenen Kindes eine geringere Bedeutung hat als der „Schutz" einer Oblate.
Diese Kirchengesetzgebung beinhaltet auch: Treten das von einem Priester missbrauchte Kind oder seine Eltern verständlicherweise aus dieser Institution aus, dann werden sie nach katholischer Lehre in der Folge auf ewig verdammt – nicht aber der Priester, der das pädokriminelle Verbrechen begangen hat!

„Schläge im Namen des Herrn"

Sexueller Missbrauch ist nicht das einzige Verbrechen, das seitens der Kirche an Kindern begangen wurde. Ledige Mütter wurden bis vor wenigen Jahrzehnten als „gefallene Frauen" stigmatisiert, ausgegrenzt und ihre Kinder als „Kinder der Sünde" gebrandmarkt.

Unverheirateten Müttern wurden früher auch nicht selten ihre Kinder weggenommen; und sowohl die jungen Mütter als auch die Kinder kamen in kirchlich geführte Heime.

Die Kirchen haben die Heimerziehung mit ihren gottfernen Vorstellungen entscheidend geprägt. Ein besonders grausames Beispiel sind die Magdalenen-Heime in Irland.

> *„Sie* [die jungen Mütter] *werden geschoren und gezüchtigt. Ihre Habseligkeiten müssen sie dem Klosterregiment überlassen und ihre Namen gegen den einer Heiligen eintauschen. Als lebenslängliche Buße für ihre Sünden schufteten etwa 30.000 Frauen ohne Lohn in den Wäschereien des Sankt-Magdalenen-Ordens.*
> *Ein Skandal, den Kirche, Staat und Öffentlichkeit jahrzehntelang stillschweigend hinnahmen.*
> *Erst 1996 wurde das letzte Magdalenenheim in Irland geschlossen."* (Die Zeit Nr. 3/2003)

Es kam dort zu körperlichen und sexuellen Misshandlungen.

In Westdeutschland lebten zwischen 1945 und 1975 schätzungsweise 800.000 Kinder in Heimen. Über 80 Prozent der Heime waren kirchlich geführt. In vielen dieser kirchlichen Heime wurden Säuglinge, Kinder und Jugendliche gedemütigt und oft seelisch und körperlich misshandelt und missbraucht. Ähnlich wie bei den Missbrauchsfällen hielt die Kirche ihren schrecklichen Umgang mit Heimkindern so lange unter dem Deckmantel des Schweigens, wie sie nur konnte.

Doch auch diese Verbrechen drängten in den letzten Jahren vermehrt ans Tageslicht. Der Journalist und Buchautor Peter Wensierski stieß mit seinem Buch „Schläge im Namen des Herrn" eine Welle an Veröffentlichungen von Heimkinder-Schicksalen an, die furchtbare Zustände zutage förderten.

In seinem Buch beschreibt er die schwarze Pädagogik kirchlicher Heime voller Zucht- und Ordnungsvorstellungen, in denen die Kinder oft drakonische Strafen erlitten, körperliche und psychische Gewalt, die nicht selten an Folter grenzte.

Auch das ehemalige Heimkind Alexander Markus Homes schrieb mehrere Bücher über Heime und publizierte 2006 das Buch „Heimerziehung:

Lebenshilfe oder Beugehaft. Gewalt und Lust im Namen Gottes". In einem Interview schilderte Homes die – so wörtlich – „Misshandlungen mit System".

Was Homes darunter versteht, verdeutlicht seine folgende Aussage:

„Damit meine ich, dass ich gerade mit Blick auf konfessionelle Heime davon ausgehe, dass der »strafende Gott« gezielt als Unterdrückungsinstrument eingesetzt wurde, um Kindern Gehorsam, oder besser: Unterwerfung abzuverlangen.

Im Namen Gottes wurden Heimkinder geprügelt, malträtiert, gequält, erniedrigt und entwürdigt, um ihnen Disziplin, Gehorsam, Fleiß, Unterwerfung und natürlich auch den Glauben an Gott aufzuzwingen. Insofern spreche ich von einem System: Das war der Fokus der Heimerziehung – alles daran zu setzen, um aus Kindern aus der Unterschicht unterwürfige, gottgläubige Menschen zu machen." (n-tv.de, 17.2.2009)

Hier sollte man präzisieren: An welchen „Gott" sollen sie glauben? Das kirchliche System will *kirchen*gläubige Menschen, die an einen strafenden Gott glauben, die, eingeschüchtert durch die Worte der Priester, ein ganzes Leben lang fehlgeleitet werden. Homes schildert im erwähnten Interview einige seiner schrecklichen Erfahrungen; er beschreibt die

Prügel und viele Demütigungen mehr und erklärt: *„Und all das geschah vor dem Hintergrund der Religion. In meinem Buch von 1981 habe ich geschrieben:*

»Wenn wir bedroht, bestraft, geschlagen, misshandelt wurden, so haben die Nonnen stellvertretend im Auftrag Gottes gehandelt. Es waren Gottes Worte, Gottes mahnende und aggressive Blicke, Gottes Hände, Gottes Füße, die uns beschimpften, demütigten, bestraften, prügelten. Es war Gottes Wille: die uns auffressenden Ängste, Schmerzen, Trauer, Vereinsamung, die sich immer tiefer in unsere Seelen hineinbohrte und hineinfraß. Wir hatten unsere Kindheit Gott und seinem Sohn Jesus Christus zu verdanken«."

Solche Worte zu lesen, ist entsetzlich, und es schmerzt zutiefst. Man ahnt das Leid und die Not, die Angst und das Verlassensein, das die Kinder in den konfessionellen Heimen durchgemacht haben – und man erfährt von dem bösartigen Missbrauch von *„Gott und seinem Sohn Jesus Christus"*, in dessen Namen die Schandtaten geschahen.
In ihrer Einsamkeit blieben den Kindern nicht einmal der Glaube und das Vertrauen an einen liebenden himmlischen Vater, denn den hatten die Priestermänner und Nonnen ihnen gründlich herausgeprügelt. Mit der Liebe und Fürsorge, die Jesus von

637

Nazareth den Kindern entgegenbrachte und mit dem liebenden Vater, den Er uns nahebrachte, hat ein solches Verhalten, nichts, aber auch gar nichts zu tun.

Unter dieser schwarzen Pädagogik litten nicht nur Heimkinder. Noch 2014 kritisierte die UNO, wie erwähnt, in ihrem Bericht die Vatikankirche, weil sie zu wenig tue, um körperliche Züchtigung zu verbieten und forderte vom Vatikan, Schläge in allen katholischen Schulen zu verbieten und zu ahnden. Auch Papst Franziskus ist im 21. Jahrhundert nicht bereit, auf die Kinderzüchtigung völlig zu verzichten, sondern verteidigte mehrfach „würdevolles" Schlagen. Dabei klammert er aus, dass Jesus von Nazareth die Kinder schon vor 2000 Jahren auf eine Weise wertschätzte, wie es damals noch unbekannt war, und dass Er Schwächere ausnahmslos in Schutz nahm. Wer Jesus, dem Christus, nachfolgt, hält es ebenso. Und wer genau das Gegenteil tut und lehrt, der sollte frei bekennen, dass er dem Widersacher Gottes dient.

Kein Mensch hat das Recht, andere Menschen sexuell zu schänden oder zu schlagen. Und jedem Erwachsenen obliegt es, Kinder zu schützen und dazu beizutragen, ihnen ein gewaltfreies Aufwachsen zu ermöglichen.

Zudem ist der Staat verpflichtet, für den Schutz der Kinder zu sorgen. Ist es dann nicht äußerst bedenklich, dass zum Beispiel in Deutschland von den Amtskirchen Kindergärten und Schulen betrieben werden, die zwar zum allergrößten Teil zu fast 100 Prozent vom Staat und den Eltern finanziert werden, deren Betreiber aber ausgerechnet Institutionen sind, die – wie im Fall der Vatikankirche – von der UNO wegen ihres Umgangs mit Kindern abgemahnt wurden?

Wie vielen Kindergenerationen wurde von der Kirche ein grausames strafendes Gottesbild im wahrsten Sinne des Wortes eingeprügelt?
Jesus von Nazareth gab Seinen Nachfolgern die Aufgabe:
„So soll euer Licht vor den Menschen leuchten, damit sie eure guten Werke sehen und euren Vater im Himmel preisen." (Matthäus 5, 16)

Die Werke der Kirche im Umgang mit den Kindern sind das Gegenteil. Sie haben Dunkelheit und Abwendung von Gott in das Leben unzähliger Kindergenerationen gebracht.

Der Krieg gegen die Tiere und das Verbrechen an der Schöpfung

Der gute Hirte, der fürsorglich inmitten einer Schafherde steht und ein Lämmchen auf dem Arm trägt – viele Menschen verbinden mit Jesus von Nazareth dieses Bild, und niemand kann sich vorstellen, dass Er, Christus, der Friedefürst, dem Lämmchen das Schlachtermesser an die Kehle setzt oder es einem Schlachter übergibt.

Er, Jesus, der Christus, *ist* der gute Hirte, und Er kam auch, um die Tiere aus ihrer Knechtschaft von den Menschen zu befreien.

Die Rehabilitation des Christus Gottes beinhaltet deshalb auch die Aufklärung über die Gesetze Gottes, die Jesus von Nazareth in Bezug auf die Natur und die Tiere lehrte und vorlebte.

Lesen wir folgende Abschnitte auch mit dem Herzen, um dann das Gelesene mit dem Verstand zu hinterfragen.

Weshalb denken sich eigentlich die meisten Menschen im sogenannten christlichen Abendland nichts dabei, wenn sie fast täglich irgendein Stück Fleisch verzehren – sei es Schnitzel, Steak, Braten vom Schwein, Kalb, Rind oder Lamm; auch Hühnchen gibt es und vielleicht Wildbret, und aufs Brot gibt es Wurst. Von den Menschen wird auch so viel Fisch gegessen, dass in zwei bis drei Jahrzehnten die riesigen Ozeane leergefischt sein werden. Entspricht das der Schöpfungsordnung und der Lehre des Christus Gottes?

Ist das also christlich?

Von Gott, dem Ewigen, wird das Tier geliebt und beatmet – vom Menschen aber, der sich als Krone der Schöpfung aufspielt, erfährt es statt Fürsorge und Liebe vor allem Gefangenschaft, Grausamkeit und brutalen Tod.

Das Ausmaß des blutigen Gemetzels ist ungeheuerlich. Weltweit werden jedes Jahr über 50 Milliarden Landtiere und ca. eine Billiarde Fische für den menschlichen Verzehr getötet.

Ein ähnliches Schicksal erleiden unzählige andere Tiere: Auf die eine oder andere Weise werden sie ausgenutzt, gequält und brutal umgebracht.

In Tierversuchsanstalten werden jedes Jahr Milliarden Tiere wochen- und monatelang in Käfigen gehalten, bestialisch gequält und schließlich getötet. Die Grausamkeit gegenüber den Äffchen, Hunden, Katzen, Ratten und Mäusen in diesen Tierversuchslaboratorien ist unvorstellbar.

Aber man nennt sich christlich!

Geht es wenigstens den Tieren in der freien Wild-
bahn etwas besser? Nein!

Die Tiere in Wald und Flur leben oft ähnlich wie
Menschen in Kriegsgebieten – es gibt kaum Schutz,
zu wenig Lebensraum, zu wenig Nahrung, zu wenig
Wasserstellen; und ihr ganzes Leben ist von Angst
geprägt. Jeden Augenblick kann der Knall eines
Gewehrschusses die Stille des Waldes, des Feldes
zerstören, und das Reh, der Fuchs, das Wildschwein
fällt tödlich getroffen zu Boden oder schleppt sich
unter Umständen schwer verletzt tagelang mit unvorstellbaren Schmerzen umher, bis es seinen Ver-
letzungen erliegt. Die Jungen, die dabei oft verwaist
zurückbleiben, müssen dann elendig verhungern.

Es gäbe noch vieles anzuführen – zum Beispiel über
die industrielle Fischerei, wodurch, wie gesagt, in
wenigen Jahrzehnten die Ozeane absolut leergefischt sein werden; über die Hähnchenmast, über
das Leid der Milchkühe und anderes mehr. Die wenigen Beispiele machen jedoch bereits deutlich,
dass wir tatsächlich von einem Krieg gegen die Tiere sprechen müssen.

Wie konnte es zu dieser lebensverachtenden Einstellung gegenüber den Tieren und der ganzen
Schöpfung kommen?

Gott, der ewige Schöpfer, sprach durch Seine wahren Propheten gegen das Fleischessen

Jesus von Nazareth erfüllte das Gesetz des Lebens, das Gott, der Ewige, in den Zehn Geboten durch Mose lehrte. Gottes Gebot lautet: *„Du sollst nicht töten."* Er sprach absolut: *„Du sollst nicht töten."* Dieses Gebot gilt also in Bezug auf alles, was lebt.

> Gott, der Ewige, gab klare Vorgaben für das Leben Seiner Menschenkinder auf der Erde.
> Er sprach:
> *„Hiermit übergebe ich euch alle Pflanzen auf der ganzen Erde, die Samen tragen, und alle Bäume mit samenhaltigen Früchten. Euch sollen sie zur Nahrung dienen."* (Genesis 1, 29)

Diese Weisungen Gottes hat ein Großteil der Menschheit, allen voran die Priesterkaste, missachtet. Gerade in unserer Zeit hat der Tiermord für den Fleischverzehr ein ungeahntes Ausmaß erreicht.
Durch Seinen Propheten Mose gab Gott den Menschen das Gebot, nicht zu töten, und auch durch weitere Gottespropheten des Alten Bundes sprach Gott deutliche Worte gegen das Töten der Tiere. Einige der Zitate wurden schon besprochen, doch seien sie hier noch einmal kurz aufgeführt.

Durch Jesaja sprach Gott, der Schöpfer allen Lebens:
„Wer einen Stier schlachtet, gleicht dem, der einen Mann erschlägt (...).“ (Jesaja 66, 3)

An anderer Stelle sprach Gott ebenfalls durch Jesaja:
„Ich (...) habe kein Gefallen am Blut der Stiere, der Lämmer und Böcke. (...) Das Räucherwerk ist mir ein Gräuel. (...) und wenn ihr schon viel betet, höre Ich euch doch nicht, denn eure Hände sind voll Blut.“
(Jesaja 1, 11.15)

Durch den Propheten Jeremia sprach Gott, der Ewige:
„Eure Brandopfer sind mir nicht wohlgefällig, und eure Schlachtopfer gefallen mir nicht.“ (Jeremia 6, 20)

Und durch Hosea offenbarte der All-Eine Gott:
„Denn Ich habe Lust an der Liebe und nicht am Opfer, an der Erkenntnis Gottes und nicht am Brandopfer.“ (Hosea 6, 6)

Trotz dieser eindeutigen Gottesworte soll nach der Lehre der Priester angeblich Gott die Opfer angeordnet haben, doch in Wirklichkeit war es die Priesterkaste selbst. Durch den Propheten Jeremia sprach Gott, der Ewige, klar und deutlich:

„Denn ich habe euren Vätern, als ich sie aus Ägypten herausführte, nichts gesagt und befohlen, was Brandopfer und Schlachtopfer betrifft." (Jeremia 7, 22)

Die Gottespropheten wussten also, dass die Tiere weder als Opfer noch zum Fleischverzehr geschlachtet werden sollten. So haben sich der Prophet Daniel und seine drei Freunde am Königshof in Babylon das Recht erkämpft, sich dort vegetarisch ernähren zu dürfen. Daniel hatte dazu dem Oberkämmerer des Königs folgende Bitte vorgetragen: *„Versuch es doch einmal zehn Tage lang mit deinen Knechten! Lass uns nur pflanzliche Nahrung zu essen und Wasser zu trinken geben. Dann vergleiche unser Aussehen mit dem der jungen Leute, die von den Speisen des Königs essen. Je nachdem, was du dann siehst, verfahr weiter mit deinen Knechten! Der Aufseher nahm ihren Vorschlag an und machte mit ihnen eine zehntägige Probe. Am Ende der zehn Tage sahen sie besser und wohlgenährter aus als all die jungen Leute, die von den Speisen des Königs aßen. Da ließ der Aufseher ihre Speisen und auch den Wein, den sie trinken sollten, beiseite und gab ihnen Pflanzenkost. Und Gott verlieh diesen vier jungen Leuten Wissen und Verständnis in jeder Art Schrifttum und Weisheit."* (Daniel 1, 12-17)

Jesus von Nazareth liebte die Tiere

All diese Worte zeigen: Gott, der All-Geist, trat durch Seine wahren Propheten zu allen Zeiten für die Tiere ein, die Seine Schöpfungskinder sind.

Christus, der Sohn Gottes und Mitregent des Reiches Gottes, kam in Jesus von Nazareth, um auch die Tiere von ihren Leiden zu befreien. Er war gegen den Opferkult, Er war gegen jegliche Quälerei der Tiere, gegen Tiermord und auch gegen den Freiheitsentzug der Geschöpfe Gottes.

Jesus von Nazareth trieb die Tierhändler, die Opfertiere verkauften, aus dem Tempel. Er ließ die Tiere frei und sprach:
„Steht nicht geschrieben: Mein Haus soll ein Bethaus heißen für alle Völker? Ihr aber habt eine Mördergrube daraus gemacht!" (Markus 11, 17)

In dem außerbiblischen Evangelium mit dem Titel „Das Evangelium Jesu" erklärt Jesus, der Christus, dass Er auch für die Tiere gekommen ist:
„Wahrlich, Ich sage euch, darum Bin Ich in die Welt gekommen, dass Ich abschaffe alle Blutopfer und das Essen des Fleisches der Tiere und Vögel, die von Menschen geschlachtet werden." (Das ist Mein Wort. Alpha und Omega, S. 811)

Auch deshalb – weil Er für die Tiere eintrat und gegen den blutigen Opferkult vorging – wurde Jesus von Nazareth von der damaligen Priesterkaste verfolgt und an den römischen Staat zur Ermordung ausgeliefert. In „Das Evangelium Jesu" heißt es dazu:

„Nun war Judas Ischarioth in das Haus des Kaiphas gegangen und sagte zu ihm: »Siehe, Er hat das Passahmahl gefeiert innerhalb der Tore mit Mazzen an Stelle des Lammes. Ich aber hatte ein Lamm gekauft; doch Er verbot, dass es getötet werde. Sieh, der Mann, von dem ich es gekauft habe, ist Zeuge.« Und Kaiphas zerriss seine Kleider und sagte: »... Er hat eine Tat begangen, die todeswürdig ist; denn es ist eine schwere Übertretung des Gesetzes«." (Das ist Mein Wort. Alpha und Omega, S. 838)

So wie Jesus von Nazareth erging es später vielen Seiner wahren Nachfolger: Wer *für* die Tiere eintrat und sich weigerte, Tiere zu töten, wurde von den Priestermännern verfolgt und viele umgebracht.

In „Das Evangelium Jesu", werden zahlreiche Begebenheiten aus dem Leben des Jesus von Nazareth geschildert, die belegen, dass Jesus ein Freund der Tiere war. Es wird z.B. beschrieben, dass in der Nähe von Tiberias, wo sieben Quellen sind, ein junger Mann Ihm, Jesus, *„lebende Kaninchen und Tauben brachte, damit Er sie mit Seinen Jüngern verzehre.*

Und Jesus blickte den jungen Mann liebevoll an und sprach zu ihm: „Du hast ein gutes Herz, und Gott wird dich erleuchten; aber weißt du nicht, dass Gott am Anfang dem Menschen die Früchte der Erde zur Nahrung gab und ihn dadurch nicht geringer machte als den Affen oder den Ochsen oder das Pferd oder das Schaf (...)

Lasset daher die Geschöpfe frei, dass sie sich in Gott freuen und die Menschen nicht in Schuld bringen."

Und der Jüngling setzte sie frei, und Jesus zerriss ihre Käfige und ihre Fesseln."

(Das ist Mein Wort. Alpha und Omega, S. 367, 376)

Auch die ersten Urchristen lebten vegetarisch

Jesus von Nazareth war ein Freund der Tiere. Er und auch Seine ersten Nachfolger ernährten sich fleischlos. Einer alten Schrift zufolge erklärte Petrus, dass er *„nur Brot und Oliven benötige und selten Gemüse".* (Clementinische Homilien XII, 6.4)

Über Matthäus schrieb der Kirchenvater Clemens von Alexandrien, dass dieser *„von Pflanzenspeisen lebte und kein Fleisch berührte".* (Paidagogos II. 1, 16)

Auch die Apostel Andreas, Philippus und Thomas sowie die Evangelisten Markus und Lukas waren Vegetarier, wie sich aus dem Zeugnis von Schriftstellern des 2. Jahrhunderts ergibt.

Von Jakobus – dem leiblichen Bruder von Jesus von Nazareth und erstem Leiter der Urgemeinde in Jerusalem – heißt es: *„Er genoss weder Wein noch Rauschtrank; auch aß er kein Fleisch."* (Eusebius, Kirchengeschichte II, 23, 5-6)

Sogar einige der ersten sogenannten Kirchenväter plädierten eindeutig für den Verzicht auf Fleisch. Der bekannte Kirchenvater Hieronymus, der im 4. Jahrhundert lebte und heute als „Heiliger" verehrt wird, wusste noch, dass Jesus gekommen war, um den Fleischverzehr und das furchtbare Tierleid zu beenden.

Wie bereits dargelegt, schrieb Hieronymus (331-420) unmissverständlich:

„Der Genuss des Tierfleisches war bis zur Sintflut unbekannt; aber seit der Sintflut hat man uns die Fasern und die stinkenden Säfte des Tierfleisches in den Mund gestopft ... Jesus Christus, welcher erschien, als die Zeit erfüllt war, hat das Ende wieder mit dem Anfang verknüpft, sodass es uns jetzt nicht mehr erlaubt ist, Tierfleisch zu essen." (Adversus Jovinianum I, 18; siehe auch S. 135-139)

Warum halten sich die Priestermänner dann nicht an diese Aussage ihres „heilig" gesprochenen Kirchenvaters? Oder hat er etwas Falsches verkündet? Dann müsste die Vatikankirche ihn „ent-heiligen".

649

Tut sie das nicht, so straft sie den von ihr „Heiliggesprochenen" Lügen, denn die katholische Kirche verkündet und tut genau das Gegenteil.

So wie Hieronymus sprachen sich damals auch weitere Kirchenführer für eine fleischlose Ernährung aus. Dazu gehört der Kirchenlehrer Johannes Chrysostomos, der Ende des vierten Jahrhunderts über eine Gruppe vorbildlicher Christen berichtete: *„Keine Ströme von Blut fließen bei ihnen; kein Fleisch wird geschlachtet und zerhackt (...) Bei ihnen riecht man nicht den schrecklichen Dunst des Fleischmahles."* (Kommentar zum Matthäus-Evangelium, Homilie 69, Kap. XXII V. 1-14)

Wäre die ursprüngliche Lehre der Liebe des Jesus von Nazareth zu den Tieren erhalten geblieben - welches unsägliche Leid wäre den Tieren in all den Jahrhunderten erspart worden!

Vegetarier – von der Kirche verflucht

Wenn aber die ersten Nachfolger des Jesus, des Christus, sich vegetarisch ernährten – warum ist dann für die heutige sogenannte Christenheit das Töten und Essen von Tieren ganz selbstverständlich?

Die Antwort lautet: Weil, wie bereits mehrfach dargelegt, in den ersten Jahrhunderten die ursprüngliche Lehre des Jesus von Nazareth mehr und mehr verfälscht und in den Hintergrund gedrängt wurde. Viele Menschen wollten nicht von den alten heidnischen Bräuchen lassen, auch nicht von ihren Fleischtöpfen. Gleichzeitig etablierte sich erneut eine Priesterkaste, die sich das Etikett „christlich" anheftete und eine von Jesus nie gewollte Kircheninstitution gründete, in der der Fleischverzehr nicht nur erlaubt, sondern bald sogar zur Vorschrift wurde.

Kirchenvater Basilius von Caesarea (um 330-379), versuchte vergeblich, die Entwicklung in eine andere Richtung zu lenken.

Er lehrte im 4. Jahrhundert das „Fasten" durch Verzicht auf den Fleischgenuss als Teil der für einen Christen anzustrebenden *Vollkommenheit*.

Von Christen, welche gemäß der Lehre des Christus Gottes wieder „vollkommen" werden wollten, berichtete Basilius:

„Kein Tier beklagt seinen Tod; kein Blut wird vergos-sen; kein Todesurteil wird von dem unerbittlichen Bauche gegen die Tiere gesprochen. Es ruht das Messer der Schlächter; der Tisch begnügt sich mit dem, was von selbst wächst."
Und: *„Wenn aber auch die Engel eine Speise haben, so ist es Brot, wie der Prophet sagt: »Engelbrot aß der Mensch« - nicht Fleisch, nicht Wein, nichts von all dem, wonach die Bauchdiener gelüstet."* (Homilien über die „Sechs Schöpfungstage", Nr. 9, Kap. 4)

Doch wer die Tiere nicht mehr diesem „unerbitt-lichen Bauche" opfern wollte, galt der Romkirche bald im ganzen Imperium als „Häretiker", der selbst getötet werden müsse. Ein Jahr nach dem Tod des Basilius im Jahr 379 erklärte Kaiser Theodosius I. im Jahr 380 die katholische Kirche zur einzigen Staats-religion.

Der erste „Ketzer", der auf Veranlassung der Kir-che im Jahr 385 in Trier hingerichtet wurde, war, wie bereits erwähnt, der Spanier Priscillian, zu dessen Lehre die Achtung vor der Schöpfung und der Ver-zicht auf Fleischnahrung gehörte.

Auf der Synode von Toledo im Jahr 447 wurden unter dem „heilig" gesprochenen Papst Leo I. alle Menschen verflucht, die den Mord an den Tieren verabscheuten. Wörtlich heißt es im bis heute gül-tigen Synodendokument:

„Wer sagt oder glaubt, man müsse sich vom Fleisch der Vögel oder des Viehs, das zur Speise gegeben ist, nicht nur um der Züchtigung des Leibes willen enthalten, sondern es verabscheuen, anathema sit" (Denzinger/Hünermann, Nr. 207), was bedeutet: der sei verflucht.

Mit anderen Worten: Wer nicht nur aus gesundheitlichen Gründen und um der kirchlichen Fastenfrömmigkeit willen auf Fleisch verzichtet, sondern den Mord an den Tieren generell verabscheut, der müsse laut Kirche nach dem Leibestod für alle Ewigkeiten ins Höllenfeuer.

Auf der Synode von Braga in Portugal im Jahr 561 wurde dann erneut der Bannfluch ausgesprochen über jeden, der – wie Priscillian – Fleischspeisen für unrein hält und deren Verzehr ablehnt:

„Wer die Fleischspeisen, die Gott zum Gebrauch der Menschen verliehen hat, für unrein hält und (…) sich ihrer (…) enthält, (…) der sei mit dem Anathema (=Bannfluch) belegt." (Denzinger/Hünermann, Nr. 464)

Den Tieren wird die unsterbliche Seele abgesprochen

Die Kirche begann, das Wissen um die Liebe Jesu zu den Tieren und alle, die sich daran hielten, immer weiter „auszumerzen". Parallel dazu wurde das theologische Lehrgebäude gegen die Tiere festgeschrieben. Schon der „heilig" gesprochene, als Kirchenvater verehrte Augustinus zeigte im vierten und fünften Jahrhundert seine kaltherzige und brutale Einstellung gegenüber den Tieren, als er lehrte:

> „Aus ihren Schreien können wir ersehen, dass Tiere qualvoll sterben; aber das tangiert den Menschen nicht, denn das Tier entbehrt einer vernünftigen Seele und ist deshalb nicht mit uns durch eine gemeinsame Natur verbunden."
>
> (zit. nach Peter Dinzelbacher, Mensch und Tier in der Geschichte Europas, S. 289)

Wer gab Augustinus solche Behauptungen ein? Wer hat ihn solches gelehrt? Jesus von Nazareth war es nicht! Wer solche Unbarmherzigkeit gut heißt, mag sich katholisch oder lutherisch nennen – mit Jesus von Nazareth hat das nichts zu tun, denn Er lehrte die Barmherzigkeit allem Leben gegenüber.

Thomas von Aquin – bis heute als wichtigster katholischer Kirchenlehrer anerkannt – behauptete im 13. Jahrhundert, *„dass die Tierseele mit dem Körper zugrunde geht."* (Summa contra gentiles, Zweiter Band, Buch II, Kap. 82)

Wie konnte sich Thomas von Aquin anmaßen, den Tieren die unsterbliche Seele abzusprechen, wenn Jesus, der Christus, nie etwas Derartiges gelehrt hat?

Schon der Gottesprophet Hiob wusste um die Beseeltheit der ganzen Schöpfung. Er sprach sogar eher von der Überlegenheit der Tiere, als Er sagte:

„Doch frag nur die Tiere, sie lehren es dich; die Vögel des Himmels, sie künden es dir. Rede (...) zur Erde, sie wird dich lehren; die Fische des Meeres erzählen es dir. Wer wüsste nicht bei alledem, dass die Hand des Herrn dies gemacht hat? In seiner Hand ruht die Seele allen Lebens und jeden Menschenleibes Geist." (Hiob 12, 7-10)

Auf die Worte Gottes durch Seine Gesandten hörten die Priestermänner jedoch nicht. Die kaltherzigen, lebensverachtenden Urteile bis heute hochgelobter Kirchenlehrer setzten sich durch und schufen die Grundlage für den jahrhundertelangen grausamen Umgang der Menschen mit den Tieren und für die Verfolgung all derer, die sich für Tiere einsetzen.

Im Mittelalter ließ die kirchliche Inquisition Menschen ermorden, die sich weigerten, Tiere zu töten. Als Beweis ihres rechten römisch-katholischen Glaubens mussten Verdächtige z.B. öffentlich ein Tier schlachten.

> *„Durch eine Bischofsversammlung in Goslar im Jahr 1051 wurden mehrere als Ketzer zum Tode verurteilt, weil sie sich geweigert hatten, Hühner zu töten; denn es entspräche den Anschauungen der Katharer, keine Tiere zu töten."* (Graf von Hoensbroech, Das Papsttum in seiner sozial-kulturellen Wirksamkeit, 1904, S. 35)

Es sei wiederholt: Gott, der Ewige, gebot den Menschen, kein Fleisch zu essen. Durch Mose sprach Er: *„Du sollst nicht töten",* und Jesus von Nazareth trat für die Tiere ein. Sich an die Lehre des Jesus von Nazareth zu halten, das ist christlich – Tiere zu töten, um ihr Fleisch zu verzehren, entspricht den Vorstellungen einer heidnischen Kunstreligion.
Die Ströme von Blut der hingemordeten Tiere, die aufgrund der katholischen und lutherischen Lehre bis heute fließen, sind Gott, dem Ewigen, ein Gräuel.

Schlachtopfer
im Namen des Gottes Baal

Doch ausgerechnet die bedeutendsten der sogenannten christlichen Feiertage – Weihnachten und
Ostern – wurden zu den größten Schlachtfesten.
Jesus von Nazareth kam unter den Tieren im Stall
zu Bethlehem zur Welt. Die Tiere nahmen Ihn auf,
sie überließen Ihm ihre Futterkrippe und schenkten
Ihm Wärme. Ist es nicht ein Hohn, dass gerade an
den Feiertagen besonders viele Tiere massakriert
und aufgegessen werden?

Jesus von Nazareth lehrte die Menschen:
„Was ihr getan habt einem von diesen meinen
geringsten Brüdern, das habt ihr mir getan."
Und: *„Was ihr nicht getan habt einem dieser*
Geringsten, das habt ihr auch mir nicht getan."
(Matthäus 25, 40.45)
Wer wird heute als „gering" geachtet? Sind
es nicht vor allem die Tiere, die der herzlosen
Überheblichkeit der Menschen schutzlos ausge-
liefert sind?

In den Lehrsätzen der Kirche ist die Missachtung
der Tiere bis heute festgeschrieben. Die lebensverachtenden Formulierungen im katholischen Katechismus sprechen Bände. Tiere stünden demnach

unter der „*Herrschaft des Menschen. Somit darf man sich der Tiere zur Ernährung und zur Herstellung von Kleidern bedienen.*"

Auch „*medizinische und wissenschaftliche Tierversuche*" seien „*in vernünftigen Grenzen*" „*sittlich zulässig*". (Nr. 2417)

Und die Lutherkirche behauptet: „*Von der unveräußerlichen Würde und dem uneingeschränkten Lebensrecht jedes Einzelnen kann nur beim Menschen die Rede sein.*" (Zur Verantwortung des Menschen für das Tier als Mitgeschöpf, EKD-Text 41, 1991, II, 8)

Was aber hat es dann zu bedeuten, dass Priestermänner und Gläubige seit Jahrhunderten im Vaterunser beten: „*Dein Reich komme, Dein Wille geschehe, wie im Himmel, so auf Erden*"?

Vergleicht man damit die Lehraussagen der Kirchen, dann stellt sich die Frage: Müsste es dann im Himmel nicht auch Massentierhaltung und Schlachthäuser geben? Müsste es dann im Himmel nicht auch Jägerkanzeln geben, wo Jäger mit Gewehren auf die arg- und wehrlosen Tiere lauern, um sie hinterrücks totzuschießen? Müsste es im Reich Gottes dann nicht auch Tierversuchsanstalten geben?

Wenn es das nicht gibt, wer soll den Menschen das Recht gegeben haben, Tiere zu töten? Kein Mensch ist imstande, auch nur einem Käfer das Leben zu geben. Einzig Gott ist Schöpfer und Geber des Lebens – deshalb hat kein Mensch das Recht, irgendeinem Lebewesen das Leben zu nehmen. Gott ist das Leben. Und wer gegen das Leben handelt, handelt gegen Gott.

Bis heute tragen jedoch die Metzger aus kirchlicher Tradition das Osterlamm mit der Auferstehungsfahne – als Symbol für Christus – im Wappen. Auch das ist Hohn und Spott auf Jesus von Nazareth, der die Tiere liebte!

Bei Hubertusmessen „segnen" Priester und Pfarrer die zuvor von den Jägern erschossenen Tiere. Doch nicht genug, dass die Kirche mit der Jagd den Terror, den Krieg gegen die Tiere „segnet" – auch Pfarrer und Priester, die selbst Jäger sind, sind keine Seltenheit. Sogar bei der Einweihung von Tierversuchszentren sind „Segen" spendende Pfarrer zur Stelle.

Was für ein „Segen" kann das sein? Und von wem soll er kommen? Gott, unser himmlischer Vater, steht für das Leben, das alles Sein beatmet und durchströmt. Er unterstützt nicht die Untaten, die Seine Menschenkinder gegen die Gesetze des Lebens verüben. Tod, unendliches Leid und Grausamkeit befürwortet und fördert nur der Gott der Unterwelt!

Schöne Worte helfen den Tieren nichts

An der tierfeindlichen Lehre der Kirchen hat sich nichts geändert, auch wenn heute Kirchenvertreter hin und wieder medienwirksam mit schönen Worten auftreten – wie Papst Franziskus, der im Februar 2015 sagte:

„Ein Christ, der die Schöpfung nicht achtet, ist ein Gläubiger, der sich nicht um das Werk Gottes schert."
(de.radiovaticana.de, 9.2.2015)

Weiter sagte er, dass die Schöpfung aus Gottes Liebe entstanden ist und dass Gott durch die Liebe arbeitet. Das ist richtig. Nur: Wo zeigt sich die Liebe der Kirche, wo zeigt sich ihre Achtung vor der Schöpfung?

Glaubt der Papst, mit einigen wohlklingenden Worten das jahrhundertelange Quälen, Schlachten und Töten von Tieren, das maßgeblich auf die Lehre der Kirche zurückgeht und bis heute anhält, einfach vergessen machen zu können?

Vor Gott und Seinem Gesetz der Gottes- und Nächstenliebe zählt nur die selbstlose Tat. Alles andere fällt unter das Gesetz von Saat und Ernte, von Ursache und Wirkung.

Auch eine weitere Aussage des Papstes Franziskus hört sich gut an:

„Kümmern wir uns um die Erde, unser gemeinsames Haus, das Gott uns gegeben hat! Ich bedauere so sehr die Abholzung (in Argentinien), um dort Land für den Sojaanbau zu gewinnen. Schützen wir die Erde, das Wasser und alles das, was Gott uns gegeben hat!" (de.radiovaticana.de, 9.8.2015)

Wenn der Papst die Erde wirklich schützen möchte, weshalb erklärt er nicht, dass Tiere Geschöpfe Gottes sind, die den gleichen Atem haben wie wir Menschen, dass wir kein Recht haben, sie zu töten, und dass das Essen von Tieren Gott ein Gräuel ist? Das wäre eine klare Aussage, deren Umsetzung den Tieren und der Mutter Erde wirklich helfen würde. Damit würde sich auch sein Bedauern über die Abholzung für den Sojaanbau erübrigen, denn das angebaute Soja dient zu über 90 Prozent als Futter für Tiere, die für den Fleischkonsum des Menschen geschlachtet werden.

Woran wird der Mensch gemessen?
Jesus von Nazareth lehrte: *„An ihren Früchten werdet ihr sie erkennen."*
Solche Früchte könnte man erkennen, wenn der Papst mit gutem Beispiel voranginge: Er müsste Vegetarier werden. Er müsste seine Kardinäle, Bischöfe und Priester und auch die Kirchengläubigen zum Verzicht auf Fleisch- und Fischnahrung

auffordern. Er müsste die Hubertusmessen abschaffen. Er müsste sich gegen das traditionelle all-
jährliche Abholzen von sogenannten Weihnachts-
bäumen aussprechen und vieles, vieles mehr.

Des Weiteren müsste er die entsprechenden Pas-
sagen in seinem Katechismus ändern und seine sogenannten Kirchenheiligen – wie Augustinus und
Thomas von Aquin – „ent-heiligen"; und er müsste
auch die Bannflüche gegen Vegetarier aufheben.

Keinen Nutzen hat jedoch die Einführung eines
„Gebetstages für die Schöpfung", wie es der Papst
im Jahr 2015 für jeden 1. September getan hat,
wenn ansonsten das ganze Jahr über gegen die
Schöpfung, gegen das Leben, gehandelt wird.

„Dein Reich kommt –
Dein Wille geschieht"
Die Hoffnung der Erde

Das Tatwerk
der Gottes- und Nächstenliebe

Die Schöpfung wartet nicht auf schöne Worte, sondern auf die guten Taten, die Werke der Liebe, die die guten Früchte hervorbringen. Sie braucht Menschen, die sich ihres göttlichen Ursprungs bewusst werden und sich als Söhne und Töchter Gottes erweisen, indem sie mehr und mehr den Willen Gottes erfüllen und ihr Leben im Bewusstsein der Einheit allen Lebens gestalten.

Durch Gabriele, die Prophetin und Botschafterin Gottes in unserer Zeit, lehrt der Christus-Gottes-Geist, dass die Gottes- und Nächstenliebe, die die Güte und Barmherzigkeit beinhaltet, die ganze Schöpfung umfasst. In der Schöpfungswiege Gottes durchlaufen alle Lebewesen und Lebensformen die Evolutionsstufen, vom Mineral-, Pflanzen- und Tierreich bis hin zu den göttlichen Wesen, den Geistwesen. Das Bewusstsein der Verbundenheit allen Seins – wie es heute der Christus Gottes durch Gabriele vermittelt – führt die Menschen schrittweise dahin, ihren Ursprung in sich selbst wieder zu erschließen, das göttliche Sein, das im Wesenskern jedes Menschen angelegt ist.

Aus der Erschließung des Bewusstseins, dass jeder Mensch ein Sohn, eine Tochter Gottes ist, und dass unsere Mitgeschöpfe ebenso aus Gottes Odem sind, entwickelt sich ein vollkommen anderer Umgang mit den Menschen, mit der gesamten Mutter Erde, mit den Pflanzen, mit den Mineralien und den Tieren. Menschen werden lernen, die Tiere als ihre kleinen Geschwister zu erkennen. Sie werden in den Pflanzen die sich entwickelnden Wesen wahrnehmen, die ebenso wie sie aus Gottes All-Einheit sind. Der Umgang mit den Mineralien wird nicht mehr achtlos sein, sodass Mensch, Natur und Tiere wieder zu der Einheit finden, die sie aus dem Schöpfergeist des Alls von Ewigkeit her sind: Wesen aus Seinem Ursprung, aus der Kraft des Schöpfergottes.

In der Erfüllung der Gesetzmäßigkeiten des Lebens liegt, was Menschen seit Jahrhunderten im Vaterunser beten: *"Dein Reich komme, Dein Wille geschehe".*
Die Erfüllung der Gottes- und Nächstenliebe bringt den Beweis, dass die Lehre des Jesus, des Christus, zum Leben und zur friedvollen Einheit von Mensch, Natur und Tieren führt.

Ein Bund mit den Tieren und der Natur

Was Jesus von Nazareth und große Gottespropheten vor Tausenden von Jahren ankündigten, ist heute Wirklichkeit.

Der Gottesprophet Hosea kündigte bereits einen Bund mit den Tieren an, als Gott durch ihn sprach: *„Ich schließe (...) an jenem Tag einen Bund mit den Tieren des Feldes und den Vögeln des Himmels und mit allem, was auf dem Erdboden kriecht. Ich zerbreche Bogen und Schwert; es gibt keinen Krieg mehr im Land; ich lasse sie Ruhe und Sicherheit finden."* (Hosea 2, 20)

In unserer Zeit, im Jahr 1999, offenbarte sich Gott, der Ewige, durch Seine Prophetin Gabriele. Er schloss einen Bund mit den Tieren und der gesamten Natur und mit der Mutter Erde.

Aus dieser Gottesoffenbarung geben wir hier einige Auszüge wieder. Gott, der Ewige Schöpfer, sprach:

„Auf dem Panier vieler Menschen steht Mord und Totschlag. Der unersättliche Moloch Mensch hat sich gegen seinen eigenen Wohnplaneten gestellt und ist somit gegen alles, was auf der Erde lebt.

Weil die Menschen die Liebe ihres Erlösers zu Menschen und Tieren nicht angenommen haben, nahm Ich von ihnen die Erde mit allem, was auf ihr lebt –

Tiere, alle Pflanzenarten und Mineralien – zurück und lege sie vertrauensvoll in die Hände von Geistwesen und göttlichen Wesen der Natur, welche die Erde mit ihren Tieren, Pflanzen und Mineralien ganz allmählich wieder aufbauen und der Gesundung zuführen werden.
Der Bund mit den Tieren ist geschlossen. Es sei!"

Und Gott, der Ewige, sprach weiter:
„Wenn geistig kosmisch friedfertige Menschen die Erde bewohnen, werde Ich die Erde wieder den Menschen geben, so, wie es Jesus, der Christus, in der Bergpredigt sagte: »Selig sind die Sanftmütigen, denn sie werden das Erdreich besitzen.«
Die Tiere, die Pflanzen, die Elementarkräfte, die Erde, die gesamte Natur sind Teil des Lebens. Über sie wird das Friedensreich Gottes entstehen, indem es auf Erden so ist, wie im Himmel."
(„Die redende All-Einheit. Das Wort des Universalen Schöpfergeistes", S. 271)

„Dann wohnt der Wolf beim Lamm ..."

Gabriele gründete im Jahr 2000 das Tatwerk der Wiedergutmachung an Natur und Tieren: die *Internationale Gabriele-Stiftung, das Saamlinische Werk*, das heute weltweit ausstrahlt, als Vorbild und Leitstern für weitere Stiftungen, insbesondere in Afrika. Menschen guten Willens sind weltweit gerufen, mit aufzubauen in dem Einheitsgedanken, der besagt: *„Wie im Himmel, so auf Erden".*

Damit ist das Fundament für das Friedensreich Jesu Christi gelegt, das Gott bereits vor ca. 2700 Jahren durch Seinen großen Gottespropheten Jesaja ankündigte. Gott, der Ewige, sprach:

„Dann wohnt der Wolf beim Lamm, der Panther liegt beim Böcklein. Kalb und Löwe weiden zusammen, ein kleiner Knabe kann sie hüten. Kuh und Bärin freunden sich an, ihre Jungen liegen beieinander.
Der Löwe isst Stroh wie das Rind. Der Säugling spielt vor dem Schlupfloch der Natter; das Kind steckt seine Hand in die Höhle der Schlange.
Man tut nichts Böses mehr und begeht kein Verbrechen auf meinem ganzen, heiligen Berg; denn das Land ist erfüllt von der Erkenntnis des Herrn, so, wie das Meer mit Wasser gefüllt ist." (Jesaja 11, 6-9)

Auf dem Land der Internationalen Gabriele-Stiftung werden die Früchte der gelebten Gottes- und Nächstenliebe sichtbar – das Land atmet auf und erblüht, weil Menschen der Natur und den Tieren mit Liebe und Fürsorge begegnen.

Menschen, die das Land, die Tiere und das Pflanzenleben in Liebe betreuen, schaffen Lebensräume für die Tiere – von den kleinsten Insekten zu den verschiedenen Vogelarten und den größeren frei lebenden Tieren der Region. Sie sorgen dafür, dass die Tiere in den Wäldern und Feldern Schutz, Nahrung und Wasser bekommen. Verletzte oder verwaiste Tiere werden aufgenommen und gepflegt, bis sie wieder in die Freiheit entlassen werden können.

Die Tiere gewinnen wieder Zutrauen, weil sie Menschen als ihre Freunde erfahren. Kein Tier muss um sein Leben fürchten, ganz im Gegenteil: Jedes Tier – ob groß oder klein – wird geliebt und geachtet unter dem Leitmotiv der Internationalen Gabriele-Stiftung: *Das Land – die All-Liebe. Tieren helfen – Leben retten.*

Rehe, Hasen, Igel, Dachse, Füchse, Wildschweine, Marder, Eichhörnchen, Fledermäuse, Vögel und unzählige weitere Tierarten haben auf dem Land der Internationalen Gabriele-Stiftung ein Zuhause gefunden, wo sie ohne Angst in Frieden leben können, so, wie es der Schöpfer für sie vorgesehen hat.

Die harmonische Symbiose zwischen Tier und Natur wird wiederhergestellt. In eigens angelegten Hecken entfaltet sich das Leben: Büsche und Beerensträucher, Gräser und Kräuter wachsen und gedeihen; Nischen und Höhlen bieten Lebensraum, Schutz und Nahrung für kleinere und größere Tiere. Bauminseln beleben die Landschaft und spenden Schatten; an den Feuchtbiotopen haben sich Enten und Wasservögel, Frösche und Kröten niedergelassen; und Eidechsen, Salamander und andere Reptilien bewohnen die Steinbiotope.

Bäume, Büsche und Pflanzen erfahren die Fürsorge der Menschen. Auf den Wiesen dürfen alle Gräser, Kräuter und Wildblumen ihrer Natur gemäß wachsen. Wo immer es möglich ist, dürfen sie hochwachsen und ihre Schöpfungsart frei entfalten; eine große Vielfalt an Insekten und Schmetterlingen sowie viele Kleintiere finden in den hohen Wiesen ein Umfeld, das auch ihnen zum naturgemäßen Schöpfungsleben dient.

Alles bildet ein harmonisches Ganzes, das Schöpfungsleben, das Frieden ausstrahlt.
Es ist die sichtbar gewordene All-Liebe, denn jeder Grashalm, jede Blume, jeder Baum, jeder Busch, jedes Tier – ob groß oder klein – ist manifestierte Liebe Gottes.

Das Tatwerk zur Wiedergutmachung an Natur und Tieren zieht Kreise. Auf der ganzen Welt bauen Menschen auf für Natur und Tiere und legen damit die Saat für eine neue Zeit, für eine neue Erde, auf der Mensch, Natur und Tiere in Einheit leben, wie schon vor langer Zeit angekündigt: *„Es werde ein neuer Himmel und eine neue Erde".*

Einige Auszüge aus Gabrieles Ausführungen zum Thema „Die allumfassende kosmische Bibliothek: Der All-Ozean Gottes" vermitteln einen Eindruck, wie jeder Mensch die Einheit des Lebens wieder in sich erschließen kann:

Wahres Leben ist All-Einheit, ist All-Kommunikation, die besagt: Gleiches verbindet sich mit Gleichem, und Gleiches kommuniziert mit Gleichem. Das Prinzip „Gleiches kommuniziert mit Gleichem" ist in allen Universen des Seins, im All-Ozean Gottes gegeben.
Wahre Einheit ist Verschmelzung mit dem Wort „Ich-Bin-der-Ich-Bin, das Leben, der All-Ozean des Seins". Das ewige Leben ist also das Sein und daher immer gegenwärtig. Es ist das Wort der Unendlichkeit und die Kommunikation, die auf allen Bewusstseinsebenen wirksam ist – in den Tieren, in den Naturreichen und nicht zuletzt im Urgrund der Seele jedes Menschen.

Die heutige Welt ist zerrüttet und die Erde geschunden durch den Intellekt des Menschen, der sich anmaßt, die Krone der Schöpfung zu sein. Gerade Tiere leiden unter der Prämisse „Ich bin mir selbst der Nächste", aber auch die Natur, die gesamte Erde leidet. Wie laut auch das intellektuelle Gekrähe ist – Tiere bleiben intelligente Geschöpfe, die in ihrem Urwesen in Kommunikation mit dem ewigen Schöpfer stehen, dem All-Ozean des Seins, und somit mit allen Universen.

Alle Lebensformen der Natur und alle Lebewesen aus Gottes Schöpfung wollen mit uns Menschen in Frieden und Einheit leben, denn wahres Leben ist Einheit, ist das Sein. (...)

Wir Menschen könnten von der Tierwelt und der Natur lernen, letzten Endes auch von der Mineralwelt, von dem Leben, das in und auf der Erde pulsiert und Kommunikation zum All-Ozean hat. Wie es auch der Tierwelt, ja der Natur- und Mineralwelt ergeht – das Wort des Schöpfers, des unendlichen ewigen Lebens, ist in ihnen und macht sie im Urgrund glücklich, froh und letzten Endes wertvoll. Die Tiere tragen in sich das stille Wissen um das Leben und sind eins mit dem kosmischen Leben, einerlei, was der geistig stumme, grausame, brutale Mensch ihnen zufügt.

Der Mensch müsste der Brückenbauer sein und in sich die geistige Brücke bauen, hin zu dem inneren Wesen unserer Mitgeschöpfe. Wir Menschen sollten die Brücke schlagen von uns zur Natur und zum Mineral. Ich wiederhole: Die Tiere, auch die Natur, sind immer gewillt, mit uns Menschen in Kommunikation zu gelangen, denn die Naturreiche tragen in sich das Ur-Sein des Lebens, die feinstoffliche Art, die Liebe des Schöpfers und das Wort des Alls.

Ohne Demut und ohne Bewusstwerdung, dass es so ist, wie es ist, führt der Mensch ein degeneriertes, wortarmes Dasein, vielfach ohne geistigen Inhalt. Wenn wir Menschen unsere Sprache betrachten, auch dann, wenn wir noch so redegewandt sind, was kommt dabei heraus? Ist es uns möglich, unsere Gedanken, die aus Bildern und Eindrücken bestehen, mit unseren Worten so wiederzugeben, wie wir fühlen und empfinden, wie unser Gedankenvolumen wirklich ist? Das alles ist kein Problem für die Tiere und für die Pflanzenwelt. Sie stehen ohne Worte in Kommunikation mit der Unendlichkeit, mit ihrem Schöpfer, dem unendlichen Ozean des Seins.

Wollen wir Menschen mit dem Sein, das Einheit ist, in die Kommunikation finden und somit zum unendlichen Ozean, dann sollten wir zuerst unser Verhalten gegenüber der Mutter Erde mit ihren Pflanzen und Tieren überdenken. Wir selbst, jeder Einzelne von uns, ist gefragt, sich zu hinterfragen, wie er zu den Naturreichen steht, zur ganzen Mutter Erde.

Die Mutter Erde ist die schöpfende, schaffende und gebende Mutter aller Wesen – der Menschen, der Tiere, der Pflanzen und nicht zuletzt der Mineralien. Als Ganzes gesehen, wäre es die Mutter Erde, die uns Allumfassendes lehren könnte, um in die Einheit zu finden und Kommunikation zu erlangen mit dem All-Ozean des Lebens.

Wir Menschen haben also zu lernen, in eine vernunftgemäße Verbindung mit dem wahren Leben zu gelangen, einschließlich der All-Universen mit ihren Gestirnen, denn alles trägt das Wort des ewigen Schöpfers.

Denken wir über Folgendes nach:

Alles, was lebt, in, auf und über der Erde, atmet dieselbe Luft wie wir Menschen. Das Leben auf, in und über der Erde atmet – einerlei, in welcher Form und Gattung.

Die Masse der Menschen fristet ihr Erdendasein in der Einbildung, dass die Urteilsfähigkeit, die Weisheit und Voraussicht einzig dem Verstand des Menschen zueigen sind. O nein! Lernen Sie, dass diese Qualitäten – allerdings geistig gesehen – auch unseren Mitgeschöpfen zugeordnet sind, und zwar von Dem, der sie beatmet, dessen Wort sie tragen und in Dem sie leben und weiterleben, wenn die äußere Form abgelegt ist.

Nichts, aber auch gar nichts, sollte auf der Erde un-
beachtet bleiben, denn was der ewige Schöpfer ge-
schaffen hat und beatmet, trägt das Sein. Erst wenn
wir gelernt haben, die volle Verantwortung für un-
sere Mitgeschöpfe, für die Natur, für die Mutter Erde
zu tragen, dann beginnen wir ganz allmählich, das
innere Ohr zu öffnen, um dem zu lauschen, was in
der Tiefe der Tiere und in der Tiefe der Kollektive von
Pflanzen und Steinen spricht. Es ist nicht das laute
Wort – es ist die Stille in allem, es ist der unendliche
Ozean, es ist die All-Bibliothek, Gott, der Schöpfer
der Einheit. Ausschließlich die Demut vor dem wah-
ren Leben öffnet die Schleuse zum Leben.

Wer für das Sein, für das Leben der Einheit geistig
durchlässig geworden ist, wird kein Tier mehr quä-
len und im Tierghetto halten. Er wird kein Tier mehr
zum Schlächter führen oder schlachten oder mutwil-
lig zertreten. Er wird das Fleisch seiner Mitgeschöp-
fe nicht mehr verzehren. Er wird kein Gift, keinen
Kunstdünger mehr auf die Felder streuen und so das
Bodenleben töten. Er wird auch keinem Baum mehr
etwas zuleide tun und im Saft schlagen. Er wird keine
Blume mehr bewusst abbrechen oder sie ausreißen.
(...)
Wir Menschen haben unsere Gefühle und Gedanken
und unsere persönlichen Worte. Hingegen trägt die
Mutter Erde mit ihren Naturreichen und Tieren das

kosmische Evolutionsbild in sich, das feinerstofflich ist.

Erst wenn der Mensch aus der nebulösen Welt seiner Vorstellungen, wie es sein müsste, heraustritt, wird er erfassen, dass er ein höheres Wesen ist, ein Kind der Unendlichkeit, ein Wesen des Seins.

Wahre Einheit ist allgegenwärtiges Sein. Um dieses großartige All-Eins-Sein zu verstehen, muss der Mensch erst eine höhere Beziehung zwischen Mensch und Tier und Naturreichen herstellen. Dann erst erfasst er, dass die Mutter Erde mit ihren unzähligen Lebewesen und Lebensformen in ihrer feinerstofflichen Art dem All-Ozean zugeordnet ist.

Manch einer wird die Schultern heben und sagen: »Was soll das?«

Eines ist gewiss: Wir Menschen müssen uns ändern, um in das stille kosmische All-Empfinden zu gelangen, um wahrhafte Zwiesprache mit den intelligenten Wesen in der momentanen materiellen, körperlichen Hülle zu gelangen, beispielsweise mit den Tieren, der Natur, mit allem, was die Erde trägt. Nicht die Tiere und die Naturreiche müssen sich ändern, um mit unseren Nebelgedanken zu kommunizieren, sondern wir Menschen müssen uns ändern. Wir müssen lernen, auf die höhere Stufe zu gelangen, um mit den höheren Ebenen, in denen Tiere leben und sich die Natur befindet, in Kommunikation zu treten.

Nachwort

Nachwort

Die vorstehende Dokumentation belegt mit einer Fülle von Fakten, dass äußere Religionen, die sich „christlich" nennen, nicht christlich sind. Genauso wenig können Organisationen und Menschen, die sich zu solchen äußeren Religionen bekennen, christlich sein. Es ist auch dargelegt, dass äußere Religionen zu allen Zeiten heidnische Kunstreligionen waren und sind.

Äußere Religionen und unter ihrem Einfluss stehende Menschen und Vereinigungen missbrauchen den Namen des Christus Gottes und damit auch den Namen Gottes, des Ewigen, für grausame und teilweise gotteslästerliche Lehren und begehen unter falschem Namen Tausende und Abertausende von abscheulichen und verbrecherischen Untaten.

Gott, der Ewige, hat mit all dem nichts zu tun. Jesus von Nazareth, der Christus Gottes, hat mit all dem nichts zu tun. Und auch wir, Nachfolger des Jesus von Nazareth, die Autoren dieses Buches, haben mit all den Etikettenschwindlern, den Wölfen im Schafspelz, nichts zu tun. Wir gehören nicht dazu.

Es ist genug mit Lüge und Betrug, mit Falschmünzerei und Etikettenschwindel mit dem Namen des Jesus von Nazareth, des Christus Gottes, auch wenn sich die Lüge hinter dem Wort „Geheimnis Gottes" zu verbergen sucht. Wer Geheimnisse hat, fürchtet die Wahrheit.

Gott, der All-Ewige, ist die Wahrheit. Die Wahrheit ist ewig offenbar. Die Wahrheit verbirgt sich nicht. Die Wahrheit hat keine Geheimnisse. Gott ist, im gesamten Universum, in Seiner gesamten Schöpfung offenbar. Gott offenbart sich zu allen Zeiten auch Seinen Menschenkindern. Da die Menschen die Lichtsprache der Ewigkeit nicht mehr verstehen, sendet Gott zu allen Zeiten Seine Boten, Seine Propheten, die die Lichtsprache der ewigen Wahrheit in die Sprache der Menschen übersetzen.

Vor 2000 Jahren brachte der Sohn Gottes als Jesus von Nazareth selbst das Wort Gottes auf die Erde. Auf Golgatha übertrug Er als Stütze und Kraft allen Seelen und Menschen den Erlöserfunken, der sich im Urgrund jeder Seele und somit auch jedes Menschen befindet. Seither ist Christus für alle Seelen und Menschen der Weg zurück in die ewige Heimat der Himmel, zu Gott, dem ewigen Vater, von wo einst alle göttlichen Wesen ausgegangen sind, die wegen ihrer Belastung Seelen und Menschen genannt werden.
Deshalb sprach Jesus, der Christus: *Ich Bin der Weg und die Wahrheit und das Leben.*

Seit 2000 Jahren folgen Nachfolger des Jesus von Nazareth in aller Freiheit dem Ruf des Christus Gottes. Nach dem Gesetz des Reiches Gottes lässt der Christus Gottes jedem die Freiheit, sich für Ihn zu entscheiden.

Seit 2000 Jahren versucht auch die „alte Schlange", wie in den Tausenden Jahren zuvor, die Menschen in die Irre zu führen und mit Gewalt die wahren Nachfolger des Jesus, des Christus, und die Stimme des Christus Gottes zum Schweigen zu bringen. Die „alte Schlange" ist die, welche von Jesus von Nazareth als „Vater der Lüge" bezeichnet wurde, „der ein Mörder war von Anfang an". Sie will die Menschen und Seelen zu ihrem Vater, zu ihrem Götzen führen, wie sie dies seit Menschengedenken, von Anbeginn an, getan hat. Seit nahezu 2000 Jahren missbraucht sie für ihre Täuschung nicht nur den Namen Gottes, des Ewigen, sondern auch den Namen Seines Sohnes Jesus, des Christus.

Wie sehr die äußeren Religionen seit fast 2000 Jahren gegen den Christus Gottes und seine wahren Nachfolger wüten und dabei die Welt an den Rand des Abgrunds geführt haben, ruft die Dokumentation nachdrücklich in Erinnerung. Viele Menschen haben sich täuschen lassen und sind in die Netze von Falschmünzern und Betrügern geraten.

Mit dem Prophetischen Wort des Christus Gottes, des Trösters, hat sich das Blatt gewendet. Die alte Schlange züngelt noch, doch sie hat verspielt.

Was Christus als Jesus von Nazareth noch nicht vollenden konnte, weil Ihn die Menschen Seiner Zeit nicht an- und aufgenommen haben, hat Er in unserer Zeit als der Tröster, durch das Prophetische Wort der Dritten Grundkraft Gottes, der göttlichen Weisheit, vollendet. Damit hat sich erfüllt, was Christus als Jesus von Nazareth angekündigt hat.

Ja, so ist es: Christus ist in unserer Zeit als Tröster im Geiste wiedergekommen und wirkt mächtig auf dieser Erde und in den Seelenreichen durch Sein Prophetisches Wort, durch den Teilstrahl der göttlichen Weisheit, Gabriele, die, wie gesagt, dem Christus Gottes auf Erden als Prophetin und Botschafterin dient. Ähnlich wie Christus als Jesus von Nazareth durchlief Gabriele einen unvorstellbaren Leidensweg in ihrem Erdendasein, auf dem sie unzähligen ruchlosen Angriffen der alten Schlange, des Widersachers, und seiner Abkömmlinge im Talar auf Erden ausgesetzt war. Doch allem widerstand Gabriele aus Liebe zu Gott, dem Ewigen und Christus, Seinem Sohn. Noch züngelt die alte Schlange – doch wie lange noch?

Im Plan der Erlösung ist durch den Tröster, den Christus Gottes im Verbund mit der Dritten Grundkraft Gottes, der Schritt getan: Das Werk der Erlösung, der Heimführung aller Seelen und Menschen, ist gesichert.

Durch das Christus-Gottes-Wort, durch Sein Sprechinstrument Gabriele kann der Tröster in unserer Zeit alle Menschen und Seelen in alle Wahrheit führen. Einmalig in der Menschheitsgeschichte können mit Hilfe technischer Aufzeichnungen Millionen und Abermillionen von Menschen das unverfälschte Wort aus dem Reich Gottes unmittelbar in Ton und Schrift vernehmen. Alle Menschen rund um den Erdball erhalten durch Gabriele in nie gekannter Fülle Aufklärung und Hilfe. Jedem, der möchte, steht damit in unserer Zeit der Zugang zu dem Wort aus dem Reich Gottes offen. Sowohl zur Entlarvung der Lügenhaftigkeit des Widersachers, als auch zur himmlischen Wahrheit und zu den göttlichen Lehren des Christus Gottes.

Das Werk der Erlösung des Christus Gottes verbreitet sich über diese Erde und in den Seelenreichen. Das ist die Gerechtigkeit Gottes des Ewigen: Gott lässt jedem die Freiheit, dazu muss er aber wissen, wofür und wogegen er sich entscheiden soll. Deshalb klären Gott, der Ewige, und Sein Sohn, der Christus Gottes, auf. Gott kennt keine Geheimnisse. Jeder kann sich frei entscheiden, für oder gegen Gott und Seinen Sohn Christus.

685

Leider sind viele Menschen noch in alten Vorstellungen gefangen, so dass sie noch nicht erfassen können, welche gewaltigen kosmischen Umwälzungen sich in unserer Zeit hinter den äußeren Geschehnissen vollziehen. Auch hier zeigt sich wieder die Parallele im Wirken Gabrieles zum Wirken des Christus Gottes als Jesus von Nazareth vor 2000 Jahren, welches viele Menschen bis heute in ihrer wahren Bedeutung und Tiefe noch nicht erfasst haben.

Darauf weist der Christus Gottes in seinem großen Offenbarungswerk „Das ist Mein Wort. Alpha und Omega" selbst hin:

„Viele Menschen sprachen vom Messias und erkannten Mich nicht, da Ich als Jesus von Nazareth unter den Menschen weilte. Viele Menschen sprechen – wie es vor langer Zeit übermittelt wurde – von einer hohen Frau, die dem Herrn vorangeht, um Ihm die Wege zu bereiten. Sie ist als Mensch unter den Menschen – doch sie erkennen sie nicht. So, wie Ich unerkannt von der Erde gegangen Bin, ähnlich wird auch sie unerkannt von der Erde gehen. Viele werden weiterhin auf die hohe Frau warten, die Mir, dem Christus, die Wege bereitet; und doch war sie schon unter ihnen.

Erst wenn die Zeit reif ist, wenn die Wahrheit zum Durchbruch gelangt, werden die Menschen erkennen, dass der Teilstrahl der göttlichen Weisheit im

Erdenkleid unter ihnen weilte: die hohe Frau in Mir, dem Christus, und wir in Gott, unserem ewigen Vater, für die Neue Zeit, das Reich des Christus." (S. 925) *Auch die hohe Frau, das Geistwesen im Erdenkleid, die unter ihnen weilt, um Mir, dem Christus, die Wege zu bereiten, wird, wie Ich als Jesus von Nazareth, nur von wenigen erkannt – nicht von der Welt, auch nicht von allen innerhalb des inneren Kreises. Viele Söhne und Töchter der Welt sind gegen sie, weil sie standhaft zum Evangelium der Liebe steht und in Mir, dem Christus, lebt – und mit Mir im Vater für die Neue Zeit, die Zeit des Christus, der Ich Bin."* (S. 924 f.)

Soweit die Worte des Christus Gottes.

Auch wenn es heute noch nicht für jeden fassbar ist, auch wenn die alte Schlange es noch nicht wahrhaben will: das Ende der Schlange ist eingeleitet. Ob Gabriele, die hohe Frau, noch im Zeitlichen ist oder im Ewigen Sein, auf dem Kopf der Schlange bleibt die Dritte Grundkraft Gottes, die göttliche Weisheit. Es ist die Kraft des Christus Gottes bis zum Ende aller äußeren Religionen, aller Priesterkulte, aller äußeren Tempel und Templer. Denn Seele und Mensch, das Wort Gottes im Urgrund jeder Seele und jedes Menschen, sind der Tempel Gottes. Nach dem Sieg über die alte Schlange wird bewusst und nachhaltig der Fuß Gottes auf der Erde sein.

Jedes menschliche Wort, jede Dokumentation, jedes Buch kann immer nur Aspekte und Facetten der Wahrheit enthalten, denn die darin enthaltene Wahrheit geht nie weiter als das Bewusstsein derer, die das Wort aussprechen oder niederschreiben. Ein Werk von Menschen, in der unzulänglichen Sprache der drei Dimensionen verfasst, kann nie vollkommen sein.

Auf den nachfolgenden Seiten geben wir deshalb dem Leser zum Abschluss das Wort dessen auf den Weg, der die Quelle, die absolute und unabänderliche Wahrheit ist, von Ewigkeit zu Ewigkeit.

Worte des Ewigen

In einer göttlichen Offenbarung, empfangen von Gabriele, Seiner Prophetin und Botschafterin in unserer Zeit, am 19. April 2005, offenbarte Gott, der Ewige:

„ICH BIN der Ewige.
ICH BIN der Gott Abrahams, Isaaks und Jakobs.
ICH BIN der Gott aller gerechten Propheten.
Mein Wort ist das lebendige Wort, die Wahrheit, das ewige Gesetz der Liebe.

Zu allen Zeiten nahm Ich Mir Menschen und machte sie zu Meinen Sprachrohren, zu Gottespropheten. Durch sie sprach Ich zu den Menschen, die ihr Herz für Mich, den Ewigen, öffneten und ihren Verstand zum Wägen und Messen einsetzten, um die Wahrheit in ihren Herzen, im Seelengrund, zu finden. Sie waren und sind auch heute bestrebt, die innere Ethik und Moral zu leben, die sich aus Meinen Geboten ergab und ergibt und auch aus den Wegweisungen, den Gesetzeslehren, die Mein Sohn – Jesus, der Christus, genannt –, verkündete, Den Ich zu den Menschen sandte, damit sie den Weg in ihre ewige Heimat finden.
Einzig Christus ist der Weg, die Wahrheit und das Leben in Mir, dem Geist der Liebe und Freiheit.

Jesus, der dem Fleische nach Sohn eines Zimmermanns war, kleidete sich wie das Volk. Auch die Propheten, die Ich zu den Menschen sandte, waren wie das Volk gekleidet. Kein himmlisches Wesen, das Mensch wurde, um als Mensch Meine Botschaft zu verkünden, gewandete sich in Purpur, Gold und Seide. Und kein Prophet stülpte sich einen prunkvollen Machtapparat über, durch den er mit theologischen Spitzfindigkeiten und Lehren, die dem ewigen Gesetz widersprechen, das Volk in seinen Bann zog, damit es Menschen anbetet und glaubt, Gott nur durch Vermittlung kirchlicher »Würdenträger« näherkommen zu können. Der veräußerlichte Habitus und die Scheinwahrheiten kirchlicher Ignoranz ließen und lassen seit jeher Menschen und Seelen geistig verarmen und verwaisen.

Zu allen Zeiten flößten die kirchlichen Amtsträger, geschmückt mit Titeln, Luxus und Macht, dem Volk Angst ein und machten es geschickt zu Abhängigen ihrer Verdammungslehre. Der Mensch Jesus war ein Mann des Volkes. Er kam aus dem Volk und blieb im Volk. Jesus erlernte das Handwerk Seines leiblichen Vaters und übte es auch aus. Die Propheten, die Ich zu allen Zeiten auf die Erde in die Welt sandte, waren Menschen aus dem Volk und wirkten innerhalb des Volkes als ihresgleichen. Sie gaben schlicht Mein Wort. Sie stellten keine Ansprüche, besser zu sein als alle anderen. Keinen Pomp,

Luxus und Machtanspruch gab Ich ihnen mit auf ihre Prophetenreise. Sie waren und sind keine Intellektuellen. Sie krönten und krönen ihre Häupter nicht, gewandeten und gewanden sich nicht gemäß einem von Menschen gekürten Habitus, um dem Volk Ehrfurcht einzuflößen, so dass die Volksseele ihnen Respekt und Ehrerbietung zollt und sie als die von Gott Erwählten feiert.

Ich Bin der allgegenwärtige Gott, der in jedem Menschen wohnt und in allen Lebensformen der Erde, der ganzen Unendlichkeit. Ich Bin nicht der Gott der starren Traditionen, nicht der Gott der Dogmen und Riten, nicht der Gott, der Menschen abhängig macht und mit Drohgebärden an eine heidnische Kunstreligion bindet.
Die kirchlich gekrönten Häupter nehmen Meinen Namen und den Namen Meines Sohnes in ihren Mund. Geschickt, mit intellektueller theologischer Rhetorik, stimmen sie das Volk auf ihre Verdammungslehre ein und machen die Menschen glauben, Ich sei mit der Lehre der kirchlichen Verführer, mit ihren Traditionen und Riten. Ihr Herz jedoch ist kalt und von Machtanspruch geprägt. Wer ein sogenanntes Dogmenspiel inszeniert, hat keine Ahnung von dem All-Einen, der Ich Bin, und von Meinem Sohn.
Das Spiel der kirchlichen Akteure ist nur von denen nicht zu durchschauen, die selbst mitspielen wollen,

um auf der Bühne des Welt-Theaters eine Rolle zu inszenieren, die ihnen in Kirche und Staat Würde und Ansehen verleiht. Das Volk, das nicht zu denken gelernt hat, applaudiert und leistet zahlenden Gehorsam.

Ich habe keine Kirchen aus Stein gegründet, auch nicht Mein Sohn, Jesus, der Christus genannt. Ich habe weder Kardinäle noch Bischöfe noch Priester und Pfarrer berufen, geschweige denn einen Stellvertreter Gottes. Ich Selbst Bin vertreten in jedem Menschen, in der ganzen Unendlichkeit.

Ich habe der steinreichen Kirche ihren milliardenschweren Reichtum nicht vom Himmel regnen lassen und habe ihre Vertreter auch nicht in Purpur und Edelsteine gekleidet. Die Milliarden kommen vom gequälten und malträtierten Volk und von dem Staat, der seinen Staatssäckel mehr für die Reichen öffnet als für die Ärmsten der Armen.

Was die steinreiche Kirche bietet, ist einzig Menschenwerk. Wer diesem Machwerk huldigt, der wird Mich, den Ewigen, durch schlichte Menschen, die Ich für Mich, für Mein Wort gerufen und aufbereitet habe, nicht nur nicht verstehen, sondern wird diese verfolgen und Übles über sie reden, ähnlich, wie es die Priesterkaste zu allen Zeiten mit den Propheten hielt und vor allem mit Meinem Sohn, Jesus, dem Christus.

Wer einem kirchlichen Machtapparat huldigt und Menschen zujubelt, deren satanische Machtstrukturen Verheerendes in der Seele der Menschen anrichten, der hat sein Denken und seinen Verstand dem übergeben, der die Lehre des Jesus, des Christus, missbraucht und somit gegen den Mitregenten der Himmel ist, gegen Meinen Sohn, Jesus, den Christus. Jesus, der Christus, wies unter anderem die Menschen an, in ein stilles Kämmerlein zu gehen und hinter sich die Tür zu schließen, um im Stillen zu Dem zu beten, der im Tempel aus Fleisch und Bein wohnt, in der Seele jedes Menschen. Wer ein Steinhaus aufsucht, das als Kirche ausgewiesen ist und das prunkvoll und prächtig ausgestattet wurde, der betet nicht mit dem Herzen und allen Sinnen zu Mir – auch dann nicht, wenn er dabei Meinen Namen nennt.

Viele dieser Betenden – der Kirche, den »Mietlingen« Hörigen –, pilgern zu ihren »Hirten« wie Sklaven zu ihren Herren, zu kirchlichen Exzellenzen und Eminenzen. Je aufgeblasener sich der Habitus darstellt, um so mehr hochrangige Pilger wallfahrten zu diesen ihren Herren, insbesondere, wenn ein sogenannter »heiliger Vater« sie ruft. Diesem dürfen sie dann die nötige Ehre erweisen – sicherlich nicht umsonst, denn der Vatikan hat einiges an sie zu vergeben und weiterzugeben, Botschaften seiner Art, etliches, das manches Unschöne, ja Grausame im Gefolge hat.

Wer ist der sogenannte „heilige Vater", der Mein »Stellvertreter« auf Erden sein soll? Ein Dogmaverkünder, der die schlichten Worte des Jesus ins Gegenteil verkehrt und somit Verrat an der Lehre des Jesus, des Christus, begeht.

Jesus lehrte, dass einzig Gott, der Ich Bin, heilig ist, und dass der Mensch keinen „Vater" auf Erden nennen soll, außer den Einen, der im Himmel ist und der Ich im Wort durch den Mund der Propheten Bin. Was an Lasterhaftem in dieser Welt geschieht, einschließlich durch die Vertreter der kirchlichen Institutionen und ihre Anhänger, wird die Erde nach und nach zudecken.

Mein Wort ist die Wahrheit. Was Ich offenbarte, den Menschen, die mit Herz und Verstand Mein Wort vernehmen, wird geschehen. Der kirchliche Machtapparat, dem sich vor allem die Herrscher dieser Welt zugehörig fühlen, und die Schafe, die nicht zu denken wagen, die alles hinnehmen, was kirchliche Machthungrige durch ihre Dogmen inszenieren, werden spätestens im Jenseits als Seelen erkennen, dass sie nicht Mich, den Gott von Ewigkeit zu Ewigkeit, angebetet hatten, sondern die Götzen, die sich im Schafspelz präsentierten und Meinen Namen in ihre Wolle einarbeiteten. Es ist der Antichrist, der wohlig im Reichtum schwelgt, während Menschen dahinsiechen und an Hunger sterben.

Die Mutter Erde wird diese Welt besiegen. Ich Bin der Ich Bin, allgegenwärtig, auch in jedem Planeten und somit auch in der Mutter Erde.

Das war Mein Wort, gesprochen durch Meine Prophetin, die, wie alle Propheten, dem Volk angehört und keinem kirchlichen Machtapparat und keinen kirchlichen Machtstrukturen.

ICH BIN der Vater aller Meiner Kinder, der im Seelengrund mit allen in Liebe vereint ist, und somit Bin Ich der Ich Bin – ewiglich."

Anhang

Register

699

Literaturverzeichnis

Allen, John R. Jr.: All the Pope´s Men, 2004

Asbridge, Thomas: Die Kreuzzüge, 2010

Augsburger Konfession, Confessio Augustana:
   Bekenntnisschrift der Ev.-Luth. Kirche, 1530

Augustinus: Der Gottesstaat (De Civitate Dei), 413-426
   Über den Wortlaut der Genesis (De Genesi ad Litteram)

Basilius: Homilien über das Hexaemeron (Predigten über die
   „Sechs Schöpfungstage"), 4. Jahrhundert

Ben Chorin, Schalom: Bruder Jesus, 1977

Bethge, Eberhard: Bonhoeffer, 1976

Beuys Barbara: Und wenn die Welt voll Teufel wär' –
   Luthers Glaube und seine Erben, 1982

Bibel: Einheitsübersetzung 1980,
   revidierte Lutherübersetzung 1984, andere

Clemens von Alexandria: Der Pädagoge (Paidagogos), um 200

Clementinische Homilien, um 220

Codex Iuris Canonici, Codex des kanonischen Rechts:
   1983; 2009 - 6. Auflage in deutscher Übersetzung

Das ist Mein Wort. Alpha und Omega. Das Evangelium Jesu.
   Die Christusoffenbarung, welche inzwischen die wahren
   Christen in aller Welt kennen, gegeben durch Gabriele,
   die Prophetin und Botschafterin Gottes, 1989

Dedijer, Vladimir: Jasenovac – Das jugoslawische Auschwitz
   und der Vatikan, 1988, 2011

Decker, Rainer: Hexen – Magie, Mythen und die Wahrheit, 2004

Denzinger, Heinrich und Hünermann, Peter (Hg.):
   Kompendium der Glaubensbekenntnisse und kirchlichen
   Lehrentscheidungen, 43. Auflage, 2011

Deschner, Karlheinz:
   Abermals krähte der Hahn, 1962, 1980

Das Kreuz mit der Kirche, 1974
Der gefälschte Glaube, 1988
Die beleidigte Kirche, 1986
Die Politik der Päpste im 20. Jahrhundert, 1991
Die Vertreter Gottes, 1994
Ein Jahrhundert Heilsgeschichte, 1982
Kirche des Unheils, 1974
Kirche und Faschismus, 1968
Kriminalgeschichte des Christentums, 10 Bände, 1986-2013
Mit Gott und den Faschisten, 1965
Opus Diaboli, 1987

Deschner, Karlheinz und Herrmann, Horst:
Der Anti-Katechismus, 1991

Deutsche Bischofskonferenz: dbk.de

Diekamp, Franz: Die origenistischen Streitigkeiten
im 6. Jahrhundert, 1899, 2014

Die redende All-Einheit. Das Wort des Universalen Schöpfergeistes, aus Gesprächsrunden mit Gabriele, 2013

Dinzelbacher Peter: Mensch und Tier in der Geschichte
Europas, 2000

Dollinger, Hans: Schwarzbuch der Weltgeschichte, 1973, 2004

DTV-Augenzeugenberichte: Die Kreuzzüge, 1971

Eckart, Dietrich: Zwiegespräche zwischen Adolf Hitler
und mir, 1924

Eusebius: Kirchengeschichte, um 315

Evangelische Kirche Deutschlands, EKD: Text 41, 1991

Fischer, Heinz-Joachim: Die Päpste und der Islam, 2009

Grigulevič, J.R.: Ketzer, Hexen, Inquisitoren, 1976, 1995

Hebeis, Michael: Schwarzbuch Kirche, 2010

Heer, Friedrich: Gottes erste Liebe, 1967

Herrmann, Horst: Lexikon der kuriosesten Reliquien, 2003

Hieronymus: Briefe, um 400

Hislop, Alexander: Von Babylon nach Rom,
Kritische Werksausgabe, 2011

Holzbauer, Matthias:
  Der Schattenwelt neue Kleider –
  Die Inquisition der Jetztzeit, 2006
  Der Steinadler und sein Schwefelgeruch – Das neue Mittel-
  alter, 2003
  Des Satans alte Kleider, 2009

Homes, Alexander Markus: Heimerziehung - Lebenshilfe oder
  Beugehaft. Gewalt und Lust im Namen Gottes, 2006

Jaspers, Karl:
  Der philosophische Glaube, 1948, 1988
  Der philosophische Glaube angesichts der Offenbarung, 1962

Johannes Chrysostomos:
  Homilien (Predigten) über den 1. Korintherbrief, um 400
  Kommentar zum Matthäusevangelium, um 400

Katechismus der Katholischen Kirche: 1997; 2005
  in deutscher Übersetzung

Klee, Ernst:
  Das Personallexikon zum Dritten Reich, 2003
  Die SA Jesu Christi – Die Kirche im Banne Hitlers, 1989

Konetzke, Richard: Lateinamerika seit 1492; 1970

Konstitution von Speyer, 1529

Kramer, Heinrich: Der Hexenhammer, 1487; Nachdruck 1980

Lessing, Theodor: Europa und Asien, 1924

Luther Martin, Ausgaben: Wittenberger Ausgabe (16. Jhdt.),
  Jenaer Ausgabe (Tomos; 16. Jhdt.), Johann Georg Walch
  (18. Jhdt.), Weimarer Ausgabe (19./20. Jhdt.), Luther Deutsch
  (20. Jhdt.)

Luther Martin: Briefe, Predigten, Schriften, Tischreden
  Eine Heerpredigt wider den Türken, 1529
  Hexenpredigt, 1526
  Von den Juden und ihren Lügen, 1543
  Von der Freiheit eines Christenmenschen, 1520
  Vom geknechteten Willen, 1525
  Wider den falsch genannten Stand des Papstes und
    der Bischöfe, 1522
  Wider die stürmenden Bauern, 1525

Milger, Peter: Die Kreuzzüge – Krieg im Namen Gottes, 1988

Mynarek, Hubertus:
Die neue Inquisition, 1999
Luther ohne Mythos, 2013
Voodoo auf katholisch, 2003

Neuner, Josef und Roos, Heinrich (Hg.): Der Glaube der Kirche
in den Urkunden der Lehrverkündigung, 13. Auflage, 1992

Nigg, Walter: Prophetische Denker, 1986

Othegraven, Friedhelm von: Litanei des weißen Mannes, 1986

Paczensky, Gert von: Verbrechen im Namen Gottes –
Mission und Kolonialismus, 2000

Preradovic, Nikolaus von und Stingl, Josef:
Gott segne den Führer – Die Kirchen im Dritten Reich, 1985

Radio Vatikan: de.radiovaticana.de

Raumer, Friedrich von: Geschichte der Hohenstaufen
und ihre Zeit, 1823-1825, 1884

Robertson, Geoffrey: Angeklagt: Der Papst, 2011

Rode, Meinolf: Die Templer – ein Einblick und Überblick, 2011

Rosner, Enrique: Missionare und Musketen, 1992

Rost, Hans: Die katholische Kirche, die Führerin
der Menschheit, 1958

Sasse, Martin: Martin Luther über die Juden – Weg mit ihnen!,
1938

Suttner, Bertha von: Die Waffen nieder!, 1889

Tertullian: Über den weiblichen Putz (De Cultu Feminarum),
um 200

Thomas von Aquin: Summa gegen die Heiden (Summa contra
Gentiles), um 1260; neu 2013

Vatikan: „Der Heilige Stuhl", w2.vatican.va

Wehr, Gerhard: Gutes tun und nicht müde werden, 1989

Wollschläger, Hans: Die bewaffneten Wallfahrten
gen Jerusalem, 2006

Wensierski, Peter: Schläge im Namen des Herrn, 2006

Nicht gleich urteilen ...

Lesen Sie selbst; vielleicht finden Sie noch mehr.
Bilden Sie sich selbst ein Urteil. Nachstehend aufge-
führte Bücher erhalten Sie in jeder Buchhandlung:

Karlheinz Deschner:

Die Kriminalgeschichte des Christentums

Die Politik der Päpste im 20. Jahrhundert

Mit Gott und den Faschisten

Opus Diaboli

**Abermals krähte der Hahn – eine kritische
Kirchengeschichte von den Evangelisten
bis zu den Faschisten**

Josef Neuner und Heinrich Roos (Hg.):

**Der Glaube der Kirche in den Urkunden der
Lehrverkündigung**

Katechismus der Katholischen Kirche

Heinrich Denzinger und Peter Hünermann (Hg.):

**Kompendium der Glaubensbekenntnisse und
kirchlichen Lehrentscheidungen**

Hubertus Mynarek:

Luther ohne Mythos – das Böse im Reformator

Matthias Holzbauer, Dr. Gert Joachim Hetzel:

**Des Satans alte Kleider. Gott ist die Wahrheit –
der Satan die Lüge. Die Prophetin Gottes sagt aus**

Geoffrey Robertson:

Angeklagt: Der Papst

Aus dem Gabriele-Verlag Das Wort

Matthias Holzbauer

Die Gesandte des Christus Gottes, Seine Prophetin der Jetztzeit: Gabriele

Lesen Sie die Biographie einer Frau aus dem Volke, an die der Ruf Gottes erging, Ihm als Dolmetscherin Seines Wortes, als Seine Prophetin, zu dienen.

Der Autor gibt Erzählungen von Gabriele wieder, in denen sie z.B. schildert, wie sie aufgewachsen ist, ihre Kindheit und Jugendzeit. Sie lässt uns teilhaben an dem Durchbruch des Prophetischen Wortes und berichtet, was es für sie bedeutet hat, den Ruf Gottes anzunehmen und wie sie vorbereitet und ausgebildet wurde, um ihren Auftrag erfüllen zu können.

Mit 2 Audio-CDs: CD 1: Meditationen aus der göttlichen Weisheit: *„Tiefenatmung"* und *„Verweile in dir"* / CD 2: *„Den Einen Gott verschmäht ihr und glaubt an die ewige Verdammnis. Ich Bin der Gott der Liebe."*

316 S., geb., ISBN 978-3-89201-332-7. Euro 19,80

Aus Gesprächsrunden mit Gabriele
zusammengestellt von Martin Kübli und Ulrich Seifert

Die redende All-Einheit
Das Wort des Universalen Schöpfergeistes

Ein kosmisches Lehr- und Lernwerk
aus der Schule der Göttlichen Weisheit

Die Einheit der Schöpfung zu erleben und zu erfassen, dass alles, vom Kleinsten bis zum Größten, einer kosmischen Ordnung entspringt, die in der All-Intelligenz Gott ihren Ursprung hat, ist der größte Evolutionsschritt, dessen der Mensch fähig ist. Das ist die Grundlage aller friedlichen Entwicklung im Leben des Einzelnen, wie auch der gesamten Menschheitsfamilie, im Leben mit den Tieren, mit der gesamten Natur und in der Beziehung zu allem Sein.

Inkl. Audio-CD mit zwei Meditationen: *„Es blüht"*, ein meditativer Spaziergang, und *„Unser wahres Sein"*, eine meditative kosmische Schau

396 S., geb., mit Farbfotos. ISBN 978-3-89201-352-5. Euro 34,90

Die großen kosmischen Lehren des Jesus von Nazareth an Seine Apostel und Jünger, die es fassen konnten

Das Leben der wahren gotterfüllten Menschen

Lesen Sie, was Jesus von Nazareth vor 2000 Jahren nur im inneren Kreis Seiner Apostel und Jünger lehren konnte. Seine geistigen Lehrsätze sind revolutionär; sie gehen weit über das hinaus, was wir Menschen normalerweise mit „Gott" oder „Religion" in Verbindung bringen. Durch Gabriele, die Prophetin und Botschafterin Gottes, werden die Lehrsätze des Jesus von Nazareth – das Absolute Gesetz – erstmalig in unserer Zeit offenbart.

Der große Geist, der Christus Gottes, führt uns Menschen zu unserem geistig-göttlichen Erbe, in das ewige Gesetz der Liebe. Aus diesem erläutert Er auch das Gesetz von Saat und Ernte, das Kausalgesetz, und gibt uns damit Wegweisung, wie wir Schritt für Schritt aus der Begrenztheit des allzumenschlichen Ichs herausfinden können, hin zu einem Leben mit höheren ethisch-moralischen Werten.

222 S., kart., Taschenformat 9 x 14,5 cm
ISBN 978-3-89201-109-5. Euro 10,00

Gerne übersenden wir Ihnen ein Verzeichnis der im Gabriele-Verlag Das Wort erhältlichen Bücher, CDs und DVDs sowie Gratis-Leseproben zu verschiedenen Themen.

Gabriele-Verlag Das Wort GmbH
Max-Braun-Str. 2, 97828 Marktheidenfeld
Tel. +49 (0)9391/504135, Fax +49 (0)9391/504133
www.gabriele-verlag.de